Jürgen Thorwald, 1915 in Solingen geboren, studierte Medizin, später Neuere Geschichte. Seine Bücher über den deutschen Zusammenbruch im Osten »Es begann an der Weichsel«, »Das Ende an der Elbe« und »Die Illusion« gehören inzwischen zu den klassischen Werken über das Ende des Zweiten Weltkriegs. Bekannt geworden ist Jürgen Thorwald außerdem durch Bestseller wie »Das Jahrhundert der Chirurgen« und andere Werke aus der Welt der Medizin. Zuletzt erschien von ihm »Der geplagte Mann. Die Prostata – ein Drama der Männerwelt« im Droemer Verlag.

Von Jürgen Thorwald sind außerdem erschienen:

Dieses Buch wurde auf chlor- und säurefreiem Papier gedruckt.

Dieses Buch erschien zuerst 1949 im Steingrüben-Verlag, Stuttgart. Eine
korrigierte Ausgabe erschien erstmals 1965 als Knaur-Taschenbuch (Band 3093)
Vollständig überarbeitete und
mit einem aktuellen Nachwort versehene Taschenbuchausgabe April 1995
Droemersche Verlagsanstalt Th. Knaur Nachf., München
© 1965, 1995 Droemersche Verlagsanstalt Th. Knaur Nachf., München

Umschlaggestaltung Agentur Zero, München
Umschlagfoto Süddeutscher Verlag, München
Satz MPM, Wasserburg
Druck und Bindung Ebner Ulm
Printed in Germany
ISBN 3-426-80068-3

2 4 5 3 1

JÜRGEN THORWALD

Das Ende an der Elbe

Die letzten Monate des Zweiten Weltkriegs im Osten

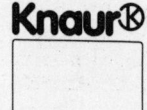

Inhalt

Heinrici

Am 20. März 1945 erhielt der Oberbefehlshaber der 1. deutschen Panzerarmee, Generaloberst Heinrici, völlig überraschend die telefonische Nachricht, daß er zum Oberbefehlshaber der Heeresgruppe Weichsel ernannt worden sei. Heinricis Armee – die südlichste Armee der Heeresgruppe Schörner – stand an diesem Tage in schweren Abwehrkämpfen gegen die sowjetischen Armeen, die aus der Gegend von Cosel den Versuch machten, die letzten Reste Oberschlesiens, die sich noch in deutscher Hand befanden, zu erobern.

Heinrici war ein körperlich unscheinbarer, ergrauter Mann in den Fünfzigern. Er war ein Pfarrerssohn, der in der Reichswehr, im neuen Heere und dann im Krieg im Osten bis zum Armeeführer emporgestiegen war. Er hatte lange die 4. Armee im Osten befehligt und häufig an den schwersten Brennpunkten der Ostfront gekämpft.

Heinrici war niemals besonders hervorgetreten. Er war keine ungewöhnliche Erscheinung, sondern ein Mann, der sich durch Erfahrung und Tüchtigkeit emporgearbeitet hatte. Aber er war energisch und zäh. Er war ein Mann, der in der Wirklichkeit lebte, der sich an militärische Tatsachen hielt und das Unmögliche vom Möglichen unterschied. Vor allem aber war er ein Mann, dem Gewissen und menschliche Vernunft von Hause aus eigen waren.

Er hatte bisher das Glück gehabt, niemals mit Hitler in Berührung zu kommen. Er hatte nur am Rande die Auswirkung des latenten Gegensatzes zwischen Hitlers uferlos gewordenen Wunschbildern und Forderungen sowie der militärischen Wirklichkeit erlebt. Erst unter Schörner als Oberbefehlshaber seiner Heeresgruppe war er dieser Diskrepanz näher gerückt. Es war bezeichnend für seine Art, das Unerreichbare nicht um jeden Preis erzwingen zu wollen, daß ihm Schörner ein Greuel war und umgekehrt auch Schörner Heinrici nicht schätzte. Die plötzliche Ernennung bedeutete daher für Heinrici eine Überraschung, die er sich nur schwer erklären konnte. Am 22. März flog er nach Bautzen. Von dort setzte er seine Reise wegen dauernder Luftangriffe im Wagen fort, um sich zunächst in Zossen bei Guderian zu melden. Er vermutete richtig, daß Guderian, mit dem ihn in vergangenen Jahren häufig eine gemeinsame Arbeit verbunden hatte, die treibende Kraft bei seiner Ernennung gewesen war.

Heinrici hatte bis dahin die Ereignisse, die mit der gewaltigen sowjetischen Januaroffensive über Ostdeutschland hereingebrochen waren, nur in ihren südlichsten Ausläufern, in Oberschlesien und der Slowakei, erlebt. Allerdings waren ihm in Oberschlesien die entsetzlichsten Bilder der Flucht und der Vernichtung nicht vorenthalten geblieben. Als er jetzt nach Zossen fuhr, begegnete er auf den Straßen immer noch Trecks von Ostpreußen, Schlesiern und Westpreußen, Pommern und Neumärkern, die sich zwar über die Oder gerettet hatten, aber in dem überfüllten Land westlich der Oder keine Unterkunft finden konnten.

Sie rollten nach Westen, manchmal aber auch planlos nach Norden und Süden. Sie lagerten in Waldstücken und auf freiem Feld. Entweder weil ihnen irgendwelche Musterungskommissionen des Ersatzheeres, welche die letzten Kräfte zusammensuchten, die Pferde weggenommen hatten, oder weil sie der ewigen Suche und Bitte um Unterkunft müde waren. Oder weil sie sich in der unbeschreiblichen Wirrnis von Angst und Hoffnung, Zweifel und Glauben, Sorgen und wunschbestimmter Zuversicht, die in diesen Tagen Flüchtlinge und Einheimische westlich von Oder und Neiße erfüllte, an die Verkündigungen der Zeitungen klammerten, wonach sich der Ansturm der sowjetischen Armeen nun endgültig an Oder und Neiße gebrochen habe und beide Flüsse niemals überwinden werde. Die Pelzmützen und Kopftücher der Galizier und Bessarabiendeutschen verrieten etwas von der Tragödie derer, die seit 1939 und 1940 von Station zu Station auf der Flucht waren und nun überhaupt nicht mehr wußten, wohin sie sich wenden sollten. Aber es schien, als ob sie alle, gleich ob aus Verzweiflung, gutem Glauben oder Unkenntnis, zu der Front an Oder und Neiße hinüberblickten, wo die Reste der Heeresgruppen Weichsel und Schörner noch einmal Stellung bezogen hatten, seit die sowjetische Offensive an den Ufern dieser Flüsse ausgelaufen war.

Als Heinricis Wagen in einer kleinen Ortschaft hinter einer größeren Wagenkolonne halten mußte, erkannten eine Anzahl müder Frauen, die mit ihren Kindern am Straßenrand rasteten, den General. Vielleicht ermunterte sie der Blick aus seinen blauen Augen. Sie drängten sich an seinen Wagen heran und fragten den Adjutanten, ob die Front halten würde und ob sie jetzt bleiben könnten. Der Adjutant beruhigte sie. Aber Heinrici schwieg. Wußte er eine Antwort? Aus der Einsamkeit, aus den täglich verzehrenden Nöten seines letzten Einsatzgebietes herausgerissen – wie alle anderen Armeeführer seit Jahr und Tag über nichts mehr unterrichtet, was außerhalb seines eigenen Armeebereichs oder seines Heeresgruppenbereichs lag –, wußte er so gut wie nichts. Die Lage an der Oder, die Lage an der Neiße und die Lage der Heeresgruppe, deren Führung er am nächsten Tag, wahrscheinlich aus den Händen ihres bisherigen Oberbefehlshabers, Himmler, übernehmen sollte, waren ihm gänzlich unbekannt.

Gegen Mittag, nach stundenlanger weiterer Fahrt durch das von innerer Spannung erfüllte Land, häufig von feindlichen Flugzeugen überflogen, traf Heinrici im Lager Maybach I bei Zossen, dem Sitz des Generalstabes, ein. Er wurde durch den Chef der Operationsabteilung, General Krebs, begrüßt. Das Lager wies noch alle Zeichen eines schweren Luftangriffs auf, der mehrere seiner Betonhäuser schwer getroffen hatte. Krebs hatte den Luftangriff nicht beachtet und war durch Splitter verwundet. Er meldete Heinrici bei Guderian.

Heinrici hatte noch das alte Bild Guderians vor Augen. Er war durch die Veränderung betroffen, die mit dem General-obersten vor sich gegangen war. Guderian wirkte überreizt und erschöpft. Sein Gesicht zeigte eine Röte, die seine Kreislauferkrankung verriet.
Guderian beschäftigte sich nicht lange mit den Präliminarien der Begrüßung. Er empfing Heinrici mit den schnell gesprochenen Worten: »Ich habe Ihre Ernennung zum Oberbefehlshaber der Heeresgruppe Weichsel durchgesetzt. Wir brauchen an der Oder einen Mann, der über Erfahrungen im Kampf mit den Russen verfügt. Eine weitere Zusammenarbeit mit Himmler ist unmöglich ... Wir müssen in Kürze mit der Fortsetzung der russischen Offensive rechnen ... Wann sie beginnen wird, läßt sich nicht mit Sicherheit sagen. Aber wir müssen nach dem, was in Ostdeutschland bis jetzt an Abscheulichem geschehen ist, alles und auch das Letzte versuchen, um zu verhindern, daß die Russen auch noch die Oder überschreiten und Berlin erobern. Die Front der Heeresgruppe Weichsel reicht jetzt von der Odermündung bis zum Mündungsgebiet der Neiße. Aus den Kämpfen in Pommern und in der Neumark sind doch noch beträchtliche Kräfte über den Fluß gekommen. Andere sind inzwischen neu aufgestellt worden. Es sind auch 850 zum Teil neue

Panzer vorhanden. Aber alle diese Kräfte sind unter Himmler völlig ungeordnet, ohne klare Ausbildung und Führung. Himmler hat zwar inzwischen in General Kinzel neben seinem unerfahrenen und auch unentschlossenen SS-Chef Lammerding einen zweiten, wirklich fähigen Chef bekommen. Aber das allein kann uns nicht helfen, solange nicht die Spitze geändert wird.«

Er fuhr fort: »Ihre erste Aufgabe wird es jetzt sein, aus den vorhandenen Kräften eine Front aufzubauen, die einen Schlag aushalten kann. Vielleicht haben Sie drei bis vier Wochen Zeit dazu. Aber es gibt noch dringendere Aufgaben, die sofort in Angriff genommen werden müssen. Die Russen haben zwei Brückenköpfe am Westufer der Oder in ihre Hand gebracht. Diese liegen beiderseits von Küstrin. Wir selbst haben noch vier kleinere Brückenköpfe am anderen Ufer der Oder, außer Küstrin bei Frankfurt, bei Dreesen und bei dem Treibstoffwerk Pölitz ... Infolge der russischen Brückenköpfe sind wir nur noch durch einen schmalen Gebietsschlauch mit Küstrin verbunden. Allein in dem südlich von Küstrin gelegenen Brückenkopf sind im Augenblick bereits zwischen 600 bis 800 russische Batterien aufgefahren. Wenn diese Geschützmasse einmal anfängt zu feuern, zerschlägt sie unsere Stellungen, und die ganze Oderfront kann im Nu aufgerollt werden. Wir verfügen praktisch über keine Luftwaffe mehr. Und wir haben auch nicht genug Artillerie, um die russischen Batterien zu vernichten.

Ihre erste Aufgabe muß es daher sein, den wichtigsten, südlichen russischen Brückenkopf überraschend zu nehmen. Dies kann nur dadurch geschehen, daß wir in unserem Brückenkopf bei Frankfurt stärkere Verbände versammeln und von dort aus den Russen bei Küstrin in den Rücken fallen. Die Vorbereitungen der 9. Armee unter General Busse sind bereits im Gange. Der Angriffstermin ist auf übermorgen angesetzt. Das ist sehr kurzfristig für Sie. Ich wäre aber froh, wenn ich wüßte, daß Sie selbst sich um die Durchführung des Angriffs kümmern.«

Guderian hatte im Stehen gesprochen. Er begann jetzt, mit gesenktem Kopf hin und her zu gehen. Die Adern an seinen Schläfen traten sichtbar hervor. Er war im Augenblick offenbar nicht in der Lage, längere Zeit still zu stehen. Heinrici beobachtete Guderian eine Weile und wartete auf weitere Erklärungen. Als Guderian jedoch schwieg und sein Hinundhergehen fortsetzte, beugte Heinrici sich über den Kartentisch unter den großen Jupiterlampen.

Er betrachtete zum ersten Male die Einzeichnungen der Front, deren Führung er übernehmen sollte. Die Karte vermittelte sicherlich keinen Einblick in die Wirklichkeit. Was dort an Korps und Divisionen eingezeichnet war, bedeutete schwerlich mehr als Reste einstiger Verbände. Er erschrak, während er die Linien der Front dicht östlich von Berlin betrachtete.

Dann hörte er wieder Guderians Stimme.

Guderian berichtete über die Vorgeschichte der Ernennung Heinricis. Guderian hatte bei einem Frontbesuch am 18. März Heinrich Himmler nicht mehr in dessen Hauptquartier in Prenzlau angetroffen. Lammerding hatte Guderian mitgeteilt, daß Himmler seit einigen Tagen an Grippe leide und sich in das Sanatorium seines Freundes Dr. Gebhardt, Hohenlychen, zurückgezogen habe. Guderian hatte sich niemals mit der zwiespältigen Natur Himmlers beschäftigt. Er kannte auch nicht die wirklichen Gründe, die zu den militärischen Ernennungen Himmlers, zuerst an der Oberrheinfront und dann in Pommern, geführt hatten. Er hatte nur gehört, Bormann habe Himmler auf militärische Befehlsstellen abgeschoben, um den Rivalen aus dem Umkreis Hitlers zu entfernen. Guderian ahnte aber, daß Himmlers Krankheit eine politische Krankheit sein könnte und daß er der Führung der Heeresgruppe, die ihm nur Niederlagen eingebracht und seinen Kredit bei Hitler erschüttert hatte, müde geworden war. Als selbst Himmlers Stabschef Lammerding vorsichtig anfragte, ob Guderian die Heeresgruppe nicht von der konfusen Führung Himmlers befreien könnte, hatte Guderian sich entschlossen, zumindest einen entsprechenden Versuch zu machen.

Er war nach Hohenlychen gefahren. Er fand Himmler in leidlichem Gesundheitszustand, aber voll innerer Unsicherheit vor. Und er nutzte die Situation, indem er sein sonst so leicht polterndes Temperament beherrschte und diplomatischere Züge hervorkehrte. Er bedauerte, daß Himmler sich nicht wohl fühle, und erklärte, daß dies natürlich nur auf Himmlers Überlastung durch fünf wichtige Ämter zurückzuführen sei. Diese Last könne ein Mann auf die Dauer nicht tragen, ohne zusammenzubrechen, auch wenn er über die Fähigkeiten und Energien Himmlers verfüge. Er fragte vorsichtig, ob Himmler nicht einfach das Kommando an der Oder niederlegen wolle, anstatt weiter seine Gesundheit zu belasten. Seine ursprüngliche Aufgabe, eine neue Heeresgruppe aus dem Boden zu stampfen, sei letzten Endes erfüllt.

Guderian hatte sofort bemerkt, daß seine Worte auf günstigen Boden fielen. Himmler erklärte zwar, einen derartigen Rücktritt könne er Hitler gegenüber niemals aussprechen. Aber als Guderian einwarf, ob er, Guderian, denn Hitler gegenüber in vorsichtiger Form von einem solchen Rücktritt sprechen solle, stimmte Himmler mit überraschender Schnelligkeit zu. Guderian verabschiedete sich daraufhin, fuhr nach Berlin zurück und erreichte bei Hitler, der nach den vorangegangenen Mißerfolgen Himmlers offenbar auf dessen Rücktrittserklärung gewartet hatte, die Zustimmung zur Ernennung Heinricis.

Heinrici vernahm die Vorgeschichte seiner Ernennung, während er fortfuhr, die Einzeichnungen auf der Karte zu betrachten, und sich überlegte, daß schon die erste Aufgabe, die ihn bei Küstrin erwartete, kaum lösbar war. Als er aufblickte, fühlte er noch stärker als zuvor die erregende Spannung, die sich von Guderian auf das ganze Zimmer übertrug.

»Ich fahre«, erklärte Guderian, »in einer halben Stunde nach Berlin zur Führerlage. Eigentlich könnten Sie mich begleiten und sich bei dieser Gelegenheit bei ihm melden.« Er sagte weder Hitler noch »Führer«. In dem Wort »ihm« prägte sich die Aversion aus, die er gegen Hitler hegte.

Heinrici erwiderte, daß es ihm lieber sei, wenn er vorerst auf die Meldung bei Hitler verzichten könnte. Angesichts des bevorstehenden Angriffs bei Küstrin ziehe er es vor, unmittelbar zum Heeresgruppenstab zu fahren und sich über die dortigen Verhältnisse zu orientieren.

Er dachte an die Millionen westlich der Oder und in Berlin, und er dachte daran, daß nach den dürftigen Informationen, die er in der Slowakei erhalten hatte, die englischen und amerikanischen Armeen am Rhein standen. Zweifellos würden sie über kurz oder lang gegen Mitteldeutschland vorstoßen. Er bat Guderian, ihm seine Ansicht zur militärischen Lage mitzuteilen. Er habe seit Monaten keinerlei Überblick über die Lage erhalten. Aber für ihn als Oberbefehlshaber an der Oder sei es wichtig, zu erfahren, wie man schließlich über die weitere Entwicklung des Krieges denke. Guderian wandte Heinrici sein hochrotes Gesicht zu. Das Oberkommando der Wehrmacht unter Hitlers und Jodls tatsächlicher Führung, erwiderte er, gestatte auch ihm keinen wirklichen Einblick in die Ereignisse und Pläne außerhalb der Ostfront. Das habe sich schon bei der Ardennenoffensive und bei der Plattenseeoffensive in Ungarn zum allgemeinen Schaden gezeigt und habe sich in keiner Weise geändert. Heinrici möge sich daher keinen Illusionen hingeben. Aber als Soldat, als Deutschem und vor allem als Ostdeutschem sei ihm klar, daß es für ihn eine Aufgabe gebe, an der nicht zu rütteln sei, gleich, was an den anderen Fronten geschehe. Diese Aufgabe heiße: Behauptung der Ostfront, um zu verhindern, daß noch mehr Land und noch mehr Menschen in die Hand der Russen fielen.

Seine neue Ostfront, die sich überhaupt nur hatte bilden können, weil die Russen nach ihrem Vormarsch über Hunderte von Kilometern ihre Kräfte reorganisieren mußten, kämpfte um jeden Mann und jedes Gewehr. Die oberschlesische Industrie war verloren. Die übrige Rüstungsindustrie lag in den letzten Zügen. Eisenhower stand am Rhein und rüstete mit weit überlegenen Kräften zum Rheinübergang. Bei Remagen befand sich bereits ein großer Brückenkopf in seiner Hand. Die Südostfront auf dem Balkan fiel Stück für Stück zusammen. Die Italienfront hielt mit Mühe ihren Zusammenhang. Aber ihr Ende war abzusehen. Die Verbindungen nach Norwegen und nach Kurland waren so dünn, daß von dort, selbst wenn Hitler nach vielen vergeblichen Kämpfen zugestimmt hätte, keine nennenswerten Kräfte mit schwerem Material mehr heranzuholen waren. Sinnlos verzettelt kämpften noch deutsche Soldaten in eingeschlossenen französischen Häfen. Andere warteten in der Ägäis auf das Ende.

Es gab Männer, die in der klaren Erkenntnis des Vorrangs der Ostfront dafür eintraten, die Fronten im Westen und in Italien einfach zu entblößen und alle noch vorhandenen Kräfte an die Ostfront zu schaffen. Das bedeutete die Öffnung Deutschlands für die Armeen der westlichen Alliierten. Es bedeutete die Anerkennung der Niederlage gegenüber dem Westen und die Unterwerfung unter den Willen Englands und Amerikas zugunsten der Konzentration aller noch vorhandenen Kräfte gegen den Sturm aus dem Osten.

Doch diese Männer waren ohne Einfluß auf Hitler, und auch Guderian stimmte ihnen nicht zu. Ihm waren Verwegenheit und gewagte Improvisation niemals fremd gewesen. Aber er war doch zu sehr an feste strategische und taktische Vorstellungen gewöhnt, als daß er für ein Vabanquespiel plädiert hätte, bei dem es ihm zweifelhaft war, ob die erdrückende westliche Luftüberlegenheit überhaupt noch einen halbwegs geregelten Abtransport der deutschen Truppen im Westen gestatten würde und ob nicht eine solche Bewegung auf halbem Wege und ohne ihren Zweck zu erreichen scheitern mußte. Sie mußte scheitern, wenn die westlichen Alliierten sich nicht mit ihr einverstanden erklärten und sich im allerletzten Augenblick bereit fanden, die Notwendigkeit einer deutschen Ostfront gegen den Bolschewismus zu bejahen.

Guderian berichtete Heinrici nicht, daß er, der im Juli 1944 noch aus Überzeugung für den kompromißlosen Lebenskampf um jeden Preis eingetreten war, verschiedene Persönlichkeiten, von denen er glaubte, daß sie Einfluß besäßen, mit dem Vorschlag des Abschlusses eines Sonderfriedens im Westen bedrängt hatte. Er hatte einen heimlichen Vorstoß bei Ribbentrop gemacht und auf die Notwendigkeit, mit dem Westen Frieden zu schließen, um im Osten ein weiteres sowjetisches Vordringen zu verhüten, hingewiesen. Ribbentrop hatte nur ausweichend geantwortet. Guderian verschwieg auch, daß er erst am vorangegangenen Tage, am 21. März, einen weiteren Vorstoß, diesmal bei Himmler, unternommen hatte. Himmler hatte sich in Berlin aufgehalten, um sich von dort nach Prenzlau zu begeben und sein Kommando an Heinrici abzutreten. Guderian hatte Himmler im Hofe der Reichskanzlei gestellt, obwohl Hitler in der Nähe war und er mit Sicherheit annehmen mußte, daß Hitler Himmler nach Guderians Absichten und Wünschen befragen würde. Er hatte Himmler erklärt, daß im Westen sofort Frieden geschlossen werden müsse, daß lediglich der Kampf gegen das weitere Vordringen der sowjetischen Armeen noch Sinn habe, daß dessen Zeitdauer ohne die jetzt noch im Westen stehenden Kräfte aber sehr befristet sei. Himmler hatte ihm verwirrt zugehört und dann ausweichend und vorsichtig erklärt, zu einem solchen Schritt sei es noch viel zu früh. Guderian hatte ihm geantwortet, daß es nicht zu früh, sondern eher zu spät sei und daß der ganze Osten zusammenbrechen und Berlin verlorengehen würde, wenn nicht sofort etwas geschähe.

Guderian verschwieg Heinrici auch, daß er schon am vorangegangenen Abend die Quittung für diesen Vorstoß bekommen hatte. Hitler hatte ihm nach der Lagebesprechung plötzlich erklärt: »Ich habe den Eindruck, als ob Ihr Herz Ihnen viel zu schaffen macht. Sie sollten sich für sechs Wochen zur Kur begeben und dann frisch gestärkt zurückkommen.«

Guderian hatte begriffen, daß Himmler geplaudert hatte und daß wahrscheinlich sein Ende bevorstand, das seit vielen Wochen immer deutlicher im Raume lauerte, wenn er in den Lagebesprechungen bei Hitler sein Temperament und seine Verzweiflung über so viele Fehlentscheidungen gegenüber der Ostfront entlud. Er hatte kurz erwidert, er könne diesem Rat leider noch nicht folgen, da sein Stab nur zum Teil arbeitsfähig sei. Die meisten seiner alten Mitarbeiter seien ausgefallen, entlassen oder verhaftet. Er schlage daher vor, mit seiner Ablösung zu warten, bis Krebs sich von seiner Verwundung durch den Luftangriff auf Zossen erholt habe.

Dies alles erzählte Guderian Heinrici nicht. Aber es schwang irgendwie in seinen heftigen Worten mit, als er dem Generalobersten seine Ansicht über die Lage auseinandersetzte und dabei die fruchtlosen Auseinandersetzungen mit Hitler und Jodl während der vorangegangenen Monate über das Schicksal des deutschen Ostens nicht vergaß. Es war bezeichnend für ihn und zugleich bezeichnend für das Verhältnis der Masse der deutschen Generale zur Politik, daß er in diesen Wochen überhaupt noch an die Möglichkeit eines Sonderfriedens mit den Vereinigten Staaten und Großbritannien glaubte. In seiner militärischen Begrenzung war ihm, wie Millionen anderen Soldaten, noch nicht klargeworden, daß so etwas wie eine deutsche Politik schon lange nicht mehr existierte.

Guderian ahnte, daß auch Heinrici außer einer Verpflichtung zum militärischen Widerstand eine Hoffnung brauchte. Er ließ daher etwas von seinen eigenen Hoffnungen durchblicken, indem er Heinrici auf den Gedanken eines Sonderfriedens im Westen hinwies.

Die These des Weiterkämpfens im Osten und eines Sonderfriedens im Westen war klar und bestechend einfach. Daß sie nicht zu verwirklichen war, sah der Soldat Heinrici an diesem 22. März noch weniger als der Soldat Guderian. So nahm Heinrici eine bestimmte politische Hoffnung und Vorstellung mit in sein neues Amt.

Er blieb trotzdem nicht ohne Sorge und Zweifel. Sie betrafen vor allem Guderians Person. Guderians Kritik an Hitlers und Jodls Maßnahmen der letzten Monate war von solch tiefer Erbitterung erfüllt, daß Heinrici sich mit dem Gefühl verabschiedete, daß das Verhältnis zwischen Guderian und Hitler bis in seine Grundfesten erschüttert war und daß das Ende des Generalstabschefs in Kürze kommen konnte.

Noch am Abend des 22. März traf Heinrici in dem gutgetarnten Barackenlager des Hauptquartiers der Heeresgruppe Weichsel bei Prenzlau ein. Wieder war er durch das Land westlich der Oder gefahren. Noch einmal hatte er nicht ohne Bedrückung die Zusammenballung von Ängsten, Sorgen und Illusionen gefühlt. Noch einmal hatte er Trecks gesehen, die hilflos und verloren wirkten. Noch einmal in die Gesichter von Einheimischen geblickt, die ihre innerste Verwirrung nicht verbergen konnten.

Himmler wartete bereits auf Heinrici. Er hatte noch am 20. März der Führungsabteilung der Heeresgruppe den Befehl gegeben, in höchster Eile sämtliche Kartenunterlagen und alle wichtigen Befehle, die seit dem Bestehen der Heeresgruppe erlassen worden waren, bereitzuhalten. Er beabsichtigte, der Befehlsübergabe an seinen Nachfolger eine großartige Note zu verleihen.

Himmler stand hinter seinem riesigen Schreibtisch. Hinter ihm an der hölzernen Wand hing ein Porträt Friedrichs des Großen. Himmlers Gesicht schien aufgeschwemmt.

Seine Augen wirkten unruhig und gehetzt. Er begrüßte Heinrici mit der schnell gesprochenen Bemerkung, daß es ihm außerordentlich schwerfalle, von seinem Posten zu scheiden, während große, neue Entscheidungen vor der Tür ständen. Er sei aber leider dazu gezwungen, da ihm der Führer neue, noch größere Aufgaben von entscheidender Wichtigkeit übertragen habe. Er glaube, daß er Heinrici am schnellsten in die Verhältnisse seiner Heeresgruppe einführe, wenn er ihm die Entwicklung von dem Augenblick an schildere, in dem er, Himmler, das Kommando übernommen habe.

Damit wandte er sich zum Telefon. Er beorderte General Kinzel und den I. Generalstabsoffizier, Oberst Eismann, zu sich und ließ die Karten und Aktenunterlagen bringen.

Heinrici hatte immer Abneigung gegen die schattenhafte Figur Himmlers empfunden. Zweifellos ging sie zum Teil auf eine Abwehrreaktion des Generals gegen einen Empor-

kömmling zurück, der sich plötzlich in seinen Stand hinein-
gedrängt hatte. Es war aber auch eine rein menschliche und
in diesem Augenblick sogar körperliche Abneigung.

Heinrici hatte gehofft, die Befehlsübergabe werde in wenigen Minuten beendet sein. Ihn interessierte die Vergangenheit wenig. Wenn überhaupt, dann kam es ihm darauf an,
über die augenblicklichen Verhältnisse und über das bevorstehende Angriffsunternehmen bei Frankfurt unterrichtet
zu werden. Statt dessen ging Himmler mit großer Weit-
schweifigkeit auf seine Erlebnisse in Pommern von Januar
bis März ein. Seine Unkenntnis der höheren militärischen
Führung verführte ihn dazu, sich in unbedeutende Einzelheiten zu verlieren.

Nach einer Stunde legte der Stenograph, den Himmler
ebenfalls zu sich befohlen hatte, seinen Bleistift nieder, weil
Himmlers Bericht ohne Zusammenhang war. General Kinzel
entschuldigte sich mit dringenden Geschäften, und etwas
später verließ auch Oberst Eismann, an dessen übermüde-
tem Gesicht man die Anspannung der letzten Wochen able-
sen konnte, mit einer Entschuldigung den Raum.

Himmler versuchte, Heinrici zu erklären, weshalb die Heeresgruppe Weichsel in Pommern gescheitert sei. Er wollte
an Beispielen beweisen, daß nicht er, sondern der Generalstab des Heeres die Schuld an diesen Mißerfolgen trage.
Dieser habe immer wieder von Berlin aus in die Operationen
der Heeresgruppe eingegriffen und ihn an der Durchführung einer besseren und richtigeren Absicht gehindert.

Himmler sprach fast zwei Stunden. Heinrici war mehrfach
versucht, die Höflichkeit zu vergessen, ihn zu unterbrechen
und um Aufklärung über die Dinge zu bitten, die ihn wirklich
interessierten. Aber durch ein plötzliches Klingeln des Tele-
fons wurde er dieses Schrittes enthoben. Es handelte sich
um einen dringenden Anruf des Generals Busse, des Füh-

rers der 9. Armee, die den Oberabschnitt bei Küstrin und Frankfurt besetzt hielt.

Busse teilte Himmler mit, daß die Russen aus ihrem Brückenkopf im Süden von Küstrin überraschend zum Angriff geschritten seien. Sie hatten die Verbindung zu ihrem nördlich von Küstrin gelegenen Brückenkopf hergestellt und damit den letzten noch bestehenden Zugang nach Küstrin durchschnitten. In Himmlers Gesicht mischten sich Überraschung und Hilflosigkeit. Er überreichte Heinrici den Hörer.

»Sie führen ja jetzt die Heeresgruppe«, sagte er mit einem Ausdruck der Erleichterung, »bitte, geben Sie die entsprechenden Befehle.«

Heinrici erwiderte, daß er bisher noch nicht einmal erfahren habe, wo die eigenen Stellungen verliefen und über wie viele Truppen er verfügen würde. Aber er übernahm den Hörer und nahm Busses Meldung entgegen.

Im Zuge der Vorbereitungen für den beabsichtigten Angriff von Frankfurt aus waren die besten der deutschen Verbände, die sich bis dahin in dem Verbindungsschlauch nach Küstrin befunden hatten, aus diesem Schlauch herausgezogen worden. So war es den Russen leichtgefallen, den Schlauch einzudrücken. General Busse meldete, daß er die notwendigen Vorbereitungen treffen werde, um die Verbindung nach Küstrin wiederherzustellen, und Heinrici erklärte ihm, daß er auf dem schnellsten Wege zur 9. Armee fahren und sich persönlich ein Bild von der Lage machen werde.

Als Heinrici den Hörer niederlegte, schickte sich Himmler an, seinen Vortrag fortzusetzen. Aber Heinrici wies darauf hin, daß die Entwicklung bei Küstrin ihn leider zwinge, die Befehlsübergabe zu verkürzen, daß er aber, nachdem Himmler ihm so ausführlich über die militärische Entwicklung berichtet habe, sehr daran interessiert sei, aus maßgeblichem Munde etwas über die allgemeine Lage zu hören.

Himmlers Gesicht wirkte für einen Augenblick abweisend, als wolle es sagen, daß Heinrici sich über das Militärische hinaus auf ein Gebiet vorgewagt habe, das nicht seine Angelegenheit war. Aber dann sagte er plötzlich – vielleicht um eingehendere Diskussionen abzuschneiden –: »Es ist jetzt der Zeitpunkt gekommen, an dem wir mit unseren westlichen Gegnern in Verhandlung eintreten werden.«

Heinrici dachte an sein Gespräch mit Guderian und erkundigte sich, ob in dieser Richtung bereits praktische Maßnahmen ergriffen seien. Himmler blickte immer noch an Heinrici vorbei.

»Ich habe Schritte dazu eingeleitet«, sagte er flüchtig, »meine Unterhändler haben Verbindung aufgenommen.«

Heinrici sah in Himmler noch zu sehr die Verkörperung großer, gefährlicher Macht und zu wenig den tönernen Riesen, dessen Schwäche die kommenden Wochen deutlich machen sollten. Er spürte in Himmlers letzten Worten nicht das Bestreben, auszuweichen und die wirklichen Tatsachen mit ein paar selbsttäuscherischen Worten zu verbrämen. Er schloß aus Himmlers Worten mit einem Gefühl der Erleichterung, daß tatsächlich im Westen entscheidende Dinge im Gange seien.

Am folgenden Morgen hielt Heinricis Wagen vor dem Hauptquartier des Oberbefehlshabers der 9. Armee. Noch am selben Tage fuhr Heinrici an die Front am Oderstrom. Von da an war er mehrere Tage unterwegs.

Es geschah, was bis dahin kaum geschehen war: der Oberbefehlshaber der Heeresgruppe Weichsel erschien selbst in den vordersten Stellungen und den Stäben von Divisionen, Korps und Armeen, um sich ein Bild der Lage zu machen. Der kleine Mann stand auf den Höhen am Rande des Oderbruchs und beobachtete die dürftigen Stellungen und Linien, die nur zum Teil den Namen einer Front verdienten und tatsächlich nur überlebten, weil die sowjetischen Angriffsarmeen Zeit zu ihrem neuen Aufmarsch brauchten.

Dahinter aber lebte, vielfach dicht zusammengedrängt, die Bevölkerung des Oderbruchs, mit Flüchtlingen vermischt. Man sah sie auf den Feldern arbeiten, wie in einem verzweifelten Bemühen, in der Arbeit, die sie immer getan hatten, Halt und Vergessen vor der Gefahr zu suchen, die auf der anderen Seite des Stromes haltgemacht hatte, aber weiter lauerte.

An ihren Häusern klebten Plakate, auf denen mitgeteilt wurde, was auch den Ostpreußen und Deutschen im Wartheland vor dem sowjetischen Sturm über die Weichsel verkündet worden war: daß die deutschen Armeen nur aus strategischen Erwägungen so weit zurückgewichen waren, daß aber jetzt ein endgültiges Halt geboten sei. Zweifellos glaubten und vertrauten noch einmal Hunderttausende den Mitteilungen mit der Glaubenskraft, die sich in den vorangegangenen Monaten millionenfach gezeigt hatte.

Auch Heinrici las die Plakate, und noch wußte er nicht zu entscheiden, ob er sie als bewußte Täuschung bezeichnen sollte. Noch kannte er nicht die wirkliche Atmosphäre der Reichskanzlei; noch dachte er an einen Sonderfrieden im Westen. Was jedoch die Oder selbst anbetraf, so war er sich nach wenigen Tagen klar über den bitteren Ernst der Situation, in die er hineingestellt worden war.

Die »Front« der Heeresgruppe Weichsel stand, seit dem Zusammenbruch in Pommern, mit dem linken Flügel an der Ostsee auf den Inseln Wollin und Usedom. Sie folgte dann dem linken Ufer der Oder über Schwedt, Küstrin, Frankfurt, Fürstenberg bis an die Einmündung der westlichen Neiße. Dort grenzte sie an die Heeresgruppe Schörner, deren Front nun durch die Lausitz und an den böhmisch-mährischen Gebirgen entlang bis an die Slowakei verlief. Im Nordabschnitt der Heeresgruppe Weichsel stand die 3. Panzerarmee. Sie war seit einigen Wochen der Führung des Generals von Manteuffel, eines verhältnismäßig jungen, energischen und klar blickenden Mannes, unterstellt, der während der Ardennenoffensive die 5. Panzerarmee geführt hatte. Sie hielt den Oderabschnitt von der Ostsee bis in die Höhe von Eberswalde besetzt. Besser: sie versuchte, ihn besetzt zu halten, denn der Name einer Panzerarmee war eine Fiktion. Nur im Norden bei Stettin befanden sich Verbände, die man als kampffähig hätte bezeichnen können. Den südlicheren Abschnitt der Heeresgruppe hielt die 9. Armee unter der Führung des Generals Busse, der lange Zeit Chef des Stabes des Generalfeldmarschalls von Manstein gewesen war. Der schroffe, kurz angebundene Mann, der, ohne viel nach rechts und links zu sehen, seine ganze Persönlichkeit eingesetzt hatte, um aus den versprengten Haufen und ausgebluteten Divisionen, die ihm zur Verfügung standen, eine halbwegs festgefügte Armee zu machen, sah sich noch größeren Problemen als General von Manteuffel gegenüber.

Sein Armeeabschnitt war am stärksten gefährdet. Es gab hier nur kleine Frühjahrsüberschwemmungen, während das ganze nördliche Bett der Oder in rund drei Kilometer Breite unter Wasser stand. Ihm fehlte damit ein natürliches Hindernis gegen einen sowjetischen Stromübergang. Außerdem schienen sich im Abschnitt Küstrin–Frankfurt die stärksten sowjetischen Kräfte zu versammeln. Die Feindbeurteiler rechneten damit, daß gegenüber der 9. Armee etwa acht bis zehn russische Infanteriearmeen und zwei bis drei Panzerarmeen aufmarschierten, während der 3. Panzerarmee, vor allem bei Stettin, etwa vier bis fünf sowjetische Infanteriearmeen und eine Panzerarmee gegenüberstanden.

Guderian hatte Heinrici kein rosiges Bild der Lage gezeichnet. Aber Heinrici erfuhr auch hier wieder, daß selbst eine sachliche Bewertung einer Frontlage in einem hohen Stab kaum der Wirklichkeit gerecht werden konnte. Er fand Korps, die keine Korps, und Divisionen, die keine Divisionen waren. Es handelte sich mit wenigen Ausnahmen um schnell zusammengewürfelte Verbände, die teils im März in chaotischem Durcheinander mit den zivilen Flüchtlingen über die Oder zurückgeflutet waren. Es gab nur noch einzelne kampferprobte Divisionen. Die Mehrzahl bestand aus Resten der im Januar an der Weichsel versprengten deutschen Armeen, die wahllos mit Wiedergenesenen, Verwundeten und Kranken, mit blutjungen Rekruten und überalterten Volkssturmangehörigen aufgefüllt waren. Neben Volkssturmkompanien standen Zollschutzeinheiten, Alarmbataillone und lettische SS-Einheiten.

Die Offiziersbesetzung vieler Einheiten war mehr als mangelhaft. In den niederen und mittleren Stellen befanden sich zahlreiche Offiziere und Unteroffiziere, die den Krieg bisher nur an Schreibtischen in der Etappe erlebt hatten. Darüber hinaus gab es Luftwaffen- und Marinesoldaten, die über keine Erfahrung im Erdkampf verfügten.

War so das Bild des Zustandes der Truppen, welche der Heeresgruppe unterstanden, sehr uneinheitlich, so stand es nicht besser mit ihrer Bewaffnung. Während alte, wiederaufgestellte Divisionen meist das Notwendige besaßen, fehlte es in den Volkssturmabschnitten an allem, ganz besonders an Erdartillerie. Zur Ausfüllung dieser Lücken war Flakartillerie verwendet worden, die jedoch die normalen Geschütze nicht vollwertig ersetzen konnte. Es herrschte Mangel an Maschinengewehren. Die Munitionslage war schlecht. Hinter der Front existierten noch Menschenreserven. Aber es handelte sich um Reststäbe und ausgebrannte Verbände, die aus Kurland, Ostpreußen und Westpreußen über See nach Swinemünde gebracht worden waren und in Mecklenburg und Brandenburg aufgefrischt werden sollten, sowie um Ersatzeinheiten des Heeres, der Waffen-SS, Luftwaffe und Marine. Sie waren meist ohne schwere Waffen, teilweise sogar ohne Handwaffen. Unter ihnen befanden sich auch norwegische und holländische SS-Verbände.

Es war für Heinrici zunächst unmöglich, einen Überblick über diese Reserven zu gewinnen. Soweit sie dem »Heimatheer« angehörten, unterstanden sie dem SS-Obergruppenführer Jüttner und damit Himmler. Die Bodeneinheiten der Luftwaffe waren Göring unterstellt, die Waffen-SS-Verbände gehorchten Himmler und die Volkssturmeinheiten den Gauleitern Schwede-Coburg in Stettin und Stürtz in Potsdam.

Waffen- und Ausrüstungslager existierten kaum noch. Dagegen besaßen die Gauleiter, die Luftwaffe und die SS Geheimlager. Heinrici stellte schon in den ersten Tagen seines neuen Kommandos fest, daß Göring eine Fallschirmjägerdivision, die er in der Nähe von Karinhall auffrischen ließ, aus eigenen Beständen mit dem doppelten Soll an Maschinengewehren ausrüstete, während es an der Oderfront Divisionen gab, die gerade die Hälfte dieses Solls besaßen.

Es war auch unmöglich, einen Überblick über die noch in Gang befindliche Waffenproduktion zu erhalten, obwohl Heinrici infolge einer kurzen, aber guten Zusammenarbeit in Oberschlesien ein direktes Verhältnis zu dem Reichsminister für die Rüstung, Speer, besaß. Teils herrschte in der Produktion selbst infolge der täglichen Zerstörungen aus der Luft und der Verluste von Werken und Rohstoffbasen durch das Vordringen der Engländer und Amerikaner in Westdeutschland Verwirrung. Teils wiederholte sich in vervielfachtem Ausmaß das düstere Spiel, das schon die Abwehrvorbereitungen im Januar durchzogen und vor allem in

Ostpreußen gelähmt hatte. Das tiefe Mißtrauen der Gauleiter gegen das Heer ließ sie als Reichsverteidigungskommissare Waffen für den Volkssturm horten, damit diese Waffen nicht durch »verräterische« Heereseinheiten verlorengingen.

Von der Luftwaffe war nur beschränkte Unterstützung zu erwarten. Die Luftflotte des Generalobersten Ritter von Greim, welche Heinrici unterstützen sollte, verfügte zwar noch über eine größere Anzahl von Flugzeugen. Ihr Bestand an Treibstoff war jedoch so gering, daß sie nur die dringendsten Aufklärungsflüge durchführen konnte.

Der einzige Trumpf waren die Panzerdivisionen mit ihren 850 Panzern. Aber auch sie waren nur noch ein Abglanz der einstigen Panzerverbände und bedurften erst der Ausbildung.

Bevor Heinrici aber den Versuch unternehmen konnte, Ordnung in dieses Provisorium an der Oder zu bringen, schlug ihn der Kampf um Küstrin in seinen Bann. Küstrin hatte – wie Heinrici sich überzeugte – nicht nur die zweifelhafte Bedeutung einer der Festungen, an die Hitlers Behauptungswille sich klammerte. Der Besitz von Küstrin hinderte die Russen tatsächlich daran, den dortigen Oderübergang zu benutzen bzw. wiederherzustellen. Sie waren jetzt gezwungen, außerhalb von Küstrin und Frankfurt Notbrücken über den hochflutenden Strom bis zu einer Länge von drei Kilometern zu bauen.

Am 23. März machten Verbände des Generals Busse den ersten Versuch, die Verbindung nach Küstrin wiederherzustellen. Er scheiterte an der Übermacht der gegnerischen Artillerie. Bereits nach dem Verlassen der Stellungen blieben die deutschen Soldaten im russischen Abwehrfeuer liegen. Daraufhin verlangte Hitler eine Wiederholung des Angriffes.

Guderian gab die entsprechenden Anweisungen an Heinrici weiter. Die Angriffsstelle wurde gewechselt, ebenso die Angriffsrichtung. Artillerie und Panzer wurden herangezogen. Die Luftwaffe konnte auch diesmal kaum mitwirken, während die russischen Flieger in Schwärmen über Küstrin hingen. Die Zeit drängte, denn die Nachrichten, die aus Küstrin kamen, klangen beunruhigend.

Wenige Tage bevor Heinrici in Prenzlau erschien, hatte Hitler einen SS-Gruppenführer als Festungskommandanten in Küstrin eingesetzt. Es handelte sich um den Gruppenführer Rheinefarth, der als besonders harte Persönlichkeit galt und die unbedingte Behauptung der Festung sichern sollte. Aber die Besatzung hatte sich auch unter seiner Führung aus Küstrin-Neustadt zurückziehen müssen. In der von der Bevölkerung verlassenen, gespenstisch leeren Altstadt litt sie unter pausenloser Beschießung. Das Frühjahrshochwasser hatte die meisten Keller unter Wasser gesetzt und raubte den Truppen jede Deckungsmöglichkeit. Die alten friderizianischen Festungsbauten waren Artillerietreffern nicht gewachsen. Noch weniger hielten sie Bomben stand.

Am 27. März traten Busses Panzer und Infanterie zu einem zweiten Entsatzversuch an. Nach anfänglichen Erfolgen kam aber die deutsche Infanterie in dem flachen und deckungslosen Gelände nicht weiter. Auch der zweite Angriff scheiterte.

Heinrici war sich klar darüber, daß ein dritter Angriff bei den vorhandenen Kräften und der dauernden weiteren Verstärkung des russischen Brückenkopfes Selbstmord gewesen wäre. Er meldete daher den Mißerfolg an das OKH und stellte gleichzeitig den Antrag, der Besatzung Küstrins den Ausbruch und den Rückzug nach Westen zu genehmigen.

Guderian gab diese Meldung am Nachmittag des 27. März an Hitler weiter. Sie versetzte Hitler in so stürmische Erregung, daß er den zuständigen Armeebefehlshaber, General Busse, mit haltlosen Beschimpfungen bedachte und Guderian aufforderte, zusammen mit Busse am 28. März um 14 Uhr zu einer Sonderbesprechung über Küstrin in der Reichskanzlei zu erscheinen.

Guderian übersandte Hitler noch am 27. März einen Brief, in dem er kurz über das Unternehmen bei Küstrin berichtete, das wirkliche Kräfteverhältnis und die Höhe der deutschen Verluste darlegte und mit den Worten schloß: »Ich muß daher die heute nachmittag erhobenen Vorwürfe gegen den Führer der Armee und gegen die Truppe entschieden zurückweisen.«

In seinen Zeilen grollte bereits das letzte Ungewitter, das am Nachmittag des nächsten Tages losbrechen sollte.

Guderian erschien mit General Busse zur festgesetzten Zeit. Hitler forderte Busse mit erregten, unfreundlichen Worten auf, Bericht zu erstatten, unterbrach ihn jedoch schon nach dem dritten Satz und brachte heftige Vorwürfe gegen ihn und seine Truppen vor. Guderian stand an der Seite des Kartentischs. Die schweigend zuhörende Umgebung blickte mehr zu ihm als zu Hitler hinüber, denn sie hatte seit Wochen die Verschärfung der Gegensätze zwischen beiden erlebt. Sie sah die Röte des Jähzorns, die sie so oft bei Guderian bemerkt hatte, in sein Gesicht steigen.

Guderians Stimme hallte laut durch das Zimmer. Sie übertönte Hitlers Worte, und sie wiederholte noch einmal trotz der Erregung klar und exakt den Bericht über die tatsächliche Lage und die Zurückweisung der Vorwürfe und Beschimpfungen.

Hitler sprang plötzlich auf. Sein Gesicht wurde noch bleicher, als es sonst schon war. Für Sekunden schien es, als wolle er sich auf Guderian stürzen. Dann vergaß er Küstrin und General Busse und entlud plötzlich all das, was sich in den letzten Wochen in ihm an neuem Mißtrauen, an Haß und Ressentiments aufgespeichert hatte. Er sah nicht nur Guderian vor sich. Er sah alle Generale, alle Generalstäbler, alle Offiziere und alle Soldaten, die nicht das erfüllt hatten, was nicht mehr erfüllbar war, was er jedoch erfüllt haben wollte. Zwischen Guderian und Hitler flammten alle Probleme auf, die monatelang umkämpft, aber ungelöst geblieben waren: die Vernachlässigung und Schwächung der Ostfront, die Preisgabe der ostdeutschen Bevölkerung, die Verweigerung der Freigabe der Kurlanddivisionen, der Abtransport der 6. Panzerarmee nach Ungarn statt an die Ostfront, die Vergeudung von Menschen durch die falsche Auswertung der Volkssturmidee.

Guderian griff noch einmal auf die Frage der verlorenen und sinnlos vertanen Kurlanddivisionen zurück, um die er so oft gekämpft hatte. Und Hitler schrie ihn an, davon verstehe er nichts, davon verstehe der ganze Generalstab nichts. Er habe mit seiner Idee der Festungen und der Behauptung von Stützpunkten im Rücken des Feindes immer allein gestanden. Sie bänden Kräfte, sie hätten bei Stalingrad Kräfte gebunden und verhindert, daß der Südteil der deutschen Ostfront zusammengebrochen sei. Sie hätten die Lage im Winter 1941/42 gerettet, und sie machten es jetzt in Kurland, Ostpreußen und Westpreußen möglich, daß man an der Oder überhaupt noch Widerstand leisten könne. Guderian habe ihn zusammen mit seinem irrsinnigen General Gehlen falsch beraten. Auch die Offensive aus Pommern nach Süden, Guderians Werk, sei eine Katastrophe gewesen.

Aber Guderian überschrie Hitler noch. Es gab keine Hemmungen mehr zwischen beiden Männern. Die Entladung des Hasses, der tief in Hitler kochte und aus der Ahnung seines nahenden Unterganges gespeist wurde, war so heftig, daß sein zitternder Arm in krampfhaften Zuckungen auf und ab schlug. Er brauche keinen Generalstab mehr, rief er. Der Generalstab sei der Hort des Defätismus. Im Generalstab sitze der ganze 20. Juli. Er begann vor Erregung zu schwanken.

Da erwachte Burgdorf aus seiner Erstarrung. Er trat hinter ihn und versuchte, ihn in den Stuhl zurückzuziehen. »Mein Führer«, rief er, »beruhigen Sie sich doch! Setzen Sie sich doch wieder hin!« Und Hitler war so erschöpft, daß er plötzlich in den Stuhl fiel und wie abwesend dasaß. Es war, als sei das jähe Ende eines Sturmes gekommen.

Auch Jodl und Winter hatten ihre Erstarrung überwunden. Sie nahmen Guderian beim Arm und zogen ihn mit Gewalt zurück. Winter führte Guderian zum Fenster. Guderians Adjutant von Freytag-Loringhoven unterstützte ihn dabei. Aber ihr Bemühen, Guderian zu beruhigen, war zwecklos. Er entlud weiter die Sorgen, den Zorn und die Qual vieler Monate.

Er sprach auch hier nicht mehr vom Führer, sondern gebrauchte das Wort »er«. Man führte ihn an den Außenwänden des Raumes herum. Aber seine laute, polternde Stimme fuhr fort, es sei alles Unfug, was »er« gesagt habe, es bleibe dabei, Kurland sei ein Verhängnis, die ganzen Ausführungen über Pommern stimmten nicht.

Der Adjutant von Freytag-Loringhoven fürchtete, daß Hitler Guderian verhaften lassen werde. Auf der Suche nach einem Ausweg verfiel er auf den Gedanken, General Krebs in Zossen anzurufen. Er eilte in das Vorzimmer, setzte sich mit Krebs in Verbindung, schilderte ihm in wenigen Worten die Lage und sagte ihm, er werde jetzt Guderian mitteilen, Krebs wünsche ihn dringend zu sprechen. Krebs müsse Guderian dann möglichst wichtig erscheinende Dinge erzählen, bis er sich beruhigt habe. Krebs verstand, und von Freytag-Loringhoven stürzte in den Besprechungsraum zurück.

Aber Guderians Erregung war nach wie vor so stark, daß er seinen Adjutanten nur anfuhr: »Interessiert mich nicht.« Es dauerte noch Minuten, bis von Freytag-Loringhoven und Winter ihn überzeugen konnten, daß er mit Krebs sprechen müsse.

Das Gespräch dauerte nahezu zwanzig Minuten. Währenddessen hatte auch Hitler sich beruhigt. Er richtete noch einige Fragen an General Busse. Er tat es in einer fast erschreckend ruhigen Form.

Als Guderian zurückkam, hatte auch er wenigstens äußerlich seine Selbstbeherrschung zurückgefunden, auch wenn man seinem Gesicht ansah, daß er innerlich nicht bereit war, um einen Zoll zurückzuweichen. Die Lagebesprechung ging noch eine Weile weiter. Aber die Ruhe, in der sie sich vollzog, blieb unnatürlich und gewitterschwer.

Guderian stand schweigend und wartete, bis das Ende kam. Dann bat Hitler Keitel und ihn, zurückzubleiben, während die anderen den Raum verließen. Hitler erklärte ruhig, aber verletzend: »Guderian, Ihre Gesundheit erfordert jetzt Ihre sofortige Beurlaubung. Ich glaube, Ihr Herz macht Ihnen wieder zu schaffen. In sechs Wochen können Sie wiederhergestellt sein.«

»Ich melde mich beurlaubt«, gab Guderian kalt zurück.

»Wohin werden Sie sich begeben?« fragte Hitler. Man fühlte, wieviel Mißtrauen in den Worten lag.

Guderian erwiderte, das wisse er noch nicht. Keitel schlug vor, er möge sich nach Bad Liebenstein begeben. Guderian antwortete, das sei unmöglich, weil sich dort bereits die Amerikaner befänden. Darauf schlug Keitel Walkenried vor. Guderian entgegnete ihm, dort würden die Amerikaner morgen sein. Man möge sich nicht bemühen, er werde selbst ein Quartier finden. Dann verließ er, von Keitel begleitet, den Raum und fuhr nach Zossen zurück. Dort erfuhr er, daß

General Krebs zu seinem Nachfolger ernannt worden war. Er hielt sich noch zwei Tage in Zossen auf, um seinem Nachfolger die Geschäfte zu übergeben. Dann verließ er das Lager.

Sein Abschied bedeutete bei allen menschlichen und sachlichen Schwächen, die er gehabt hatte, das Ende des zähesten und härtesten Kämpfers für das Schicksal Ostdeutschlands und den Beginn der letzten Phase, in welcher der Generalstab des Heeres widerspruchslos nur noch ausführte, was Hitlers Willen entsprach.

General Krebs, der lange Zeit Gehilfe des deutschen Militärattachés in Moskau, Koestring, gewesen war, war ein den Genüssen des Lebens zugeneigter Mann mit vielseitiger Begabung und Intelligenz. Es hatte nie in seiner Art gelegen, scharf aufzutreten und seine Ansichten zu verfechten. Er hatte es immer geliebt, nur die günstigen Seiten des Lebens zu sehen. Er hatte zusammen mit dem beschränkten und ebenfalls den Genüssen des Lebens zugetanen Chef des Heerespersonalamtes, Burgdorf, die Kriegsakademie besucht und schloß sich jetzt dem engen, Hitler verschworenen Kreis um Burgdorf und Bormann an.

Als ihn Guderians bisheriger Adjutant darum bat, als Generalstabsoffizier zu einer Division versetzt zu werden, erwiderte er ihm: »Freytag, das hat doch gar keinen Sinn. Es ist sowieso bald alles zu Ende. Ich habe keine Lust, noch ein neues Gesicht zu sehen.«

Aber es war nicht nur Müdigkeit und Resignation, die ihn so sprechen ließ, sondern die allgemeine Oberflächlichkeit, die ihn auszeichnete und die ihn zum Vollstrecker aller Anordnungen Hitlers werden ließ. Er war sich klar über das Ende. Aber er spielte das Spiel des Siegesglaubens und des Kampfes bis zum letzten mit, vielleicht wie ein Spieler, der mit einem Gefühl von Nihilismus alles hinnahm und alles tat, was von ihm verlangt wurde, und für den Fall einer Katastrophe vorsah, seinem Leben selbst ein Ende zu machen.

Neun Tage nach Guderians Sturz, am Nachmittag des 6. April, stand Heinrici im Garten der Reichskanzlei in Berlin. Er wartete auf den Beginn der Lagebesprechung, in der er Hitler Bericht über die nunmehrige Lage der Oderfront ablegen sollte. Hitler hielt seine Lagebesprechungen nicht mehr in dem über der Erde gelegenen großen Besprechungsraum ab, sondern hatte sich wegen der zunehmenden Luftangriffe auf Berlin in den großen Bunker unter der Reichskanzlei, an dem noch gearbeitet wurde, zurückgezogen.

Heinricis Gesicht hatte sich in den vierzehn Tagen, die seit seiner Kommandoübernahme vergangen waren, verändert, so wie das Gesicht eines Menschen, der begonnen hatte, die letzte grausame Wirklichkeit eines Mannes und eines Staates zu erkennen, dem er mehr als ein Jahrzehnt gedient hatte. Er stand zwischen aufgeworfener Erde, Trümmern und Baumaschinen und überlegte sich noch einmal, was er vorzutragen hatte. Er hatte in den letzten Wochen alles in Bewegung gesetzt, um seiner Front soviel Abwehrkraft wie möglich zu geben. Aber der Erfolg seiner Mühe bedeutete wenig. Er täuschte sich nicht darüber hinweg, weil er in Realitäten lebte.

Wenige Tage nach dem Sturz Guderians hatte SS-Gruppenführer Rheinefarth die Stadt Küstrin gegen den persönlichen Befehl Hitlers und gegen alle Erwartungen, die Hitler in ihn gesetzt hatte, aufgegeben und war mit achthundert Mann nach Westen durchgebrochen. Der ganze Aufruhr um Küstrin, über den Guderian mit gestürzt war, schien in das Licht absoluter Sinnlosigkeit gerückt, denn Hitler beugte sich plötzlich wortlos den Ereignissen.

Nur wenig später hatten die Russen auch die deutschen Brückenköpfe bei Dreesen und Pölitz eingedrückt. Seither bauten sie fast ungehindert an ihren Brücken über den Strom. Sie bauten zum Teil dicht unter der Wasseroberfläche, so daß die Brücken aus der Luft nicht zu erkennen waren. Heinrici hatte alles, was er an weittragender Artillerie heranholen konnte, aufgeboten, um die Bauwerke zu beschießen. Aber die Beschießung hatte wenig Erfolg gehabt. Es fehlte an Munition. Die Flieger des Generalobersten von Greim verfügten nur noch über eine Sturzkampfstaffel, und die russische Abwehr war zu stark. Minen, die bei Frankfurt in die Oder geworfen wurden, um auf diese Weise die Brücken zu zerstören, fingen sich in sowjetischen Netzsperren. Schließlich hatte Heinrici von der Kriegsmarine Kampfschwimmer angefordert. Diese befanden sich jedoch in Holland, und es war zweifelhaft, ob und wann sie eintreffen würden.

Vorläufig mußte man hilflos zusehen, wie die russischen Brücken Tag für Tag weiter gediehen und in dem großen russischen Brückenkopf bei Küstrin weitere Angriffsartillerie auffuhr.

Der ursprüngliche Plan Guderians, diesen Brückenkopf von Frankfurt aus zu beseitigen, war durch den Fall von Küstrin zunichte geworden. Man mußte für den Fall des sowjetischen Angriffs ein gewaltiges Trommelfeuer erwarten, und Heinrici sah für diesen Fall nur einen Ausweg. Er bestand darin, seine Verbände kurz vor Beginn dieses Feuers zurückzunehmen, um so der vernichtenden Wirkung des Feuers auszuweichen. Aber er wußte nur zu gut, wie gefährlich dieses Manöver war. Es konnte allzu leicht in einen uferlosen Rückzug übergehen. Man bedurfte dazu hochwertiger Divisionen.

Heinrici hatte in den vorangegangenen vierzehn Tagen Umgruppierungen im Bereich der ganzen Heeresgruppe vorgenommen und das ganze Hinterland durchstreifen lassen, um in dauerndem Kampf mit anderen Befehlsgewaltigen an Waffen und Ausrüstungen heranzuholen, was heranzuholen war. Die Lage war so, daß er nicht nur um einzelne Gewehre, sondern auch um Spaten und Picken für die Schanzarbeiten hatte kämpfen müssen. Es gab keinen Stacheldraht und keine Drahtscheren, und selbst nach Nägeln mußte gesucht werden. Er hatte auch noch einmal mit Gauleitern und Reichsverteidigungskommissaren um deren geheime Waffenlager gerungen. Aber auch ihm war es nicht gelungen, den Einfluß der Reichsverteidigungskommissare auf alles, was zehn Kilometer hinter seiner Front geschah, zu beseitigen.

Sein an Ordnung gewöhnter einfacher Geist sah sich einer Verwirrung von Organisationen, Machtbereichen und Rivalitäten gegenüber. Er mußte zusehen, wie der pommersche Gauleiter Schwede-Coburg die sogenannte Festung Stettin mit unvorstellbaren Mengen von Lebensmitteln und anderen Vorräten ausrüstete, weil der Mann, der noch nie einen sowjetischen Soldaten vor Augen gesehen hatte, sich der Illusion hingab, daß er sich in seiner Gauhauptstadt behaupten könne, wenn die übrige Front wegen der Schwäche und Verräterei der Generale zusammenbräche. Nicht zuletzt aber, weil er hoffte, daß er in Stettin aushalten könne, bis das Wunder einer militärischen Wende begann.

Nicht viel anders verhielt es sich mit dem Gauleiter von Mecklenburg, Hildebrandt, oder dem Gauleiter von Brandenburg, Stürtz. Sie alle klammerten sich noch an ihre alte Macht als Statthalter Hitlers und versuchten mit jeder Faser ihres vielleicht organisationstüchtigen, aber in jeder höheren politischen oder militärischen Sphäre unwissenden und hilflosen Wesens den Eindruck absoluter Siegeszuversicht zu erwecken.

Hinter den Kulissen ihrer Siegeszuversicht, die sie durch ihre Propagandaorgane überall hinter der Oderfront an die Zivilbevölkerung weitergaben, schwankten sie zwischen Furcht und Illusionen. Sie fürchteten, daß Heinrici und sein Stab mit ihren ernsten Lageberichten recht haben könnten, und klammerten sich doch wenige Stunden später wieder an Gerüchte und Berichte aus der Reichskanzlei, wonach Hitler gesagt habe, daß am Sieg kein Zweifel sei. Sie hatten so lange an Hitler geglaubt, daß sie ihren Glauben nicht aufgeben konnten, ohne sich selbst aufzugeben. Das Ergebnis waren nach außen hin Wellen übersteigerter Sieges- und Hoffnungspropaganda und der Gedanke an die eigene Sicherung – und sei es nur durch sinnlose Aufstellung von Leibgarden und das Verbergen von Waffen.

Heinrici hatte sich darum bemüht, die Front zwischen Küstrin und Frankfurt, an der er einen Angriff auf Berlin erwartete, dadurch zu verstärken, daß er Frankfurt, das schon vor seiner Zeit zur Festung erklärt worden war, dieses Charakters beraubte, um die beiden in Frankfurt stehenden Divisionen in die viel zu dünne Oderfront einzureihen. Die Auseinandersetzungen über diese Divisionen in Frankfurt hatten ihn in den letzten Märztagen zum ersten Male zum persönlichen Vortrag in die Reichskanzlei geführt.

Er hatte zum ersten Male Hitler gegenübergestanden, zum ersten Male eine Leibesvisitation erlebt. Ihm war zum ersten Male ahnungsvoll klargeworden, wie weit sich Hitler und der Kreis, den er um sich versammelt hatte, von der Wirklichkeit des Geschehens entfernt hatten und daß Hitler zu einem Mann geworden war, der zwischen Niedergeschlagenheit, Anfällen, vernünftiger Erkenntnis und wilder Auflehnung gegen die Wirklichkeit hin und her schwankte und in den Augenblicken der Auflehnung voller Unberechenbarkeit, Wut und mörderischer Grausamkeit um sich schlug. Er hatte die Ereignisse aus den letzten Märztagen noch in voller Deutlichkeit vor Augen: seinen letzten Besuch bei General Busse, seine Fahrt nach Berlin, seine Fahrt durch die Trümmerzeilen der Stadt und das Erlebnis von Menschen und Gesichtern, die nach Osten blickten, von Aufschriften an den Häusern, die nicht aus den Triumphjahren 1940 oder 1941 stammten, sondern eben angebracht worden waren und versprachen, daß die kommunistische Riesenwalze keinen Schritt weiterkommen werde.

Heinrici hatte mit dem hilflosen Erschrecken des Soldaten, dem die Propaganda an sich eine fremde Welt war, den Gegensatz zwischen diesen Behauptungen und der Wirklichkeit empfunden, aus der er gerade kam – um so mehr, als gleichzeitig der Rundfunk zugeben mußte, daß die amerikanischen und englischen Armeen im Westen auf breiter Front im Angriff über den Rhein standen, daß sie in zügigem Vorgehen waren und daß die Heeresgruppe Model im Ruhrgebiet sich von Umfassung bedroht sah.

Während Heinrici die Reichskanzlei betrat, hatte er gehofft, nicht nur in der Frage der Festung Frankfurt Klarheit zu erhalten, sondern auch zu hören, was denn nun im Rücken seiner Heeresgruppe geschehe, wenn die Amerikaner bis zur Elbe marschierten oder darüber hinaus. Schon vor der Begegnung mit Hitler hatte er Krebs gefragt. Aber Krebs war sofort ausgewichen und hatte ihm erklärt, das sei nicht Sache des Generalstabes des Heeres. Heinrici habe die Oderfront zu halten, und sonst nichts.

Die Teilnehmer der Lagebesprechung hatten sich versammelt, Göring, Keitel, Burgdorf, Jodl, Winter und Himmler, der sich seit seinem Rücktritt vom militärischen Kommando offenbar darum bemühte, im Umkreis Hitlers wieder festen Fuß zu fassen. Aber sie alle wirkten merkwürdig unwirklich, wie Schauspieler auf einer Bühne, in deren Mittelpunkt

Hitler stand. Auch Hitler mit seiner gebeugten Gestalt, seinen zitternden Händen, seinem kalkweißen Gesicht war eine lähmende Enttäuschung für Heinrici, der Hitler seit Jahren nur auf Bildern gesehen hatte.

Heinrici hatte die Schwierigkeit der Lage beschrieben und auf die Notwendigkeit hingewiesen, den Gedanken der Verteidigung Frankfurts als Festung aufzugeben und die in Frankfurt gebundenen Truppen in die Lücken an der viel zu lang ausgedehnten Oderfront hineinzuschieben. Hitler hatte Krebs aufgefordert, ihm einige Unterlagen zu reichen, und gleich darauf war der Sturm losgebrochen, jäh, anscheinend unmotiviert. Es war der gleiche Sturm, der zwei Tage zuvor gegen Guderian getobt hatte. Hitler hatte sich ruckartig aufgerichtet und begonnen, die Flut seines Zornes und seines Hasses über den Generalstab und die Generalität auszugießen. Er hatte mit bebender Stimme gerufen, er wisse sehr wohl, warum er die Verteidigung von Festungen fordere. Er verlange, daß Frankfurt Festung bleibe. Dann war er plötzlich in sich zusammengesunken. Einige Zeichenstifte in seinen Händen klapperten auf dem Holze der Armlehnen seines Sessels.

Heinrici hatte, seiner Fassung beraubt, in die Gesichter ringsum geblickt. Aber aus ihnen sprachen weder Überraschung noch Erstaunen, noch Auflehnung. Dann hatte er mit der Zähigkeit des Unerfahrenen noch einmal angefangen, seine Sache zu verfechten. Hitler hatte ihn nach Einzelheiten über Frankfurt gefragt, die Heinrici schon im ersten Teil seines Vortrags erwähnt hatte. Vielleicht hatte Hitler gar nicht aufmerksam zugehört. Vielleicht waren seine Gedanken im Westen gewesen oder im Norden oder im Süden oder irgendwo, wo das unaufhaltsame Schicksal, das er nicht anerkennen wollte, weiter gegen ihn und Deutschland vorrückte. Plötzlich hatte er sich nach dem Festungskommandanten von Frankfurt erkundigt. Heinrici hatte erwidert, es handle sich um Oberst Bieler, der sich aus dem Lazarett heraus zur Verfügung gestellt und bis an die Grenzen seiner Kräfte gearbeitet habe, um die Kampfkraft seiner Truppen zu erhöhen. Daraufhin hatte Hitler mit mißtrauischem Seitenblick gefragt: »Ist er ein Gneisenau?«

Heinrici hatte darauf keine Antwort geben können. Durch einen Besucher in Prenzlau hatte er einige Tage zuvor gehört, daß Hitler unter dem intellektuellen Einfluß von Goebbels die Geschichte der Befreiungskriege und des Siebenjährigen Krieges studierte und sich an das Wunder der schließlichen Siege Friedrichs des Großen klammerte. Hitlers Frage hatte fast so geklungen, als imitiere er die Sprechweise, die von dem Preußenkönig berichtet wurde, und es war Heinrici nicht mehr gelungen, noch einmal das Thema Frankfurt zur Sprache zu bringen. Hitler hatte – von neuem erregt – entschieden, daß Oberst Bieler sich am nächsten Tage bei ihm melden solle. Er werde dann über die Festung Frankfurt entscheiden. Heinrici hatte vergebens darauf gewartet, daß Krebs oder Jodl ein Wort der Unterstützung für seinen Plan finden würden.

Heinrici war nach Prenzlau zurückgekehrt, aber da Oberst Bieler seit vielen Tagen ununterbrochen auf den Beinen gewesen war, hatte er sich noch einmal mit Krebs verbinden lassen und vorgeschlagen, die Meldung Bielers um einen Tag hinauszuschieben, um dem übermüdeten Mann eine Frist zur Vorbereitung zu geben. Krebs aber hatte sich ungerührt an Hitlers Befehl gehalten.

So war Bieler nach Berlin gefahren. Wenige Stunden später hatte Burgdorf Heinrici mitgeteilt, Bieler habe auf Hitler einen schlechten Eindruck gemacht. Er habe seine sofortige Ablösung befohlen. Zwei Stunden später hatte sich Bieler bei Heinrici gemeldet und erklärt, daß Hitler ihn nur angesehen und einige belanglose Worte gesprochen hatte. Von Frankfurt war nicht die Rede gewesen. Es hatte genügt, daß Bieler äußerlich keinen straffen, soldatischen Eindruck machte, um ihn ohne Rücksicht auf seine Leistungen abzusetzen. Heinricis noch ahnungsloses Rechtsempfinden hatte sich empört. Er hatte sowohl von Krebs als auch von Burgdorf die Widerrufung der Absetzung Bielers verlangt und im anderen Falle sein Amt als Heeresgruppen-Befehlshaber zur Verfügung gestellt. Stundenlang hatten Krebs und Burgdorf sich gesträubt, nicht willens und nicht fähig, Hitler zu widersprechen. Doch dann hatte Heinrici sich durchgesetzt.

Frankfurt aber war Festung geblieben. Und zu der Ungewißheit über die Gesamtlage, die sich durch das Vordringen der Engländer und Amerikaner in Westdeutschland von Tag zu Tag vergrößerte, hatte sich für Heinrici die persönliche Erkenntnis der lähmenden Unberechenbarkeit des Führerhauptquartiers gesellt. Wenn er daran dachte, mit welcher Ahnungslosigkeit er noch wenige Wochen zuvor in der Slowakei gekämpft hatte, befiel ihn nachträglich ein Gefühl des Unbehagens und des Schreckens.

Es war jetzt 14.45 Uhr. Heinrici wartete immer noch im Garten der Reichskanzlei. Die Frühjahrssonne leuchtete so strahlend, als ob sich im Osten nicht neue Stürme vorbereiteten.

Er dachte wieder an die Oder. Er war durch Dutzende von Abwehrschlachten im Osten hindurchgegangen. Er wußte, daß die Russen in Wellen immer wieder angriffen. Wenn es sein mußte, wochenlang. So dicht vor Berlin würden sie ihre Kräfte weniger schonen als je zuvor. Selbst wenn es seinen eigenen Frontverbänden gelingen würde, sich dem sowjetischen Trommelfeuer zu entziehen und gegen die ersten sowjetischen Sturmwellen zu behaupten, über kurz oder lang würden sie durchbrochen werden, und dann fehlten Reserven, welche den Gegner noch einmal auffangen könnten.

Bis zum Morgen des 6. April hatte Heinrici mit den verhältnismäßig starken Panzerdivisionen gerechnet, die er angriffsbereit hinter seiner Front aufgebaut hatte. Sie hatten einen gewissen Rückhalt bedeutet, auch wenn sie keineswegs mit den Panzerdivisionen verglichen werden konnten, die noch im Jahre 1944 zur Verfügung gestanden hatten. Aber seit dem Vormittag rollte nahezu die Hälfte dieser Verbände auf Grund eines überraschenden Befehls Hitlers nach Süden zur Heeresgruppe Schörner, weil, wie Heinrici telefonisch gesagt worden war, Hitler zu der Überzeugung gelangt sei, daß das Schwergewicht des sowjetischen Angriffs sich in der Lausitz, im Raume von Görlitz zusammenballe, um sich durch den Raum von Dresden gegen Prag zu wenden. Seit Heinrici diese Auskunft bekommen hatte, belastete ihn noch mehr die absolute Unberechenbarkeit, die von Hitler und seiner engsten Umgebung in diesen entscheidenden Stunden ausging. Seit acht Tagen meldeten die wenigen Aufklärungsflugzeuge, die Ritter von Greim aufsteigen lassen konnte, große sowjetische Marschkolonnen, die im Raum von Frankfurt und Küstrin in Richtung Oder zogen. Es konnte überhaupt keinen Zweifel daran geben, daß es zu einem Sturm gegen Berlin kommen würde. Mochte es auch in der Lausitz zu einem zweiten Angriff kommen, der sich vielleicht tatsächlich gegen Prag richtete oder die Elbe zu erreichen suchte – an dem bevorstehenden Angriff gegen Berlin war nicht mehr zu zweifeln. Wollte Hitler der Wirklichkeit und der Drohung, die sich direkt gegen Berlin richtete, nicht ins Auge sehen? Ließ ihn seine Flucht vor den Tatsachen Selbstsuggestionen erzeugen?

So wie Heinrici die Dinge sah, würde die Oderfront in ihrem jetzigen Zustand vielleicht fünf, vielleicht auch sechs oder sieben Tage halten. Aber das war das höchste, was man erhoffen durfte. Und man durfte es auch nur dann erhoffen, wenn das entscheidende Wagnis gelang: die rechtzeitige Ausweichbewegung vor dem russischen Trommelfeuer. Dazu jedoch war es notwendig, das ungefähre Angriffsdatum des Gegners zu kennen. Aus den sowjetischen Truppenbewegungen war zwar ersichtlich, daß die Offensive nicht mehr lange auf sich warten lassen würde. Aber auf russischer Seite wurde völlige Funkstille gehalten. Auch war es nicht gelungen, Gefangene einzubringen, die Aussagen über den voraussichtlichen Angriffsbeginn auf sowjetischer Seite hätten machen können.

Gegen 15 Uhr stieg Heinrici über die steile Treppe in den Bunker hinab. Im Bunkergang herrschte ein derartiges Gedränge, daß man sich kaum bewegen konnte. Der Vortragsraum war kaum größer als drei mal drei Meter im Geviert. Linker Hand stand der Kartentisch, an dem bereits die Stenographen saßen.
Himmler war Heinrici gefolgt. Dahinter drängten sich Keitel, Jodl, Göring, Krebs, Burgdorf und die Adjutanten in den Raum.
Dann kam Hitler. Man hörte seinen schlurfenden Schritt schon im Gang. Er warf einen kurzen Blick auf Heinrici. Offenbar hatte er die Auseinandersetzung um Bieler nicht vergessen. Er nahm schweigend am Kartentisch Platz und setzte seine grüne Brille auf.
Heinrici begann mit seinem Vortrag. Er schilderte die Maßnahmen, die er in den letzten acht Tagen getroffen hatte. Dann erklärte er, daß er trotz aller Bemühungen bezweifeln müsse, daß die Oderfront den Belastungen des zu erwartenden sowjetischen Großangriffs standhalten werde.
Hitlers zitternde Hand raschelte auf der Karte. »Ich höre

immer Zahlen«, sagte er. »Ich höre nichts von der inneren Festigung der Truppe. Es kommt alles darauf an, einen fanatischen Glauben zu erwecken. Unsere Bewegung hat bewiesen«, schrie er unvermittelt, »daß der Glaube es ist, der Berge versetzt! Wenn Ihre Soldaten von diesem fanatischen Glauben erfüllt sind, werden sie von selbst ihren Mann stehen und diese Schlacht, die über Deutschland entscheiden wird, siegreich beenden. Ich weiß ganz genau, daß auch die Sowjets jetzt am Ende sind. Sie kämpfen mit allen möglichen Beutesoldaten. Aber sie erfüllen dieses zusammengelesene Pack mit einem fanatischen Willen. Sie sollen Berlin erobern, bevor sie endgültig erschöpft sind.«

Hitler hatte die gleichen Argumente Monate zuvor in Ziegenberg benutzt, als die sowjetische Offensive an der Weichsel bevorstand. Sie blieben in seiner wunschbestimmten Welt die Rettungsanker, wenn mit realistischen Argumenten nicht mehr zu operieren war. »Jetzt kommt es nur noch darauf an«, schrie er weiter, »wer stärker glaubt, wer in diesem Kampf der letzten Kräfte einige Minuten länger aushält! Das aber werden wir sein, und das hat jeder Soldat an der Oder zu wissen, und daran hat er fanatisch zu glauben!«

Hitlers Gesicht hatte sich gerötet. Er drückte mit der gesunden Hand die kranke auf die Kartenblätter nieder und rang nach Atem. Heinrici blickte zu Keitel und Jodl und dann zu Krebs hinüber. Aber wie an dem Tag, an dem er eine Entscheidung über Frankfurt hatte herbeiführen wollen, las er aus diesen Gesichtern weder Erschrecken noch Erstaunen, noch Auflehnung heraus. Glaubten sie an den Sinn der Worte, die Hitler eben gesprochen hatte? Glaubten sie wirklich daran?

Heinrici brauchte einige Minuten, um sich zu fassen. Aber dann setzte er mit der Zähigkeit, die ihm eigen war, seinen Vortrag fort. Er sagte, daß er Hitlers Einschätzung des

Gegners auf Grund seiner persönlichen Erfahrungen nicht teilen könne. Er nannte als Beispiel die sowjetischen Artilleriemassierungen, denen er nichts entgegenstellen könne. Er bewies, daß die eigene Front gegen die feindliche Übermacht wohl eine Reihe von Tagen halten könne, daß es dann aber unmöglich sein würde, die eintretenden Verluste zu ersetzen, daß es daraufhin zu Durchbrüchen kommen müsse, daß er diese Durchbrüche aber wiederum nicht auffangen könne, weil er über keinerlei infanteristische Eingreifreserven verfüge. Die Abwehrschlacht könne nach den unerschütterlichen Gesetzen, die die zahllosen Abwehrschlachten des Ostens herauskristallisiert hätten, zu keinem guten Ausgang kommen, weil die begrenzte Kraft der deutschen Truppen nach einigen Tagen zu Ende sei. Jeder Soldat an der Oderfront wisse, gegen wen und wofür er zu kämpfen habe. Aber das Kräfteverhältnis sei derart, daß bester Wille und größter Fanatismus damit nicht fertig werden könnten. Es bedürfe neuer deutscher Kräfte und Waffen.

Aus rotgeränderten Augen blickte Hitler um sich. Aber bevor es zu einer Erwiderung seinerseits oder zu einem Ausbruch kam, hörte man die Stimme Görings, dessen auseinanderquellende Gestalt an der Schmalseite des Kartentischs stand und der sich immer wieder den Schweiß von der Stirne wischte.

Göring hatte in den letzten Wochen ungewöhnlich häufig die Oderfront besucht. Die Anwesenheit einiger schwacher, schlecht ausgebildeter Fallschirmdivisionen an der Oder war der äußere Anlaß dazu gewesen. Vielleicht war es auch die Sorge um sein Jagdschloß Karinhall, die ihn immer wieder an die Oder trieb. Oder es war das Gefühl absoluter Überflüssigkeit, das den Mann, unter dessen ebenso großspuriger wie dilettantischer Führung die Luftwaffe zerbrochen war, nach irgendeiner militärischen Tätigkeit suchen ließ.

»Mein Führer«, erklärte er in dem großartigen Ton, der zu seiner Natur gehörte, »ich stelle Ihnen aus der Luftwaffe hunderttausend Mann für die Oderfront zur Verfügung. In wenigen Tagen werden sie an der Oder sein.«

Seine Augen hatten einen merkwürdigen Glanz. Es war der Glanz nicht nur des Rauschgiftsüchtigen. Es war auch der Glanz dessen, der von seiner Phantasie mitgerissen wurde und der glaubte, daß die Wirklichkeit seiner Phantasie folgen würde. Seine Worte aber hatten irgend welche Schleusen geöffnet. Die stete Rivalität mit Göring ließ Himmler nicht schweigen.

»Mein Führer«, erklärte Himmler, »die SS stellt fünfundzwanzigtausend Kämpfer für die Oderfront.«

Es war bedrückend zu erleben, wie in diesem Augenblick aus den Kanälen der verschiedensten Machtbereiche, die jahrelang miteinander rivalisiert hatten, Soldaten freigegeben wurden, von denen keine zentrale Stelle etwas wußte.

Heinrici fragte sich, ob es zumindest bei einem Mann wie Göring wirklich so viel Dilettantismus in militärischen Fragen geben konnte. Was sollten hunderttausend Luftwaffensoldaten, in erster Linie Flieger, Bodenpersonal und Flakartilleristen, die niemals für den Erdkampf ausgebildet worden waren und über keinerlei geeignete Bewaffnung verfügten, einem Gegner gegenüber ausrichten, dessen Truppen in vier Kampfjahren und ungezählten Schlachten die Technik des Panzer- und Infanteriekampfes zu beherrschen gelernt hatten?

Hitler wandte sein maskenhaftes Gesicht Heinrici zu. »Das sind hundertfünfundzwanzigtausend Mann«, erklärte er mit einer Stimme, die neue Kraft geschöpft hatte. »Das sind zehn Divisionen. Da haben Sie die Reserven, nach denen Sie verlangen.«

Nochmals wunderte sich Heinrici über die Art, aus imaginären Zahlen Divisionen zusammenzustellen, bei einem Mann, der vier Jahre lang in immer stärkerem Maße die Führung der Wehrmacht an sich gerissen hatte. »Zahlenmäßig vielleicht«, beharrte Heinrici, »aber es handelt sich leider nicht um Divisionen, sondern nur um Menschen, die keinerlei Schulung und Erfahrung im Erdkampf haben und noch niemals dem Russen gegenüberstanden.«

Schon während seiner letzten Worte hörte er Görings erregtes Atmen. »Die von mir gestellten Männer«, rief er, »werden zum großen Teil aus Kampffliegern bestehen, aus den Tapfersten der Tapferen ... Sie haben Kampferfahrung genug und vor allem den Glauben an den Sieg!«

Heinrici fühlte, daß seine eigene beherrschte Ruhe ihn zu verlassen begann. »Mein Führer«, fiel er ein, »ich habe nicht die Absicht, den Persönlichkeitswert der Flieger anzugreifen. Aber das ändert nichts an der Tatsache, daß der Kampf in der Luft in keiner Weise mit dem Kampf zu Lande zu vergleichen ist. Alle diese Kräfte haben noch niemals im Divisionsverband gestanden. Sie kennen keinen Panzerkampf. Sie kennen kein sowjetisches Artilleriefeuer. Ihnen fehlen erfahrene Führer, und es wird die Zeit fehlen, halbwegs geschlossene Einheiten aus ihnen zusammenzustellen. Einige wenige im Ostkrieg erfahrene Divisionen sind wertvoller als eine Masse unerfahrener, schnell zusammengeworfener Menschen, die mehr oder weniger hilflos den Ereignissen gegenüberstehen und ihnen zum Opfer fallen werden.«

Hitler hatte den Kopf gesenkt. Es schien, als schwanke er abermals zwischen der Einsicht in die Wahrheit dessen, was Heinrici sagte, und einem Ausbruch, mit dem er den Skeptiker und Rechner, wie zahllose andere vorher, hinwegfegte und nach einem Mann rief, der – gleich aus welchen Motiven – bereit war, ihm auf dem Weg in die letzten Illusionen zu folgen. Er ballte plötzlich die gesunde Faust zusammen.

»Dann setzen Sie diese Reserven in zweiter Linie ein«, sagte er rauh, »acht Kilometer hinter der ersten Linie. Dann sind die neuen Verbände der ersten Schockwirkung des Vorbereitungsfeuers entzogen. Sie können sich an den Kampf gewöhnen. Falls der Russe durchbricht, fangen sie ihn in ihrer Stellung auf. Zurückwerfen werden ihn dann die Panzerdivisionen.«

Heinrici nutzte den Augenblick: »Ich habe heute die Hälfte dieser Panzerdivisionen verloren. Sie sind mir genommen worden. Sie werden der Heeresgruppe Schörner zugeführt! Ich muß dringend den Antrag auf ihre Rückgabe stellen.«

Aber Hitler schien nicht mehr gesonnen, sich noch einmal von Bedenken beeinflussen zu lassen. »Ich habe die Verlegung der Panzerdivision nach Süden nur ungern vorgenommen«, sagte er, »aber sie sind bei dem südlichen Nachbarn wesentlich nötiger als bei Ihnen.«

Heinrici legte mit gerötetem Gesicht die Fliegermeldung über das ununterbrochene Anrollen neuer russischer Verbände an die Oderfront vor. Er erlebte mit ratloser Verwunderung, daß sich, noch bevor Hitler antworten konnte, General Krebs einschaltete und seine Meldung in Zweifel zog. Er kam nicht einmal dazu, Krebs zu widerlegen, denn Hitler fiel bereits Krebs ins Wort. »Ja«, sagte er, »der Hauptangriff der Russen zielt wahrscheinlich gar nicht auf Berlin. Sie können das nicht wissen. Aber die Ansammlung von Feindkräften ist weiter südlich vor unserer Front in Sachsen um ein Vielfaches stärker.« Seine zitternde Hand ließ die Karten rascheln. Sie wischte hastig über den Raum von Küstrin und Frankfurt. »Alles an der Oder ist nur ein Nebenangriff, um unsere Kräfte abzulenken. Der Hauptstoß des Gegners wird nicht auf Berlin gehen, sondern wahrscheinlich über Dresden auf Prag. Infolgedessen kann die Heeresgruppe die Abwehr an der Oder auch durchstehen ...«

Krebs schien nur darauf zu warten, Hitlers Ansicht zu bestätigen. »Nach den vorliegenden Meldungen«, sagte er schnell, »ist die Möglichkeit, die der Führer soeben ausgeführt hat, nicht auszuschließen.«

Heinrici sah in Krebs' faunhaftes bebrilltes Gesicht. War die Intelligenz, die aus diesen Augen zu sprechen schien, nur eine Täuschung? Entsprangen Krebs' Worte dem Hohn eines Zynikers, der nur noch mit den Dingen spielte und vergaß, daß draußen das Schicksal von Millionen auf dem Spiele stand, oder hatte er sich tatsächlich innerhalb von wenigen Tagen in diesem Hauptquartier, in dem sich eine Auslese der Beschränktheit, des Ehrgeizes und der sklavischen Hörigkeit versammelt zu haben schien, dieser sklavischen Hörigkeit hingegeben?

Hitler verschob die zuoberst liegende Karte. Es war ein Zeichen dafür, daß er es müde war, sich noch länger mit der Oderfront zu beschäftigen und sich den Anfechtungen der Wirklichkeit auszusetzen, die von dort an ihn herantraten.

Bormann hatte sich in den Raum geschoben und auf einem kleinen Tisch Platz genommen. Er blätterte in seinen Akten. Hinter Heinrici raunte die Stimme eines derjenigen, die schon längst die Laune und das Befinden Hitlers über das Schicksal gestellt hatten, das sich draußen vollzog: »Nun machen Sie endlich Schluß!«

Heinrici empfand die ungeheure Entfernung, die zwischen den Männern in diesem Raum und dem Schicksal der Deutschen lag, deren Masse immer noch an diese Männer glaubte. Aber Heinrici war zäh. Er wollte nicht gehen, bevor er nicht noch einmal klar seine Einstellung zum Ausdruck gebracht hatte. Er dachte plötzlich an Guderian und an Himmlers Worte über einen Sonderfrieden im Westen. Und aus seinen folgenden Worten klang das Drängen heraus, daß im Westen etwas geschehen müsse, bevor es an der Oder und damit für Mecklenburg und Berlin und alle Menschen, die hier zusammengedrängt waren, zu spät war. »Mein Führer!« sagte er, unbekümmert um den mißbilligenden Ausdruck in Keitels fülligem, leerem Gesicht. »Sie müssen, damit Sie Ihre Schlüsse im großen fassen können, völlig klarsehen, wie es um die Oderfront steht ... Ich halte es für meine Pflicht, Sie im Hinblick auf Ihre sonstigen Entscheidungen auf den drohenden Ernst hinzuweisen.«

Aber Hitler ging nicht mehr auf seine Worte ein. »Um so mehr«, sagte er abwesend und mit einem Ton des Überdrusses, »kommt es darauf an, daß alle Führer voller Zuversicht sind und ihren Glauben an den Erfolg auf ihre Männer ausstrahlen.«

Heinrici schien Überdruß oder Drohung nicht zu hören. »Ich halte es für meine Pflicht«, beharrte er noch einmal, »zu wiederholen, daß es mit Imponderabilien nicht getan sein kann.« Hinter sich hörte er noch einmal die Stimme: »Nun machen Sie doch Schluß.« Vor sich sah er Keitels abweisendes, zornig warnendes Gesicht. Neben sich hörte er zum letztenmal Hitlers ärgerliche Stimme: »Sie werden sehen«, sagte er, »wenn die Männer stark im Glauben sind, dann wird und muß dieser Kampf zum Erfolg führen. Das aber hängt von Ihrer eigenen Haltung ab.«

Damit war sein Vortrag zu Ende. Heinrici hatte ein quälendes Gefühl der Unwirklichkeit, als er den Bunker verließ. Als er neben seinem IA zum Wagen ging, sagte er: »Es hat alles keinen Zweck.«

Für einen Augenblick empfand er den Wunsch, sich bei Krebs zu melden und ihm zu erklären, daß er unter den gegebenen Umständen nicht weiter die Verantwortung tragen könne. Aber während er weiterging, dachte er: Was bedeutete das? Änderte er irgend etwas damit? Zu diesem

Zeitpunkt bedeutete die Rücktrittserklärung ein Im-Stich-Lassen der Soldaten an der Oder, von denen auch keiner zurücktreten konnte, ohne erschossen zu werden. Vielleicht empfand er zum ersten Male etwas von der absoluten Ausweglosigkeit, in welche er – mit seinem ganzen Stand – durch eigene Schuld und eigene Kurzsichtigkeit hineingeraten war. Er zog daraus seine eigene Konsequenz, nämlich mit seinen Soldaten zusammen das anscheinend Unvermeidliche zu tragen und für sie noch zu tun, was in seinen Kräften stand.

Als er durch die Straßen Berlins fuhr, standen Schlangen von Frauen vor den halbzerstörten Geschäften. Es saßen aber auch Menschen vor den dürftigen Cafés und genossen die Sonne, als wollten sie sich von der permanenten Drohung ablenken, die nur wenige Kilometer entfernt an der Oder stand. Neue Aufschriften waren auf Häusertrümmer gemalt. »Der Bolschewismus steht vor der entscheidenden Niederlage seiner Geschichte.« – »An der Oder wird sich das Schicksal Europas entscheiden.«

An den Ausfallstraßen Berlins waren Kolonnen von Frauen, Männern, Kriegsgefangenen und Zivilarbeitern damit beschäftigt, Panzersperren zu bauen, von denen jeder Soldat der Ostfront wußte, daß sie sinnlos waren. Hier klebten Plakate: »Wer an den Führer glaubt, glaubt an den Sieg.«

Drei Tage nachdem Heinrici, von Berlin kommend, wieder in Prenzlau eingetroffen war, meldete das Oberkommando des Heeres, daß die Reserven, die Göring und Himmler versprochen hatten, bereitstünden. Als sie jedoch im rückwärtigen Gebiet der 9. Armee und der 3. Panzerarmee versammelt waren, stellte sich heraus, daß es sich um nicht mehr als dreißigtausend Mann handelte. Der größte Teil war weder ausgebildet noch feldmäßig bekleidet oder bewaffnet. Durch Auskämmung der letzten Bestände gelang es der Heeresgruppe, tausend Gewehre aufzubieten. Damit waren aber auch alle Möglichkeiten erschöpft.

Heinrici hatte dieses Ergebnis kommen sehen. Er befahl, die Göring- und Himmler-Reserven in rückwärtigen Lagern zu belassen und dort, so gut es ohne Waffen ging, auszubilden. Aber er gab sich einer Illusion hin, wenn er glaubte, damit dieses Kapitel erledigt zu haben. Hitler verlangte genaue Meldung darüber, wo die Reserven eingesetzt seien. Er schien an den Wert der Reserven zu glauben.

Als Heinricis Stabschef meldete, daß sie wegen Waffenmangels nicht verwendet werden könnten, erhielt er ein scharfes Fernschreiben des Generals Krebs. Heinrici, Tag und Nacht damit beschäftigt, irgendwo noch Möglichkeiten zu finden, um seine Front zu stärken, verlor seine Beherrschung. Es gab eine scharfe Auseinandersetzung, in der Heinrici alle Höflichkeit fallenließ. Am nächsten Tag lag bereits ein Befehl Hitlers vor, in dem er anordnete, die Reserveverbände sofort in einer zweiten Linie einzusetzen. Krebs befahl, die Reserven in Ermangelung anderer Waffen pro Mann mit einer Panzerfaust auszurüsten. Heinrici legte nur soviel Leute, wie notdürftig bewaffnet oder mit Schanzgerät versehen werden konnten, in eine zweite Linie. Die übrigen blieben in ihren Lagern. In den Augen Hitlers und seiner Umgebung und in den Augen zahlreicher Fanatiker beging er damit Verrat. Aber er war kein Führer nach der Art Schörners und konnte nicht über seinen Schatten springen. Vielleicht versäumte er tatsächlich manches, was ein anderer ohne Skrupel getan und damit den sowjetischen Durchbruch um eine Stunde länger aufgehalten hätte. Aber organisierten Mord vorzubereiten, lehnte er ab.

Der Vorfall zerstörte seine letzte Hoffnung, daß bei Hitler, im Oberkommando der Wehrmacht und im Oberkommando des Heeres Vernunft und Hilfe oder wenigstens eines von beiden zu erwarten sei. Da er sich keinen Illusionen über die Aussichten seiner Truppen hingab, begann er sein Augenmerk darauf zu richten, was geschehen könnte, nachdem ein sowjetischer Durchbruch Wirklichkeit geworden war.

Er tat, was schon andere Oberbefehlshaber um die Jahreswende 1944/45 getan hatten, bevor die sowjetische Offensive an der Weichsel und in Ostpreußen losbrach. Er wandte sich an die Gauleiter und schlug ihnen vor, wenigstens das Gebiet dicht hinter der Front von der Zivilbevölkerung, vor allem von den Flüchtlingen, zu räumen. Aber die Gauleiter weigerten sich. Teils wiesen sie – in diesem Fall mit Berechtigung – darauf hin, daß sie nicht wüßten, wohin sie noch Hunderttausende von Menschen bringen sollten, seitdem die Amerikaner und Engländer nach West- und Mitteldeutschland vorstießen. Die englisch-amerikanische Luftwaffe zerschlug täglich neue Eisenbahnstrecken und zerstörte Hunderte, wenn nicht Tausende von Eisenbahnwagen. Aber waren diese Argumente wirklich entscheidend? Entschieden nicht auch jetzt, wie in den vorangegangenen Monaten, die Furcht vor dem Eingeständnis auch nur der Möglichkeit eines neuen Zusammenbruchs der Ostfront und die Furcht, irgend etwas zu unternehmen, das Hitlers Flucht in die Illusionen widersprach?

Die Zeitungen boten das gleiche Bild wie im Januar. Es wirkte nur noch hektischer. Die Oderfront wurde in den Schlagzeilen zu einer unüberschreitbaren Barriere, und Offiziere mit Gewissen, die wußten, wie zerbrechlich sie in Wirklichkeit war, konnten auf ihren Frontfahrten den Flüchtlingen und Bauern, denen sie auf den Straßen begegneten, nicht mehr in die Augen sehen.

Mehrmals versuchte Heinrici in der zweiten Aprilwoche durch das Oberkommando des Heeres Informationen über die Ereignisse im Westen zu bekommen. Die Heeresgruppe

Model war im Ruhrgebiet eingeschlossen. Amerikanische Truppen stießen auf den Raum von Chemnitz und Dessau vor. Aber es war unmöglich, Klarheit darüber zu erhalten, was im Rücken der Oderfront geschehen sollte, wenn die westlichen Alliierten immer weiter vordrangen. Krebs versteifte sich auf die alte Formel, dies sei Sache des OKW. Heinrici wollte aber mehr hören. Er wollte hören, ob es im Westen irgend einen politischen Plan gab und ob man einen solchen Plan auch verfolgte. Vielleicht würden die Amerikaner und Engländer bei der Fortsetzung ihres Vormarsches Berlin erreichen, bevor der sowjetische Angriff überhaupt begann. Aber das alles waren Annahmen ins Blaue hinein.

Für den Fall eines sowjetischen Durchbruchs zwischen Frankfurt und Küstrin entschloß Heinrici sich, seine beiden Armeen östlich und südwestlich an Berlin vorbei nach Mecklenburg zu ziehen und dort eine Front nach Süden aufzubauen. Zwangsläufig trat dabei das Schicksal Berlins in den Mittelpunkt. Berlin war Heinrici nicht unterstellt. Die Stadt unterstand dem Oberkommando des Heeres und war zur Festung erklärt. Mehr war über Berlin nicht zu erfahren.

Heinrici dachte darüber nach, welche Entschlüsse er für Berlin treffen müßte, wenn die Stadt nach einem Durchbruch durch die Oderfront in das Kampfgebiet seiner Heeresgruppe rücken und ihm unterstellt werden würde. Er geriet in den gleichen Zwiespalt, in den jeder Verantwortliche im deutschen Osten hineingeraten war, sobald er vor der Wahl stand, eine dichtbevölkerte Stadt kampflos zu übergeben, ihre Bevölkerung vor den Leiden der Straßenkämpfe zu bewahren, sie dafür aber hilflos den Siegern zu überlassen oder die Stadt und ihre Bevölkerung mit völlig unzureichenden Mitteln zu verteidigen, sie einige Tage oder einige Wochen später doch den Siegern überlassen zu müssen, ihrer Bevölkerung aber über die sowjetischen Racheausbrüche hinaus ein Unmaß von Verlusten und Leiden durch die Kämpfe aufzubürden.

Heinrici entschied sich, was Berlin anbetraf, für den ersteren Weg, der in einer aussichtslosen Situation auf jeden Fall das Maß der Leiden verringern mußte.

Durch einen seiner Stabsoffiziere gelang es ihm, Verbindung zu dem Stadtkommandanten von Berlin, General Reimann, aufzunehmen.

Reimann war ein grauhaariger, bis dahin unbekannter General, den der Zufall zum Stadtkommandanten von Berlin gemacht hatte.

Die Stadt war in Verteidigungszonen eingeteilt. Die äußerste Zone mit einer Ausdehnung von mehr als einhundert Kilometern verlief entlang dem sogenannten »Berliner Ring«. Die nächste Verteidigungszone zog sich über achtzig Kilometer am äußeren Stadtrand entlang. Schließlich gab es noch eine Verteidigungslinie entlang dem Stadtbahnring. Sie war etwa fünfzig Kilometer lang.

In diesen Zonen wurde von der Bevölkerung Berlins geschanzt. Dies geschah mit ähnlich gutem Willen wie in den Herbst- und Wintertagen 1944 in Ostpreußen, Westpreußen, im Warthegau und in Schlesien, aber auch mit ebenso unzureichenden Mitteln und naiven Vorstellungen von der harten Wirklichkeit des Krieges. Es gab nicht genug erfahrene Soldaten, um die Parteistellen, welche die Schanzarbeiten leiteten, zu beraten. Oft genug wurde auch kein Rat gewünscht. Vor allem aber fehlten Kräfte, um die Verteidigungslinien auch nur lückenhaft zu besetzen. Für den Berliner Ring hätte man rund zehn Divisionen gebraucht, für die Verteidigung des äußeren Stadtrandes wenigstens acht. Reimann aber verfügte an regulären Truppen nur über zwei Wachbataillone und einige Pioniereinheiten. Im übrigen standen ihm dreißig Volkssturmbataillone zur Verfügung, die kaum über Gewehre, geschweige denn Maschinengewehre verfügten. Außer der ortsfesten eingebauten Flakartillerie gab es nur einige wenige, veraltete Geschütze.

Auch Reimann hatte immer wieder versucht, sich beim Oberkommando des Heeres und bei Krebs Klarheit über die Entwicklung zu verschaffen und weitere Truppen zu erhalten. Statt Klarheit und Truppen hatte er einen persönlichen Befehl Hitlers erhalten, wonach er sich um die Kräfte zur Verteidigung Berlins nicht zu kümmern habe. Wenn es jemals zu einem Kampf in Berlin kommen sollte, würden ihm genügend Kräfte aus der Heeresgruppe Weichsel zufließen.

Am 11. April erhielt Heinrici nach der Rückkehr von einer Frontfahrt einen neuen Führerbefehl. Letzterer war zugleich an alle militärischen Befehlshaber und Gauleiter gerichtet. Er trug den Decknamen »Verbrannte Erde« und ordnete die rücksichtslose Zerstörung aller lebenswichtigen Anlagen in Gebieten an, die noch in russische Hand fallen würden.

Heinrici wußte nicht, welch verbissenem Willen, das Schicksal der Deutschen mit dem eigenen Schicksal zu verbinden und die Deutschen mit in den eigenen Untergang hineinzureißen, dieser Befehl entsprungen war. Er untersagte die Weitergabe des Befehls in seinem Heeresgruppenbereich, und da der Befehl Sonderanweisungen für Berlin enthielt und für den Fall der Eroberung Berliner Bezirke durch die Russen die Vernichtung aller Brücken, aller Verkehrsmittel, aller Wasser-, Gas- und Elektrizitätswerke sowie des entsprechenden Leitungsnetzes vorsah, bat er den Kommandanten von Berlin zu sich.

Reimann erschien am 15. April in Prenzlau. General Busse meldete gerade von der Front, daß Gefechte im Gange seien, die darauf schließen ließen, daß die neue große Offensive der Sowjetarmee dicht bevorstünde. Die Zeitungen waren am gleichen Tag gefüllt mit Meldungen und Kommentaren über den plötzlichen Tod des amerikanischen Präsidenten Roosevelt. Offiziere aus dem Stab Busse berichteten, daß Goebbels am Abend des 12. April persönlich bei ihnen gewesen sei. Er habe darüber gesprochen, daß auch Friedrich der Große als Preis für sein unerschütterliches Aushalten in anscheinend aussichtsloser Lage den Sieg errungen habe, als das höhere Walten des Schicksals die Kaiserin Elisabeth von Rußland, seine Feindin, sterben ließ. Einer der Offiziere hatte gewagt, die Frage zu stellen, welche Kaiserin denn jetzt sterben werde. Als Goebbels von der Oder nach Berlin zurückgekehrt war, hatte ihn dort die Nachricht von Roosevelts Tod erreicht. Er hatte sofort in Busses Stab angerufen und, wie von einem Schicksalswunder berührt, mitgeteilt, daß »die Kaiserin« soeben gestorben sei.

Nirgendwo gab es einen Anhaltspunkt dafür, daß der Tod Roosevelts eine Änderung in der Haltung der westlichen Alliierten gegenüber Hitler und Deutschland zur Folge haben würde. Aber Gerüchte schufen eine merkwürdig hoffnungsvolle Atmosphäre, während ein wachsender Geschützdonner an der Oder grollte. Und es geschahen noch andere Dinge. Kurz bevor Reimann sich bei Heinrici meldete, hielt ein unbekannter Wagen vor der Baracke des Generalobersten. Darin saß der Rüstungsminister Albert Speer im Trenchcoat, den Filzhut tief im Gesicht.

Nach kurzem, tastendem Gespräch ergab sich, daß ihn sein Gewissen dazu trieb, zu allen maßgebenden Persönlichkeiten, denen er vertraute, zu fahren und sie zu bitten, den Zerstörungsbefehl Hitlers nicht durchzuführen. Er wirkte rastlos und von seinem eigenen Gewissen gehetzt. Der Mann, der als junger Architekt, begeistert von den Möglichkeiten der Ausführung gigantischer Pläne, die ihm geboten wurden, zu Hitler gestoßen war, als junger und phantasiebegabter Mann eine besondere Zuneigung Hitlers genossen und schließlich die gesamte Rüstungsindustrie zumindest dem Namen nach geleitet hatte, gab sich keinen Illusionen mehr über das Ende hin. Was ihn von Hitler unterschied, war die Erkenntnis, daß die achtzig Millionen Deutschen trotz des Schicksals, das ein großer Teil erst noch erleiden würde, nicht mit Hitler untergehen konnten und daß man nicht ihre letzten Lebensgrundlagen zerstören – und damit Vernichtungsplänen auf der gegnerischen Seite in die Hand arbeiten durfte.

Heinrici empfand Speers Besuch als eine Erleichterung in seinen eigenen Gewissenskonflikten. Er versprach gern, alles zu tun, was in seiner Macht lag, um sinnlose Zerstörungen zu verhindern. Als eine Stunde später Reimann aus Berlin eintraf, meldete Busse weiter zunehmende Gefechtstätigkeit. Vielleicht trennten die Heeresgruppe nur noch vierundzwanzig Stunden von dem sowjetischen Angriff.

Heinrici besprach sich mit Reimann in Gegenwart von General Kinzel, Oberst Eismann und Albert Speer. Er sagte ihm, daß er, sofern seine Absichten nicht zunichte gemacht würden, im Falle eines sowjetischen Durchbruchs mit seinen Truppen an Berlin vorbei nach Mecklenburg ausweichen werde, um Berlin einen aussichtslosen Kampf zu ersparen. Er erklärte, Reimann dürfe nicht damit rechnen, daß ihm Verbände der Heeresgruppe zur Verteidigung Berlins zur Verfügung stehen würden. Er sagte, daß er gerade deswegen Zerstörungen in Berlin für besonders sinnlos halte und daß er persönlich für den Fall, daß Berlin seiner Heeresgruppe unterstellt würde, jede Sprengung im Stadtbereich verbiete.

Reimann erwiderte einigermaßen ratlos, die Sprengungen der gesamten Spree-, Havel- und sonstigen Brücken sowie der S-Bahn- und U-Bahn-Anlagen müßten auf direkten Führerbefehl erfolgen. Er könne ihm nicht ausweichen.

Speer hielt ihm vor, welche Auswirkungen allein die Zerstörung der Brücken für Berlin haben müsse. Die gesamten Strom-, Wasser- und Gasleitungen führten über die Brücken in die Stadt. Als Folge der Zerstörung seien Hunger, Durst und Seuchen unvermeidlich, und Reimann trüge die Verantwortung für alles Unglück, wenn er den Zerstörungsbefehl Hitlers befolge.

Reimann blickte in sichtbarer Verzweiflung von Heinrici zu Speer. Auch er war zu sehr in festen Gehorsams- und Treuebegriffen aufgewachsen, um sich gegen einen höheren Befehl empören zu können – selbst jetzt, wo für jeden klar denkenden Menschen erkennbar war, daß das Ende des Mannes, der diesen Befehl erteilt hatte, bevorstand. Er konnte nicht begreifen, daß ein Punkt erreicht war, in dem er seine Ehre und sein Gewissen nicht gegenüber Hitler, sondern den leidenden Deutschen zu beweisen hatte. Er war kein gewissenloser Mann. Die innere Qual war an seinem Gesicht abzulesen. Aber er antwortete, bisher habe er seine Ehre als deutscher Offizier bewahrt. Wenn er Hitlers Befehl nicht befolge, werde er, wie die Offiziere, welche die Rheinbrücke bei Remagen nicht gesprengt hatten, wie ein ehrloser Verbrecher erhängt werden.

Heinrici wußte, was Reimann bewegte. Er verstand ihn, denn er hatte sich in den letzten Wochen selbst nur mühsam zu verstecktem Ungehorsam durchgerungen. Aber da er den Weg einmal betreten hatte, kam es nicht mehr darauf an, die Verantwortung für einen weiteren Ungehorsam zu tragen.

Er befahl Reimann, keinerlei Sprengungen von sich selbst aus anzuordnen, sondern stets bei ihm persönlich nachzufragen, falls seiner Ansicht nach im Raum von Berlin eine größere Sprengung notwendig werden sollte. Er wußte, daß er keine Befehlsgewalt über Reimann hatte, hoffte aber, daß sein Befehl trotzdem ein Rettungsanker war, an den Reimann sich klammern konnte, wenn er vor Entscheidungen gestellt wurde.

Reimann fuhr nach Berlin zurück, als der Abend sank.

Speer folgte ihm kurz darauf. Aber er kehrte in der Nacht um ein Uhr noch einmal zurück, so als hätte er zu Heinrici besonderes Vertrauen gewonnen. Er besprach mit ihm einen Aufruf, der ihm am Herzen lag und in dem er die deutsche Bevölkerung auffordern wollte, Zerstörungen zu verhindern. Auch ihm fehlte die Entschlossenheit zum Letzten. Auch ihn band noch etwas an Hitler, das wahrscheinlich weniger Gehorsam oder Todesfurcht war, sondern eher ein Komplex der Treue und Dankbarkeit für den Aufstieg, den er durch Hitlers Hilfe erlebt hatte. Er fuhr wieder in die Nacht hinaus, ohne zu einem endgültigen Entschluß gekommen zu sein.

Aber Speer hinterließ wenigstens in Umrissen eine Antwort auf die Frage, ob und was im Westen geschehe, um zu einem Sonderfrieden und zu einer Entlastung der Oderfront zu kommen. Die Antwort kam aus einem gespenstischen Bereich, über den kaum jemand etwas wußte, außer den wenigen, die sich darin bewegten, außer Bormann, außer Goebbels und seinem Staatssekretär Naumann, außer Hewel, einem von Hitler geschätzten Verbindungsmann zwischen ihm und Ribbentrop, vielleicht noch außer Göring und – mit Grenzen – Himmler. Speer stand schon am Rande des Kreises. Aber er hatte genügend gehört und gesehen, um Heinrici zu erklären, weshalb hier und dort von geheimnisvollen Verhandlungen mit dem Westen gesprochen wurde, während in Wirklichkeit nichts Greifbares geschehen war.

Es handelte sich um Gerüchte, und wenn sie von Sonderfriedenschancen berichteten, so waren sie nicht das Spiegelbild tatsächlicher Verhandlungen. Sie waren vielmehr das täuschende Spiegelbild von immer wiederkehrenden Diskussionen jenes engsten Kreises, in denen die Möglichkeiten eines Zerwürfnisses zwischen der Sowjetunion und den westlichen Alliierten und die Möglichkeit eines Sonderfriedens mit dem Westen erwogen wurden. Jede Äußerung eines alliierten Staatsmannes, jede Notiz einer alliierten Zeitung, jedes geringste Anzeichen einer Spannung zwischen den Anglo-Amerikanern und der Sowjetunion wurde mit unnatürlich erhitztem Eifer gewogen und ausgedeutet. Hoffnungen des einen entzündeten sich an der Hoffnung des anderen, und die Illusion des einen nährte neue Illusionen des nächsten.

Es waren merkwürdige Gespräche, die zwar manchmal in Gegenwart Hitlers stattfanden, aber mit mehr oder weniger vorsichtigen und versteckten Redewendungen um ihn herumkreisten. Niemand im engsten Kreise wagte auszusprechen, wie aussichtslos die militärische Lage und wie zwingend wenigstens der Versuch einer sofortigen Beendigung des Krieges im Westen tatsächlich war. Da ihrer aller Schicksal mit dem Schicksal des Regimes verknüpft war, erreichten ihre Erkenntnisse über den Ernst der Lage und die zwingenden Konsequenzen nur eine bestimmte Grenze. Aber auch innerhalb dieser Grenze waren ihre Gespräche voller Vorsicht und Unverbindlichkeit.

Goebbels, Naumann und Hewel waren die treibenden Kräfte von Gesprächen langer, schlafloser Nächte im März und April gewesen. Naumann war ein Mann, dessen ideologisch eingleisige, aber rege Intelligenz ihn hinter den großen Durchhaltereden, die er in den ersten Monaten des Jahres 1945 im Osten gehalten hatte, den tatsächlichen Ernst der militärischen Lage ahnend erkennen ließ. Er verschloß sich den Tatsachen nicht bis zu einer psychologischen Grenze, jenseits deren auch seine Verstrickung in das Regime und die nationalsozialistische Ideologie seinen Blick gegenüber dem vollen Ausmaß der Konsequenzen trübte. Immerhin schien er insgeheim so weit zu gehen, daß er die Notwendigkeit eines Rücktritts Hitlers oder gar eine Veränderung des Regimes erwog, um dafür eine Vereinbarung mit den Westmächten zu erkaufen. In einer seiner letzten Reden, die sonst eine Rede des fanatischen Durchhaltens und des Siegesglaubens gewesen war wie seine verhängnisvollen Reden in Posen und Breslau im Januar 1945, hatte er versteckt von notwendigen »ideologischen und persönlichen Opfern« gesprochen.

Er hatte versucht, Hitler Berichte zu unterbreiten, in denen der Realismus der Lage geschildert wurde, soweit Naumann ihn selbst sehen konnte; Berichte, in denen vorsichtig versucht wurde, Hitler durch Zitate aus seinem Buch »Mein Kampf« über die Pflicht einer politischen Führung, einen Krieg rechtzeitig abzubrechen, wenn er militärisch nicht zu gewinnen sei, zu beeinflussen.

So, wie Naumanns eigener Realismus begrenzt war, so war auch Goebbels' Realismus ein Scheinrealismus, getrübt durch die unlösbare persönliche Identifizierung mit dem Regime, durch seine Gleichsetzung des Lebens des Regimes mit dem Leben Deutschlands und durch die Rastlosigkeit seines spitzfindigen Geistes, der jede Augenblickserkenntnis der militärischen Aussichtslosigkeit mit Scheinargumenten umwob, die doch noch irgendwelche Erfolgschancen erhoffen ließen. Goebbels hatte sich in den makabren nächtlichen Unterredungen einige Male weit vorgewagt. So, als handle es sich nur um unverbindliche theoretische Auseinandersetzungen, hatte er gefragt, was die Westmächte als Preis für einen Sonderfrieden fordern würden: Eine Änderung des totalen Staatssystems? Freie Wahlen? Die Genehmigung einer Opposition? Ein einziges Mal hatte er sich bis zu der Erwägung der Möglichkeit, daß man den Rücktritt der nationalsozialistischen Führerschicht verlangen könne, vorgewagt und dazu innerlich überzeugt gesagt, daß dies kein Grund zu sein brauche, diese Bedingungen der Alliierten abzulehnen, da das deutsche Volk die nationalsozialistische Führung doch nach spätestens fünf oder sechs Jahren zurückrufen würde.

Das war das einzige Mal gewesen, daß Worte fielen, die der Wirklichkeit so nahe kamen, daß sie vom Ende des nationalsozialistischen Regimes sprachen.

Aber alle Formulierungen standen im leeren Raum. Sie verstummten, sobald Goebbels reger, Hitler gegenüber aber sklavisch ergebener Geist bei Hitler, der in schweigender Verdüsterung den nächtlichen Gesprächen folgte, eine Spur des Unmuts bemerkte.

Speer wußte von Vorschlägen Hewels zu berichten, der, klüger und begabter als Ribbentrop, schon seit Jahren auf einen Sonderfrieden mit dem Westen drängte oder von nichtssagenderem, oberflächlicherem Geschwätz Görings oder tatsächlichen, aber dilettantischen Versuchen Ribbentrops, Fühler zu Verhandlungen in Schweden, in der Schweiz und in Portugal auszustrecken – ohne direkten Auftrag, aber mit schweigendem Einverständnis Hitlers.

Darin aber lag die Gespenstigkeit der Ereignisse. Goebbels, Naumann, Hewel, Göring umkreisten mit ihren vorsichtigen Aufforderungen und Ratschlägen einen Mann, dessen Hybris längst so groß geworden war, daß er sich in seinem Innersten nicht mehr beugen konnte und wollte, weder vor dem Westen noch vor dem Osten. Es gab in den vergangenen Jahren merkwürdige Augenblicke, in denen Hitler einige Male einer tiefen verborgenen Erkenntnis, daß der Krieg militärisch nicht mehr zu gewinnen sei, Ausdruck verliehen hatte. Für einen flüchtigen Augenblick hatte er die Notwendigkeit einer politischen Lösung erkannt. Aber gleich darauf hatte er behauptet, er müsse erst einen neuen Sieg erringen, um, gestützt auf diesen Sieg, verhandeln zu können.

Zum letzten Male hatte er vor der Ardennenoffensive geäußert, er kämpfe um einen Erfolg nur, um dann einen Frieden im Westen anzubieten. Aber Speer war der Meinung, daß jeder Erfolg Hitler nicht zum Frieden, sondern erst recht zum Weiterkämpfen und zur Jagd nach neuen illusionistischen Erfolgen veranlassen würde. Alles, was er über die gespenstischen Geheimberatungen um Hitler berichtete, spiegelte den Trotz des vermeintlichen Titanen, der insoweit klarsah, daß ihn nur ein Sonderfriede mit einer der beiden gegnerischen Mächtegruppen und das Bündnis mit dieser Gruppe gegen die andere retten konnte. Aber er hoffte darauf, daß die Koalition zwischen Ost und West von selbst auseinanderbrach und daß er dann nicht als Besiegter, sondern als Mann, der sich behauptet und recht behalten hatte, auf die ihm genehme Seite treten wollte. Wenn Verhandlungen Ribbentrops dazu beitragen konnten, diese Situation herbeizuführen, ohne daß er sich persönlich bloßstellte, so stimmte Hitler ihnen insgeheim zu. Aber er wollte nicht mehr. Laut Speer hatte Hitler Anfang April von Bestrebungen deutscher Stellen in Norditalien gehört, insgeheim Kapitulationsverhandlungen mit den Westmächten zu eröffnen. Er hatte den SS- und Polizeiführer in Norditalien, SS-Obergruppenführer Wolff, nach Berlin bestellt und ihm erklärt: »Es ist jetzt nicht nötig, die Verteidigung aufzugeben. Wir müssen einfach durchhalten. Im Osten können wir noch zwei Monate gegen die Russen Widerstand leisten. In dieser Zeit muß es zu einem Bruch der Allianz zwischen den Russen und den Angelsachsen kommen. Wer von den beiden sich zuerst an mich wendet, mit dem werde ich mich gegen die anderen verbünden.«

Er hatte jeden Plan, die Westfront einfach abzubauen und ihre Kräfte an die Ostfront zu werfen, abgelehnt. Er hatte einen vorsichtigen Vorschlag Hewels, auf diese Weise die Westmächte zu einer Entscheidung über ihre Haltung gegenüber der Sowjetunion herauszufordern und einen Bruch zu provozieren, zurückgewiesen und Ende März den Befehl erteilt, im Bereich der Elbe um Dessau und Wittenberg eine nur für den Kampf im Westen bestimmte neue Armee aufzustellen. Es war die 12. Armee unter dem Oberbefehl des Generals Wenck, der bei der Februaroffensive in Pommern verunglückt war und Ende März das Lazarett wieder verlassen hatte.

Zur Aufstellung dieser Armee waren das letzte noch vorhandene hochwertige Personal der Offiziersschulen in Mitteldeutschland sowie Nachwuchs aus dem Arbeitsdienst herangezogen worden. Aus dem Personal der deutschen Panzertruppenschule sollte eine Panzerdivision »Clausewitz«, aus dem letzten Personal von Offiziersschulen und Reichsarbeitsdienst die Panzergrenadierdivision »Schlageter« sowie die Infanteriedivisionen »Potsdam«, »Scharnhorst«, »Ulrich von Hutten«, »Friedrich Ludwig Jahn«, »Theodor Körner« aufgestellt werden. Alle diese Kräfte, von denen Heinrici durch Speer zum ersten Male erfuhr, hatte Hitler nicht einmal dafür bestimmt, der Ostfront an der Elbe den Rücken zu decken. Vielmehr hatte er Wenck, als dieser sich Anfang April zur Übernahme des Kommandos der erst auf dem Papier vorhandenen Armee meldete, den Befehl erteilt, so schnell wie möglich nach Westen vorzustoßen und die Heeresgruppe Model, die von den Amerikanern im Ruhrgebiet eingeschlossen worden war, über eine Entfernung von einigen hundert Kilometern hinweg zu befreien. Als die Heeresgruppe Model kapitulierte, noch bevor eine einzige Division aufgestellt war, hatte Hitler der 12. Armee den Befehl erteilt, westlich der Elbe in den Harz vorzustoßen und die dort von den Amerikanern eingeschlossene 11. Armee zu befreien.

Sein Wille, blindlings um sich zu schlagen und einen Bruch in der feindlichen Koalition abzuwarten, prägte den anderen sein Gesetz auf und zwang sie dazu, sich in ihren Diskussionen nur mit der unfruchtbaren Theorie dieses Bruches und seines Termins zu beschäftigen.

Die Tatsache, daß es in Alexandrien zu einem Aufstand kommunistischer Matrosen der griechischen Flotte gekommen war, oder der Umstand, daß die Engländer tatenlos dem Abzug der deutschen Truppen aus der Ägäis und aus Griechenland zusahen, so als wollten sie deren Kampfkraft für den weiteren Kampf gegen die Russen und gegen die roten Partisanen nicht schwächen, hatten eine hypertroph-unsinnige Bedeutung erhalten. Genauso hatte man aus der ersten Ansprache des Nachfolgers von Roosevelt, Präsident Trumans, und aus dem dort gesprochenen Satz, daß Truman den Krieg in Europa zu einem baldigen Ende führen werde, phantastische Schlüsse auf einen fortschreitenden Zerfall zwischen Ost und West gezogen.

Aber echte Bestrebungen für einen Sonderfrieden im Westen gab es nicht.

In derselben Nacht, in der Speer Heinrici verließ, blitzte überall im Osten das Feuer der Artillerie auf. Wenige Stunden später verdichtete es sich zu einem gewaltigen roten Feuerschein und einem Grollen, das die Erde bis weit ins Hinterland erschütterte.

Die Schlacht um Berlin

Es herrschte noch völlige Dunkelheit, als in der Frühe des 16. April 22 000 sowjetische Feuerschlünde das Trommelfeuer an der Oder eröffneten und nochmals die gleiche Zahl von Geschützen an der Neißefront bei Guben und Forst in den Morgen hineinbrüllte. Das Feuer an der Oder, vor allem bei Frankfurt und Küstrin, dauerte bis gegen 4 Uhr morgens. Dann traten die sowjetischen Sturmtruppen, von zahlreichen Panzern begleitet, aus den Oderbrückenköpfen zum Angriff an.

Die Dörfer, Güter und Gehöfte in der Oderniederung standen in hellen Flammen. Die aufgehende Sonne konnte den Qualm der Brände, der das weite Gebiet zudeckte, kaum noch durchdringen. Bis weit ins Hinterland hinein zitterten die Häuser vom Luftdruck der berstenden Granaten. Russische Jäger und Schlachtflieger hingen in der Luft, ohne auf ernsthaften Widerstand zu stoßen.

Urplötzlich aus dem trügerischen Frieden der letzten Wochen herausgerissen, brachen die Einwohner der Oderniederung und mit ihnen die zurückgebliebenen Flüchtlinge im Artilleriefeuer und unter den Bombenwürfen der Flieger auf.

Mit ihren hochbepackten Wagen, Handkarren, Fahrrädern, Kinderwagen und Schubkarren quälten sie sich auf engen Straßen und Wegen nach Westen. Diejenigen, die das Höhengelände erreichten und von dort noch einmal auf die Flußniederung zurückblickten, sahen überall die hellen Flammen, in denen ihre Häuser oder ihre letzten Zufluchtsstätten niederbrannten. Auf der Höhe gerieten die Fliehenden in den

Bereich der Tiefflieger. Ihre Maschinengewehre und Sprengbomben trafen, obwohl hauptsächlich gegen die rückwärtigen Verbindungen der deutschen Oderfront gerichtet, die Zivilbevölkerung gleich schwer. So begann von neuem die große Flucht – ein Schicksal, das von Januar bis März die Millionen zwischen Weichsel, Oder und Neiße in Bewegung gesetzt hatte.

Heinrici hatte sich sofort nach der ersten Meldung über den Beginn des Angriffs mit einem Teil seines Stabes auf einen vorgeschobenen Gefechtsstand in Dammühle westlich von Straußberg begeben, während der Hauptteil des Stabes bei Prenzlau zurückblieb. Die Korps der 9. Armee, gegen die sich die Hauptwucht des sowjetischen Angriffs an der Oder richtete, setzten sich trotz ihrer grotesken Unterlegenheit an Zahl und Material mit wenigen Ausnahmen tapfer zur Wehr. Sie verhinderten den ersten sowjetischen Versuch, die Oder südostwärts Eberswalde zu überschreiten, und behaupteten sich im Gebiet von Frankfurt. Aber in der Gegend westlich von Küstrin, im Raum um Wriezen, drangen die weit überlegenen sowjetischen Angriffskolonnen schon am Nachmittag des 16. April fast bis auf die Höhen am Westrande der Oderniederung vor.

Während an der Oder aber zunächst noch von keinem schnellen Durchbruch gesprochen werden konnte, kündigten Berichte von der Neißefront eine Katastrophe an. Hier zerriß schon am 16. April die viel zu schwache Front der 4. Panzerarmee. Die 2. und 4. sowjetische Panzerarmee, frisch aufgefüllt mit mehreren tausend schweren Panzern und von Infanteriearmeen gefolgt, unterstützt durch einige Luftflotten, durchstießen die Front. In atemberaubender Schnelligkeit entwickelte sich ein tiefer Durchbruch, durch den die motorisierten russischen Armeen nach Westen und Nordwesten rollten. Sie überrannten eine Bevölkerung, die zum größten Teil gar nicht mehr zur Flucht kam, und rissen sie in den Taumel jener siegestrunkenen Grausamkeit, der die Ereignisse des Januar, Februar und März östlich von Oder und Neiße bestimmt hatte.

Die Illusionen, die Roosevelts Tod auf eine so gespenstische Art und Weise erweckt hatte, geisterten noch durch die Reichskanzlei, als die Meldungen über den sowjetischen Großangriff an Oder und Neiße eintrafen. Sie bildeten den gespenstischen Hintergrund zu dem noch gespenstischeren Tagesbefehl, den Hitler am Nachmittag des 16. April zusammen mit Goebbels verfaßte.

Er lautete:

»Soldaten der deutschen Ostfront!

Zum letzten Male ist der jüdisch-bolschewistische Todfeind mit seinen Massen zum Angriff angetreten. Er versucht, Deutschland zu zertrümmern und unser Volk auszurotten. Ihr Soldaten aus dem Osten wißt zu einem hohen Teil heute bereits selbst, welches Schicksal vor allem den deutschen Frauen und Kindern droht. Während die Alten, Männer und Kinder ermordet werden, werden Frauen und Mädchen zu Kasernenhuren erniedrigt. Der Rest marschiert nach Sibirien.

Wir haben diesen Stoß vorausgesehen, und seit dem Januar dieses Jahres ist alles geschehen, um eine starke Front aufzubauen. Eine gewaltige Artillerie empfängt den Feind. Die Ausfälle unserer Infanterie sind durch zahllose neue Einheiten ergänzt. Alarmeinheiten, Neuaufstellungen und Volkssturm verstärken unsere Front.

Der Bolschewist wird dieses Mal das alte Schicksal Asiens erleben, das heißt, er wird und muß vor der Hauptstadt des Deutschen Reiches verbluten.

Wer in diesem Augenblick seine Pflicht nicht erfüllt,

handelt als Verräter an unserem Volk. Das Regiment oder die Divisionen, die ihren Platz verlassen, benehmen sich so schimpflich, daß sie sich vor den Frauen und Kindern, die in unseren Städten dem Bombenterror standhalten, werden schämen müssen.

Achtet vor allem auf die verräterischen wenigen Offiziere und Soldaten, die, um ihr eigenes erbärmliches Leben zu sichern, im russischen Sold, vielleicht sogar in deutscher Uniform, gegen uns kämpfen werden. Wer Euch Befehle zum Rückzug gibt, ohne daß Ihr ihn genau kennt, ist sofort festzunehmen und nötigenfalls augenblicklich umzulegen, ganz gleich, welchen Rang er besitzt.

Wenn in diesen kommenden Tagen und Wochen jeder Soldat an der Ostfront seine Pflicht erfüllt, wird der letzte Ansturm Asiens zerbrechen, genauso wie am Ende auch der Einbruch unserer Gegner im Westen trotz allem scheitern wird.

Berlin bleibt deutsch, Wien wird wieder deutsch, und Europa wird niemals russisch.

Bildet eine verschworene Gemeinschaft zur Verteidigung nicht des leeren Begriffes eines Vaterlandes, sondern zur Verteidigung Eurer Heimat, Eurer Frauen, Eurer Kinder und damit unserer Zukunft! In dieser Stunde blickt das ganze deutsche Volk auf Euch, meine Ostkämpfer, und hofft nur darauf, daß durch Eure Standhaftigkeit, Euren Fanatismus, Eure Waffen und unter Eurer Führung der bolschewistische Ansturm in einem Blutbad erstickt.

In dem Augenblick, in dem das Schicksal den größten Kriegsverbrecher aller Zeiten (Roosevelt) von dieser Erde weggenommen hat, wird sich die Wende des Krieges entscheiden.

gez. Adolf Hitler«

Am 17. April, an dem dieser Befehl die deutschen Verbände an der Oder erreichte, konnte sich die deutsche Front noch behaupten. Aber am 18. April drangen die Russen westlich Küstrin vor.

Im Nordflügel der 9. Armee entstand eine tiefe Einbuchtung. Es trat ein, was Heinrici vorausgesehen hatte. Die Abwehrkraft der zum großen Teil improvisierten deutschen Einheiten erlahmte, und die vorhandenen Reserven waren zu schwach. Um die gleiche Zeit zeigte es sich, daß Hitlers wunschbestimmte Annahme, der sowjetische Angriff werde sich über Dresden auf Prag richten, ein Irrtum gewesen war. Die Masse der sowjetischen Angriffskolonnen, die bei Guben und Forst die 4. deutsche Panzerarmee durchbrochen hatten, schwenkte nach Norden und Nordwesten ein. Niemand konnte länger leugnen, daß sich ihr Angriff gegen Berlin richtete und daß sie in den Rücken der Oderfront vorstießen.

Nachdem die 4. Panzerarmee auseinandergerissen und nach Südwesten abgedrängt war, vollzog sich der sowjetische Vormarsch am 17., 18. und 19. April mit solcher Geschwindigkeit, daß das Oberkommando des Heeres das Lager Maybach bei Zossen räumen mußte, ohne es vorher zerstören zu können. Das gleiche galt für den Wehrmachtführungsstab, der ebenso hastig in die Reichsluftschutzschule Wannsee verlegt wurde, während die sowjetischen Panzerkanonen bereits zu hören waren.

Zwischen zersprengten Resten deutscher Einheiten und ebenso versprengten Flüchtlingskolonnen erschienen sowjetische Panzer an der Autobahn südlich von Berlin und bedrohten schon am 19. April den Rücken der 9. Armee, deren südlicher Flügel sich noch an der Oder behauptete, während der Nordflügel im Gebiet von Müncheberg, weit zurückgeworfen, noch verzweifelt kämpfte, aber schon erkennen ließ, daß sein Zusammenbruch dicht bevorstand und daß danach Shukows Panzerkolonnen ungehindert nach Berlin rollen würden.

Am Abend des 19. April kehrte Heinrici von seinem vorgeschobenen Gefechtsstand nach Prenzlau zurück. Es geschah vor allem, weil Heinrici die Überzeugung gewonnen hatte, daß die 9. Armee sofort von der Oder zurückgenommen und südwestlich an Berlin vorbei nach Norden geführt werden müsse. Es gehörte kein großer Weitblick dazu, vorauszusehen, daß die Armee innerhalb weniger Tage eingeschlossen und der sicheren Vernichtung überantwortet sein würde, wenn ihr Südteil an die Oder gebunden blieb.

Wenn Shukows Panzermassen bei Müncheberg die Verbindung zwischen der 9. Armee und der 3. Panzerarmee im Norden endgültig durchbrachen und nach Berlin strömten, stießen sie zwangsläufig auch in den Rücken der 9. Armee. Binnen weniger Tage mußten sie sich mit den von Süden gegen Berlin vordringenden Panzern des Marschalls Konjew, denen praktisch keine deutschen Kräfte mehr entgegenstanden, vereinigen und die 9. Armee in einem Kessel fangen, aus dem es kein Entrinnen gab. Heinrici setzte sich persönlich mit Krebs in Verbindung, schilderte ihm die Lage und stellte die dringende Forderung, die 9. Armee zurückzunehmen. Er irrte jedoch, wenn er annahm, Krebs werde diesmal seiner Beurteilung der Lage zustimmen.

Hitler hatte soeben den Befehl erteilt, daß die 9. Armee nicht nur an der Oder halten, sondern zum Angriff nach Süden antreten müsse, um die Durchbruchslücke an der Neiße wieder zu schließen und sich mit einem gleichzeitig angreifenden Nordflügel der Heeresgruppe Schörner wieder zu einer Front zu vereinen. Es war wieder ein Befehl, der alle Kräfteverhältnisse mißachtete und von einigen wenigen abgekämpften Divisionen, die sich auf seinen Karten als Armeen darstellten, Erfolge gegen zehn- und zwanzigfache Überlegenheit erwartete.

Krebs war genausowenig wie in den Wochen vorher bereit zu widersprechen. Er wies Heinricis Lagebeurteilung zurück und gab statt dessen Hitlers Befehl, nach Süden in die Flanke von Konjews Durchbruchskeil hinein anzugreifen, weiter. Er fügte hinzu, Schörner habe bereits den Angriff nach Norden zugesagt und sei fest von dessen schnellem Erfolg überzeugt. Unausgesprochen klang aus seinen Worten die Aufforderung heraus, Heinrici möge sich an Schörner ein Beispiel nehmen.

Heinrici kannte Schörner gut genug, um nicht daran zu zweifeln, daß dessen skrupelloser Geist Befehle entgegennahm und ihre Ausführung versprach, auch wenn er wußte, daß ihre Ausführung unmöglich war. Erbittert über Krebs' Erwiderung versuchte er, Funkverbindung mit dem Hauptquartier Schörners aufzunehmen. Aber es war unmöglich, eine klare Auskunft darüber zu bekommen, ob Schörner wirklich einen Angriff nach Norden plante oder ob Krebs nur versuchte, einen Heeresgruppenbefehlshaber gegen den anderen auszuspielen. Erst durch die Entsendung eines Ordonnanzoffiziers zur 4. Panzerarmee gelang es, einige Klarheit über die Verhältnisse im Süden zu erhalten. Dabei erfuhr Heinrici, daß die 4. Panzerarmee so schwer getroffen war, daß von einem Gegenangriff nach Norden keine Rede sein konnte, daß Schörner sich vielmehr glücklich preisen konnte, wenn es ihm überhaupt noch einmal gelang, seinen Nordflügel gegen die Angriffsmassen Konjews abzuschirmen und mit den Resten der 4. Panzerarmee eine dünne Abwehrfront zwischen Neiße und Elbe aufzubauen.

Ostwärts von Berlin, in der tiefen Einbuchtung seiner Front, am Nordflügel der 9. Armee, hatte Heinrici in der Nacht zum 20. April noch einmal alles zusammengerafft, was er an

Reserven besaß. Es war ein hoffnungsloses Unterfangen gegen eine Übermacht gewesen, von deren erdrückendem Ausmaß alle Soldaten zu berichten wußten, die, immer wieder eingeschlossen, immer wieder von unerschöpflich nachströmenden feindlichen Kolonnen umflutet, von Fliegerangriffen und dem Feuer unvorstellbarer Artilleriemassierungen eingedeckt, sich zur Wehr gesetzt hatten.

Die noch kampffähigen, dezimierten Teile wichen, vermischt mit Flüchtlingen und aufgelösten Kolonnen, auf Berlin zurück. Andere zogen sich kämpfend nach Süden und Südwesten zurück oder wichen nach Nordnordwesten gegen den Hohenzollernkanal hin aus. Am Südflügel der schwachen 3. Panzerarmee, die bis zum Morgen des 20. April noch nicht angegriffen worden war, begann in den ersten Stunden dieses 20. April das Vorbereitungsfeuer für einen Angriff der Heeresgruppe Rokossowski über den Unterlauf der Oder.

Heinrici entschloß sich, die 9. Armee – wenn sich ihm keine andere Möglichkeit bot – auch gegen den Willen Hitlers von der Oder zurückzuführen, bevor sie endgültig eingeschlossen war. Er wollte sie südlich und südwestlich an Berlin vorbeiführen, um unter Vermeidung einer Schlacht bei Berlin eine letzte Abwehrfront zwischen Oder und Elbe aufzubauen.

Heinrici und sein Stabschef Kinzel setzten sich mit General Busse in Verbindung, um die notwendigen Maßnahmen zu besprechen. Von einem Angriff gegen Süden war gar nicht erst die Rede. Aber General Busse glaubte sich durch den Befehl Hitlers, an der Oder stehenzubleiben, gebunden.

Heinrici setzte sich noch einmal mit Krebs in Verbindung, erhob erbitterte Vorwürfe über die offensichtliche Täuschung durch den angeblichen Angriff Schörners nach Norden und forderte die Rücknahme von Hitlers Befehl.

Krebs ging auf die Vorwürfe nicht ein. Er wurde verletzend kalt, wies jede weitere Diskussion zurück und erklärte: »Der Führer hat befohlen, daß die 9. Armee dort kämpft, wo sie jetzt steht. Der Führer vertraut auf die 9. Armee.«

Die inzwischen einlaufenden Meldungen deuteten darauf hin, daß sich der Ring um die 9. Armee nahezu geschlossen hatte. Vielleicht war er bereits ganz geschlossen. Verbände der 9. Armee kämpften jetzt in der allgemeinen Linie südlich Fürstenberg–Fürstenwalde–Scharmützelsee–Schwielowsee. Konjews Panzer und Motorkolonnen waren dabei, die Durchgänge durch die Seenkette zwischen dem großen Mittelsee und Teupitz zu schließen. In jedem Fall war die sowjetische Front im Rücken der 9. Armee noch schwach. Es war höchste Zeit, nach Westen auszubrechen. Heinrici entschloß sich auf eigene Verantwortung, der 9. Armee den Befehl zum Ausbruch nach Westen zu erteilen. Er beauftragte seinen Stabschef, General Busse den Befehl zu übermitteln. Es erwies sich jedoch, daß es nicht mehr mit der notwendigen Geschwindigkeit möglich war, die in schwere Kämpfe im Osten und Nordosten verstrickten Verbände aus dem Kampf zu lösen und nach Westen zu überführen. Busse befürchtete, daß eine überstürzte Umgruppierung seiner Verbände die Gefahr der Panik und der Auflösung in sich barg, die den Marsch nach Westen illusorisch machen würde.

Am 21. April schon war die Armee im Raume Guben–Müllrose–Fürstenwalde–Königswusterhausen–Lübben eingeschlossen. Außer den Truppen befanden sich im Einschließungsring Zehntausende von Flüchtlingen, die im Februar und März in den Orten südostwärts Berlins eine Zuflucht gefunden oder in den Wäldern südlich Fürstenwalde provisorische Lager aufgeschlagen hatten. Ihre Zahl wurde durch die Bevölkerung des Kampfgebietes vermehrt, die in wilder Flucht in die Wälder hineinströmte. Luftangriffe häuften sich. Es gab wohl Verpflegung und Wasser. Aber es fehlte an Treibstoff und Munition. Mehr und mehr motorisierte Fahrzeuge fielen aus. Nachrichtenverbindungen hörten auf zu funktionieren. Truppen, Flüchtlinge und Bevölkerung vermischten sich miteinander. So begann der letzte Kampf der 9. Armee, der bis in die ersten Maitage hinein dauern würde.

Während sich die Einschließung der 9. Armee vollendete, griff seit dem Morgen des 20. April die sowjetische Heeresgruppe Rokossowski über den Unterlauf der Oder an. Trotz erheblicher Verluste gelang es ihren Verbänden, südlich von Stettin einen Brückenkopf am linken Ufer des Überschwemmungsgebiets der Oder zu erobern. In schweren Kämpfen dehnten sie diesen Brückenkopf bis in den Raum nördlich Schwedt aus.

Rokossowski begann sofort, mit Ponton- und Sturmbooten größere Truppenmengen und Panzer überzusetzen. So geriet die 3. Panzerarmee in eine doppelt bedrohliche Lage. Am Nordflügel drückte Rokossowski mit Übermacht. Im Süden riß Shukows Vordringen auf Berlin und nördlich an Berlin vorbei die Flanke der Armee von Eberswalde nach Oranienburg und darüber hinaus bis nach Kremmen auf. Um diese Flanke wenigstens halbwegs zu sichern, erteilte Heinrici dem SS-Obergruppenführer Steiner, der unter Himmler in Pommern die sogenannte 11. SS-Panzerarmee geführt hatte und in Mecklenburg damit beschäftigt war, Versprengte aufzulesen und neue Einheiten zu bilden, den Auftrag, im Gebiet des Finow- und Hohenzollernkanals einen provisorischen Flankenschutz aufzubauen. Dazu standen ihm jedoch außer nach Norden abgedrängten Restverbänden nur noch einige behelfsmäßige Einheiten, darunter Marinetruppen ohne schwere Waffen und Kampferfahrung, zur Verfügung. Wenn ihm der vergebliche Kampf um die 9. Armee zeigte, daß Hitlers trotziger Wille und Hitlers Selbsttäuschungen über die wirkliche Lage so bestimmend waren wie nur je zuvor, so lehrten ihn die nun folgenden Erfahrungen mit der »Kampfgruppe Steiner«, daß alle Hoffnungen, wenigstens in dieser letzten Phase nach vernünftigen Prinzipien zu handeln, vergeblich waren.

Goebbels' Staatssekretär, Dr. Naumann, war angesichts der Katastrophenmeldung an der Oder von Berlin nach Osten gefahren. Er hatte geschlagene, in Unordnung zurückgehende Einheiten, vermischt mit fliehender Bevölkerung, gesehen. Er war zu sehr in das Schicksal des Regimes und in seine Illusionen über eine Wende im Westen verstrickt, als daß er wenigstens jetzt hätte erkennen können, daß sich in den Bildern des Chaos kein mangelnder Wille ausdrückte, sondern totale Erschöpfung. Durchdrungen von den selbstkonstruierten Fiktionen über die noch möglichen politischen Lösungen, zu denen die Behauptung der Oder eine Voraussetzung war, sah er überall Schwäche, Feigheit und Verrat. Er fuhr in die Reichskanzlei. Er berichtete Hitler über seine Eindrücke, über Chaos und offenbare Schwäche.

So gerieten alle Meldungen Heinricis in eine Atmosphäre, in der sich Hitlers abgrundtiefes Mißtrauen gegen Offiziere und gegen jede Rückzugsabsicht von neuem erhitzte und seine Wunschbilder ihn noch einmal dazu verführten, auf die Stimmen derer zu hören, deren Berichte diesen Wunschbildern schmeichelten, nicht aber auf die Wirklichkeit. Weder Keitel noch Jodl, noch Krebs widersprachen ihm.

Hitler klammerte sich mit einem Trotz, der nichts Menschliches mehr an sich hatte, an die Oderlinie. Aus diesem Grunde verbannte er die 9. Armee an die Oder und damit zu Einschließung und Untergang. Aus dem gleichen Grunde befahl er der 9. Armee und der 4. Panzerarmee die undurchführbaren Flankenangriffe gegen den riesigen Durchbruchskeil Konjews. Er wollte die Oderfront wieder schließen und weigerte sich anzuerkennen, daß sie hoffnungslos aufgerissen war.

Auch als der Durchbruch Shukows auf Berlin am 20. April nicht länger zu verkennen war, gab Hitler den Willen, an der Oder auszuhalten, nicht auf.

Es war der Tag seines 57. Geburtstages. Während schon das Grollen der Artillerie in der Ferne zu hören war und die Hiobsbotschaften sich häuften, während jedem Vernünftigen klar wurde, daß Berlin in wenigen Tagen eingeschlossen sein würde und daß ein Zusammentreffen von Panzerspitzen Konjews und Panzerspitzen der Amerikaner an der Elbe den Weg nach Süddeutschland versperren konnten, versammelten sich die Angehörigen seiner Umgebung und zahlreicher Regierungs- und Dienststellen im Bunker der Reichskanzlei, um ihre Glückwünsche zu überbringen. Himmler kam aus Mecklenburg. Auch Speer erschien.

Es war ein graues Geburtstagsfest. Zum ersten Male erwähnten Krebs, Jodl und Keitel in vorsichtigen Worten, daß Berlin in Kürze eingeschlossen sein könne. Alle, Keitel, Himmler, Bormann, Krebs, Burgdorf und Göring, bedrängten Hitler, Berlin zu verlassen, bevor es zu spät sei, sich nach Süddeutschland zu begeben, im Schutze der Berge den Kampf fortzusetzen und dort den Bruch zwischen Russen und westlichen Alliierten abzuwarten.

Nur Goebbels widersprach. Er trat dafür ein, in Berlin zu bleiben. Er war der Gauleiter von Berlin. Er wollte Hitler in seinem Bereich behalten. In seinem rastlosen Geist, dem es immer mehr auf die Wirkung als auf den Gehalt angekommen war, bereiteten sich, auch wenn er sich noch so sehr gegen das Eingeständnis einer möglichen Katastrophe stemmte, Pläne für einen dramatischen Untergang vor. Er plante einen Tod in den Trümmern Berlins und im Kampf gegen den Bolschewismus, der später einmal, wenn die mit Blindheit geschlagene westliche Welt die furchtbare Drohung der Sowjetunion erkennen würde, zum Ausgangspunkt für eine reumütige Heroisierung des Nationalsozialismus, Hitlers und seiner selbst führen sollte.

Aber Hitler verschloß sich allen Einwirkungen. Sein Blick war auf die Oder gerichtet. Er klammerte sich an den Glauben, daß, wenn er in Berlin blieb und seinen Willen ausstrahlte, die Oderfront wieder geschlossen werden könne. Er ernannte zwar Dönitz für den Fall einer Zweiteilung Deutschlands zum Oberbefehlshaber Nord. Für den Süden ließ er die Ernennung des Feldmarschalls Kesselring zum Oberbefehlshaber Süd noch offen.

Er stimmte auch zu, daß die Minister der Reichsregierung Berlin verließen, um sich entweder nach Berchtesgaden oder aber nach Mecklenburg zu begeben und dort die Verwaltungstätigkeit für alle Fälle fortzusetzen. Er stimmte zu, daß Himmler sich nach dem Norden begab und daß auch Ribbentrop nach Norddeutschland übersiedelte. Er gestattete, daß Göring sich nach Berchtesgaden begab und nur seinen Generalstabschef Koller und seinen Verbindungsoffizier zu Hitler, General Christian, in einem Ausweichquartier des Luftwaffenführungsstabs bei Berlin zurückließ. Sein Abschied von Göring war kalt – voller Verbitterung über das Versagen der Luftwaffe. Er erlaubte die Aufstellung eines Ausweich-Führungsstabes des Oberkommandos der Wehrmacht in Süddeutschland unter der Führung des Generals Winter.

Der letzte, der sich verabschiedete, war Speer. Die Qual seiner gespaltenen Seele, die ihn zwischen dem Gefühl seiner Verpflichtung an die Deutschen und seiner Dankbarkeit für Hitler hin und her trieb, hatte ihn noch einmal nach Berlin geführt, obwohl er inzwischen seine Versuche fortgesetzt hatte, unsinnige Zerstörungsmaßnahmen zu verhindern und im Schutz des ihm befreundeten, der Wirklichkeit aufgeschlossenen Hamburger Gauleiters Kaufmann im Hamburger Sender eine Rede auf Schallplatten gesprochen hatte, die sofort nach Hitlers Tod gesendet werden sollte. In dieser Rede wandte er sich nicht gegen Hitler selbst, wohl aber gegen alle, die dessen Befehlen getreu über Hitlers Tod hinaus Vernichtungs- und Zerstörungsmaßnahmen durchführen mochten.

Als er den Bunker unter der Reichskanzlei verließ, war die Nacht auf den 21. April hereingebrochen. Weit im Osten sah er ein rotes Leuchten am Himmel, und über Berlin flogen Flugzeuge, deren Motoren andere Geräusche verursachten als die gewohnten Motoren der amerikanischen und englischen Maschinen. Unter der Betondecke des Bunkers versammelten sich unterdessen Keitel, Jodl und Krebs um Hitler.

Der Geburtstag war vergessen. Hitler lebte wieder ganz in der Welt des Kampfes um die Oder. Er hörte Krebs' und Jodls vorsichtig um die Wirklichkeit kreisende Berichte. Er hörte, daß Shukow zwar in breiter Front gegen Berlin vordringe, daß er auch nördlich von Berlin vorstoße und daß bei Stettin ein sowjetischer Brückenkopf entstanden sei, daß sich im übrigen aber sowohl die 9. Armee als auch die 3. Panzerarmee an der Oder behaupteten und sich am Südflügel der 3. Panzerarmee eine Kampfgruppe unter SS-Obergruppenführer Steiner versammle, welche die 3. Panzerarmee gegen eine Umfassung sichere.

Hitler saß über die Karte gebeugt. Als der Name Steiner fiel, bewegte sich seine zitternde Hand über das raschelnde Papier. Zumindest Jodl wußte, daß sich in Hitler mit dem Namen Steiner der Begriff besonderer Tüchtigkeit oder Zuverlässigkeit und besonderen Angriffsgeistes verband.

Aber weder er noch Krebs erklärte, daß die Kampfgruppe Steiner noch gar nicht existiere, daß sie erst im Aufbau aus hastig zusammengelesenen Kräften war, daß sie selbst nicht einmal wußten, wo Steiner seinen Gefechtsstand aufgeschlagen hatte. Hitler blickte plötzlich auf und erklärte erregt, alle hätten recht, die darüber berichteten, daß in der Führung an der Oder kein wirklicher Kampfgeist mehr lebe. Aus welch anderem Grunde werde die Kampfgruppe Steiner nur zu einer Sicherungsaufgabe verwendet.

Er befahl, daß die Kampfgruppe innerhalb von 24 Stunden zum Angriff aus dem Raum Oranienburg-Eberswalde nach Süden anzusetzen sei. Steiner werde dem Vordringen Shukows im Norden Berlins ein Ende machen. Er werde Shukows Angriffsspitzen abschneiden und eine Verbindung zwischen der 3. Panzerarmee und Berlin herstellen. Er befahl, daß ein südwestlich von Berlin zurückgehendes LVII. Panzerkorps des Generals Weidling sofort nach Berlin dirigiert werde, um eine Verteidigungsfront um die Hauptstadt aufzubauen und die Verbindung mit Steiner aufzunehmen. Der Nordteil der 9. Armee sollte Verbindung mit der Berliner Verteidigungsfront herstellen und die Front im Osten wieder schließen. Der Rausch seiner Phantasien erfaßte ihn. Seit 24 Stunden war nicht mehr von seinem Befehl die Rede gewesen, wonach durch einen Angriff der 9. Armee nach Süden sowie durch einen Angriff der 4. Panzerarmee nach Norden der Durchbruchskeil Konjews zerschlagen und die Front an Oder und Neiße wiederhergestellt werden sollte. Jodl und Krebs hatten dieses Problem vorsichtig umgangen. Jetzt griff Hitler auch diesen Befehl wieder auf.

Er erklärte, wenn Busse nach Süden und Schörner nach Norden angriffen, dann sei auch dort die Front wieder geschlossen. Aber so, als ahnte er hier eine Wirklichkeit, die seine Wunschbilder zerstören konnte, kehrte er schnell zu Steiner zurück. Steiner, betonte er, sei mit allen Kräften, die in Mecklenburg erreichbar seien, zu verstärken. Steiner erhalte jede Vollmacht, seinen Angriff mit den drakonischsten Maßnahmen vorwärtszutreiben.

Seit dem 18./19. April, als die ersten Meldungen von den sowjetischen Erfolgen an der Oderfront die Stadt erreichten, lebte Berlin im Schatten des nahenden Endes. Wenn sich seit den Februar- und Märztagen fast jeder Berliner über die Drohung klargewesen war, die ganz nahe hinter der Oder lauerte, wenn Ungezählte sich trotzdem bemüht hatten, sich abzulenken und an Wunder zu glauben, so wuchs dieser Schatten jetzt ins Riesenhafte. Berlins Einwohnerzahl hatte einmal vier Millionen betragen. Sie war unter der Einwirkung der immer schwereren Luftangriffe auf weniger als zweieinhalb Millionen gesunken. Der große Mahlstrom der Flucht aus dem Osten hatte die Zahl der Einwohner seit Januar wieder auf rund dreieinhalb Millionen hinaufgetrieben.

Während am 19. April zum erstenmal Panzeralarm geblasen wurde, begann das Leben der Millionen sich endgültig in die Keller, die Bunker, die U- und S-Bahn-Schächte zu verlagern, nachdem die Luftangriffe die Berliner schon vorher mehr und mehr dazu gezwungen hatten, Schutz unter der Erde zu suchen. Die Verkehrsmittel füllten sich mit Menschen, die unter dem Heulen der Sirenen aus der Stadt zu entkommen suchten. Frauen standen vor den noch geöffneten Geschäften Schlange, um Lebensmittel zu ergattern. Volkssturmabteilungen übten. Millionen horchten auf alles, was ihnen Rundfunk und Zeitungen mitzuteilen hatten. Das Wissen um die Härte des Gegners und eine Lebensangst, die auch nach dem Strohhalm greift, trieben die Massen, sofern sie nicht die Möglichkeit der Flucht aus Berlin hatten, stärker als je zuvor in die Arme der Propaganda. All ihr Denken, ihr Fühlen und auch innere Zweifel an der nationalsozialistischen Regierung schrumpften auf ein Problem zusammen: den Widerstand gegen das aus dem Osten heranrollende und nach allen vorliegenden Berichten brutale Schicksal. Am Abend des 19. April, am Vorabend zu Hitlers Geburtstag, hörten sie zum letzten Male die Stimme Dr. Goebbels' über den Berliner Rundfunk:

»In dem Augenblicke des Kriegsgeschehens, in dem, so möchte man glauben, noch einmal, vielleicht zum letzten Male, alle Mächte des Hasses und der Zerstörung von Westen, Osten, Südosten und Süden gegen unsere Front anrennen, trete ich, wie immer noch seit 1933, am Vorabend des 20. April vor das deutsche Volk hin, um zu ihm vom Führer zu sprechen.

Ich kann nur sagen, daß die Zeit in all ihrer dunklen und schmerzenden Größe im Führer den einzigen würdigen Repräsentanten gefunden hat. Wenn Deutschland heute noch lebt, wenn Europa und mit ihm das gesittete Abendland mit seiner Kultur und Zivilisation noch nicht ganz im Strudel des finsteren Abgrundes, der sich gähnend vor uns auftut, versunken sind, sie haben es ihm allein zu verdanken. Denn er wird der Mann dieses Jahrhunderts sein.

Wenn es aber männlich und deutsch ist, als Führer eines großen und tapferen Volkes ganz auf sich allein gestellt diesen Kampf zu bestehen, im Vertrauen auf die eigene Kraft und Sicherheit sowie auf die Hilfe Gottes, den übermächtig drohenden Feinden die Stirn zu bieten, mit ihnen zu kämpfen, anstatt vor ihnen zu kapitulieren, dann ist es ebenso männlich und deutsch, als Volk einem solchen Führer zu folgen, bedingungslos und treu, ohne Ausflüchte und Einschränkungen, jedes Gefühl der Schwäche und Wankelmütigkeit von sich abzuschütteln, auf den guten Stern zu vertrauen, der über ihm und über uns allen steht, auch und gerade, wenn er zeitweise von dunklen Wolken verdüstert ist, im Unglück nicht feige, sondern trotzig zu werden, anstatt der vom Feind erwarteten weißen Fahne der Unterwerfung das alte Hakenkreuzbanner eines fanatischen und wilden Widerstandes zu hissen, Gott zu danken, immer wieder und wieder, daß er uns für diese schrecklich große Zeit einen wahren Führer schenkte.

Der Krieg neigt sich seinem Ende zu. Der Wahnsinn, den die Feindmächte über die Menschheit gebracht haben, hat seinen Höhepunkt bereits überschritten. Das Haupt der feindlichen Verschwörung ist vom Schicksal zerschmettert worden. Es war dasselbe Schicksal, das den Führer am 20. Juli 1944 mitten unter Toten, Schwerverwundeten und Trümmern aufrecht und unverletzt stehen ließ, damit er sein Werk vollende, unter Schmerzen und Prüfungen zwar, aber doch so, wie es im Sinne der Vorsehung liegt. Das deutsche Volk hat ihn geboren, es hat ihn auf den Schild gehoben, es hat sich ihn in freier Wahl zum Führer erkoren, es kennt seine Werke des Friedens, und es ist nun gewillt, seine ihm aufgezwungenen Werke des Krieges bis zum erfolgreichen Ende zu tragen.

Wer anders könnte die Richtung aus der Weltkrise weisen als der Führer! Sein Werk ist ein Werk der Ordnung! Seine Feinde können ihm nur ein Teufelswerk der Anarchie und der Verwüstung der Menschen und Völker entgegenstellen. Wenn also die Welt noch lebt, nicht nur die unsere, sondern auch die übrige, wem anders hat sie es zu verdanken als dem Führer! Sie mag ihn heute schmähen und verunglimpfen und mit ihrem niedrigen Haß verfolgen, sie wird diesen Standpunkt revidieren oder bitter bereuen müssen. Er ist der Kern des Widerstandes gegen den Weltzerfall. Er ist Deutschlands tapferstes Herz und unseres Volkes glühendster Wille. Ich darf mir ein Urteil darüber erlauben, und es muß heute gerade gesagt werden: Wenn die Nation noch atmet, wenn vor ihr noch die Chance des Sieges liegt, wenn es noch einen Ausweg aus der tödlich ernsten Gefahr gibt, wir haben es ihm zu verdanken.

Wir schauen voll Hoffnung und in einer tiefen, unerschütterlichen Gläubigkeit auf ihn. Trotzig und kampfesmutig stehen wir hinter ihm, Soldat und Zivilist, Mann und Frau und Kind, ein Volk, zum Letzten entschlossen, da es um Leben und Ehre geht.

Wir stehen zu ihm, wie er zu uns, in germanischer Gefolgschaftstreue, wie wir es geschworen haben und wie wir es halten wollen. Wir rufen es ihm nicht zu, weil er es auch so weiß und wissen muß: Führer, befiehl, wir folgen! Wir fühlen ihn in uns und um uns. Gott gebe ihm Kraft und Gesundheit und schütze ihn vor jeder Gefahr. Das übrige wollen wir schon tun.

Deutschland ist noch immer das Land der Treue. Sie soll in der Gefahr ihren schönsten Triumph feiern. Niemals wird die Geschichte über diese Zeit berichten können, daß ein Volk seinen Führer oder daß ein Führer sein Volk verließ. Das aber ist der Sieg! Worum wir so oft im Glück an diesem Abend den Führer baten, das ist heute im Leid und in der Gefahr für uns alle eine viel tiefere und innigere Bitte an ihn geworden: Er soll uns bleiben, was er uns ist und immer war: *unser Hitler!*«

Darin lebte Goebbels' alte, erregend-skrupellose Meisterschaft des gesprochenen Wortes. Aber noch so viele Worte konnten nicht verbergen, daß sie nur einem Verzweiflungsschrei des Mannes Ausdruck verliehen, dessen geschultes Hirn Tag und Nacht auf den verschlungensten Pfaden nach Auswegen suchte und doch keinen anderen Ausweg mehr fand als verschwommen-absurde Appelle an ein Schicksal, das nicht eintreten lassen durfte, was nicht eintreten sollte.

Dennoch brachte er es an diesem Abend nochmals fertig, die Berliner, deren Denken von der alles überschattenden Welle der Grausamkeit aus dem Osten ausgefüllt war, von der Gerechtigkeit des deutschen Kampfes zu überzeugen. Ungezählte glaubten trotz all der falschen Voraussagen, die Goebbels in den letzten Jahren gemacht hatte, immer noch nicht, daß ein Mann mit solcher Schicksalsgewißheit sprechen könne, wenn er nicht um günstige Tatsachen wüßte, die er nur noch nicht aussprechen wollte. Sie vermuteten mehr hinter Goebbels' Worten, als in Wirklichkeit dahinterstand. Sie vermuteten und erhofften Wunder und Wunderwaffen. Die Masse wußte nicht, daß Goebbels an diesem Abend, an dem schon die Panzersperren in den Straßen Berlins geschlossen wurden, mit leeren Händen dastand. Sie wußte nicht, daß er selbst in der Verborgenheit seines Innern von einer Spannung zwischen Lebenswillen und Resignation, Schicksalshoffnung und Selbstaufgabe erfüllt war, die drohte, das schwache, seit Jahren überanstrengte körperliche Gefäß, in dem sie lebte, zu zersprengen.

Am Morgen des 20. April hatte Goebbels noch – beeinflußt durch Hitlers neue Befehle – seinen Mitarbeitern bei der seit Jahren üblichen morgendlichen Konferenz berichtet, daß die Front im Osten durch Gegenangriffe wieder geschlossen werde. Er hatte frei aus dem Gedächtnis eine Stelle aus der Geschichte Friedrichs des Großen von Carlyle zitiert, an der

Carlyle aus der Rolle des Geschichtsschreibers heraustrat und Friedrich in der verzweifeltsten Stunde des Siebenjährigen Krieges Mut zusprach, indem er ihm sagte, er solle nur noch eine kleine Weile ausharren, dann werde sich das Schicksal wenden.

24 Stunden später, am Vormittag des 21. April, als der Durchbruch des Marschalls Shukow auf Berlin unwiderruflich war und von Panik erfüllte Flüchtlinge aus dem Osten in den Straßen Berlins erschienen, als außer dem schwer angeschlagenen LVII. Panzerkorps kaum noch etwas da war, das sich zwischen Shukow und die Reichshauptstadt mit ihren kläglichen Verteidigungsanlagen hätte werfen lassen, zerbrach zum ersten Male Goebbels' äußere Beherrschung.

Die Sirenen gaben wieder Panzeralarm, als sich Goebbels' Mitarbeiter zur 11-Uhr-Konferenz in dem durch die Luftangriffe stark mitgenommenen Filmsaal der Villa Goebbels' versammelten. Die Fenster waren mit Holz vernagelt. Einige Kerzen ersetzten das elektrische Licht.

Als Goebbels verspätet den zwei Dutzend Männern gegenübertrat, die übernächtigt auf ihn warteten, war sein Gesicht totenbleich. Seine Augen flackerten. Noch während er sich niedersetzte, begann er mit hastigen Worten zu sprechen. Er gestand zum ersten Male, daß das Ende gekommen sei. Aber er tat dies nicht mit einem einzigen Wort der Selbsterkenntnis oder der Erkenntnis der furchtbaren Irrwege Hitlers und des Regimes. Vielmehr entlud sich seine Erkenntnis, daß alles verloren sei, in einem leidenschaftlichen Haßausbruch.

Er hatte die Meisterleistung fertiggebracht, die Masse der Deutschen immer wieder über ungezählte Rückschläge und Niederlagen hinweg an das Regime und seine totalitäre und zugleich vielgesichtig-diffuse Ideologie zu binden, von der, wie er glaubte, die Größe und die Zukunft Deutschlands abhing. Jetzt stand nicht nur die Niederlage bevor, sondern auch seine Argumente hatten sich erschöpft. Sein Haß war der Haß des Gescheiterten, der seine ideologischen Irrtümer nicht einsehen konnte, ohne den Sinn seines ganzen Lebens zu zerstören. Es war der ungewöhnliche Haß eines gescheiterten Intellekts gegenüber einer Zukunft, die vielleicht bewies, daß das Ende des Nationalsozialismus nicht das Ende des deutschen Volkes war. Es war die hassende Furcht, daß die Deutschen nach dem Ende des Nationalsozialismus eine Zukunft haben könnten, wenn sie nicht mit dem Nationalsozialismus zugleich untergingen.

Goebbels' Rede wurde eine einzige Rechtfertigung Hitlers und eine bebende Anklage gegen die Umwelt. Wenn er sonst die Beweglichkeit seines Geistes darauf verwendet hatte, Chancen des Erfolges oder des Überlebens zu konstruieren, so verwendete er sie jetzt darauf, die Schuld an dem bevorstehenden Ende den alten Offizieren, der Reaktion und dem Verrat allüberall aufzubürden.

Als er ein einziges Mal Atem schöpfen mußte, fand der Leiter der Rundfunkabteilung, Dr. Hans Fritzsche, den Mut zu einem Wort. Er erklärte, es möge hier und da vielleicht Verrat am Werke gewesen sein, aber diese Spuren von Verrat würden auf jeden Fall aufgewogen durch den Glauben, die Treue und die Opferbereitschaft des deutschen Volkes, das seiner Regierung mehr guten Willen zur Verfügung gestellt habe als je ein Volk zuvor.

Aber Goebbels war nur noch lodernde Wut. Das deutsche Volk? rief er, was könne man mit einem Volk anfangen, dessen Männer nicht einmal mehr kämpften, wenn ihre Frauen vergewaltigt würden. Alle Pläne des Nationalsozialismus, alle Gedanken und Ziele seien zu groß und zu edel für dieses Volk gewesen. Das deutsche Volk sei zu feige gewesen, sie zu verwirklichen. Im Osten laufe es davon. Im Westen hindere es die Soldaten am Kampf und empfange den

Feind mit weißen Fahnen. Das deutsche Volk habe das Schicksal verdient, das es jetzt erwarte. Es habe sich bei der Volksabstimmung über Deutschlands Austritt aus dem Völkerbund in freier Wahl gegen eine weitere Politik der Unterwerfung und für eine Politik des kühnen Wagnisses entschieden. Der Weg dieses Wagnisses sei begangen worden. Man sei dabei dank der Unvollkommenheit der Deutschen gescheitert.

Er strahlte Hohn aus, als er gegen die eigenen Mitarbeiter wütete: »Geben Sie sich keinen Illusionen hin. Ich habe niemanden gezwungen, mein Mitarbeiter zu sein, so wie wir auch das deutsche Volk nicht gezwungen haben. Es hat uns ja selbst beauftragt. Warum haben Sie mit mir gearbeitet? Jetzt wird Ihnen das Hälschen durchgeschnitten.«

Während er diese Worte aus sich herausstieß, schritt er zur Tür. Als er sie öffnete, wandte er sich noch einmal um und schrie: »Wenn wir abtreten, dann soll der Erdkreis erzittern.« Dann warf er die Tür ins Schloß. Während seine Mitarbeiter, noch gelähmt von seinem Ausbruch, zurückblieben, eilte Fritzsche ihm nach. Aber er kam zu spät. Goebbels war bereits in seinen eigenen Räumen verschwunden. Vergebens bat Fritzsche den Leiter des Ministeramtes, ihm eine Unterredung mit Goebbels zu verschaffen. Vergebens fuhr er am Nachmittag noch einmal zur Villa Goebbels' hinüber, gepeinigt von der zynischen Selbstenthüllung eines Spielers, die tausend Zweifel an seiner eigenen Haltung in den letzten Jahren emporgeschleudert hatte. Goebbels war nicht mehr zu sprechen.

Als Fritzsche das Haus wieder verließ, hörte er ein Krachen zwischen den Bäumen des Tiergartens. Es rührte vom Einschlag einer Granate. Sie kam aus dem Osten.

Es war die erste Granate, die die sowjetische Artillerie nach Berlin hineinschoß.

Nichts kennzeichnet besser die Art, mit der sich Hitler am 21./22. April an das Phantom der Kampfgruppe Steiner klammerte, als einige Auszüge aus dem Tagebuch des Chefs des Generalstabs der Luftwaffe, Koller, der sich bis zum 22. April noch in dem Ausweichgefechtsstand des Luftwaffen- führungsstabes bei Berlin aufhielt:

»*21. April:* Abends zwischen 20.30 und 21 Uhr ist er (Hitler) wieder am Telefon: ›Der Reichsmarschall unterhält in Karin- hall eine Privatarmee. Diese sofort auflösen und einsetzen. Er braucht keine Privatarmee.‹ Ich antworte, daß in Karinhall keine Privatarmee, sondern lediglich die Division Hermann Göring gelegen habe ... und daß die meisten Kräfte der Division bereits eingesetzt seien. Hitler bestreitet das ... Meine Nachforschung ergibt, daß sich bis auf ein einziges Bataillon bereits alle Teile der Division im Kampf befinden. Ich melde das Hitler, er befiehlt: ›Das Bataillon unverzüglich SS-Obergruppenführer Steiner unterstellen!‹ und bricht das Gespräch ab.
Während ich noch überlege, was das nun wieder bedeuten soll, ruft Hitler neuerdings an. ›Jeder verfügbare Mann der Luftwaffe im Raum zwischen Berlin und der Küste bis nach Stettin und Hamburg ist zu dem von mir befohlenen Angriff im Nordosten von Berlin heranzuziehen.‹ Auf meine Einwän- de, daß wir keine kampfgewohnten Truppen stellen könnten, und auf meine Frage, wo der Angriff denn sein soll, folgt keine Antwort. Er hatte bereits eingehängt.
In eine telefonische Unterredung mit dem Führerbunker, wo ich General Krebs erst 22.30 Uhr erreiche und um genauere Angaben über den geplanten Angriff, zu dem Hitler mich angerufen hatte, bitte, schaltet sich Hitler ein. Plötzlich tönt am Apparat seine erregte Stimme. ›Haben Sie noch Zweifel an meinem Befehl? Ich glaube, ich habe mich klar genug

ausgedrückt. Alle Kräfte der Luftwaffe im Nordraum, die für den Einsatz auf der Erde verfügbar gemacht werden können, müssen sofort Steiner zugeführt werden. Jeder Kommandeur, der Kräfte zurückhält, hat binnen fünf Stunden sein Leben verwirkt. Das müssen die Kommandeure auch erfahren. Sie selbst haften mir mit Ihrem Kopf, daß der letzte Mann eingesetzt wird.‹

Dann spricht Krebs: ›Alles zum Angriff von Eberswalde nach Süden‹, und das Gespräch ist zu Ende.

Ich lasse mich mit dem Chef der Operationsabteilung des Heeres verbinden. Der ist auch ohne Kenntnis des Näheren, vermutet Steiner in Oranienburg. Steiner soll ein Armee-Oberkommando formieren ... Wenn Verbindung mit Steiner hergestellt und dessen Absichten bekannt sind, soll ich Näheres mitgeteilt erhalten.

Das Telefon kommt keinen Moment zur Ruhe.

Gespräche nach allen Richtungen. Dabei immer wieder Abänderungen der Anordnungen aus dem Führerbunker.

Endlich Nachricht vom Chef der Operationsabteilung des Heeres (23.05 Uhr): ›Gefechtsstand Steiner, der jetzt AOK II heißt, Liebenwerda. Zuzuführende Truppen in den Raum Eberswalde und nördlich, solche von Westen in den Raum von Liebenwerda.‹ Südwestlich Berlin sollen russische Panzer durchgebrochen sein!

Major Dickel meldete die Schußzahlen der russischen Artillerie auf Stadtmitte Berlin ... Der Flakturm hat fünfhundert Schuß der Russen gezählt ...

Um 23.50 Uhr wieder Anruf Hitlers. Er fragt nach den Maßnahmen der Luftwaffe für den Angriff Steiner. Ich berichte darüber. Dabei betone ich, daß es ganz kampfungewohnte Truppen sind, weder für Erdkämpfe ausgebildet noch entsprechend ausgerüstet, dazu ohne schwere Waffen. Er hält mir einen kleinen Vortrag über die Lage und schließt wörtlich: ›Sie werden sehen, der Russe erleidet die größte Niederlage, die blutigste Niederlage seiner Geschichte vor den Toren Berlins.‹

Ist so etwas möglich? Glaubt er wirklich noch daran?

22. April: Um 1 Uhr morgens Meldung über Brennstoffmangel bei fliegenden Verbänden. Brennstoffzüge wurden beim Anrollen auf die Flugplätze wieder einmal von motorisierten SS-Verbänden angehalten und ausgetankt.

8 Uhr: Meldung von Generaloberst Stumpff, daß etwa 12 000 bis 15 000 Mann für den Angriff Steiner an Luftwaffentruppen aufgebracht und auf Kraftwagen zugeführt sind. Bewaffnung mit Handwaffen und MG. Schwere Waffen fehlen. Ich zweifle, ob Zahlenangaben stimmen und rechtzeitiges Eintreffen der Verbände überhaupt möglich.

Anfrage aus dem Führerbunker, ob ich nicht weiß, was mit dem Angriff Steiner sei. Ich verneine. Sofortige Nachforschungen ergeben, daß Steiner mit seinen Vorbereitungen noch nicht fertig ist. Christian am Apparat. Hitler lasse fragen, ob ich Nachricht vom Angriff Steiner hätte. Ich teile den Inhalt der eben erteilten Auskunft mit. Kurz danach erneut Christian, Heer habe gemeldet, daß Truppen Steiners angetreten seien. Meine Meldung müsse falsch sein, Hitler verlange Aufklärung.

Wiederum Anruf aus Führerbunker … Ich erwische einen Hauptmann der Division Hermann Göring, der soeben bei einem Bataillon war, das am Angriff teilnehmen soll. Er sagt mir, der Angriff habe noch nicht begonnen, wann er beginnen soll, das weiß er nicht. Neuerdings Christian. Auch Heer meldet jetzt, daß Steiner nicht angetreten sei. Im Führerbunker große Aufregung. Hitler habe Angriff am Morgen, spätestens am Vormittag erwartet, er wolle Klarheit. Ich sage: ›Nach allen Nachrichten, die ich von der Division Göring habe, ist Steiner nicht angetreten.‹

Nach kurzer Frist wieder Christian. Himmler habe Hitler jetzt gemeldet, daß Steiner ganz sicher angetreten sei. Die Luftwaffe solle durch Luftaufklärung sofort feststellen, ob das wirklich der Fall sei. Welche Idee! Erreichte Ziele kann man ausmachen, aber kaum so ein Antreten in Rauch und Dunst und ohne genaue Kenntnis der Bereitstellungsräume.

Major Freigang, soeben von Steiner zurückgekommen, meldet mir: ›Angriff Steiner nicht angetreten, weil Steiner seine Truppen nicht rechtzeitig bereitstellen konnte ...‹

Dann rufe ich Christian an, unterrichte ihn von diesem Ergebnis zur Meldung an Hitler und füge hinzu: ›Die Meldung von Freigang ist bestimmt zutreffend, er hat bisher nur einwandfreie Meldungen abgegeben.‹

Ich weiß, Hitler wird rasen ...

Um 18.15 Uhr rufe ich Christian wieder im Führerbunker an. Er sagt: ›Historische Ereignisse gehen vor, die entscheidenden des Krieges überhaupt. Ich muß Ihnen eine sehr wichtige Meldung machen.‹

20.45 Uhr. Christian ist bei mir eingetroffen: ›Der Führer ist zusammengebrochen, er sieht den Kampf nun als aussichtslos an. Er will aber aus Berlin nicht heraus, sondern im Bunker bleiben und Berlin verteidigen. Wenn die Russen kommen, will er die Konsequenz ziehen und sich erschießen.‹«

Es schien, als seien plötzlich die Mauern zusammengebrochen, die Hitler rings um sich aufgerichtet hatte, um sich gegen die Wirklichkeit abzuschirmen. Er hatte an diesem 22. April während des ganzen Vormittags mit einer Rastlosigkeit, die weiter an seinen körperlichen Kräften zehrte, auf eine einzige Meldung gewartet: auf die Meldung, daß Obergruppenführer Steiner sich auf dem Marsch nach Berlin befinde. Statt dessen hatten ihn nur sich widersprechende Nachrichten erreicht.

Er verfiel nicht für einen Augenblick auf den Gedanken, daß die Kampfgruppe Steiner, auf die er so unbeschreibliche Hoffnungen setzte, infolge Kräftemangels gar nicht in der Lage sein könnte, anzugreifen. Sein von Mißtrauen gesättigtes Wesen ließ ihn nur vermuten, daß neue Verräter und neue Schwächlinge am Werke seien und daß man ihn zu täuschen versuche.

In dieser Stimmung fand um 3 Uhr nachmittags die Lagebesprechung statt, an der außer Bormann, Burgdorf, Keitel, Jodl und Krebs die verschiedenen Adjutanten und der Botschafter Hewel teilnahmen.

Die Konferenz begann mit dem Vortrag von Jodl und Krebs. Beide hatten zuverlässige Nachrichten darüber bekommen, daß Steiner gar nicht zum Angriff gekommen war, sondern Mühe hatte, sich gegen zunehmende sowjetische Angriffe zu verteidigen. Beide, vor allem aber Jodl, ahnten das kommende Gewitter. Er bemühte sich, die Methode der Ablenkung zur Geltung zu bringen, mit der er sich und dem Kreis um Hitler viele Stürme erspart, aber zugleich dazu beigetragen hatte, daß Hitler auf verhängnisvolle Weise in einer irrealen Welt lebte und operierte.

Er berichtete zuerst über örtliche Erfolge in Sachsen, in Italien und im Bereich der 9. Armee an der Oder. Erst dann lenkte er mit kalter Geschicklichkeit auf die Ereignisse am Südflügel der 3. Panzerarmee hin. Er teilte mit, daß sowjetische Angriffsspitzen südlich von Berlin die Linie Treuenbrietzen–Zossen überschritten hätten und daß sie im Norden vor der äußeren Verteidigungslinie Berlins angelangt seien.

Hitler hatte ein leichtes Zögern Jodls bemerkt. Er hatte seine flackernden, umschatteten Augen nacheinander auf Jodl, auf Krebs, auf Keitel und Burgdorf gerichtet. »Verschonen Sie mich mit Kleinigkeiten!« stieß er plötzlich hervor. »Verschonen Sie mich mit Lappalien. Ich wünsche zu wissen, wo Steiner steht.«

Dann erfuhr er die Wahrheit.

Er schwieg einen Augenblick. Sein Gesicht rötete sich. Er bat plötzlich mit heiserer Stimme alle Anwesenden, mit Ausnahme von Bormann, Burgdorf, Keitel, Jodl und Krebs sowie zwei Stenographen, den Raum zu verlassen. Erfüllt von der Vorahnung ungewöhnlicher Ereignisse, gingen die Aufgeforderten in den Teil des Mittelgangs hinüber, der als Wohnzimmer benutzt wurde. Dort warteten sie, Hewel, Voß, Fegelein, Christian, die Adjutanten und Sekretärinnen. Während sie noch aufgeregt darüber nachdachten, was sich jetzt ereignen könnte, hörten sie plötzlich Hitlers Stimme: laut, entfesselt schreiend, zugleich aber mit einem schmerzlich-weinerlichen Unterton.

Es war im einzelnen nicht zu verstehen, was Hitler in einem offenbaren Anfall wilder Raserei aus sich herausstieß. Das hörten nur die fünf, die um Hitlers Tisch herumstanden, und nur einer von ihnen bewahrte angesichts dieses unbeschreiblichen Ausbruchs eine Fassung, die nichts Natürliches mehr an sich hatte. Das war Jodl. Vielleicht war er der einzige, der begriff, weshalb das Ausbleiben des Steiner-Angriffes, der selbst, wenn er ins Rollen gekommen wäre, gar nichts am Lauf der Ereignisse geändert hätte, das Gebäude der Täuschungen und Selbsttäuschungen in und um Hitler endgültig zerriß.

Hitlers Vertrauen in das Heer war seit dem Durchbruch an Oder und Neiße noch weiter erschüttert worden. Sein Glaube an die Luftwaffe konnte nicht noch weiter sinken. Himmler und die SS hatten ihn schon in Pommern, Sepp Dietrich hatte ihn durch den Fehlschlag seines Märzangriffes in Ungarn enttäuscht. Steiner, dem er unter allen SS-Führern am meisten vertraute, gab ihm in einer Phase, in der er alle seine Hoffnungen und Gedanken auf ihn konzentriert hatte, den Rest.

Die Tatsache, daß ihm niemand während 24 Stunden eine klare Meldung hatte geben können, die Tatsache, daß er erst jetzt plötzlich nach einer Flut von erregenden Widersprüchen die Wirklichkeit erfuhr, trug dazu bei, eine Schleuse zu öffnen. Vieles, was er aus sich herausschleuderte, blieb auch dem engen Kreis um ihn herum unverständlich. Er schrie, was er denn überhaupt noch sei, da man ihn täuschen, betrügen und hintergehen könne. Er schrie, daß alle ihn verrieten, daß es keinen Offizier mehr gebe, der nicht lüge, daß niemand ihn verstehe, daß Offiziere, SS-Führer, Soldaten und das deutsche Volk seine Ziele nicht verstünden; daß sie zu klein seien, um seinen Ideen, die ihnen eine gewaltige Zukunft hätten schaffen können, zu folgen. Wie bei Goebbels fiel kein einziges Wort über das Verhängnis seiner Ideen, seine Irrtümer und seine fürchterlichen Fehler. Er raste nur gegen Schuld und Verrat und Feigheit ringsum, die nun in dem Verrat Steiners ihren Endpunkt gefunden hätten.

So jäh wie der Sturm, der Hitlers todkranken Körper erschütterte, gekommen war, so jäh brach er ab. Er sank plötzlich in sich zusammen. Sein Gesicht erschlaffte. Es nahm wieder eine kalkweiße Färbung an, und ein ungehemmter Weinkrampf schüttelte den erschlafften Körper.

Niemand bewegte sich, bis Hitler wieder den Kopf hob und mit zitternder, immer wieder vom Weinen unterbrochener Stimme, apathisch, müde und hoffnungslos erklärte, es habe alles keinen Zweck mehr. Es sei aus. Der Krieg sei verloren, der Nationalsozialismus sei ein Fehlschlag. Seine Idee sei verkauft. Es habe gar keinen Sinn, sich erst noch nach Süddeutschland zu begeben. Er werde nicht nach dem Süden gehen. Wer zu gehen wünsche, könne gehen. Er werde in Berlin bleiben und sterben, sobald das Ende da sei.

Er könne aus körperlichen Gründen nicht kämpfen. Er werde seinem Leben selbst ein Ende machen.

Sein zerstörtes Gesicht war in Tränen gebadet. Sein zusammengesunkener Körper veränderte seine Stellung nicht, nur seine Hand und sein Kopf begannen wieder zu zittern. So vergingen fünf quälende Minuten, bis sich Jodl, Keitel, Krebs, Burgdorf und Bormann aufrafften. Dann aber geschah das Unverständlichste und Unbegreiflichste, zugleich allerdings auch Bezeichnendste für Charakter, Wesen und Haltung der Männer, die, gleich, ob aus Ehrgeiz, Zufall oder Überzeugung, in den Bannkreis Hitlers geraten waren und sich, sei es wiederum aus Ehrgeiz, aus Beschränktheit, aus Schwäche oder mißverstandenen Gehorsams- und Treuekomplexen, an ihn verloren hatten. Hitler hatte in seinem plötzlichen Zusammenbruch einen Tatbestand anerkannt, für dessen Erwähnung oder auch nur Andeutung, vor allem in den schrecklichen letzten Monaten, ungezählte Deutsche, Männer und Frauen, Soldaten und Zivilisten, in seinem Namen verurteilt oder ohne Urteil verhaftet, erschossen oder erhängt worden waren. Er hatte einen Tatbestand anerkannt, um dessen Anerkennung viele Generale mit mehr oder weniger offenen Worten gerungen hatten oder auf dessen Anerkennung sie gewartet hatten oder jetzt noch draußen an den zusammenbrechenden Fronten warteten. Aber in diesem Augenblick dachte keiner derjenigen, die um Hitler versammelt waren, daran, die Konsequenzen aus Hitlers Anerkennung des sicheren Endes zu ziehen. Sie alle zeigten noch einmal, daß sie sich mehr in den Bann Hitlers begeben hatten als in den Bann ihres Gewissens gegenüber den ungezählten Millionen der Leidenden draußen. Sie stimmten Hitler nicht zu. Sie versuchten mit keinem Wort ihn zu bewegen, sofort zurückzutreten und den Weg wenigstens zu dem Versuch eines durch ihn unbelasteten Friedensschlusses, eines Endes der sinnlosen Kämpfe zu öffnen. Vielmehr versuchten sie einer nach dem andern, Hitler wiederaufzurichten und ihm wie auf einem absurden Theater klarzumachen, daß keineswegs alles verloren sei, daß es noch viele Chancen gebe und daß er, der immer an den Sieg geglaubt habe, jetzt in dieser entscheidenden Phase nicht plötzlich seinen Glauben aufgeben dürfe. Sie versuchten, ihn zu bewegen, sofort Berlin zu verlassen, solange noch ein Weg nach dem Süden offen sei. Während Keitel, Bormann und Burgdorf auf Hitler einredeten und ihn darauf hinwiesen, daß drei Viertel der deutschen Wehrmacht im Süden stünden und daß diese Truppen unter seinem Befehl in den Bergen Österreichs und der Tschechoslowakei kämpfen würden, bis der Zusammenbruch der Koalition zwischen Ost und West, von dem er selbst immer gesprochen habe, eingetreten sei, verließ Krebs den engen, erstickend heißen Raum. Durch Krebs erfuhren die draußen Wartenden, was geschehen war.

Fegelein ließ sofort eine telefonische Verbindung zu Himmler herstellen. Voß sprach fernmündlich mit Dönitz. Hewel versuchte, Ribbentrop zu erreichen. Es dauerte nicht lange, bis Himmler und Ribbentrop sich telefonisch bei Hitler meldeten und ihn beschworen, Berlin zu verlassen und im Süden weiterzukämpfen.

Ribbentrop behauptete, er habe soeben von Unterhändlern in Schweden und Portugal günstige Nachrichten über die Möglichkeit eines Friedens mit dem Westen und eines Umschwenkens der Westmächte gegen den Bolschewismus erhalten. Beweise dafür hatte er keine. Aber er beschwor Hitler, die historische Chance nicht zu versäumen, nicht aufzugeben, sondern mit allen Mitteln um einen politisch wichtigen Zeitgewinn zu kämpfen.

Aber während die Umgebung und vor allem Hewel Ribbentrops Behauptungen mit Spannung und Aufmerksamkeit zur Kenntnis nahm, hörte Hitler ihnen nur ebenso flüchtig und abwesend zu wie den Beschwörungen von Dönitz und Himmler. Er hatte sich zu plötzlich in eine Welt hineinfallen lassen, die jenseits allen Kampfes und aller zermürbenden Hoffnungen lag. Der theatralische Absturz in eine Stimmung absoluter Götterdämmerung war zu kraß und zu tief. Vielleicht empfand er das absolute Gehenlassen und die Todesstimmung als eine Erleichterung gegenüber der unnatürlichen Anspannung und der Selbstbeherrschung von Monaten und Jahren.

Abwesend wiederholte er, er werde Berlin nicht mehr verlassen. Er befahl, den Berlinern, denen bis dahin nicht bekannt war, daß er sich schon seit dem Januar in der Reichskanzlei aufhielt, mitzuteilen, daß er sich in Berlin befinde, daß er Berlin nicht verlassen und »bis zum letzten Atemzug für die Verteidigung Berlins kämpfen« würde. Er gab Anweisung, daß Dr. Goebbels mit seiner Familie zu ihm in den Bunker zog. Dann ließ er seine persönlichen Akten bringen. Er suchte, immer noch apathisch und zusammengesunken, mit zitternder Hand und hin und her schüttelndem Kopf alle Dokumente heraus, die er vernichtet sehen wollte. Sein Adjutant Schaub trug die Papiere durch die verstörte Schar der draußen Wartenden in den Garten der Reichskanzlei hinaus, um sie zu verbrennen.

Wenig später erschien Goebbels mit seiner Frau und seinen Kindern. Goebbels begab sich, von seiner Frau gefolgt, zu Hitler. Sein Gesicht wirkte leer, seine Augen waren ohne ihren berühmten Glanz. Als Hitler ihm jedoch erklärte, daß er Berlin nicht verlassen werde, glomm wieder ein Licht in seinen dunklen Augen auf. Er hatte erreicht, was er sich gewünscht hatte: Hitler blieb in Berlin, in dem Bereich, in dem er selbst das Schicksal bis zum letzten Augenblick versuchen wollte, um dann, wenn kein anderer Ausweg mehr blieb, aus dem Leben zu fliehen. Er erklärte, daß sowohl er als auch seine Frau sich ebenfalls in der Stunde der Niederlage auf den Trümmern Berlins selbst entleiben würden. Seine Frau fügte hinzu, daß sie ihre Kinder mit in den Tod nehmen würde, da es nach dem Ende des Nationalsozialismus für Deutsche kein lebenswertes Leben mehr geben könne. Sie glaubte an den Sinn ihrer Worte – mit einer besonderen Art weiblichen Fanatismus, der sich auf merkwürdige Art und Weise mit großer Fraulichkeit und Mütterlichkeit verbunden hatte.

Hitler hörte wie abwesend ihren Worten zu. Dann erteilte er Goebbels den Auftrag, dafür zu sorgen, daß seine Bekanntmachung, wonach er in Berlin bleiben und das Schicksal der Berliner teilen werde, unverzüglich verbreitet werde. Dann befahl er Keitel und Jodl, Berlin am Abend zu verlassen und sich nach Süddeutschland zu begeben, um dort ein Oberkommando der Wehrmacht aufzubauen und die Operationen im Süden bis zum Ende weiterzuführen.

Beide weigerten sich. Keitel erklärte, er würde nur in Begleitung Hitlers nach Süddeutschland aufbrechen, und Jodl fügte hinzu, Hitler habe bisher alle Befehle erteilt. Er müsse sie auch bis zum Ende erteilen! Wenn sich aber das Oberkommando der Wehrmacht nach Süddeutschland begebe, während Hitler in Berlin bleibe, könne Hitler die Führung nicht weiter in Händen behalten. Falls Verhandlungen mit dem Feinde notwendig werden würden, so könne sie Hitler ebenfalls nicht aus einem eingeschlossenen Berlin führen. Aber Hitler beharrte auf seinem Standpunkt. »Ich habe mich entschlossen hierzubleiben. Ich habe noch nie einen Entschluß umgestoßen.« Keitel und Jodl benötigten seine Anweisungen nicht mehr. Falls sie unbedingt einen Obersten Kriegsherrn wünschten, könnten sie sich an Göring wenden.

Als Jodl versicherte, daß kein deutscher Soldat mehr Vertrauen in den Reichsmarschall habe und niemand unter der Führung des Reichsmarschalls kämpfen wolle, erwiderte Hitler, von großen Kämpfen sei keine Rede mehr, und wenn man verhandeln wolle, dann verstünde das Göring besser als er.

Aber weder Keitel noch Jodl gaben den Kampf um Hitler auf. Keitel handelte dabei aus der absoluten Ergebenheit des schwachen und unselbständigen Geistes, Jodl aus einer Mischung von Motiven, die sich aus Treue- und Ergebenheitskomplexen ebenso zusammensetzten wie aus Unselbständigkeit und dem formalistischen Bestreben, die Institution des Obersten Kriegsherrn bis zum Ende zu erhalten. Jodl hatte als Fachmann häufig nicht mit den Anordnungen und Plänen Hitlers übereingestimmt, sich aber als geborenes ausführendes Organ immer gebeugt. Wie sehr den führenden Männern des Oberkommandos der Wehrmacht jeder eigene schöpferische Gedanke und jeder Mut zum eigenen Handeln fehlten, zeigte dieser Spätnachmittag des 22. April, an dem ihnen von dem Manne, vor dem sie sich immer wieder gebeugt hatten, ein eigenes Handeln nach ihrer eigenen Entscheidung förmlich aufgedrängt wurde.

Nachdem es nicht gelungen war, Hitler zum Verlassen Berlins zu bewegen, trug Jodl Pläne vor, die ihm geeignet schienen, die Einschließung Berlins doch noch abzuwenden, Berlin noch eine Weile zu behaupten und vielleicht Anschluß an eine politische Wendung auf der westlichen Gegenseite zu erreichen. Er schlug vor, daß Keitel und er selbst, anstatt nach Süddeutschland zu fliegen, sich nach Norden begeben und in möglichster Nähe von Berlin persönlich dafür sorgen sollten, daß erstens der von Steiner nicht unternommene Angriff von Norden doch noch in Gang käme und daß zweitens die 9. Armee nun doch die Oderfront aufgeben und zum Angriff im Rücken der sowjetischen Angriffstruppen vor der Reichshauptstadt antreten sollte. Schließlich schlug Jodl vor, die Elbefront westlich von Berlin aufzugeben, sich ausschließlich für den Kampf gegen den Bolschewismus zu entscheiden und in diesem Sinne die 12. Armee des Generals Wenck von der Elbe zu lösen und auf Berlin marschieren zu lassen.

Keitel erklärte sich – Jodl ins Wort fallend – eilfertig bereit, zu Wenck zu fahren und dafür Sorge zu tragen, daß alle Maßnahmen für den Marsch der Armee auf Berlin getroffen würden. Er versicherte, daß Wenck Berlin entsetzen würde, auch wenn es den Russen inzwischen gelungen sei, die Stadt ganz einzuschließen. Man würde den Russen den Zutritt nach Berlin verwehren und so von Berlin, von der Hauptstadt des Deutschen Reiches aus, erleben, wie Engländer, Amerikaner und Russen in dem Augenblick, in dem sie sich südlich von Berlin, irgendwo an der Elbe, von Front zu Front und Angesicht zu Angesicht kennenlernten, in Konflikt miteinander gerieten. Weder Keitel noch Jodl dachten offenbar daran, daß der Gedanke der Entblößung der Westfront im Laufe der letzten Wochen oft an sie herangetragen worden war und daß sie ihn zusammen mit Hitler abgelehnt hatten.

Es war ein makabres Spiel des Schicksals, daß in diesem Augenblick Goebbels wieder den Raum betrat. Er hatte sich draußen mit Botschafter Hewel unterhalten, und Hewel hatte ihm berichtet, daß Ribbentrop erst vor wenigen Stunden zuversichtliche Meldungen über die Bereitschaft der Westmächte, sich mit der deutschen Regierung in Verhandlungen einzulassen, durchgegeben und darauf gedrängt hatte, nur noch kurze Zeit auszuhalten. Seiner Verachtung für Ribbentrop zum Trotz hatte Goebbels' Spielernatur noch einmal begonnen, Möglichkeiten für ein Überleben des Regimes zu konstruieren.

Als er nach seinem Eintritt in den Besprechungsraum die Vorschläge Keitels und Jodls hörte, schlug er mit intellektueller Schnelligkeit die Verbindungsfäden zwischen politischen und militärischen Möglichkeiten, den Kampf zu verlängern.

Noch einmal wurde auch für ihn, der sich so häufig für einen Realisten gehalten hatte, die Unwirklichkeit zur Wirklichkeit, weil sein eigener Lebenswille sich wieder aufbäumte. Er begann mit der ganzen Beredsamkeit, deren er fähig war, auf Hitler einzureden und brachte zuwege, was der steifen, farblosen Redeweise Jodls und der leeren Geschwätzigkeit Keitels nicht gelungen war: nämlich, Hitler aus dem Abgrund seiner Resignation und seiner Selbstaufgabe herauszureißen und einen Funken der Anteilnahme in ihm zu erwecken.

Hitler ließ sich Karten reichen. Goebbels rief Botschafter Hewel und ließ Hitler nochmals die Botschaft Ribbentrops vortragen, die Hitler in der Stimmung des Zusammenbruchs nur mit halbem Ohr vernommen hatte. Auch Krebs wurde gerufen, und er wies, durch Goebbels' kühne Gedankenkonstruktionen inspiriert, darauf hin, daß die amerikanische Lufttätigkeit an der Westfront in auffälliger Weise nachgelassen habe, so als wolle man die deutsche Abwehr gegen die Russen nicht unnötig behindern. Hierzu wußte auch Jodl zu sagen, daß Verbände, die sich an der Westfront von den Amerikanern abgesetzt hatten, dabei nicht behindert würden – möglicherweise ein Anzeichen dafür, daß die Amerikaner insgeheim eine Stärkung der deutschen Ostfront förderten und kein weiteres Vordringen der Russen wünschten.

Es war ein makabres Spiel, wie plötzlich die Hoffnung des einen die Hoffnung des anderen entzündete und wie jeder plötzlich wieder Ereignisse oder Seltsamkeiten entdeckte, die zu beweisen schienen, daß Ribbentrop recht haben könne, daß im Westen tatsächlich eine Besinnung im Gange sei, daß man vielleicht wirklich nur noch die letzten fünf Minuten vor zwölf aushalten müsse.

Zwei Stunden lang sprachen sie alle auf Hitler ein. Zögernd begann er, sich wieder an der Diskussion zu beteiligen. Seine Stimme klang hohl, unwillig, gehemmt. Aber er fragte nach Wenck. Er fragte nach Busse. Er schien selbst seine wilden Verdächtigungen gegen Steiner zu begraben. Seine zitternde Hand begann wieder über die Karte zu fahren. Sie suchte nach den Einzeichnungen von Armeen, Divisionen und Kampfgruppen.

Gegen halb acht Uhr abends verließ Botschafter Hewel Hitlers Bunkerraum. Er teilte jenen, die immer noch draußen warteten, um sich nach dem Stand der Dinge zu erkundigen, mit, daß Hitler seinen Zusammenbruch und seine große Krisis überwunden habe. Hitler werde zwar in Berlin bleiben, habe sich aber entschlossen, noch einmal den Kampf mit dem Schicksal aufzunehmen, um Berlin den Russen streitig zu machen, bis Ribbentrops Verhandlungen mit den Westmächten zu einem Abschluß führten. Die lähmende Stimmung in den Bunkergängen begann sich zu wandeln. Auch hier wucherten neue Illusionen. Als eine Viertelstunde später auch Goebbels herauskam, leuchteten seine Augen. Als er auf seinen Staatssekretär Naumann stieß, der aus der Stadt gekommen war, erzählte er mit fliegenden Worten, welch politische Möglichkeiten sich plötzlich eröffnet hätten. Keitel und Jodl würden außerhalb von Berlin persönlich die Leitung der Operationen übernehmen, um Berlin zu entsetzen. Er befahl, daß in Berlin alle Kräfte bis zum letzten Hitlerjungen aufzubieten seien, um die Stadt zu behaupten, bis die Entsatzarmeen einträfen.

Eine Stunde später ging eine Flut von Befehlen und Anordnungen Goebbels' als Reichsverteidigungskommissar von

Berlin zu allen Berliner Kommandostellen hinaus. Die Druckereien begannen noch einmal zu arbeiten. Sie druckten Befehle und Flugblätter, auf denen alle Berliner zu den Waffen gerufen und versprochen wurde, daß es nur darum gehe, Berlin einige Tage zu halten, bis die große Wende da sei. Die Fiktion der »letzten Chance«, in den unbeschreiblichen Nachmittagsstunden des 22. April aus anderen Fiktionen geboren, wurde in den folgenden Tagen auf das gelähmt daliegende Berlin und auf die zwischen Ratlosigkeit, Verzweiflung und letzter Hoffnung eingespannte Masse der Berliner ausgestrahlt und riß sie durch Täuschung wie durch Drohung und Gewalt in die blutige, grausame Schlacht um Berlin hinein.

Am Nachmittag desselben 22. April hatte Dr. Fritzsche seine Versuche fortgesetzt, Goebbels zu sprechen und Klarheit über die weitere Entwicklung zu erhalten.

Alle Versuche, Goebbels zu sehen, waren jedoch vergeblich gewesen. Alles schien sich in Auflösung zu befinden. Zahlreiche Persönlichkeiten, mit denen er sprechen wollte, hatten die Stadt verlassen oder waren eben dabei, nach Norden oder Süden zu fliehen.

Überall empfing Fritzsche den Eindruck, als ließe die oberste Führung, die bis dahin so besorgt jede einzelne Maßnahme überwacht hatte, die Zügel schleifen. Fritzsche wußte noch nichts von den Ereignissen, die sich inzwischen im Bunker der Reichskanzlei vollzogen hatten. Er wußte daher auch nicht, wie richtig sein Eindruck von den schleifenden Zügeln war. Dies wurde ihm erst klar, als er gegen 16 Uhr, nach vielen vergeblichen Gängen in die leeren Zimmer des Auswärtigen Amtes, zur Wohnung von Dr. Goebbels hinausfuhr, um dort kurzerhand zu warten.

Während er zum Brandenburger Tor hinüberfuhr, sah er im Osten und Südosten Qualmwolken emporsteigen; das Grollen der Artillerie erschütterte die Luft. Unterwegs erfuhr er, daß die Russen schon an Oranienburg vorbei in Richtung auf Velten vorgestoßen seien und daß sie den Alexanderplatz erreicht hätten. Die von Ruinen umsäumten Straßen im Zentrum Berlins wirkten tot und verlassen. Die Menschen schienen in den Kellern untergetaucht. Sie waren aus ihren Wohnbezirken nicht mehr zu den Büros und Arbeitsstätten im Stadtinneren gefahren, befanden sich im Kampfgebiet oder auf der Flucht.

Als Fritzsche in die Einfahrt des Goebbelsschen Hauses einbog, verließen eben zwei Wagen den Hof. Sie waren dicht besetzt. Erst im letzten Augenblick erkannte Fritzsche, daß sich im zweiten Wagen Frau Goebbels mit ihren Kindern befand. Beide Wagen bogen in die Voßstraße ein und fuhren in Richtung Reichskanzlei davon. Es waren die Wagen, in denen Goebbels und seine Familie zum Bunker der Reichskanzlei hinüberfuhren.

Fritzsche war zu spät gekommen.

Er fand das Haus in völliger Auflösung vor. Telefonistinnen, Stenotypistinnen und einige SS-Wachen umringten ihn. Die Frauen weinten. Hier und da hörte er Flüche. Es war ihm unmöglich, in der allgemeinen Verwirrung eine Auskunft darüber zu erhalten, was sich eigentlich ereignet hatte. Das Haus war in großer Hast verlassen worden. Die Zimmertüren standen offen, ebenso Schreibtische und Schränke. Endlich entdeckte Fritzsche in einem Zimmer den Leiter des Ministeramtes, Hamel, der bereit zum Aufbruch war. Als er Hamel fragte, was eigentlich geschehen sei, erwiderte Hamel, Goebbels habe das Haus für immer verlassen. Goebbels habe ihn, Hamel, zu sich bestellt und ihm kurz und bündig erklärt: »Es ist aus. Ich habe keine Befehle mehr für Sie. Die Russen stehen am Alexanderplatz. Ich fahre in den Führerbunker und nehme meine Familie mit.« Goebbels hatte sich gar nicht erst die Mühe genommen, seine äußere Haltung zu wahren.

Hamel erklärte, die Straße nach Hamburg sei noch frei. Er werde jetzt mit seinem Personal nach Hamburg fahren, bevor Berlin ganz umzingelt sei. Er war nach seinem Erlebnis mit Goebbels der festen Überzeugung, daß es zu keinem Kampf um Berlin mehr kommen werde und bot Fritzsche einen Platz in seinem Wagen an. Fritzsche lehnte jedoch mit dem Bemerken ab, daß er seine Mitarbeiter, die sich noch im Keller des Propagandaministeriums aufhielten, nicht einfach im Stich lassen könne.

Wieder rollte sein Wagen durch die leeren Straßen. Sowjetische Granaten jaulten heran und schlugen im Stadtinneren ein. Im Ministerium entließ Fritzsche seine Mitarbeiter. Dann fuhr er nach einem vergeblichen Versuch, wenigstens Goebbels Vertreter, Naumann, zu erreichen, ins Funkhaus. Die Angestellten waren noch vollzählig versammelt, und Fritzsche entließ die meisten. Noch einmal rief er in zahllosen Dienststellen an. Aber überall schien man führerlos. Nichts deutete darauf hin, daß auf den Trümmern Berlins bis zuletzt gekämpft werden sollte. Zu kämpfen schienen nur jene Truppen, die von außen her auf Berlin zurückgewichen waren und sich überall dort, wo sie gerade standen, zur Wehr setzten.

Die sowjetische Artillerie streute jetzt das ganze Stadtzentrum ab. Auf der Straße Unter den Linden gab es zahlreiche Einschläge. Je weiter Fritzsche nach Osten kam, desto lauter wurde der Gefechtslärm. In den Straßen lagen frische Trümmer. Nur ab und zu huschten einige Frauen geduckt von Haus zu Haus, und hier und da liefen kleine Gruppen, notdürftiges Gepäck tragend, an den Häuserwänden entlang, so als hätte ihnen das Schweigen der Führung den Mut zur Flucht gegeben.

Als Fritzsche bis zur Danziger Straße vordrang, stieß er unvermittelt auf ein paar deutsche Soldaten, die mit Panzerfäusten russische Panzer bekämpften. In den Straßen lagen zerschossene Fahrzeuge, tote Soldaten und Zivilisten.

Mit dem Gefühl im Herzen, daß es keine Rettung für Berlin geben würde, fuhr Fritzsche wieder durch die Stadt. Er betrat noch einmal das Funkhaus. Dort fand er auf seinem Schreibtisch eine Anweisung von Dr. Goebbels vor, sich sofort nach Hamburg zu begeben und dort die Leitung des Rundfunks zu übernehmen. Er konnte nicht ahnen, daß diese Anweisung noch unter dem Eindruck des ersten Gesprächs zwischen Goebbels und Hitler am Nachmittag dieses Tages entstanden war und daß sie in dem Augenblick, in dem er sie in der Hand hielt, bereits die letzte Auflehnung des Kreises um Hitler gegen den sicheren Untergang vorbereitete.

Fritzsche rief die Leiter der Reichsrundfunk-Gesellschaft zusammen. Während sich die Auflösung im Rundfunkhaus vollzog, fuhr er selbst zur Heerstraße hinaus. Als er die nordwestlichen Außenbezirke Berlins erreichte, füllten sich die Straßen plötzlich mit Leben.

Zehntausende von Menschen schienen aus dem Nichts, aus tausend Kanälen der leidenden Stadt heraufzusteigen. Sie fanden sich auf den Straßen, die nach Nordosten führten und noch nicht von sowjetischen Panzern gesperrt waren, in dichten, von Angst gehetzten Scharen zusammen. Glücklich schienen die, die noch einen Wagen oder anderes Gefährt besaßen. Die übrigen hasteten zu Fuß dahin, wie wenige Wochen zuvor die Flüchtlinge aus Königsberg, aus Posen, aus Breslau dahingezogen waren – nur daß den Berlinern Kälte, Schnee und Eis erspart blieben.

Fritzsche sah das Flackern der Hilflosigkeit, der Verzweiflung, der Verlassenheit in ihren Augen, aber auch den Haß, mit dem Frauen, die ihre Kinder auf dem Arm hielten, den Wagen nachsahen, in denen Bevorrechtete an ihnen vorüberfuhren. Er fühlte in diesem Augenblick, daß er nicht fliehen durfte.

Er fuhr noch einige Kilometer weiter durch die wogenden Scharen der Flucht. Dann kehrte er um. Während die Nacht endgültig hereinbrach, fuhr er dem gespenstischen Strom entgegen nach Berlin zurück. Die fliehenden Massen versanken im Dunkel. Nur das abgeblendete Scheinwerferlicht riß Szenen aus dieser Dunkelheit heraus. Da leuchtete dann das Bild einer Familie oder einer allein marschierenden Frau auf oder das Bild eines Alten oder Verwundeten, der, auf Stöcke gestützt, dahinkroch. In der Luft summten Flugzeuge. Über Berlin leuchteten helle Flammen.

Erst in der Nähe des Funkhauses wirkten die Straßen wieder tot und leer. Fritzsche kehrte in sein Kellerzimmer zurück.

In diesem Augenblick erreichte ihn die zweite Botschaft dieses Tages. Der Mann, den er so lange gesucht hatte, Dr. Naumann, meldete sich am Telefon. Er teilte mit vor Erregung kaum verständlicher Stimme mit, er befinde sich im Führerbunker, und es seien soeben Entschlüsse von entscheidender Tragweite gefaßt worden. Er wies Fritzsche an, ihn sofort im Keller des Propagandaministeriums aufzusuchen. Fritzsche begab sich dorthin. Er vermochte nicht zu ahnen, um welche Entschlüsse es sich handeln konnte. Aber wenn er sich in diesem Augenblick eine Vorstellung davon machen konnte, so war es diejenige einer Kapitulation, eines Endes der sinnlosen Kämpfe. Als er jedoch Naumanns Gesicht sah, begriff er, daß er sich geirrt hatte. Naumann war damit beschäftigt, Aufrufe an die Berliner zu entwerfen. Seine Umgebung war von einer hektischen Betriebsamkeit erfüllt, die in krassem Gegensatz zu der lähmenden Tatenlosigkeit des vergangenen Tages stand. Bevor Fritzsche zu

Wort kommen konnte, erklärte Naumann mit seiner großzügigen Auffassung von Wahrheit, Hitler habe befohlen, den Kampf im Westen vollständig einzustellen. Dadurch seien Verhandlungen mit den Westmächten entscheidend gefördert worden. Ribbentrop sei zu ihrem formellen Abschluß abgereist. Das Ziel sei, die Oder zur Grenze zwischen der Besatzung durch Ost und West zu machen. Die Russen seien nur in einem schmalen Abschnitt vor Berlin durchgebrochen. Im Norden wie im Süden halte die Oderfront. Vom Westen her seien kampfkräftige Armeen im Anmarsch. In einigen Tagen könne auch eine Panzergruppe von Generalfeldmarschall Schörner erwartet werden, der sich besonders hoffnungsvoll über die Möglichkeit einer Wiedergewinnung der Oderlinie ausgesprochen habe. Unter diesen Umständen komme es darauf an, nur kurze Zeit in Berlin auszuhalten. Maßnahmen zur Abwehr würden in aller Eile getroffen. Am nächsten Tage würden deutsche Jagdflugzeuge über Berlin erscheinen und den Luftraum freikämpfen. Wieweit der Westen den Kampf gegen den Osten fördere oder gar unterstütze, sei eine Frage der Verhandlungen Ribbentrops. Gegenstand der Verhandlungen und Unterredungen sei schließlich die Frage gewesen, ob Hitler unter diesen Umständen in Berlin, der einzigen gefährdeten Stelle zwischen Elbe und Oder, bleiben solle. Hitler habe sich entschieden, in Berlin zu bleiben. Aber führende Militärs seien hinausgeschickt worden, um die verschiedenen Entsatzarmeen zur höchsten Eile anzutreiben. Naumann wies schließlich Fritzsche an, im Ministerium zu bleiben. Es käme jetzt alles darauf an, Berlin zum Widerstand aufzurufen.

Die Berliner, die voll quälender Ungewißheit warteten, nach Westen und Nordwesten zu fliehen versuchten oder draußen in den Straßen schon den Kampflärm hörten, ahnten an diesem Abend noch nichts von den grotesken Entscheidungen, die im Bunker Hitlers getroffen worden waren. Sie hatten auch Naumanns Erklärung im Keller des Propagandaministeriums nicht gehört und konnten am Beispiel Naumanns nicht erkennen, wie hier die Wunschträume der führenden Männer innerhalb weniger Stunden immer neue illusionäre Blüten entwickelten.

Die Nacht zum 23. April verlief für die Berliner noch in Ungewißheit, deren Qual die Nachwelt nicht mehr ermessen kann. In der gleichen Nacht aber liefen schon die Rotationsmaschinen und eilten die Befehle in die Stadt hinaus, die am nächsten Tage in Hunderttausenden, ja Millionen von Unterführern, Soldaten und Zivilisten noch einmal den selbstzerstörerischen Glauben an Rettung und Sieg erwecken sollten. Der Reigen der Aufrufe und Anordnungen begann mit einem »Befehl des Reichsverteidigungskommissars Dr. Goebbels«:

»Die Stadt Berlin wird bis zum letzten verteidigt.

Kämpft mit fanatischer Verbissenheit um Eure Frauen, Kinder und Mütter!

Wir werden bestehen.

Die große Offensive der Bolschewisten auf die Reichshauptstadt ist im vollen Gange. Trotz schwerster Verluste, die ihnen unsere heldenhaften Divisionen und Volkssturmbataillone an der Oder zugefügt hatten, trotz des aufopferungsvollen Einsatzes aller Kämpfenden konnte nicht verhindert werden, daß der Feind weiter vordrang und an verschiedenen Punkten den Verteidigungsring der Reichshauptstadt erreichte. Unsere Heimatstadt Berlin ist Frontstadt geworden. Alle zur Verteidigung der Reichshauptstadt eingesetzten Soldaten und Volkssturmmänner haben die ihnen befohlenen Plätze zu besetzen und nehmen, sobald sowjetische Truppen oder Panzer sich zeigen, sofort den Kampf auf. Rüstungsbetriebe,

Versorgungsbetriebe und die für die Führung der Reichshauptstadt verantwortlichen Dienststellen arbeiten weiter.

Der Werkschutz sorgt für die innere und äußere Sicherheit der Betriebe. Provokateure oder aufsässige Ausländer sind sofort festzunehmen oder noch besser unschädlich zu machen. Sollten Provokateure oder verbrecherische Elemente versuchen, durch das Hissen von weißen Fahnen oder sonstiges feiges Verhalten in die zur Verteidigung der Stadt entschlossene Bevölkerung Unruhe zu tragen und ihren Widerstand zu lähmen, so ist dagegen mit allen Mitteln einzugreifen. Jeder Berliner ist für sein Haus und seine Wohnung selbst verantwortlich. Häuser und Wohnungen, die weiße Flaggen hissen, haben kein Recht mehr auf Schutz der Gemeinschaftshilfe und werden entsprechend behandelt werden.

Die Bewohner solcher Häuser sind verantwortlich zu machen. Der örtliche Hoheitsträger der Partei hat eisern darüber zu wachen und demgemäß zu handeln. Solche Häuser wären Krankheitsbazillen am Körper unserer Stadt, ihre rücksichtslose Bekämpfung ist daher ein Gebot der Stunde. Berlin hat sich auf den Ansturm der Bolschewisten vorbereitet. Wir sind bereit, unter allen Umständen fanatisch, hart und rücksichtslos zuzuschlagen, zu kämpfen und uns mit der letzten Hingabe zu wehren ...

Jetzt gilt es, eiserne Disziplin zu bewahren, höchstes Selbstvertrauen zu zeigen und sich den Befehlen der mit der Stadtverteidigung beauftragten Männer ohne Zögern unterzuordnen. Verräter sind sofort niederzuschießen oder aufzuhängen. Es gilt allein die Parole: härtester und fanatischster Widerstand an allen Punkten. Seid wachsam! Hört nicht auf Verlockungen oder Drohungen der

Feinde! Verteidigt mit der letzten Hingabe das Leben Eurer Frauen, Mütter und Kinder und damit den Bestand des Reiches ... Jede Weichheit muß jetzt abgetan werden. Die Bolschewisten führen einen Krieg ohne Gnade. Wer wollte, daß seine Frau und seine Kinder vergewaltigt werden? Welcher Mann wollte durch Genickschuß liquidiert werden? Sollen die Männer der Stadt für immer in die Zwangsarbeitslager nach Sibirien verschleppt werden? Jeder kennt in dieser Stunde seine Aufgabe. Auf Euch, Verteidiger von Berlin, blicken Eure Mütter, Eure Kinder und Eure Frauen. Sie haben Euch nun ihr Leben anvertraut. Die Stunde der Bewährung hat geschlagen. Die Männer von Breslau seien Euch Vorbild. Sie haben keinen Augenblick gezögert, ihren ganzen Mut und ihre Tapferkeit und ihren Glauben an das Reich und an den Führer einzusetzen.

Bildet eine verschworene Gemeinschaft! Tretet Gerüchte aus! Die ganze Nation blickt auf Euch, Ihr Verteidiger von Berlin, und vertraut auf Euch und Eure unbedingte Pflichterfüllung. Mit Massen und Material stürmen die Bolschewisten gegen die Vorstädte an. Wenn wir die Bomben der Anglo-Amerikaner ertragen haben, dann werden wir auch vor Granateinschlägen nicht zurückweichen ...

So kämpft um Eure Stadt. Kämpft mit letzter Verbissenheit um Eure Frauen und Eure Kinder, um Eure Mütter und Eure Eltern. Ihr setzt das Leben für eine gute Sache ein. Alles, was vor uns lebenswert erschien, und all die Generationen, die nach uns kommen werden, all dies verteidigt Ihr mit Euren Waffen. Seid trotzig und kühn. Seid wendig und listenreich. Euer Gauleiter ist bei Euch. Er erklärt, daß er mit seinen Mitarbeitern selbstverständlich in Eurer Mitte bleiben wird. Auch seine Frau und seine Kinder sind hier. Er, der mit 200 Mann einst diese Stadt erobert hat, wird nun die Verteidigung der Reichshauptstadt mit allen Mitteln aktivieren. Der Kampf um Berlin muß für Deutschland das Fanal zum entschlossenen Einsatz der Nation werden. Die Hauptstadt darf nicht in die Hände der Bolschewisten fallen. Die Freiheit des Volkes und ein Reich sozialer Gerechtigkeit werden der Lohn für Euren Kampf sein.«

Der Befehl verriet durch seine zahllosen Wiederholungen die Hast, mit der er entworfen worden war. Dem ersten Befehl folgte gleich darauf ein zweiter:

»In dieser schicksalhaften Stunde des Kampfes um die Reichshauptstadt wende ich mich an alle nichteingesetzten Soldaten und Männer Berlins, sich umgehend in die Verteidigungsfront der Reichshauptstadt einzureihen ... Den gleichen Appell richte ich an alle Berliner Männer, die nicht im Volkssturm erfaßt und für die Verteidigung eingesetzt sind ... Ehrenhaft und männlich wollen wir unsere Pflicht tun, dem ganzen Volk ein Vorbild der tapferen Gegenwehr sein. Ein Hundsfott, wer in dieser Stunde die schimpfliche Feigheit dem männlichen Kampfe vorzieht. Soldaten, Verwundete, Männer Berlins! Auf zu den Waffen!«

Neben den Plakaten, die diese Befehle verkündeten, erschienen andere Plakate mit einem Führerbefehl:

»Merkt Euch: Jeder, der Maßnahmen, die unsere Widerstandskraft schwächen, propagiert oder gar billigt, ist ein Verräter! Er ist augenblicklich zu erschießen oder zu erhängen.«

Dazwischen flatterten Flugblätter auf die Straßen.

»Führerbefehl vom 23. April 1945« war auf den Flugblättern zu lesen, »Soldaten der Armee Wenck! Ein Befehl von größter Tragweite hat Euch aus Euren Aufmarschräumen gegen unsere westlichen Feinde herausgerufen und in Richtung nach Osten in Marsch gesetzt. Euer Auftrag ist klar: Berlin bleibt deutsch. Die Euch befohlenen Ziele müssen unter allen Umständen erreicht werden, denn auch von anderer Seite sind Operationen mit dem Ziel im Gange, im Kampf um die Reichshauptstadt den Bolschewisten die entscheidende Niederlage beizubringen und damit die Lage Deutschlands grundlegendst zu ändern. Berlin kapituliert nie vor dem Bolschewismus. Die Verteidiger der Reichshauptstadt haben bei der Nachricht von Eurem schnellen Aufmarsch frischen Mut gefaßt und kämpfen mit Trotz und Verbissenheit in dem Glauben, bald das Donnern Eurer Geschütze zu hören. Der Führer hat Euch gerufen. Ihr seid, wie in alten Zeiten des Sieges, zum Sturm angetreten. Berlin wartet auf Euch, Berlin sehnt Euch mit heißem Herzen herbei.«

Die Flugblätter verrieten ebenso die Hand Goebbels' wie eine Flüsterpropaganda, die sich über die erwachende Stadt ausbreitete und in der von all den geheimnisvollen Armeen die Rede war, die angeblich von allen Seiten auf Berlin vorstießen und die Stadt in wenigen Tagen erreichen würden. Aber auch alle anderen Illusionen tauchten darin auf: Sonderfrieden mit den Westmächten, ja amerikanische Armeen, die unterwegs nach Berlin waren, um die Russen zu vertreiben. Die Gerüchte eilten von Mund zu Mund, von Keller zu Keller. Sie genügten, um die Massen der einfacheren Herzen anzurühren und noch einmal alle Lebensinstinkte, allen Behauptungswillen gequälter, von Furcht geschüttelter Menschen zu wecken.

Für die Anspruchsvolleren aber, für diejenigen, die wenigstens in Grenzen realistisch dachten, eilten Boten mit Sonderausgaben der wenigen noch gedruckten Zeitungen durch die Stadt. Sie enthielten Leitartikel, welche die politischen Hintergründe der Verteidigung Berlins, so wie sie am Abend des 22. April entwickelt worden waren, darstellten.

Sie deuteten nur an und entsprachen damit der Schleierhaftigkeit der Hintergründe selbst. Aber die Menschen lasen sie genau. Selbst die unklarste und verschwommenste Andeutung wucherte auf dem Boden ihrer Hoffnungsbereitschaft.

An der Spitze standen Artikel des alten Scherl-Journalisten Dr. Otto Kriegk, der – mit der Fähigkeit begabt, sich in wechselnde Vorstellungswelten zu begeben und sie zu seinen eigenen zu machen – Goebbels' Propagandalinie seit Jahren verfallen war. Er hatte durch Naumann von den Ergebnissen gehört. Auch er hatte sich in seinen Artikeln seit Monaten immer mehr auf die Illusion zurückgezogen, daß es zwischen Ost und West zu einem Bruch kommen müsse und daß man im Westen die Bedeutung Deutschlands und des Nationalsozialismus als Verteidiger Europas gegen den Bolschewismus erkennen werde. Jetzt schrieb er:

»Die Verteidigung der Reichshauptstadt leitet der Führer, der sich entschlossen hat, inmitten der Bevölkerung Berlins die Aufgabe der Rettung der Reichshauptstadt zu bewältigen. Von allen Seiten werden zur Stunde Verbände an Berlin herangeführt. Es ergibt sich aus einem Gesamtüberblick über die augenblickliche Lage an allen Brennpunkten der Kämpfe in der Stadt und in der Umgebung, daß eine Aufrechterhaltung ... des Widerstandes ohne weiteres möglich ist und daß darüber hinaus auch die Möglichkeit für Angriffsoperationen gegeben ist. Der Kampf um die Reichshauptstadt hat eine militärische und politische Chance, die ohne weiteres zugunsten Deutschlands gewonnen werden könnte, wenn die Truppe und die Bevölkerung der Reichshauptstadt einige Tage lang durchstehen. Auch vom strengen militärischen Gesichtspunkt aus ist der Kampf um Berlin zu gewinnen ... Die deutsche Widerstandskraft, von der in diesen Tagen nicht nur unser eigenes Schicksal, sondern die Zukunft des Erdteils Europa einschließlich der zu ihm gehörenden Inseln und aller benachbarten Landschaften abhängt, hat sich nicht etwa unter dem schweren Druck der Angriffe an allen Fronten gemindert. Die deutsche Widerstandskraft ist in den letzten Stunden konzentriert und dadurch zu einem noch stärkeren Faktor der europäischen Zukunft geworden.

Die Bevölkerung der Reichshauptstadt, die fast unmittelbar hinter den Kampflinien arbeitet und alle nur denkbare Hilfe leistet, ist fest davon überzeugt, daß die Abwehr nicht etwa an den augenblicklichen Kampflinien, sondern mit dem Zurückschlagen der Bolschewisten aus dem Gebiet der Reichshauptstadt gelingt ... Jeder Berliner wird sich heute – wenn auch nur durch einen Blick aus seinem Fenster auf seine Straße oder seinen Platz – davon überzeugen können, daß Verteidiger und Waffen in großer Zahl zur Verfügung stehen. Die Berliner wissen, daß die Verteidigung ihrer Stadt nicht nur von innen, sondern auch von außen her geführt wird und daß dafür Verbände zur Verfügung gestellt werden, welche der Befehl ursprünglich in eine andere Richtung führte. Jedermann weiß jetzt, daß der Führer inmitten der Bevölkerung der Reichshauptstadt steht und daß die von ihm geführte Verteidigung über Kräfte verfügt, die der Feind in seine Berechnungen nicht einschließen konnte.

Deutschlands Aufgabe ist es, den Boden Europas soweit

wie möglich vom Bolschewismus freizuhalten oder aber die Voraussetzung für eine Wiederbefreiung zu schaffen. Das deutsche Volk kann dabei nicht fragen, ob in letzter Minute noch jemand dieser eigentlich jedes europäische Volk um seiner selbst willen angehenden Aufgabe beitreten will. Wir haben alles getan und nichts versäumt, um den europäischen Völkern klarzumachen, daß die uns vom Schicksal gestellte Aufgabe sie genauso umfaßt wie uns. Wir haben darauf die Antwort des Achselzuckens oder der Feigheit von Millionen von Europäern, wir haben vom britischen, vom französischen Volk und von den USA die Antwort der Mobilisierung des Bolschewismus gegen Deutschland und der Kapitulation unserer westlichen Feinde vor dem Bolschewismus erhalten. Wir können nicht mehr fragen, wir können nur noch kämpfen und für die Abwehr des Bolschewismus von Berlin so viel einsetzen, wie nur irgend möglich ist. Wir können auch nicht mehr warten, bis über unsere Feinde im Westen der Schrecken des Grauens vor ihrer eigenen politischen Dummheit kommt.

Wir legen keinen Wert darauf, die Entscheidungen, die jetzt in London und Washington getroffen werden müssen, mit unserer aufs äußerste zugespitzten schicksalhaften Aufgabe in unmittelbare Verbindung zu bringen. Wir stellen nur fest, daß die politische Krise in Washington zeigt, daß unsere Linie der politischen Kriegführung bisher richtig war und daß deshalb auch die Entscheidung, alles für den von größter Zuversicht getragenen Abwehrkampf in Berlin einzusetzen, richtig sein muß.«

So hastig und illusorisch Kriegks Worte auch konzipiert waren, sie trugen entscheidend dazu bei, die Woge der Hoffnung zu entzünden, die am Vormittag des 23. April

Berlin zu erfassen begann. Es hätte kaum noch des Wortschwalls bedurft, den auch Dr. Naumann auf die Berliner herabregnen ließ:

»An der Spitze der Verteidigung Berlins steht der Führer. Diese Tatsache allein schon gibt dem Kampf um Berlin sein einmaliges und entscheidendes Gesicht. Der zum 20. April vorgesehene Sieg der Bolschewisten ist verhindert worden. Das Wort des Führers wird bestehen: Berlin bleibt deutsch, und Europa wird nicht russisch. Schon sind in verschiedenen Räumen die Kräfte aufmarschiert und bereitgestellt, die Berlin dabei unterstützen werden, den Bolschewisten eine entscheidende Niederlage beizubringen und damit die Lage Deutschlands grundlegend zu ändern. Die Verteidiger der Reichshauptstadt haben bei der Nachricht von dem schnellen Aufmarsch bewährter Verbände neuen Mut gefaßt und kämpfen mit Trotz und Verbissenheit in der festen Hoffnung, bald das Donnern der Geschütze der angreifenden Reserven zu hören.«

Am Vormittag des 23. April drängten von Osten, Norden und Süden die auf Berlin zurückgeworfenen Truppen in die Außenbezirke der Stadt.
Von Tegel über Reinickendorf, Weißensee, Lichtenberg, Köpenick, den Teltowkanal, Stahnsdorf bis zu den Havelseen saß ihnen die hoffnungslose Übermacht der sowjetischen Armeen auf den Fersen. Sie setzten sich in den Außenbezirken Berlins hinhaltend zur Wehr. Manche waren von Erinnerungen an Stalingrad gezeichnet. Sie waren besorgt, in den Ruinen Berlins in Straßenkämpfe verstrickt zu werden. Versprengte Einheiten ohne Geschütze und Munition lagerten an den Straßenrändern oder suchten Schutz in Ruinen und

Kellern. Im Norden und Süden hatten sich die Truppen mit Strömen von Flüchtlingen vermischt, die durch die dortigen Außenbezirke der Stadt nach Westen zu entkommen suchten – ein Gewirr von Lastkraftwagen, Lafetten, Feldküchen, Sanitätswagen, Tankwagen, Leiterwagen, Schubkarren, Kinderwagen, Fahrrädern, eine graue, stumpfe, erschöpfte Masse, ausgepumpt, zweifelnd und verzweifelnd, Soldaten in allen erdenklichen Uniformen oder halbem Zivil, erschöpfte, ratlose Frauen, wimmernde Kinder.

Geschütze und Panzer gingen an Straßenecken in Stellung. Pionierkommandos legten Sprengladungen an. Flakartillerie fuhr auf. Kabel und Telefonschnüre zogen sich über aufgerissenes Pflaster. Aber die bleichen Gesichter der Berliner, die unschlüssig in den Außenbezirken geblieben waren und durch die noch heilgebliebenen Fenster ihrer Wohnungen oder durch ihre Kellerluken auf die Truppen in den Straßen hinausblickten, hatten bis dahin nur Paraden oder exakte, saubere deutsche Soldaten gesehen. Jetzt sahen sie die Wirklichkeit des Frühjahrs 1945: ermüdete, dezimierte Haufen, aus Luftwaffe, Heer und Arbeitsdienst vermischt. Sie sahen Fahrzeuge, die in den Straßen liegenblieben, weil ihnen der Treibstoff fehlte oder weil die Pferde zusammenbrachen. Sie begriffen, daß dieses übermüdete, seit Jahren zehn- und mehrfacher Überlegenheit gegenüberstehende Heer die Oderfront nicht hatte halten können; daß alle Berichte der Berliner Zeitungen, der Rundfunksprecher über dieses Heer und diese Front nicht der Wirklichkeit entsprachen. Sie begannen, ihre Hoffnungen, daß die Front am Rande Berlins noch einmal zum Stehen kommen werde, zu begraben.

Neue Scharen von Zivilisten brachen auf. Sie drängten sich vor den S- und U-Bahnhöfen, um mit den wenigen noch fahrenden Zügen wenigstens ein Stück nach Westen zu kommen. Währenddessen schoß in immer neuen Intervallen die sowjetische Artillerie und jagten sowjetische Tiefflieger über die Häuser oder Ruinen.

In den Morgenstunden enthob Hitler, von Goebbels gedrängt, den bisherigen Kampfkommandanten von Berlin seines Amtes. Der von Zweifeln gequälte General Reimann schien nicht geeignet, unter Aufgebot jedes, auch des brutalsten Mittels ein letztes Spiel zu spielen. An seine Stelle sollte ein Oberstleutnant namens Kaether – dem Vernehmen nach ein Angehöriger des NS-Führungsstabes – treten. Er fiel jedoch wegen Verwundung oder Erkrankung aus, noch bevor er sein Amt übernehmen konnte. Dafür wurde ein anderer Oberstleutnant namens Bärenfänger zum Kampfkommandanten ernannt. Der Siebenundzwanzigjährige war Träger des Eichenlaubs mit Schwertern zum Ritterkreuz des Eisernen Kreuzes. Er hatte den ganzen Krieg als Infanterist in vorderster Front mitgemacht. Er war ohne Zweifel ein tapferer Soldat. Aber er war auch, wie Millionen andere, ohne Kenntnis der wirklichen Umwelt, ohne tieferes politisches Wissen, ohne Weitblick und noch erfüllt vom Glauben an die Weisheit Hitlers. Er schien Hitler und seiner Umgebung geeignet, bis zum letzten Atemzug für sie zu kämpfen. Innerhalb weniger Tage wurde er zum Generalmajor ernannt.

Er wurde einer der tragischen jungen Idealisten jener Tage und mit oder ohne seinen Willen zum Mittelpunkt aller Gläubigen, die, ohne nach rechts oder links sehen zu können, fünf Jahre lang als Soldaten gekämpft hatten. Die Greueltaten der sowjetischen Armee hatten sie jeden Zweifels darüber enthoben, daß rücksichtslos bis zur letzten Möglichkeit gekämpft werden müsse. Ihre Tragik bestand darin, daß sie zu den Werkzeugen wurden, die Hitler und Goebbels brauchten, um das letzte Spiel um die Illusionen einer Schicksalswende zu spielen.

Aus den SS- und SD-Ämtern, aus SS- und Polizeischulen, aus SS-Verbänden und Feldgendarmerie, SA und politischen Leitern rekrutierten sich zahlreiche Kommandos, die bis zum Mittag des 23. April überall in Berlin auftauchten. Sie begannen die Außenbezirke abzuriegeln, durch welche die auf Berlin zurückgedrängten deutschen Truppen in die Stadt zurückwichen. Ihnen folgten hastig zusammengestellte Standgerichte. Sie kannten keine Gnade. Phantastische Vergleiche mit Helden der Befreiungskriege oder des Siebenjährigen Krieges standen vor ihren Augen. Einem Wahn folgend, von einer Atmosphäre überhitzten Heroismus vergiftet, gingen sie erbarmungslos gegen jeden vor, der nicht für das Phantom, an das sie sich klammerten, kämpfen wollte. Die ersten Erhängten baumelten an den Straßenlaternen genauso, wie sie in Danzig oder Königsberg und in zahllosen anderen Städten des Ostens erhängt worden waren. An ihren Leibern waren hastig geschriebene Schilder befestigt: »Ich hänge hier, weil ich zu feige bin, die Reichshauptstadt zu verteidigen.« – »Ich hänge hier, weil ich ein Defätist bin.« – »Wer zu feige ist, für das Vaterland zu kämpfen, stirbt den Tod der Schande.« – »Ich hänge hier, weil ich nicht an den Führer glaubte.« – »Ich bin ein Deserteur, deswegen werde ich die Schicksalswende nicht mehr erleben.« – »Alle Verräter werden sterben, so wie dieser starb.«

Gegen Mittag wurde die Aufteilung der Stadt in mehrere Verteidigungsbereiche bekannt. Die Innenstadt wurde zerniert. Niemand konnte sie mehr ohne besonderen Ausweis betreten oder verlassen. Hier übernahm der SS-Brigadeführer Mohnke mit einigen tausend SS-Leuten die Vorbereitung der Verteidigung. In den Außenbezirken aber sorgten die Auffangkommandos dafür, daß jeder Soldat und jeder halbwegs kampffähige Mann ohne Rücksicht auf Verwundung oder Krankheit aufgerafft und in Alarmeinheiten eingegliedert wurde.

Transportzüge mit Waffen und Munition, die auf den Berliner Bahnhöfen zusammengedrängt waren, wurden von Frauen entladen. Soldaten und Volkssturmleuten drückte man die Waffen in die Hand. Die neuen, wahllos zusammengewürfelten Einheiten wurden in die Verteidigungsbezirke hinausgeschickt.

Der allerletzte Ersatz aus den Berliner Kasernen erschien notdürftig bewaffnet auf den Straßen, die zu den Außenbezirken führten. Es handelte sich entweder um Kranke, Genesende oder aber um Sechzehn- und Siebzehnjährige, die kaum oder überhaupt noch nicht ausgebildet waren. Sie wurden von Westen her durch verschiedene Bezirke der Stadt geführt, um der Bevölkerung den Anmarsch von Verstärkungen vorzutäuschen.

Den Fünfzehn-, ja manchmal nur Zwölfjährigen der Berliner Hitlerjugend wurden flüchtig Gewehre, Maschinengewehre und Panzerfäuste erklärt. Dann zogen auch sie nach Norden, Osten oder Süden in die Außenbezirke hinaus. Niemand weiß, was in ihrem Führer Axmann vorging, während er in die mageren Gesichter der Berliner Jungen unter den zu großen Stahlhelmen sah. Er war kein Mann ohne menschliches Empfinden. Aber auch ihn beherrschte der noch einmal geweckte Glaube, daß es um die Entscheidung für ungezählte zukünftige Generationen gehe und daß für die Größe dieser Entscheidung jedes augenblickliche Opfer, auch das Opfer der Kinder, die von den Tagen ihrer frühesten Kindheit an nichts anderes gehört hatten, als daß Hitler Deutschland und Deutschland Hitler sei, einmal vor der Geschichte gerechtfertigt sein werde.

Es war ein düsteres Schauspiel, wie innerhalb weniger Stunden Gläubigkeit und Fanatismus die Stadt, die schon dabei war, sich aufzugeben, in einen gnadenlosen Kampf hineinzwangen.

Als die Nacht zum 24. April über Berlin herabsank, hatte sich die Stadt noch einmal verwandelt. Die sowjetischen Kolonnen, die an den verschiedensten Stellen weiter in das Straßengewirr einzudringen versuchten, bemerkten, daß sich eine Veränderung vollzogen hatte. Aus dem hinhaltenden Widerstand einzelner deutscher Gruppen wurde ein zäherer Kampf. Sie wußten nichts von den Illusionen, die über Berlin lagen und in fünf Hoffnungen gipfelten: der Armee Wenck, der 9. Armee, der Kampfgruppe Steiner, der Heeresgruppe Schörner und einem Sinneswandel der westlichen Alliierten. Sie hätten auch keine dieser Hoffnungen begriffen, weil sie nicht in einer versinkenden Welt der Selbsttäuschungen zu kämpfen brauchten, sondern als sichere Sieger in der Welt der Wirklichkeit.

Unterdessen hatten sich Keitel und Jodl am Abend des 22. April auf den Weg gemacht, um den Entsatz Berlins, den sie Hitler verheißen hatten, in die Wege zu leiten.
Vor allem wollten sie die bedrängte Heeresgruppe Weichsel, die um das nackte Leben kämpfende 9. Armee, die vom Norden her abgeschnittene Heeresgruppe Schörner und den Torso der Armee Wenck mit dem Gedanken an ein einziges Ziel erfüllen: Entsatz für Hitler in Berlin!
Keitel selbst fuhr durch den sinkenden Abend nach Südwesten, um Wenck zu suchen. Zum ersten Male begab er sich aus dem wirklichkeitsfremden, ganz von Hitler überschatteten Umkreis des Oberkommandos der Wehrmacht und des Führerhauptquartiers in ein Frontgebiet.
Sein Weg führte westlich und südwestlich von Berlin über Straßen, die immer wieder von Flüchtlingskolonnen verstopft waren. Er mußte, sofern er seine Augen nicht verschloß, die Verzweiflung, die Pein und das Gehetztsein aus den Gesichtern der Menschen lesen, die sich häufig in den

Straßengräben duckten, um dem Feuer der Tiefflieger zu entgehen.

Wahrscheinlich aber hatte er schon zu lange in seiner illusorischen Welt gelebt, um noch den Mut zur Wirklichkeit aufzubringen. Wahrscheinlich betrachtete er es sogar als Zeichen eigenen Heroismus, wenn er sich mit Härte wappnete und die Bilder der Flucht und des vieltausendfachen Jammers nicht an sich herankommen ließ, um seiner vermeintlich historischen Aufgabe zu dienen.

Keitel traf bei Einbruch der Nacht in Wiesenburg südwestlich von Belzig in der Mark ein. Hier hatte sich am 22. April der Stab des XX. Armeekorps unter General Köhler eingerichtet, dessen Divisionen die einzigen kampffähigen Verbände der Armee Wenck bildeten. Einige Stunden später, um 1 Uhr nachts, traf Keitel in der Oberförsterei »Alte Hölle« bei Wiesenburg ein, wo sich Wenck aufhielt.

Die Situation der 12. Armee war in dieser Nacht anders, als man sie sich in Berlin vorstellte.

Ihr Operationsgebiet reichte jetzt von der Linie Wittstock–Altruppin–Herzberg–Kremmen–Ruppiner-Kanal im Norden bis in den Raum südlich Magdeburg, Dessau, Wittenberg. Im Westen hatten die Amerikaner fast überall Elbe oder Mulde erreicht. Westlich der Elbe standen noch kleine Gruppen der Armee zwischen Dessau und Bitterfeld im Kampf. Wenck hatte sich außerstande gesehen, an dem seinerzeit für den 16. April befohlenen Angriff zur Befreiung der eingeschlossenen 11. Armee im Harz teilzunehmen. Zu diesem Zeitpunkt war nur die Infanteriedivision Scharnhorst westlich der Elbe in ihrem Aufstellungsraum um Dessau-Roßlau einsatzbereit gewesen. Die Division Ulrich von Hutten wurde gerade erst verfügbar. Mit der Division Theodor Körner hatte Wenck nicht vor dem 19. April rechnen können; von der Division Friedrich Ludwig Jahn, die in ihrer Aufstellung noch am weitesten zurück war, ganz zu schweigen.

Wencks nördlichstes Korps, das XLI. Panzerkorps unter General Holste, hatte seinen Abschnitt am Elbufer nordwestlich und westlich Berlin um Havelberg, Fehrbellin, Rathenow, Genthin und Brandenburg erst am 17. April übernehmen können. Es verfügte über keine geschlossenen Divisionen. Ihm fehlten die notwendigen Kraftfahrzeuge und Nachrichtenmittel.

Das südliche Korps, das XX. Armeekorps unter General Köhler im Gebiet um Zerbst, Dessau, Wittenberg, Belzig, hatte seinen Abschnitt auch erst zwei Tage vorher, am 15. April, übernehmen können. Die Armee hatte keine Panzer. Die Zahl der vorhandenen Sturmgeschütze aus der Sturmgeschützschule in Burg war unzureichend. Außer einigen ortsfesten oder an die Schienenwege gebundenen Flakgruppen, vor allem im Raum von Zerbst, gab es keine Fliegerabwehr. Von einer Hilfe in der Luft konnte nicht die Rede sein.

Wenck hatte daher nicht an dem Befreiungsangriff für die 11. Armee, der am selben Tage begonnen hatte, an dem die sowjetische Offensive an Oder und Neiße losgebrochen war, teilgenommen. Das Schicksal des XXXIX. Panzerkorps, das am 16. April befehlsgemäß aus dem Raum um Uelzen über Braunschweig nach Süden angegriffen hatte, hatte Wenck von der Richtigkeit seines Handelns überzeugt. Im Gebiet von Fallersleben waren die unfertigen Teile der Panzerdivision Clausewitz und der Division Schlageter, die gar nicht mehr der 12. Armee unterstellt worden waren, nach einem erbitterten Kampf ihrer jungen Soldaten zersprengt worden. Die letzten Reste waren am 21. April vernichtet worden.

Wencks Realismus hatte ihn ohne Rücksicht auf die Befehle des Oberkommandos der Wehrmacht davon abgehalten, Unmögliches zu versuchen. Und nur der Tatsache, daß

Wenck sich gleich nach der Übernahme seines Kommandos entschlossen hatte, nur noch das für die Bevölkerung wie für die Soldaten Vertretbare zu tun, hatte es Keitel zu verdanken, daß es überhaupt so etwas wie eine 12. Armee gab, deren Führer er die Befehle Hitlers übermitteln konnte.

Doch seit Konjew und Shukow in seinem Rücken über Oder und Neiße vorgestoßen waren, seit Konjews Panzerkolonnen sich in den Raum südlich von Berlin hineinfraßen und seit schließlich Scharen abgehetzter Flüchtlinge die Straßen im rückwärtigen Armeegebiet belagerten, hatte Wenck seine eigenen Vorstellungen über das, was ihm zu tun blieb und zu tun möglich war, nämlich eine Verteidigungsfront nach Osten aufzubauen und alles, was sich an Zivilisten und Verwundeten in seinem Armeebereich befand, so lange wie möglich vor einem sowjetischen Überrollen zu bewahren. Er wußte, daß sein XLI. Panzerkorps aus Kräftemangel ungeeignet für größere Operationen war und daß auch die Operationsmöglichkeiten seines XX. Armeekorps große Bewegungen völlig ausschlossen. Die stärkste Kampfkraft, über die er noch verfügte, bestand aus der von Zweifeln noch nicht getrübten Glaubenskraft von Offiziersanwärtern und Jungen des Reichsarbeitsdienstes. Mit diesen Kräften ließ sich vorbehaltlich der Duldung durch die Amerikaner westlich der Elbe ein Abmarsch der Zivilbevölkerung über den Strom nach Westen decken. Es setzte allerdings voraus, daß er mit seinen Kräften haushielt und sie vor sinnlosen Eskapaden bewahrte. Er war entschlossen, dies und nichts anderes zu tun.

Er hatte schon den Frontwechsel nach Osten vorbereitet, stärkere Teile seiner Armee bereits in Marsch gesetzt und andere Teile an der Elbe und der Mulde nur noch eingesetzt, um den Abzug der Verbände gegenüber den Amerikanern zu verschleiern. Sonderkommandos waren damit betraut, sich der im Freien lagernden Flüchtlinge anzunehmen. Er selbst war Tag und Nacht unterwegs gewesen, um dafür zu sorgen, daß die Heimatlosen aus den Verpflegungskähnen, die wegen der Unterbrechungen der mitteldeutschen Kanäle in den Havelseen vor Anker lagen, versorgt wurden. Im übrigen hatte er angeordnet, den Zerstörungsbefehl Hitlers nicht zu befolgen und alle industriellen Anlagen gegen »politische« Sprengkommandos, die nicht seiner Armee unterstanden, zu sichern. Schließlich hatte er Anweisung gegeben, daß kein Kampfkommandant in seinem Armeebereich noch irgendeine Stadt als »Festung« verteidigte, sofern dies nicht für die Bewegungen der Armee notwendig war.

So geriet Keitel am Abend des 22. April aus der künstlich erhitzten Sphäre der Bunker-Illusionen der Reichskanzlei in eine Sphäre kühler Betrachtung der Wirklichkeit hinein. Aber er war auch hier nicht in der Lage, sich aus der Scheinwelt, in der er so lange gelebt hatte, herauszubegeben, und Wenck hatte zuviel Erfahrungen im Umgang mit dieser Scheinwelt erworben, um den sinnlosen Versuch zu unternehmen, Keitel noch von der Wirklichkeit zu überzeugen.

Keitel entwickelte den Plan, der in Hitlers Bunker in fliegender Hast aufgestellt worden war, und Wenck stellte fest, daß es wieder ein Plan war, der sich auf eine Lagekarte stützte, auf der immer noch Divisionen angezeigt wurden, die längst zusammengeschmolzen und ausgeblutet waren.

Keitel erteilte Wenck den Befehl, über die Linie Wittenberg und Niemegk nach Osten in Richtung Jüterbog anzugreifen. Dort solle er sich mit der 9. Armee vereinigen, die sich von der Oder zurückkämpfen werde. Dann solle er zusammen mit der 9. Armee nach Norden vorbrechen und Berlin entsetzen. Er sprach von dem »Willen des Führers«, demzufolge dieser Angriff erfolgen müsse. Er hatte die Phraseologie des Hauptquartiers und seine krampfhafte Aufrechterhaltung der Siegesidee so in sich aufgenommen, daß er auch hier draußen, wo er die mangelhafte Ausrüstung der jungen Soldaten Wencks hätte sehen müssen, unfähig war, mit anderen Worten zu sprechen.

Wenck war sich von vornherein darüber klar, daß ein Entsatz Berlins mit seinen schwachen Divisionen ohne Panzer und ohne Artillerie ein aussichtsloses Unternehmen war. Er wußte, daß er niemals mehr den Ring gewaltiger Übermacht, der sich um Berlin schloß, würde durchbrechen können und daß der Versuch nur mit der Opferung der jungen Menschen erkauft werden könne, die seinem Befehl unterstellt waren. Einen Entsatz für Berlin gab es nicht mehr. Hatte aber ein Angriff nach Nordwesten, wie Keitel ihn befahl, mehr Sinn? Wenck war sich aus Funkmeldungen ungefähr im klaren über die verzweifelte Lage der 9. Armee, über die Hunderttausende von Soldaten und Zivilisten, die dort eingekesselt um ihr Leben kämpften. Bis in den Raum von Jüterbog vorzustoßen und der 9. Armee den Weg nach Westen öffnen zu helfen schien ihm möglich, ohne daß dabei seine Armee ausbluten und er alles, was sich jetzt unter ihrem Schutz an Menschen zusammendrängte, hilflos zurücklassen mußte. Es schien möglich, die Aufgabe der Befreiung der 9. Armee mit der Aufgabe zu verbinden, die Massen in seinem Armeebereich so lange wie möglich vor den sowjetischen Armeen zu schützen und ihnen einen Weg nach Westen offenzuhalten.

Diese Gedanken bewegten Wenck, während Keitel ihm mit einer Flut von Worten klarzumachen suchte, daß ein Zerfall der gegnerischen Koalition dicht bevorstehe. Da Hitler sich weigerte, Berlin zu verlassen, käme nun alles darauf an, den Führer in Berlin selbst zu entsetzen und sein Leben zu erhalten. Als Keitel sich gegen drei Uhr morgens von Wenck

verabschiedete, nahm er Wencks doppelsinnige Versiche-
rung mit, daß dieser alles tun werde, um die kampffähigen
Divisionen seiner Armee weiter auf dem schnellstmöglichen
Wege nach dem Osten zu verlegen und nach Nordwesten
anzugreifen. Aber Keitel sprach von der Befreiung des Führers und von einem Entsatz Berlins als der Stadt, die Hitler
nicht mehr verlassen wollte. Wenck sprach von einem Angriff nach Nordwesten und der Befreiung der 9. Armee. Und
nur ein ungeheueres Wunder, eine unerwartete Gunst des
Augenblicks hätte ihn veranlassen können, seine sinnvollen
Absichten durch einen Vorstoß nach Berlin in sinnlose Opfer
zu verwandeln.

Als Keitels Wagen in der Nacht verschwand, um nach Krane-
puhl zum Gefechtsstand der Division Scharnhorst zu fahren
und damit zum ersten Male, seit der zweite Weltkrieg ausge-
brochen war, eine Frontdivision aufzusuchen, sah Wenck
ihm schweigend nach. Vielleicht empfand er eine Spur un-
zeitgemäßen Mitleids für den Mann, dessen Geist immer zu
beschränkt und dessen Wille immer zu schwach gewesen
war, um ihn zu etwas anderem zu befähigen als zu einem
Sprachrohr des Stärkeren, der jetzt in Berlin seinem Untergang entgegenging.

In denselben Nachtstunden, in denen Keitel im Bereich der
Armee Wenck unterwegs war, verließen noch immer Grup-
pen der Berliner Ministerien und Amtsstellen die Reichs-
hauptstadt. Parteiämter siedelten nach dem Süden über,
Ministerien nach Norden. Aus Hitlers engstem Umkreis
verabschiedeten sich noch in der Nacht der Admiral von
Puttkamer, der Adjutant Schaub, der Leibarzt Professor
Morell, Stenographen und Sekretärinnen.

Mit diesen Gruppen verließ auch der Generalstabschef der
Luftwaffe, General Koller, Berlin, um sich nach Süden zu

begeben und von dort den aussichtslosen Versuch zu unternehmen, die Überreste der Luftwaffe bis zum unvermeidlichen Ende halbwegs zusammenzuhalten.

Bevor Koller nach Süden flog, hatte er nicht nur General Christians Bericht über die Ereignisse während Hitlers erstem Zusammenbruch am 22. April gehört. Er hatte sich auch vergewissert, daß Hitlers erstaunliche Worte über die Rolle, die Göring spielen könne, wirklich zutrafen.

Koller hatte sich nach Krampnitz begeben und hatte sich von Jodl noch einmal den Satz wiederholen lassen, in dem Hitler Görings Nachfolgerschaft anzuerkennen und Göring Vollmachten für Verhandlungen mit dem Westen zu erteilen schien. Koller wurde sich nicht klar darüber, daß sich inzwischen noch einmal eine Wandlung vollzogen hatte.

Er flog in der Frühe des 23. April – um 2.30 Uhr – von Gatow nach München und meldete sich am Mittag um 12 Uhr bei Göring, der inzwischen in Berchtesgaden eingetroffen war.

Er glaubte, eine Mission zu erfüllen, indem er Göring über Christians Bericht und dessen Bestätigung durch Jodl informierte. Die Wirkung auf Göring war zwiespältig. Nach dem eisigen Abschied von Hitler mußte ihm dessen Entscheidung unglaubwürdig erscheinen. Aber dann lebte Göring sehr schnell auf. Sein unbezähmbar-verderbliches Geltungsbedürfnis wurde wieder wach.

Seit 1943 sah er sich wegen seiner Mißerfolge in den Hintergrund gedrängt. Jetzt witterte er eine Aufgabe, die ihn wieder in den Vordergrund schob. Seine Phantasie schwelgte in der Vorstellung eines schnell geschlossenen Verhandlungsfriedens mit den westlichen Alliierten. Er war in seiner Eitelkeit voller Illusionen über die Einstellung führender Militärs und Politiker der Westmächte zu seiner Person. Diese Naivität, die ihn immer gekennzeichnet hatte, ließ ihn glauben, daß man ihn im Westen mit offenen Armen aufnehmen und seinen Rang als Reichsmarschall respektieren werde.

Immerhin vergaß er nicht, wie sehr Bormann ihn haßte und daß Bormann sich niemals mit ihm als Nachfolger Hitlers abfinden würde. Er fürchtete Bormanns Tücke, ja, eine Falle, die man ihm vielleicht stellen wollte. Deswegen ging er nach einiger Überlegung vorsichtig zu Werke. Er besprach sich mit dem Reichsminister Lammers, der auch nach Süddeutschland übergesiedelt war, um festzustellen, ob eine ältere Verordnung Hitlers vom Juni 1941, in der er für den Fall von Hitlers Ableben zu dessen Nachfolger ernannt worden war, unverändert geblieben war. In seiner wachsenden Verbitterung hätte Hitler ohne sein Wissen eine andere Verfügung erlassen können. Aber Lammers versicherte, daß dies nicht der Fall sei.

Nach langen weiteren Erwägungen unterzeichnete Hermann Göring schließlich am Nachmittag des gleichen Tages ein Telegramm an Hitler, das ihm endgültige Gewißheit über dessen Haltung verschaffen sollte.

Er ließ das Telegramm gleichzeitig an Keitel, Ribbentrop, Goebbels und seinen Luftwaffenadjutanten, von Bredow, übermitteln. Er fürchtete, daß Bormann den Text fälschen und Hitler diese Fälschung vorlegen könne. Die endgültige Fassung lautete:

> »Mein Führer! Sind Sie einverstanden, daß ich nach Ihrem Entschluß, in Berlin zu bleiben und Berlin zu verteidigen, auf Grund Ihres Erlasses vom 2. 6. 1941 nunmehr die Gesamtführung des Reiches mit allen Vollmachten (mit voller Handlungsfreiheit) nach innen und außen übernehme? Wenn ich bis 22 Uhr keine Antwort erhalte, nehme ich an, daß Sie Ihrer Handlungsfreiheit

beraubt sind, und werde ich nach eigenem Ermessen handeln. Was ich in dieser schweren Stunde meines Lebens für Sie empfinde, kann ich nicht aussprechen. Der Herrgott schütze Sie, und ich hoffe, daß Sie doch noch aus Berlin hierherkommen. Ihr getreuer Hermann Göring.«

Wenige Stunden später beleuchteten im Luftschutzkeller des schwedischen Konsulats in Lübeck einige Kerzen notdürftig eine weitere Szene im gespenstischen Spiel um das Ende. Ihr Schein fiel auf Himmlers schlaffes, vor Nervosität zuckendes Gesicht, während er sich mit dem schwedischen Grafen Bernadotte unterhielt.

Himmler hatte sich am Nachmittag des 22. April, nachdem er vergebens versucht hatte, Hitler telefonisch zum Verlassen Berlins zu bewegen, auf Drängen des Chefs des SS-Hauptamtes, Berger, aus Hohenlychen in Richtung auf Berlin in Bewegung gesetzt. Ihm voraus fuhr sein Begleitbataillon, das er Hitler für den Kampf um Berlin zur Verfügung stellen wollte.

Er hatte allerdings nicht mehr die Entschlossenheit aufgebracht, selbst bis zur Reichskanzlei zu fahren, sondern war in Nauen zurückgeblieben, um dort auf Fegelein, seinen Verbindungsoffizier bei Hitler, zu warten, der ihm entgegenkommen sollte. Berger war weiter zur Reichskanzlei gefahren.

Im Laufe der Nacht auf den 23. April hatte Himmler sich dann mit Fegelein nach Hohenlychen begeben und dort die Einzelheiten über die Ereignisse des 22. April, über Hitlers Gesundheitszustand, über seinen Zusammenbruch und über seinen Entschluß, in Berlin zu sterben, vernommen.

Hier lag für ihn wie für Göring der entscheidende Impuls für den Entschluß zu einer Aktion, deren Durchführung er sich fast ein dreiviertel Jahr lang aus Beschränktheit, Schwäche, Unfähigkeit und Wankelmütigkeit versagt hatte. Er ließ sich durch den Chef des Auslandsnachrichtendienstes seines Reichssicherheitshauptamtes, den SS-Brigadeführer Schellenberg, dazu bewegen, den Westmächten über den Grafen Bernadotte, der seit dem Februar 1945 im Auftrag des Schwedischen Roten Kreuzes mit Himmler über den Abtransport norwegischer und dänischer Internierter aus deutschen Konzentrationslagern verhandelte, einen Sonderfrieden im Westen anzubieten.

Der Brigadeführer Schellenberg war zwar innerhalb der SS großgeworden, gehörte aber zu einem Teil der dort vertretenen Intelligenz, der sich verhältnismäßig früh und in Grenzen über die begangenen ideologischen, menschlichen, politischen und militärischen Irrwege klargeworden war. Er verfocht, ohne den Nationalsozialismus zu verwerfen, die Idee einer Umwandlung des Systems, die von der Intelligenzschicht der SS getragen werden sollte. Dazu gehörten eine Beendigung des Krieges und eine Beseitigung Hitlers. Er war der Ansicht, daß eine solche mehr oder weniger gewaltsame Veränderung nur mit Hilfe Himmlers und des SS-Machtapparates möglich sei.

Einer seiner Vertrauten war der Hauptschriftleiter der weitverbreiteten illustrierten Zeitung »Signal«, Wirsing, der Schellenberg seit Februar 1945 mit relativ realistischen Lageberichten versah, die dieser an Himmler weitergab und die immer wieder die These des Sonderfriedens im Westen zugunsten eines Behauptungskampfes im Osten vertraten. Auch Wirsing neigte zu der Überzeugung, daß Hitlers Macht nur durch denn Machtapparat Himmlers gestürzt werden könne.

Er wie Schellenberg gaben sich dabei nicht der Illusion hin, mit Himmler als neuem Staatschef zu irgendeiner dauernden

Vereinbarung mit den westlichen Alliierten zu gelangen. Sie waren sich darüber im klaren, daß Himmler nur als Werkzeug des Umsturzes benutzt werden konnte. Die Schwierigkeit ihrer Pläne lag darin, Himmler zum Vollzug dieses Umsturzes zu bewegen, ohne ihm zu sagen, daß sein eigener Sturz folgen werde.

Sie sahen auch hinsichtlich der Haltung der Westmächte um eine Spur klarer als die Illusionisten in der Reichskanzlei. Sie wußten um die alliierten Konferenzen in Casablanca und Teheran. Aber sie hatten bis zum Ausgang der Ardennenoffensive gehofft, daß die Aussicht, durch einen Waffenstillstand Blut zu sparen, die Westmächte dazu veranlassen könne, Sonderverhandlungen mit einem Deutschland zu führen, das von Hitler befreit war, auch wenn man sich vorübergehend Himmlers als eines Werkzeuges der Befreiung bedienen mußte. Sie hatten durch verschiedene teilweise dubiose Mittelspersonen Verbindungen nach dem Westen angeknüpft und zeitweise geglaubt, gewisse Anzeichen günstig deuten zu können. Aber im entscheidenden Punkt waren auch sie hoffnungslosen Illusionen gefolgt. Sie hatten zweifellos Himmlers politische Beschränktheit nicht verkannt und sogar danach getrachtet, sie auszunutzen. Verkannt aber hatten sie seine charakterliche Schwäche, seine Verlorenheit an Hitler und seine Unfähigkeit, zu handeln, solange er die Macht von Hitlers Persönlichkeit über sich wußte.

Für Augenblicke – vor allem während Himmlers Niederlagen in Pommern – hatten sie Himmler davon überzeugen können, daß der Krieg verloren war und daß er, Himmler, berufen sei, Hitler zu ersetzen und Deutschland zu retten. Aber sobald Himmler in den Bannkreis Hitlers geriet, versank er wieder in dem Sumpf seiner großdeutsch-germanischen Vorstellungen, Träume und Hoffnungen. Die langen vergeblichen Versuche, Himmler zum Handeln zu bewegen, hatten Schellenbergs Nerven aufgezehrt. In den Augenblicken, in denen Schellenberg seinen Einfluß auf Himmler hatte ausüben können, hatte sich Himmler wohl zu Gesprächen mit Bernadotte und auch zu dem einen oder anderen Entgegenkommen gegenüber norwegischen und dänischen Internierten bereit gefunden. Vielleicht bedrängte ihn dabei, wenn er unter Schellenbergs Vorstellungen den tatsächlichen Ernst der Lage erkannte, der verborgene Wunsch, im letzten Augenblick seine eigene Vergangenheit hinter einigen guten Taten zu verstecken. Auf jeden Fall war die Beschränktheit seiner Einsicht in die politische Wirklichkeit so unvorstellbar groß, daß er annahm, man werde ihn im Ausland als Vertreter Deutschlands ohne weiteres akzeptieren. Gleichzeitig beharrte er bei der Richtigkeit seiner Rassenvorstellungen, seiner rassischen Maßnahmen, vor allem gegenüber den Slawen. Schließlich glaubte er immer noch so fest an eine natürliche Verwandtschaft zwischen den »germanischen« Völkern, Amerika, England und Deutschland, daß er nicht daran zweifelte, Eisenhower und Montgomery würden ihn empfangen. Er war sicher, daß nur tragische Mißverständnisse das nationalsozialistische Deutschland von den vorwiegend germanischen Westmächten trennten, und glaubte, daß er diese Mißverständnisse in persönlichen Gesprächen in kürzester Zeit ausräumen könne.

Schellenberg hatte offen mit Bernadotte gesprochen und Bernadotte gefragt, ob dieser bereit sei, als Vermittler zwischen Deutschland und den Westmächten zu dienen. Bernadotte hatte keinen Zweifel daran gelassen, daß er angesichts der seit Casablanca völlig erstarrten Haltung der Westmächte Sonderverhandlungen mit diesen für ausgeschlossen halte, hatte aber einen Versuch nicht abgelehnt.

Seither hatte Himmler selbst sich dreimal mit Bernadotte

getroffen. Im wesentlichen hatte es sich dabei nur um einzelne Zugeständnisse für den Abtransport nordischer Gefangener gehandelt. Nur gelegentlich war das Gespräch im Februar und Anfang April auf das politische Gebiet hinübergeglitten. Aber Himmler hatte in seiner ängstlichen Unselbständigkeit noch keine Friedenswünsche im Westen ausgesprochen. Er hatte nur einmal auf die bolschewistische Gefahr hingewiesen und das Ende Europas prophezeit, wenn die deutsche Ostfront zusammenbräche. Er hatte zu erklären versucht, daß der zweite Weltkrieg ein Krieg zwischen Europäern und Asiaten sei. Ein Sieg der Alliierten werde der Untergang Europas sein. Allein in den letzten Wochen seien ungezählte deutsche Frauen im Alter von 16 bis 80 Jahren von der russischen Soldateska vergewaltigt worden. Er könne nicht verstehen, daß zum Beispiel Schweden nicht die Augen vor der unerhörten Gefahr aufgingen, die im Osten lauere. Bernadotte hatte Himmler erwidert, daß Deutschland ja doch selbst einmal mit Rußland verbündet gewesen sei und daß sich dies nicht mit dem zusammenreime, was Himmler gerade gesagt habe. Aber er erklärte sich am Nachmittag des 23. April, als er in der Nähe der deutsch-dänischen Grenze den Transport nordischer Internierter von Deutschland nach Dänemark überwachte und Schellenberg ihm plötzlich mitteilte, mit Hitler gehe es in Berlin zu Ende und Himmler wünsche eine Begegnung mit Eisenhower, zu einem Vermittlungsversuch bereit. Er wandte allerdings ein, es sei klüger, wenn Himmler seine Vermittlungswünsche an die schwedische Regierung richte. Im übrigen zweifle er daran, daß die westlichen Alliierten – gleich welche Enttäuschungen oder Einsichten über Stalin sich inzwischen ergeben hätten – eine Kapitulation an der Westfront ohne gleichzeitige Kapitulation im Osten annehmen würden. Eine Begegnung zwischen Himmler und Eisenhower schien ihm ebenso ausgeschlossen wie irgendeine zukünftige Rolle Himmlers, es sei denn bei der Durchführung der Kapitulation.

Es blieb unklar, ob Schellenberg Himmler über die Haltung Bernadottes voll und ganz informierte. Er befand sich in der Situation dessen, der endlose Monate darauf verschwendet hatte, ein Ziel zu erreichen, das er jetzt plötzlich vor Augen sah, und er wollte an diesem Ziel nicht vorübergehen.

So entstand das Zusammentreffen zwischen Himmler und Bernadotte in der Nacht vom 23. auf den 24. April. Himmlers Einschätzung der Lage in Berlin wurde schon aus seinen ersten Sätzen klar. Er begann das Gespräch mit den nervösen Worten: »Hitler ist sehr wahrscheinlich schon tot.« Er enthüllte die tatsächlichen Gründe seiner späten Bereitschaft zum Handeln, wenn er fortfuhr, Bernadotte hätte ihm in den früheren Gesprächen mehrfach angedeutet, er solle ein Ende mit dem Krieg machen. An und für sich habe er Bernadotte recht gegeben. Doch er sei bisher nicht imstande gewesen, den Treueid, den er Hitler gegeben habe, zu brechen. Heute sei die Lage anders. Um möglichst große Teile Deutschlands vor der russischen Invasion zu bewahren, sei er bereit, an der Westfront zu kapitulieren, damit die Truppen der Westmächte so schnell wie möglich nach Osten vorrücken könnten. Er sei nicht bereit, an der Oderfront zu kapitulieren. Er sei immer ein geschworener Feind des Bolschewismus gewesen und werde es allzeit bleiben. Ob Bernadotte bereit sei, eine Mitteilung dieser Art an den schwedischen Außenminister Günther weiterzuleiten, damit dieser die Westmächte über Himmlers Vorschlag orientieren könne?

Bernadotte erwiderte: »Meines Erachtens ist es ganz unmöglich, eine Kapitulation an der Westfront durchzuführen und dann den Kampf an der Ostfront fortzusetzen. England und Amerika werden sich bestimmt auf keine Sonderabmachungen mit Deutschland einlassen.«

Himmler erwiderte, er begreife, wie unerhört schwierig das sei. Aber er wolle auf alle Fälle einen Versuch machen, Millionen Deutsche vor einer russischen Besetzung zu retten. Er nahm Bernadottes Worte keineswegs so ernst, wie sie gemeint waren. Die Illusionen über die Möglichkeiten zwischen Ost und West, die der engste Kreis um Hitler auch ihm vermittelt hatte, waren unzerstörbar. Er empfand auch nicht, wie merkwürdig sich sein plötzliches Bemühen um das Schicksal der Millionen im Osten gegenüber seiner eigenen skrupellosen Leichtfertigkeit und Barbarei in den letzten Monaten ausnahm.

Bernadotte entgegnete: »Ich bin nur bereit, dem schwedischen Außenminister Ihre Anfrage zu übermitteln, wenn Sie versprechen, daß auch Dänemark und Norwegen in die Kapitulation einbezogen werden.«

Himmler antwortete, er habe nichts dagegen einzuwenden, daß amerikanische, britische oder schwedische Truppen Dänemark und Norwegen besetzten. Die beiden Länder dürften nur nicht von russischen Truppen besetzt werden.

Bernadotte fragte, was Himmler zu tun gedenke, wenn sein Angebot abgewiesen werde.

»In diesem Fall«, erwiderte Himmler mit dem unechten Heroismus, den er so oft gezeigt hatte, »übernehme ich das Kommando eines Bataillons an der Ostfront und falle im Kampf.«

Er kam jedoch nochmals auf seine Lieblingsvorstellung eines persönlichen Gespräches mit Eisenhower zurück und versicherte, er sei bereit, bei einer solchen Begegnung folgende Erklärung abzugeben: »Ich erkläre, daß die Westmächte die deutsche Wehrmacht besiegt haben. Ich bin bereit, an der Westfront bedingungslos zu kapitulieren. Ich bin ebenfalls bereit, die technische Durchführung einer

Kapitulation der deutschen Streitkräfte in Dänemark und Norwegen zu diskutieren.«

Himmler verließ das Konsulatsgebäude gegen 2.30 Uhr am frühen Morgen des 24. April. Er bestand darauf, selbst seinen Wagen zu lenken. Aber seine Nervosität war so groß, daß er schon beim Start in den Stacheldrahtzaun hineinfuhr, der das Konsulatsgebäude umgab. Es war schwer, den Wagen wieder flottzumachen. Als Himmler endlich in der Nacht verschwand, waren die Schweden überzeugt, daß die Art des Startes etwas Symbolisches an sich gehabt habe. Sie wußten noch nicht, daß Himmler sich bei Schellenberg in dieser Nacht erkundigte, wie er sich vor Eisenhower verbeugen und ob er ihm die Hand drücken solle.

Himmler hatte, als er dem neuen Tag entgegenfuhr, keine Vorstellung von dem tatsächlichen Ausmaß seiner Irrtümer. Er ahnte nicht, daß schon zwei Tage später die westlichen Alliierten seine Vorschläge kalt ablehnen würden. Noch weniger ahnte er, daß Hitler sich inzwischen entschlossen hatte, weiterzukämpfen, und daß er – Himmler – fünf Tage später, anstatt Nachfolger des toten Hitler zu sein, von diesem aus allen Ämtern ausgestoßen werden würde.

Unterdessen hatten sich am Nachmittag des 23. April Keitel und Jodl zum letzten Male in die Reichskanzlei begeben, um Hitler Vortrag zu halten, und Keitel hatte einen illusionären Bericht über die Armee Wenck gegeben.

Beide hatten alles darangesetzt, Hitlers noch einmal erwachten Glauben an einen Entsatz Berlins von außen her zu stärken.

Als beide zwei Stunden später in das Quartier des Oberkommandos der Wehrmacht in Krampnitz zurückkehrten, hatten die Russen den Niederneuendorfer Kanal nordwestlich von Spandau überschritten. Das OKW mußte Krampnitz verlassen. Eine Stunde später drangen bereits sowjetische Panzer in Nauen ein.

Am frühen Morgen des 24. April bezogen Keitel, Jodl und das OKW in einem Forstamt bei Fürstenberg ein neues Quartier. Am selben Tage drangen Konjews weit überlegene Angriffsverbände im Süden und Südwesten von Berlin weiter vor und erreichten den Raum südostwärts Brandenburg. Potsdam wurde eingeschlossen. Bei Ketzin trafen die Verbände Shukows und Konjews zusammen, und die Einschließung Berlins war vollendet.

Shukow drang im Norden immer weiter in die tiefe Flanke der 3. Panzerarmee, die jetzt schon am Ruppiner Kanal Sicherungen aufbauen mußte, vor. Westlich Berlin drückten die sowjetischen Einschließungsverbände in Richtung auf die Elbe. Aber da ihnen hierzu zunächst nur schwächere Kräfte zur Verfügung standen, konnte sich der nördliche Teil der Armee Wenck, das nur halbfertige Korps Holste, zwischen Fehrbellin, Rathenow und Plauen einigermaßen behaupten, während im Südwesten von Berlin Wencks Korps Köhler – wie noch genauer beschrieben werden wird – während seiner Umgruppierungen nach Osten und Nordosten in die Verteidigung gedrängt wurde. Der Einschließungsring um die 9. Armee wurde noch stärker. Am 25. April trafen die 69. amerikanische Division und Teile der 58. sowjetischen Gardedivision bei Torgau an der Elbe zusammen und vollendeten damit auch die Abtrennung Berlins und Norddeutschlands vom Süden.

An dem Tage, an dem Keitel und Jodl bei Fürstenberg eintrafen, sah Heinrici die einzige Armee, die nach der Einschließung der 9. Armee noch von der Heeresgruppe Weichsel übriggeblieben war, die schwer angeschlagene 3. Panzerarmee, nicht nur immer mehr in der tiefen rechten

Flanke durch Shukows Vordringen nördlich und nordwestlich von Berlin bedroht. Auch der Angriff der zehnfach überlegenen sowjetischen Heeresgruppe Rokossowski über den Unterlauf der Oder war nicht aufzuhalten.

Heinrici wollte nicht auch noch seine 3. Panzerarmee durch sinnloses Festhalten an der Oder der Vernichtung überantworten. Als er von dem Eintreffen Keitels und Jodls in Fürstenberg erfuhr, nahm er für einen Augenblick an, daß das OKW nach Fürstenberg verlagert worden sei, um den verlorenen Krieg auf eine möglichst vernünftige Weise zu Ende zu führen und dabei die 3. Panzerarmee mit soviel Zivilbevölkerung wie möglich in schrittweisem Zurückweichen an die Elbe zu bringen.

Er schrieb später:

»Keitel und Jodl waren die Nacht hindurch und den Morgen über eingekeilt in unendliche Züge von Heerestrümmern und Flüchtlingstrecks gefahren, um von Berlin aus ihren neuen Gefechtsstand zu erreichen. Sie hatten bei dieser Fahrt wahrscheinlich zum ersten Male ein Bild der Wirklichkeit gewonnen, so wie es sich darbot. Wenn sie ihre Augen nicht völlig der Wahrheit verschlossen, mußten sie in diesen Stunden eigentlich deutlich gesehen haben, daß der Krieg unwiderruflich zu Ende war ... Um so größer war das Erstaunen, als das OKW seinen Entschluß bekanntgab, den in Berlin belagerten Führer wieder befreien zu wollen. Alle Gegenargumente und Beweise für die Undurchführbarkeit, welche seitens der Heeresgruppe Weichsel gegen diese Absichten vorgebracht wurden, prallten an der eisigen Zurückhaltung Jodls und den wortreichen Widerreden Keitels ab. Beide hatten Hitler beim Verlassen der Reichskanzlei zugesagt, daß sie ihn unter allen Umständen aus Berlin befreien würden. Beide waren entschlossen, dieses Versprechen einzulösen. Beide waren in absoluter Verkennung der Lage und der Kräfteverhältnisse auch überzeugt, daß dies gelingen würde, sofern nur der nötige Wille dazu vorhanden sei. Alle Maßnahmen, die Jodl und Keitel in Fürstenberg einleiteten und befahlen, waren daher auf dieses Ziel gerichtet.

Keitel hatte sich bereits zur Armee Wenck begeben, und sowohl den eingeschlossenen Resten der 9. Armee als auch der Armee Wenck den undurchführbaren Befehl erteilt, sich zu vereinen und Berlin von Süden und Südwesten her zu entsetzen. Es lagen Befehle für die Heeresgruppe Schörner vor, nach denen auch diese über Hunderte von Kilometern hinweg nach Norden angreifen sollte. Jetzt wandten Keitel und Jodl sich dem Entsatz Berlins und des Führers von Norden her zu. Das Korps Holste der Armee Wenck, das nur schwach ausgerüstet und ohne Transportmittel nordwestlich von Berlin stand, sollte von Nordwesten her gegen Berlin vordringen. Vor allem aber erhielt jetzt SS-Obergruppenführer Steiner, der am 21. und 22. April infolge der Kräfteverhältnisse beim besten Willen nicht hatte angreifen können und seither Mühe hatte, die immer längere Flanke der 3. Panzerarmee mit seinen zusammengewürfelten Verbänden zu sichern, den Befehl, von neuem aufzumarschieren und aus dem Gebiet nordwestlich Oranienburg allein oder zusammen mit dem Korps Holste nach Berlin durchzubrechen ...

Das Kräfteverhältnis gegenüber den Russen im Norden von Berlin war für einen Durchbruchsangriff hoffnungslos. Aber das spielte keine Rolle. Es spielte genausowenig eine Rolle wie der Einwand, daß die Front der 3. Panzerarmee am Unterlauf der Oder, die einen sowjetischen

Einbruch nach Mecklenburg verhindern und dem illusorischen Angriff auf Berlin überhaupt den Rücken decken mußte, nicht länger gehalten werden könne. Es sei denn, man sehe zu, daß diese Front in der Mitte durchstoßen und in zwei Kesseln eingeschlossen würde. Jodl war durch kein Argument zu beeinflussen. Er erteilte strikten Befehl, daß die Front der 3. Panzerarmee am Unterlauf der Oder standzuhalten habe, bis Steiners Angriff auf Berlin zum Erfolg geführt habe.

Die Verhältnisse wurden umgekehrt. Nicht Steiner sollte jetzt Flanken und Rücken der noch etwa hunderttausend Soldaten umfassenden 3. Panzerarmee sichern, sondern die 3. Panzerarmee sollte durch ein ebenso unmögliches Aushalten an der Oder Steiner den Rücken für einen Befreiungsangriff nach Berlin decken, der angesichts der Kräfteverhältnisse aussichtslos war. So entstanden sofort zwischen dem OKW und der Heeresgruppe Weichsel Meinungsverschiedenheiten. Im großen gesehen liefen sie auf die grundsätzliche Frage hinaus, ob man die schon bedrohte Existenz der 3. Panzerarmee endgültig aufs Spiel setzen und mit ihrer Einschließung und Vernichtung zugleich ein völlig uferloses Überrennen der Zivilistentrecks in Mecklenburg herbeiführen dürfe, nur um dem Phantom der Befreiung Hitlers nachzujagen. Die Führung der Heeresgruppe Weichsel, die in den zweiwöchigen Kämpfen ein einwandfreies Bild über die noch vorhandenen Leistungsmöglichkeiten ihrer Truppen gewonnen hatte, konnte nur zu dem Ergebnis kommen, daß die Durchführung der Absichten des OKW, was Berlin betraf, auf keinen Fall zu einem Erfolg, dafür aber die 3. Panzerarmee und alle sonstigen Verbände und Trecks in Mecklenburg in eine endgültige Katastrophe führen mußte.«

Heinricis durch die Wirklichkeit nur allzubald bestätigte Warnungen in Fürstenberg blieben ergebnislos.

Jodl sperrte sich hinter einer undurchdringlichen Maske gegen alle Einwände. Nach dem Zweck des Weiterkämpfens und all seiner Anordnungen befragt, erwiderte er nichts anderes als: »Den Führer befreien.« Sowohl er als auch Keitel begaben sich mehrfach zu Steiner sowie zu dem Gefechtsstand des Korps Holste westlich Friesack, ohne diesen Verbänden, die an allem Mangel litten, mehr bringen zu können als scharfe Befehle und die erneute Erkenntnis der Wirklichkeitsfremdheit des OKW.

Während sie Steiner und Holste bedrängten, mit Kräften, die vorwiegend auf dem Papier standen, die Entsatzangriffe vom Norden auf Berlin anzusetzen, drückte die Übermacht Rokossowskis die Front der 3. Panzerarmee erbarmungslos auf den Randowabschnitt zurück. Stettin ging verloren. Im Norden wurden nur Usedom und Wollin mit Swinemünde behauptet, weil die Kriegsmarine den Hafen Swinemünde für die Durchführung ihrer Transportbewegungen in der Ostsee nach benötigte. Rokossowski konzentrierte die Hauptmassen seiner Kräfte zu einem Durchbruch in Richtung Prenzlau und weiter auf Neustrelitz und Neubrandenburg.

Heinrici begab sich am 26. April selbst zu Steiner. Er fand, daß Steiner mit der 25. Panzergrenadierdivision einen Brückenkopf südlich des Ruppiner Kanals als Ausgangspunkt für den Geisterangriff auf Berlin hielt, daß er sich aber nur mit Mühe der an Stärke zunehmenden sowjetischen Angriffe zu erwehren vermochte und daß seine Kräfte für einen Durchstoß nach Berlin noch weniger Chancen hatten als zwei Tage zuvor.

Als er nach seiner Rückkehr zur 3. Panzerarmee feststellte, daß ein Durchbruch der sowjetischen Übermacht über

Prenzlau nach Westen nur noch eine Frage von Stunden war, wenn er seine Front nicht zurücknahm oder verstärkte, beantragte er in Fürstenberg die Aufgabe der Idee des Durchbruchs der Kampfgruppe Steiner nach Berlin und ihre Verwendung bei Prenzlau, um einen Durchbruch durch die Front der 3. Panzerarmee und eine russische Überschwemmung Mecklenburgs zu verhindern.

Jodl lehnte den Antrag ab, da er »dem Befehl Hitlers zum konzentrischen Entsatzangriff auf Berlin zuwiderläuft«. Er befahl, daß die 3. Panzerarmee aus eigener Kraft dort die Stellung zu halten habe, wo sie jetzt stehe.

Noch nicht 24 Stunden später, am Mittag des 27. April, geschah, was Heinrici hatte kommen sehen. Rokossowski durchbrach die Front der 3. Panzerarmee und drang über Prenzlau nach Westen und Nordwesten vor.

Heinrici verfügte über keine Reserven. Er forderte erneut, daß die Gruppe Steiner nach Norden in Marsch gesetzt werde, um dort dem sowjetischen Durchbruch entgegengestellt zu werden.

Keitel und Jodl konnten die Tatsachen des Durchbruchs nicht leugnen. Aber sie weigerten sich, den Aufmarschraum westlich Oranienburg und damit die letzte theoretische Chance für einen Angriff nach Berlin aufzugeben. Sie erteilten nur Befehl, daß eine Steiner-Division durch Angriff von Süden her in die Flanke des sowjetischen Durchbruchs diesen zum Stehen zu bringen habe. Die Hauptkräfte sollten weiter für den Angriff auf Berlin bereitstehen.

Am Abend des 27. April erreichte Heinrici ein Aufruf Keitels, der an die Heeresgruppe Weichsel, die 12. Armee und auch an die Heeresgruppe Schörner gerichtet war. Darin hieß es, daß die Schlacht um Berlin ihren Höhepunkt erreicht habe und daß bei einer Vereinigung der 9. und 12. Armee mit gemeinsamem Vorstürmen nach Norden sowie dem Vorbrechen der Gruppe Steiner nach Süden die Schlacht um Berlin noch entschieden werden könne.

Heinrici stellte hierzu fest: »Dieser Befehl schlug dem Faß den Boden aus. Solche Gedankengänge waren nicht mehr zu verstehen.« Er beschloß, auf eigene Verantwortung zu handeln, seine aufgerissene Front vielleicht noch einmal zu schließen und sodann hinhaltend kämpfend den Rückzug nach Westen anzutreten.

Als Keitel und Jodl am Nachmittag des 23. April den Bunker der Reichskanzlei verließen, hatten sie Hitler in gespannter Erwartung zurückgelassen. Nicht viel mehr als 24 Stunden später bestand keine direkte Verbindung mehr zwischen dem Bunker und der Außenwelt.

In der Umgebung Hitlers befanden sich: Goebbels mit Frau und Kindern, der Arzt Dr. Stumpfegger, Fegelein, Bormann, Krebs, Burgdorf, Axmann, Naumann, der Verbindungsoffizier zu Dönitz, Admiral Voß, Botschafter Hewel, dazu eine Reihe von Adjutanten, Dienern und Wachen und einige Frauen, die vor allem als Sekretärinnen arbeiteten. Unter den Frauen befand sich Hitlers langjährige Freundin Eva Braun. Sie warteten auf die Erfolgsmeldungen, die Keitel und Jodl von außerhalb Berlins senden würden.

Statt dessen traf am späten Nachmittag des 23. April der Funkspruch Görings in der Reichskanzlei ein und verursachte genau das, was Göring hatte vermeiden wollen. Der Funkspruch gelangte nur in die Hände Bormanns, weil die anderen Fassungen an Persönlichkeiten gerichtet waren, die sich schon außerhalb Berlins befanden, oder aber in verstümmeltem Zustand eintrafen. Bormann zögerte nicht lange, dem verhaßten Rivalen den Todesstoß zu versetzen. Er legte Hitler, der unentwegt mit Kartenstudien und der Konzeption von Befehlen an »Entsatzarmeen« außerhalb Berlins beschäftigt war, Görings Funkspruch vor. Er lenkte Hitlers Aufmerksamkeit sofort auf jenen Satz, in dem Göring eine Antwort bis 22 Uhr forderte, und ließ durchblicken, daß dies ein Ultimatum sei, das Hitler sich nicht bieten lassen könne.

Hitler wütete und klagte über den Verrat, der ihn nach wie vor umgebe und sein Werk endgültig untergraben werde.

Schon eine Stunde später war ein Funkspruch nach Berchtesgaden abgesetzt, der Göring mitteilte, daß seine Handlung Hochverrat bedeute und daß man nur dann vom Vollzug der hierauf stehenden Todesstrafe absehen werde, wenn Göring sofort von allen seinen Ämtern zurücktrete. Bormann sorgte dafür, daß Göring und seine engere Umgebung noch in der Nacht vom 23. auf den 24. April von SS-Angehörigen verhaftet und unter Hausarrest gesetzt wurden.

Als Nachfolger Görings wurde der Generaloberst Ritter von Greim empfohlen. Bormann und Burgdorf versicherten Hitler, daß letzterer ein Nationalsozialist voll unzerstörbaren Idealismus und Glaubens und zugleich ein Mann von einer ebenso unzerstörbaren Ehrauffassung als Offizier sei. Von Greim war zu dieser Zeit Befehlshaber der Reste der Luftflotte 6 bei München. Aber es genügte Hitler nicht, daß von Greim durch Funk zum Nachfolger Görings ernannt wurde. Er wollte ihn selbst sehen. Er wollte ihm persönlich seine Befehle erteilen.

Sein von neuem entfachtes Mißtrauen beargwöhnte alles, was sich nicht in seinem direkten Bannkreis befand. Vielleicht aber drängte ihn auch ein erstickendes Gefühl seiner Vereinsamung und Abschließung von der Welt rings um Berlin dazu, einen Mann aus dieser Außenwelt zu sich zu rufen, der fliegen konnte und für den daher noch eine Möglichkeit bestand, mit irgendeinem Sonderflugzeug in Berlin zu landen.

Am 24. April erhielt von Greim den überraschenden Befehl,

148

sich in der Reichskanzlei zu melden. Ein Grund wurde ihm nicht mitgeteilt. Er wußte nicht, daß er zum Nachfolger Görings ernannt werden sollte.

Von Greim war in der Tat ein Mann von festverwurzelten Ehr- und Gehorsamsbegriffen. Sein Schicksal war, daß er mit der Blindheit eines konservativen Idealisten im Nationalsozialismus immer das Gute gesucht und zumindest an den letztlichen Sieg des Guten geglaubt hatte. Göring war ihm wegen seiner Bequemlichkeit und seiner Unfähigkeit in der Führung der Luftwaffe verhaßt.

Von Greim zögerte nicht, den Flug nach Berlin zu wagen. Als Begleiterin wählte er sich eine Frau, die seit einem Jahrzehnt einen internationalen Namen als Fliegerin besaß: Hanna Reitsch. Auch sie war eine Idealistin, unantastbar in ihrer persönlichen Lebensführung, aber ebenso blind für die Wirklichkeit des Nationalsozialismus wie von Greim. Von Patriotismus erfüllt, hatte sie sich während des Krieges immer mehr in den Gedanken hineingesteigert, als Fliegerin eine Jeanne d'Arc der Deutschen werden zu können. Sie hatte sich dazu gedrängt, gefährliche Erprobungsflüge durchzuführen. Nach Udets Tod hatte sie sich an von Greim angeschlossen, weil beide der gleiche naive Idealismus erfüllte.

Bei einem Frontbesuch war sie verwundet worden und hatte längere Zeit in einem Lazarett bei Berlin gelegen. Ihre ungewöhnlich rege Phantasie hatte ihr dabei die Idee eingegeben, daß Berlin einmal von außen bedroht werden und daß es dabei vielleicht wichtig werden könne, Schwerverwundete aus der Stadt mit Hilfe von Hubschraubern auszufliegen.

Insgeheim hatte sie Landemöglichkeiten von Hubschraubern in Berlin erforscht. Bei der Rückkehr von einem Flug über Berlin hatte von Greim sie überrascht.

Als er jetzt den Befehl erhielt, in das belagerte Berlin einzufliegen, erinnerte er sich an dieses Geschehnis. Hanna

Reitsch hielt sich gerade in der Nähe von Salzburg bei ihren Eltern auf, die aus Schlesien geflohen waren. Sie erklärte sich sofort bereit, von Greim nach Berlin einzufliegen.

Beide flogen zusammen am 26. April nach Rechlin. Dort mußte sie feststellen, daß der einzige vorhandene Hubschrauber nicht flugklar zu machen war. Von Greim entschloß sich daraufhin, mit einem Jagdflugzeug nach dem schon unter Artilleriefeuer liegenden Flugplatz Gatow zu fliegen und von dort aus den Versuch zu machen, mit einem »Fieseler Storch« in der Nähe der Reichskanzlei zu landen. Er wollte Hanna Reitsch in Rechlin zurücklassen. Diese veranlaßte jedoch einen Piloten des Jägergeleites, das von Greim nach Gatow begleiten sollte, sie insgeheim in einer Maschine mitzunehmen. In Gatow verstand sie es, von Greim zu überzeugen, daß er ohne ihre genaue Ortskenntnis nicht nach Berlin hineinkommen würde. So starteten beide zusammen in einem »Fieseler Storch«. Ohne ihre Begleitung wäre von Greim tatsächlich nicht lebend gelandet. Über Berlin geriet das Flugzeug in schwerstes sowjetisches Flakfeuer hinein. Von Greim wurde am Fuß verwundet und verlor das Bewußtsein. Über seinen zusammengesunkenen Körper hinweg führte die Fliegerin die Maschine und landete trotz des schweren Abwehrfeuers in der Nähe des Brandenburger Tors. Hier hielt sie nach langem Warten schließlich einen vorbeikommenden deutschen Wagen auf. Damit gelangten beide in die Reichskanzlei. Es geschah gegen 7 Uhr am Abend des 26. April.

Niemand weiß, ob beider Idealismus einen verborgenen unheilbaren Stoß erlitt, als sie Hitler gegenübertraten. Wahrscheinlich hatten beide angenommen, daß von Greim zu dem Flug auf Leben und Tod befohlen worden war, um einen Befehl entgegenzunehmen, der das Schicksal Deutschlands noch wenden könne.

Statt dessen erfuhren sie, daß Hitler von Greim nur deswegen zu sich bestellt hatte, um ihm seine Ernennung zum Generalfeldmarschall und zum Oberbefehlshaber einer Luftwaffe mitzuteilen, die längst in den letzten Zügen lag. Zugleich erlebten sie in und um Hitler eine unnatürliche Atmosphäre; durchgeistert von immer wiederkehrenden überhitzten Gesprächen über Entsatzarmeen, durchgeistert von der krampfhaften Hoffnung auf einen Bruch zwischen der Sowjetunion und den Westmächten, die von Goebbels, Naumann und Hewel weiter diskutiert und durch Naumann täglich durch Aufrufe und Erklärungen an die Berliner weitergegeben wurde. Sie erfuhren, daß alle Bunkerinsassen sich zumindest theoretisch für den Fall, daß die Entsatzarmeen nicht kommen würden, auf einen Selbstmord vorbereiteten. Sie selbst erhielten für diesen gleichen Fall Giftkapseln, die in kürzester Zeit wirken sollten.

Aber diese Vorbereitungen auf ein freiwilliges Ende erschienen unwirklich gegenüber der verzehrenden Verbissenheit, mit der Hitler, Burgdorf und Krebs sich damit beschäftigten, die Operationen der Entsatzarmeen, von deren Zustand sie nicht die geringste Vorstellung besaßen, aus der düsteren Gruft unter der Reichskanzlei zu lenken.

Noch funktionierte die telefonische Verbindung mit Fürstenberg. Noch kam es zu gelegentlichen Verbindungen mit der Heeresgruppe Schörner. Hitler schickte Befehl über Befehl nach Fürstenberg. Er verlangte sofortige Antworten und detaillierte Berichte.

Keitel und Jodl gaben optimistische Meldungen. Sie berichteten z. B. über einen bedeutungslosen kleinen Abwehrerfolg Schörners bei Bautzen und fügten hinzu, daß dieser Erfolg den Entsatzangriff Schörners in Richtung auf Berlin erleichtern werde.

Dies bildete Anlaß dafür, daß Hitler in der Nacht vom 26. auf den 27. April Schörners Hauptquartier anrief und die Beschleunigung eines Entsatzangriffes verlangte, an dessen Durchführung selbst Schörner nicht denken konnte. Keitel und Jodl versprachen, daß »nunmehr« Steiner und »nunmehr« Wenck sich ihre Aufmarschräume zum Angriff erkämpft hätten. Sie erhöhten damit bei Hitler die Hoffnung, daß all diese Angriffe in den nächsten 24 Stunden ins Rollen kommen müßten. Aber dieses »Rollen« konnten sie bis zum 27. April selbst bei noch so großer Beschönigung nicht melden.

Das Mißtrauen glomm von neuem auf. Hitler telegrafierte an Dönitz und verlangte zuverlässige Marinekräfte, um Berlin zu befreien. Als am 27. April immer noch keine Meldung über Fortschritte Steiners im Norden von Berlin eingetroffen war, wies er Jodl an, Steiner abzusetzen und an seiner Stelle den General Holste mit der Führung des nördlichen Angriffs zu betrauen.

In der Nacht vom 23. auf den 24. April hatte der größte Teil Berlins noch in verhältnismäßiger Ruhe dagelegen. Da erschütterte um 5.15 Uhr eine ungeheure Kanonade den aufsteigenden Morgen.

Die in fast allen Berliner Vororten aufgefahrene sowjetische Artillerie begann mit ihrem Vorbereitungsfeuer zum Generalangriff. Die Granatwerfer tobten wie ein Höllengewitter. Tiefflieger stürzten sich auf die deutschen Nachschubkolonnen, die, häufig ohne Benzin, in den Straßen eingekeilt waren.

Das Feuer dauerte rund eine Stunde. Dann trat sowjetische Infanterie, hinter Panzern vorgehend, zum Angriff an. Im Süden überschritten die Russen den Teltowkanal und erreichten Neuköllrr, Britz, Lichterfelde, Zehlendorf und Neubabelsberg. Von Tegel und Reinickendorf aus arbeiteten sich

Panzer und Sturmgeschütze mit nachfolgender Infanterie bis zum Wedding vor. Ihr Vorgehen erfuhr erst am Nordhafen und an der Ringbahn in der Nähe des Lehrter Bahnhofes eine vorübergehende Unterbrechung. Andere Sturmtrupps schoben sich von Norden her durch den Tegeler Forst und über die Jungfernheide an den Spandauer Schiffskanal heran. Dessen Brücken flogen in die Luft. Trotzdem setzten die Russen über den Kanal und drangen in Siemensstadt ein.

Heftige Nahkämpfe tobten zwischen Westend und Spandau. Im Nordosten und Osten Berlins erreichten die Russen die große Kreuzung zwischen Elbinger und Petersburger Straße sowie die Landsberger Allee. Sie stießen bis in das Gebiet Friedrichshain vor, wo Flakfeuer von den großen deutschen Luftschutzhochbunkern sie endlich aufhielt. Sie zogen umfangreiche Artillerie nach und belegten nun auch die Innenstadt und die Flugplätze Tempelhof und Gatow mit schwerem Beschuß.

Die Bevölkerung der äußeren Bezirke, die sich, soweit sie nicht geflohen war, in ihren Kellern duckte, sah sich völlig überraschend den fremdartigen Gesichtern der Sieger gegenüber. Sie erlitt jetzt, was die Deutschen in Königsberg, Breslau und Posen und jeder anderen Stadt des Ostens erlebt hatten. Ein großer Teil erlebte um so Schrecklicheres, als ganze Stadtviertel im Kampfgebiet in wenigen Stunden geräumt und die Bewohner auf denselben Straßen mit den sowjetischen Nachschubkolonnen nach Osten getrieben wurden. Dabei gerieten sie auf der Landsberger Allee und anderen Straßen in das Feuer und die Bombenwürfe deutscher Flieger hinein, die hier den vergeblichen Versuch machten, dem Übermaß des sowjetischen Nachschubstromes Einhalt zu gebieten. So begann die eigentliche Schlacht um Berlin.

Zum LVII. Panzerkorps des Generals Weidling, das jetzt die Hauptlast des Kampfs um Berlin trug, gehörten die Reste der Panzerdivision Müncheberg, die sich unter dem Befehl des Generals Mummert von der Oder bis nach Berlin zurückgekämpft hatte. Ein Ordonnanzoffizier der Division schrieb in den nun folgenden Tagen der Schlacht ein Tagebuch, das Ereignisse und Stimmungen sehr genau wiedergibt:

»24. April: Am Vormittag stehen wir am Tempelhofer Flugplatz. Russische Artillerie schießt ununterbrochen. Von den acht Berliner Verteidigungsabschnitten halten wir jetzt den Abschnitt D. Der Kampfkommandant befindet sich im Luftfahrtministerium. Unsere Hauptkräfte konzentrieren sich um das Karstadt-Hochhaus und die Sarotti-Schokoladenfabrik. An Stelle von Infanterie-Ersatz erhalten wir zusammengewürfelte Alarmeinheiten. Hinter uns bricht immer noch Zivilbevölkerung auf, die im Artilleriefeuer den Versuch macht, zu entkommen. Sie schleppt dürftige Bündel, Reste ihrer Habe, mit. Dazwischen versuchen Verwundete, nach hinten zu kommen. Aber die meisten bleiben, weil sie fürchten, von irgendwelchen Standgerichten aufgegriffen und als Deserteure erhängt zu werden.

Die Russen brennen sich mit Flammenwerfern in die umkämpften Häuser ein. Das Schreien von Kindern und Frauen ist fürchterlich. Gegen 15 Uhr besitzen wir noch knapp ein Dutzend Panzer und etwa dreißig Schützenpanzerwagen. Dies sind die einzigen Panzerfahrzeuge im ganzen Befehlsbereich des Wilhelmsplatzes. Die Befehlsverhältnisse sind unklar, denn immer wieder kommen über Bärenfänger hinweg Befehle direkt aus der Reichskanzlei. Sie beordern Panzer an andere Brennpunkte der Stadt, von wo sie nicht zurückkehren.

Nur der Härte von General Mummert ist es zu verdanken, daß die Division nicht schon heute verheizt wird ...

Die Artillerie wird am Nachmittag in den Tiergarten verlegt. Munition ist nur noch wenig vorhanden. Rings um das Verwaltungsgebäude Tempelhof sieht es aus, als sei die Hölle losgebrochen. Gebrüll, Granatexplosionen, Einschläge der Stalinorgeln, die Schreie Verwundeter ... Darüber Rauchschwaden, Chlor- und Brandgeruch. In den Straßen viele gefallene Frauen, die den Versuch machten, Wasser zu holen. Vereinzelt aber auch Frauen mit Panzerfäusten in der Hand, Schlesierinnen, die von wildem Rachedurst erfüllt sind. Aus dem Luftfahrtministerium Nachrichten und Gerüchte, daß Wenck in erfolgreichem Angriff auf Berlin ist und daß man an der Havel bereits Wencks Artilleriefeuer hören könne ... 20 Uhr: Panzer mit aufgesessener russischer Infanterie rollen gegen das Tempelhofer Feld.

25. April: 5.30 Uhr. Angriff neuer massierter Panzerkräfte. Zum Rückzug gezwungen. Befehl aus der Reichskanzlei: Division Müncheberg zur sofortigen Entlastung zum Alexanderplatz. 9 Uhr: Befehl widerrufen, als Abmarsch schon im Gange. Russen dringen gegen 10 Uhr unaufhaltsam auf Flughafen Tempelhof vor. Neue Hauptkampflinie Rathaus Schöneberg–Hallesches Tor–Belle-Alliance-Platz. Schwere Straßenkämpfe ... Frauen auf der Flucht von Keller zu Keller ... Neuer Befehl: Zum Alexanderplatz. Nach Ankunft Alexanderplatz Abgabe des bisherigen Abschnittes D. Übergabe der Abschnitte A und B an der Ostfront. Befehlshaber A bisher Bärenfänger. Bärenfänger lehnt es ab, von Mummert Befehle für Abschnitt A entgegenzunehmen, da gleichzeitig Kampfkommandant von Berlin ... An den Häuserwänden Aufschriften: ›Die Stunde vor Sonnenaufgang ist die dunkelste Stunde‹ und

›Wir gehen zurück, aber wir siegen‹. Erhängte und erschossene Deserteure. Unvergeßliche Bilder auf dem Marsch. Die Brände im Osten und Süden dehnen sich schnell aus. Am Abend neue Aufrufe eines Freikorps Mohnke: Bringt Waffen, Ausrüstungsgegenstände und Lebensmittel mit. Jeder deutsche Mann wird gebraucht ... Erste Kämpfe in den S-Bahn-Schächten. Russen versuchen, durch die Schächte in unseren Rücken zu kommen. Die Schächte selbst mit Zivilisten überfüllt.

26. April: Brandrote Nacht. Schweres Artilleriefeuer ... Aus vielen Häusern wird auf uns geschossen. Wahrscheinlich ausländische Arbeiter. Aus dem Luftfahrtministerium die Nachricht, daß Bärenfänger als Kampfkommandant abgelöst wurde. Eine Stunde später ist General Weidling zum Kampfkommandanten ernannt. General Mummert übernimmt das Panzerkorps. Gegen 5.30 Uhr von neuem furchtbares Trommelfeuer ... Rückzug zum Anhalter Bahnhof. Verteidigung Askanischer Platz, Saarlandstraße und Wilhelmstraße ... Dreimal im Laufe des Vormittags Anfrage nach der Armee Wenck. Ihre Spitze soll in Werder stehen ... Aus dem Propagandaministerium eine zuverlässige Nachricht, daß alle Truppen von der Elbe auf Berlin marschieren. Gegen 11 Uhr kommt L. mit strahlenden Augen aus dem Propagandaministerium. Er hat eine noch zuverlässigere Nachricht des Staatssekretärs Naumann. Es sind Verhandlungen mit den Westmächten geführt worden. Wir werden eine Anzahl Opfer bringen müssen, aber die Westmächte werden nicht zusehen, daß die Russen weiter vordringen und Berlin russisch wird. Ungeheurer Auftrieb. L. berichtet zuverlässig, daß jetzt wirklich nur noch 24, längstens 48 Stunden zu kämpfen sei ...

Neuer Gefechtsstand Anhalter Bahnhof. Bahnsteige und

Schalterräume gleichen einem Heerlager … Die Einschläge erschüttern die Tunneldecke. Betonstücke brechen herab. Pulvergeruch und Rauchschwaden in den Schächten. Lazarettzüge der S-Bahn, die langsam weiterrollen. Plötzlich eine Überraschung. Wasser spritzt in unseren Gefechtsstand. Schreie, Weinen, Flüche. Menschen, welche um die Leitern kämpfen, die durch die Luftschächte an die Oberfläche führen. Gurgelndes Wasser flutet durch die Schächte. Die Massen stürzen über die Schwellen. Lassen Kinder und Verwundete zurück … Das Wasser steigt einen Meter und mehr, bis es sich langsam verläuft. Noch stundenlang Angst und Panik. Viele Ertrunkene. Ursache: Pioniere haben auf irgendwessen Befehl die Schottenkammer des Landwehrkanals zwischen Schöneberg und Möckernbrücke gesprengt, um die Schächte gegen das unterirdische Vordringen des Feindes zu überfluten … Am Spätnachmittag zum Potsdamer Platz. Gefechtsstand in der 1. Etage, da untere Schächte noch hoch unter Wasser. Einschläge durch die Fahrdecke. Schwere Verluste unter Verwundeten und Zivilisten. Qualm dringt durch die Einschlaglöcher … Nach einem schweren Einschlag unterhalb des ersten Treppenabsatzes beim Bahnhofseingang beim Pschorrbräu grauenhafter Anblick: Männer, Soldaten, Frauen, Kinder kleben buchstäblich an den Wänden …

27. April: In der Nacht anhaltende Angriffe. Russen versuchen Durchbruch zur Leipziger Straße. Prinz-Albrecht-Straße wird zurückgenommen. Zunehmende Auflösungserscheinungen … Aber man darf nicht im letzten Augenblick kapitulieren und hinterher ein Leben lang bereuen, nicht durchgehalten zu haben. K. bringt Nachricht, daß amerikanische Panzerdivisionen unterwegs nach Berlin sind. Es heißt, in der Reichskanzlei sei man fester vom

Endsieg überzeugt als je zuvor ... Die körperliche Verfassung ist unbeschreiblich. Weder Ablösung noch Ruhe. Keine regelmäßige Verpflegung. Kaum noch Brot. Nervenzusammenbrüche unter dem dauernden Artilleriefeuer. Wasser wird aus den Schächten und aus der Spree gepumpt und filtriert ... Die Zivilisten fürchten sich, verwundete Soldaten und Offiziere im Keller aufzunehmen. Zu viele sind als echte oder vermeintliche Deserteure erhängt worden. Die betreffenden Kellerbesatzungen werden von den Angehörigen der fliegenden Feld- und Standgerichte als Mithelfer rücksichtslos ausgeräuchert.

Fliegende Feldgerichte tauchen heute bei uns besonders häufig auf. Meistens ganz junge SS-Führer. Kaum eine Auszeichnung. Blind und fanatisch ...

General Mummert verbittet sich jedes weitere Auftauchen eines Feldgerichts in seinem Verteidigungsabschnitt. Eine Division, die die meisten Ritterkreuz- und Eichenlaubträger besitzt, verdient es nicht, von so jungen Kerlen verfolgt zu werden. Mummert ist entschlossen, ein Feldgericht, das bei ihm eingreift, persönlich niederzuschießen.

Der Potsdamer Platz ist ein Trümmerfeld. Die Menge der zerschlagenen Fahrzeuge ist nicht zu übersehen. Die Verwundeten liegen noch in den zusammengeschossenen Sankas ...

Abends Versuch, zum Propagandaministerium durchzukommen, um in den Regierungsgebäuden irgendeine Nachricht über Wenck und die amerikanischen Divisionen zu erhalten. Gerüchte, daß auch die 9. Armee unterwegs nach Berlin ist. Im Westen ist ein allgemeiner Friedensschluß im Gange ...

Wir können uns am Potsdamer Platz nicht mehr halten und verlegen gegen 4 Uhr morgens unterirdisch zum

Nollendorfplatz. Auf der Gegenfahrbahn marschiert der Russe durch den Schacht zum Potsdamer Platz.«

In der Nacht vom 27. zum 28. April sah der Himmel über Berlin so aus, als sei er in Blut getaucht. In dieser Nacht konzentrierte eine große Anzahl sowjetischer Batterien ihr Feuer aus nächster Nähe auf die Reichskanzlei. Einschlag folgte auf Einschlag. Der Bunker bebte.

Die Insassen rechneten damit, daß die so nah gerückte dünne Front der Verteidiger durchstoßen werden könne und daß plötzlich russische Stoßtrupps vor den Eingängen des Bunkers stünden.

Hitler verbrachte die Nachtstunden im Kreis seiner Umgebung. Er beschäftigte sich mit den Lagekarten, die sich unter seinen von krankhaftem Schweißfluß nassen Händen erweichten. Um 3 Uhr nachts bekam Krebs zum letzten Male eine längere telefonische Verbindung mit Keitel in Fürstenberg.

Krebs' Stimme enthielt nur noch einen Hauch der froh-arroganten Überheblichkeit von einst. Er schrie, wenn ihnen nicht in den nächsten 24 bis 48 Stunden geholfen werde, sei es zu spät.

Keitel besaß immer noch nicht den Mut oder den Weitblick, die wirkliche Lage einzugestehen. Er berichtete ausweichend, ein Brückenkopf westlich Oranienburg sei noch nicht groß genug, um aus ihm heraus erfolgreich mit Panzern anzugreifen. Aber man sei dabei, die Division Schlageter in den Raum nordwestlich von Oranienburg zu überführen ...

Krebs rief, Hitler erwarte schnellste Hilfe. Er wiederholte, es seien höchstens noch 48 Stunden Zeit. Dies lasse Hitler nochmals sagen. Dann war die Telefonverbindung unterbrochen.

Berichte Axmanns besagten, daß seine Hitlerjungen unter

schweren Verlusten die Havelbrückenköpfe hielten, um die Armee Wenck aufzunehmen. Von Wenck aber fehlte jede Nachricht.

Stundenweise nahm die Wucht des sowjetischen Artilleriefeuers ab, und die nicht mehr erträgliche Spannung im Bunker ließ nach. Als aber die Nacht einem grauen, wolkigen Himmel wich, setzte der Artilleriebeschuß wieder mit voller Kraft ein. Die aufzuckenden Blitze der Stalinorgeln erleuchteten den qualmverhangenen Morgen. Vom Süden her hatten die sowjetischen Sturmtruppen, rings um die Belle-Alliance-Straße vordringend, das Hallesche Tor erreicht. Von Westen her schoben sie sich Stunde für Stunde weiter im Gebiet der Potsdamer Straße vor.

Auf der Kuppel des Reichstages wehte bereits die sowjetische Fahne.

Die Morgenstunden des 28. April vergingen in bleierner Erwartung. Die Ventilatoren des Bunkers mußten abgestellt werden, weil sie Staub und giftige Gase einsaugten. Immer wieder wurde versucht, eine Telefonverbindung nach außen zu erhalten. Aber es bestand nur noch Funkverbindung, die spärliche und widerspruchsvolle Nachrichten brachte.

Endlich, gegen Mittag, traf eine erste Meldung über den Vormarsch der Armee Wenck ein. Danach war es Wenck gelungen, bis in die Gegend von Ferch, südlich Potsdam, vorzudringen. Mehr besagte die Meldung nicht. Aber sie verbreitete sich mit Windeseile.

Dann wurde es jedoch wieder still im Äther. Nur von den Kampfabschnitten in der Stadt trafen Nachrichten ein. Eine war beängstigender als die andere. Ordonnanzen fielen auf dem Weg zu den Kampfabschnitten oder wurden von stürzenden Trümmern begraben. Nur am Rande berichteten diejenigen, die durchkamen, von dem Elend der Zivilisten, für das überhaupt keine Steigerung mehr möglich schien.

Aber diese Berichte wollte niemand hören. Seit die Meldung über das Auftauchen der Armee Wenck bei Ferch eingetroffen war, glaubten sich alle Bunkerinsassen in einen Wettkampf zwischen dem Eintreffen der Armee Wenck und der Behauptung der Verteidigungsabschnitte in der Stadt eingespannt. Sie bewegte nur der Gedanke, ob und wie lange die Verteidigungsabschnitte noch hielten. Alles andere berührte sie, mit wenigen Ausnahmen, nicht.

Dr. Naumann begab sich, wie alltäglich, zum Propagandaministerium. Er wußte noch nicht, daß es das vorletzte Mal sein würde. Er trug die Nachricht von Wencks Anmarsch in den Keller des Ministeriums hinüber. Er riß die Insassen des Kellers noch einmal in einen Taumel der Hoffnung hinein, und er tat alles, was in seiner Macht stand, um die verlöschende Flamme der Hoffnung auch in den noch umkämpften Teilen der Stadt wieder zu entfachen.

»Klärung des Kampfbildes in Kürze zu erwarten«, verhieß die Zeitung »Der Panzerbär«. »Die von außen her in den Berliner Großraum hineinstoßenden deutschen Entsatztruppen haben sich dem Gegner bereits gefährlich genähert ... Es ist klar, daß die Sowjets in letzter Stunde mit aller Kraft versuchen, ihr Ziel, die Besetzung Berlins, zu erreichen, um nicht zwischen zwei Feuer zu geraten. Der Gegner drückt also mit aller Kraft auf den inneren Verteidigungsring. Aus dieser Lage ergaben sich verschiedene Schwerpunkte des Kampfes, an denen es vorübergehend ... kritische Situationen gab, die aber dank dem entschlossenen Einsatz der Verteidiger, zum Teil im Gegenstoß, wieder geklärt wurden ... Wenn weiter mit der gleichen Tapferkeit gekämpft wird, dann muß sich in Kürze das Bild auf dem Kampfplatz

Berlin grundlegend wandeln … Wir stehen und halten. Bei uns ist der Führer. Wo aber der Führer ist, ist der Sieg.«

Wie im Bunker unter der Reichskanzlei, so wurde auch in der Stadt die winzige Meldung, daß Wenck Ferch erreicht habe, zum Mittelpunkt der von neuem aufflackernden Hoffnung. Sie pflanzte sich für 24 Stunden fort, bis sie draußen in der Stadt in dem Übermaß des Leidens wieder zu erlöschen begann.

Von Mittag bis zum Abend horchten die Funker der Reichskanzlei vergeblich. Es gab keine Nachricht mehr über Wenck. Es gab keine Nachricht über Busse. Es gab keine Nachricht über Holste.

Die Entfernung von Ferch nach Potsdam und Berlin war so klein, daß sie den Männern, die auch jetzt noch in der Vorstellungswelt der deutschen Vormärsche in den großen Erfolgsjahren bis 1942 dachten, nicht in Tagen, sondern in Stunden überwindbar schien. Als sie weiter Stunde um Stunde vergebens auf Erfolgsberichte warteten, wuchs wieder das Mißtrauen.

Um acht Uhr abends ließ Bormann einen Funkspruch an Dönitz absetzen. Er lehrte, daß das Mißtrauen sich jetzt auch gegen Jodl und Keitel zu richten begann.

Bormanns Funkspruch lautete: »Statt mit Befehl und Appell die Truppen, die uns freikämpfen sollten, anzufeuern, schweigen die maßgeblichen Männer. Die Treue scheint vor der Untreue zu weichen. Wir bleiben hier. Reichskanzlei bereits Trümmerhaufen!«

Wenn je junge, unerfahrene Soldaten besondere Leistungen vollbracht hatten, so hatten es die Soldaten des XX. Korps der Armee Wenck getan.

Kaum motorisiert, unzureichend bewaffnet, aber getragen

von dem tragisch ungebrochenen Glauben ihrer Jugend, hatten sie es fertiggebracht, ihre Front innerhalb von zwei Tagen von Westen nach Osten zu drehen und am Morgen des 25. April mit Front nach Osten angriffsbereit zu sein.

Aber bevor Wenck zu dem geplanten Angriff in Richtung Jüterbog hatte schreiten können, war er in schwere Abwehrkämpfe verstrickt. Die sowjetischen Verbände, die den Ring um die 9. Armee von Westen schlossen, hatten sich aus ihren offenbar unerschöpflichen Reserven schnell verstärkt. Vor allem ostwärts Wittenberg griffen sowjetische Kräfte pausenlos mit Panzerunterstützung nach Westen an. Die Division Ulrich von Hutten hielt die sowjetischen Verbände auf. Aber südlich Niemegk zwischen dem noch offenen Nordflügel der Division Ulrich von Hutten und dem Südflügel der Division Theodor Körner sickerten starke sowjetische Kampfgruppen in die Wälder an der Autobahn ein.

In den Tagen vom 26. bis 28. April kam es zu schweren Abwehrkämpfen im Raum Wittenberg-Niemegk. Es schien zeitweise überhaupt zweifelhaft, ob es noch gelingen würde, anzugreifen. Auf jeden Fall war es unmöglich, in der ursprünglich vorgesehenen Richtung, der 9. Armee entgegen, anzugreifen. Hier waren die sowjetischen Verbände so stark, daß keine Erfolgschance mehr gegeben war.

Wenck besaß Funkverbindung mit Busse, dessen Kräfte bei den Versuchen, nach Westen durchzubrechen, mehr und mehr erlahmten.

Er entschloß sich schließlich, alle seine Angriffskräfte zu einem Stoß über Belzig in Richtung Beelitz-Ferch anzusetzen, weil dort die sowjetischen Kräfte am schwächsten schienen.

In einer Meldung der 9. Armee am Morgen des 28. April hieß es: »Körperlicher und seelischer Zustand von Offizier und Mann sowie die Munitions- und Betriebsstofflage gestatten weder erneuten planmäßigen Durchbruchsangriff noch langes Durchhalten. Besonders belastend ist die erschütternde Not der im Kessel zusammengedrängten Zivilbevölkerung. Nur durch die von sämtlichen Generalen getroffenen Maßnahmen ist es gelungen, die Haltung der Truppe bis jetzt zu gewährleisten.«

Die Meldung besagte mehr als lange Berichte. Besonders die Tatsache, daß sie die Leiden der Zivilbevölkerung erwähnte, ließ Schlüsse auf deren tatsächlichen Zustand zu. Gerade das trieb jedoch Wenck dazu, auch das letzte zu versuchen. Am 28. April war die Umgruppierung und Bereitstellung der Divisionen zum Angriff in Richtung Belzig vollendet. Und in den frühen Morgenstunden trat das XX. Armeekorps zum Angriff nach Nordosten an.

Es stieß auf erbitterten sowjetischen Widerstand. Aber alles in allem zeigte sich, daß Wenck die Angriffsrichtung gut gewählt hatte. Es gelang seinen Divisionen, in einem wuchtigen, für den Gegner offenbar überraschenden Stoß bis zu der allgemeinen Linie Westrand Beelitz–Ferch–Petzow vorzudringen. Dann war die Angriffskraft erschöpft, und schon in der Nacht vom 28. auf den 29. April begannen überall sowjetische Kräfte mit Gegenangriffen, welche das XX. Armeekorps in die Verteidigung drängten. An eine Fortsetzung des Angriffs war nicht zu denken. Aber Wenck war so nahe an Potsdam herangekommen, daß sich die Möglichkeit bot, die eingeschlossene Besatzung von Potsdam aufzunehmen. Wenck erteilte ihr die Weisung, sich über die See-Enge Alt-Geltow, wo die besten Durchbruchsmöglichkeiten gegeben schienen, aus der Einschließung herauszukämpfen und zu ihm durchzuschlagen. Für Teile der Besatzung bestand auch die Möglichkeit, über den Schwielowsee überzusetzen.

Außerdem hatte die 12. Armee in dem genommenen Gebiet eine ganze Reihe von Ortschaften mit Einwohnern und

Flüchtlingen sowie Lazaretten von der sowjetischen Besetzung befreit. Die panische Angst der Befreiten, nochmals in die Hände sowjetischer Truppen zu fallen, bewegte Wenck von selbst dazu, alle Mittel auszunutzen, um Einwohner, Flüchtlinge und Verwundete in sein rückwärtiges Gebiet zu überführen. Trecks, Autokolonnen und improvisierte Pendelzüge kamen in Bewegung. Wieweit der Abtransport gelingen würde, hing ausschließlich davon ab, wie lange das XX. Korps den Einbruchskeil nach Nordosten behaupten konnte.

Davon aber hing es auch ab, ob die eigentliche Hauptaufgabe, die Wenck nach wie vor im Auge hatte, die Rettung wenigstens eines Teiles der 9. Armee, Erfolg haben würde. Wenck hatte Busse durch Funk darauf hingewiesen, daß im Gegensatz zu dem Raum um Jüterbog und Treuenbrietzen, wo die sowjetische Massierung am stärksten war, südlich Beelitz nur verhältnismäßig schwache Kräfte auf weitem Raum verteilt stünden und daß Busse dort noch der Durchbruch bis zu der vorgetriebenen Front der 12. Armee gelingen könne.

Seither hatte man bei der 9. Armee nochmals alle Kräfte zusammengerafft, um einen letzten Durchbruchsversuch in der angegebenen Richtung zu unternehmen. Ob dieser Durchbruch gelingen würde, war ungewiß. Auf jeden Fall aber war Wenck entschlossen, seine Aufnahmestellung für die 9. Armee so lange wie irgend möglich zu behaupten.

Am 29. April meldete er an das OKW nach Fürstenberg: »Die Armee und insbesondere das XX. Korps, welches zeitweilig die Verbindung mit der Besatzung von Potsdam hat herstellen können, ist auf der gesamten Front so in die Abwehr gedrängt worden, daß der Angriff auf Berlin nicht mehr möglich ist, zumal auch mit Unterstützung durch die Kampfkraft der 9. Armee nicht mehr gerechnet werden kann.«

Dies war die Sprache der Tatsachen. Um die gleiche Zeit

aber zerbrachen auch im Norden und Nordwesten von Berlin die Illusionen über die von dort zu führenden Entsatzangriffe unter den erbarmungslosen Schlägen der Wirklichkeit.

Wenn irgend jemand recht behalten hatte, so war es Heinrici. Der sowjetische Durchbruch durch die 3. Panzerarmee hatte von Stunde zu Stunde bedrohlichere Formen angenommen. In der Nacht vom 27. auf den 28. April drangen die sowjetischen Panzerspitzen in die Stadt Neubrandenburg ein. Im Norden erschienen sowjetische Panzerverbände im Raum südlich Anklam.

Der Durchbruch hatte eine neue Welle der Flucht und des panischen Entsetzens hervorgerufen. Es gab später kein unverfänglicheres Zeugnis für die Gründe dieser Flucht als den Bericht des amerikanischen Armeegeistlichen Francis Sampson, der sich mit anderen kriegsgefangenen Amerikanern, Franzosen, Italienern und Serben in dem deutschen Kriegsgefangenenlager Neubrandenburg befand, als am Abend des 27. April von Südosten her das Grollen der sowjetischen Artillerie laut wurde und die Straßen in der Nähe des Lagers von angsterfüllten Menschen überquollen, die nach Westen zu entkommen suchten.

Sampson schrieb darüber einen Bericht, den er »Befreiung« nannte; darin hieß es: »Das dumpfe Wumpf-Wumpf der russischen Artillerie wurde immer lauter. Russische Flugzeuge flogen über die Stadt und warfen Tausende von Flugblättern ab, welche die Deutschen in Schrecken versetzten. Eines der Flugblätter erklärte in deutscher Sprache: ›Rokossowski steht vor den Türen‹, und der Ruf, der den Rokossowskischen Armeen voranging, genügte, um die Deutschen in Neubrandenburg in panische Angst zu versetzen. Binnen kurzem waren die Straßen in der Stadt und nach Westen gestopft voll mit Wagen voller Habseligkeiten, voller

Kinder und alter Leute. Die Deutschen wollten alles, nur nicht in die Hände der Russen fallen ... Auch ein Teil unserer Lagerwache floh ...

Die deutsche Besatzung der Stadt befand sich in einer hoffnungslosen Lage. Wir selbst hoben Gräben aus, in denen wir Deckung nehmen wollten, sobald die russische Artillerie die Stadt beschoß. Die Ereignisse der dann folgenden Tage waren die fürchterlichsten, die mir je in meinem Leben begegnet sind.

Am 28. April, um Mitternacht, begannen die russischen Tanks in die Stadt zu rollen ... Der deutsche Kommandant hatte sich erschossen, und die deutsche Garnison leistete keine Gegenwehr. Die russische Infanterie, die zu je fünfzehn oder zwanzig Mann auf den Tanks saß, machte den Eindruck von Wilden und schoß mit ihren Gewehren und Maschinenpistolen nach allen Seiten. Die meisten Infanteristen hatten asiatische Gesichter. Binnen einer Stunde war Neubrandenburg ein Meer von Flammen, das im Laufe der Nacht höher und höher hinaufschlug. Die Stadt brannte den ganzen folgenden Tag lang, und es blieb kaum ein Haus, das nicht bis auf den Grund ausbrannte. Die Hitze, welche die brennende Stadt ausströmte, war sengend, und das Lager war taghell erleuchtet.

Wir hielten uns im Lager zurück, während Franzosen, Italiener und Serben zum Plündern in die Stadt zogen. Die russischen Gefangenen waren merkwürdigerweise die einzigen unter uns, die nicht glücklich über ihre Befreiung schienen. Ein russischer Arzt und verschiedene andere russische Gefangene, die von Mitgefangenen beschuldigt wurden, mit den Deutschen zusammengearbeitet zu haben, wurden ohne weiteres erschossen. Die anderen erhielten ein Gewehr in die Hand gedrückt und wurden an die Front getrieben.

Unser deutscher Lagerkommandant wurde auf einen Hügel geschleppt. Er wurde gezwungen, ein Loch zu graben, und wurde erschossen und hineingeworfen.

Am 29. April besuchte uns ein russischer General, der unsere Rüstung lobte … Fast alle Geräte, die wir bei den Russen sahen, stammten aus Amerika. Auch die russischen Flugzeuge, die herumflogen, waren Bell-Airacobras. Danach besuchte uns ein Kommissar und sagte uns unseren baldigen Transport zu den amerikanischen Truppen zu. Aber die russischen Soldaten erhielten täglich eine Ration Wodka und hatten auch noch deutschen Schnaps gefunden, so daß die meisten ständig betrunken waren. In diesem Zustand raubten einige von ihnen den Amerikanern ihre Wertgegenstände, vor allem die Armbanduhren, und zwangen sie, ihnen Latrinen zu graben. Ich suchte den russischen Obersten, dem das Lager unterstand, auf, aber auch er war betrunken. Wir fühlten uns allmählich unter den Russen sehr viel weniger sicher, als wir uns unter den Deutschen gefühlt hatten …

Ein alter französischer Pfarrer, der als Gefangener unter uns war, bat mich am Nachmittag, mit ihm in die Stadt zu gehen. Er wollte sehen, wie es den deutschen Geistlichen und den Deutschen, die nicht hatten fliehen können, erging … Obwohl wir aufs Schlimmste gefaßt waren, erschütterte uns das, was wir sahen, in einem Maße, das mit Worten nicht zu fassen ist. Wenige Meter von unserem Lager entfernt, im Wald, stießen wir schon auf einen Anblick, den ich bis an das Ende meiner Tage nicht vergessen werde. Mehrere deutsche Mädchen waren hier vergewaltigt und dann getötet worden. Einige hatte man an den Füßen aufgehängt und ihre Leiber aufgeschlitzt. Kameraden hatten mir vorher schon ähnliches berichtet, aber ich hatte es nicht glauben wollen. Wir hielten an und sprachen einige Gebete.

Als wir dort ankamen, wo ein paar Tage vorher noch die schöne kleine Stadt Neubrandenburg gestanden hatte, war mir, als blickte ich auf das Ende der Welt und auf das Jüngste Gericht. Die meisten Häuser brannten noch, und in den Straßen häuften sich die Trümmer herabgestürzter Mauern. Eine große Gruppe Deutscher, Männer, Frauen und Kinder, räumte die Hauptstraße unter der Bewachung eines russischen Soldaten auf. Leichen, die in den Straßen lagen, wurden, soweit sie den Verkehr nicht behinderten, nicht beachtet. Über einigen Straßen lag ein unerträglicher Geruch verbrannten Fleisches ...

Schließlich kamen wir zu einem deutschen Pfarrhaus und gingen hinein. Das Haus war zum Teil vom Feuer zerstört und an vielen Stellen zusammengefallen. Die beiden Schwestern des Pfarrers saßen auf den kahlen Treppenstufen. Der Pfarrer selbst und sein Vater hockten daneben, und ihre fahlen Gesichter verrieten die äußerste Erschütterung, die Menschen überfallen kann. Drei Frauen kauerten auf einem Sofa. Eine der Schwestern sprach mit dem französischen Priester und sagte ihm, daß eine Horde Russen die drei Frauen vergewaltigt und den Pfarrer und seinen Vater gezwungen hätte, dabei zuzusehen. Der französische Priester fragte sie, ob er irgend etwas für sie tun könne. Aber sie schüttelten den Kopf voller Hoffnungslosigkeit. Und ich sah, daß sie nahe daran waren, den Verstand zu verlieren. Sie befanden sich in einem Zustand, der schon jenseits der Angst lag ...

Am 22. Mai erschien endlich ein amerikanischer Oberst in unserem Lager. Er war über die Behandlung, die die Russen uns angedeihen ließen, erstaunt und protestierte heftig. Doch erwartete man von den russischen Fronttruppen offenbar nichts Besseres. Auch die Lage unserer Kranken und Verwundeten wurde kritisch, weil die Russen in die Baracken eindrangen, in denen unsere Kranken lagen, und sie zwangen, mit ihnen Wodka zu trinken. Am 4. Mai kam dann ein amerikanischer Hauptmann, und der Oberst bat, mich mit zu den amerikanischen Linien zu nehmen, damit ich dort jemandem unsere Lage beschreiben konnte.«

Am Morgen des 28. April, an demselben Morgen, an dem nicht nur Neubrandenburg, sondern fast alle anderen Ortschaften im Bereich des sowjetischen Durchbruchs in Flammen standen, hatte sich Keitel abermals auf den Weg gemacht, um die Gruppe Steiner aufzusuchen und unter ihrem neuen Befehlshaber Holste neue scharfe Anweisungen für den Entsatzangriff auf Berlin zu erteilen.

Gehetzt von seinen Treuekomplexen, erfüllt von der vermeintlichen »historischen und moralischen Bedeutung seiner Aufgabe«, stellte er auf der Fahrt nach Süden überraschend fest, daß sich die 7. Panzerdivision, aber auch die 25. Panzergrenadierdivision statt im Angriff Richtung Berlin auf dem Marsch in den Raum von Neustrelitz und Neubrandenburg befanden, um dort die Lücke in der Front der 3. Armee schließen zu helfen.

Keitel wollte dies nicht wahrhaben. Aber es blieb kein Zweifel. Heinrici hatte sich über seine und Jodls strikte Befehle hinweggesetzt. Er hatte dem sinnlosen Versuch des Entlastungsangriffes auf Berlin von sich aus ein Ende gemacht. Er war im Begriff, das einzig Mögliche und Vernünftige zu tun, nämlich seine Heeresgruppe ohne unnütze Kämpfe und Verluste mit soviel Zivilbevölkerung wie möglich nach Westen an die Elbe bzw. in den Raum zwischen Elbe und Ostsee zu führen.

Keitel bebte förmlich vor Wut und Empörung. Heinrici befand sich nicht in Prenzlau. Er war unterwegs nach den am schwersten gefährdeten Stellen der 3. Panzerarmee. Hier traf ihn Keitel auf einer Straße zwischen Neustrelitz und Neubrandenburg in Begleitung des Generals von Manteuffel.

Das Zusammentreffen geschah inmitten vorbeiziehender Kolonnen verwundeter und waffenloser Soldaten sowie umfangreicher Flüchtlingstrecks. Es kam zu einem schweren Zusammenstoß, in dem Keitel – dunkelroten Gesichts – von Heinrici Rechenschaft forderte. Er warf ihm Gehorsamsverweigerung, Verrat am Führer und Feigheit, Sabotage am Siege vor. Er schrie ihm ins Gesicht, wenn er so gehandelt hätte wie Rendulic in Wien, wenn er, Heinrici, einige Tausende Fahnenflüchtige erschossen oder an die Bäume gehängt hätte, wäre die Lage anders, dann befänden sich seine Armeen nicht auf der Flucht. Aber an Härte, Entschiedenheit und Brutalität habe es bei ihm von vornherein gefehlt. Nur deswegen sei es zu dem Desaster an der Oder gekommen.

Von Manteuffel blickte mit zornbleichem Gesicht zu Heinrici hinüber. Er war, wie Heinrici, ein Mann der Front. Er hatte Keitel und Jodl gegenüber nie viel Vertrauen aufgebracht und in den letzten Tagen fast so etwas wie Verachtung gelernt. Dies war der Höhepunkt.

Aber Heinrici blickte mit eiserner Beherrschung zu Keitel hinauf. Er ließ Keitels tobende Worte verklingen. Dann wies er auf eine der Marschkolonnen, die am Straßenrand daherzog, Soldaten mit Flüchtlingen vermischt, ohne Geschütze, ohne Munition, ohne Fahrzeuge, ohne Panzer, erschöpft, ohne Hoffnung, im Rücken eine mehr als fünfzehnfache Übermacht und das Grauen vor dem Osten, unfähig, noch eine Chance des Sieges zu sehen. »Herr Feldmarschall«, sagte Heinrici und wies mit der Hand auf die Kolonne, »wenn Sie die dort erschießen wollen, dann bitte fangen Sie an.«

Vielleicht fand Heinrici die Antwort, die als einzige den Theoretiker entwaffnen konnte, der bis in diese Tage hinein niemals die Unerbittlichkeit der Front, niemals Blut und auch niemals Exekutionskommandos in Tätigkeit gesehen hatte und der in dem gleichen Augenblick innerlich zurückschreckte, in dem er das tun sollte, was er bedenkenlos von anderen verlangte.

Keitel blickte sich verwirrt um. Dann trat er plötzlich den Rückzug an und fuhr davon. Alle, die den Auftritt miterlebt hatten, verharrten einen Augenblick in ratlos-erbittertem Schweigen. Dann fragten sie Heinrici, weshalb er Keitel nicht einfach verhaftet habe. Der schmale Mann sah über den Augenblick hinaus und fragte: »Wozu?« Die Dinge rollten auch ohne Keitels Verhaftung so, wie sie nun einmal rollen mußten. Er sah, daß trotz allen Zusammenbruchs und aller Zeichen der Erschöpfung seine Einheiten überall dort bereit waren, Widerstand zu leisten, wo dieser Widerstand einen Sinn hatte. Es ging ihm um eine Sinngebung, die nicht mehr mit Illusionen und Phantomen arbeitete, sondern kurz und schlicht den Rückmarsch von Soldaten und Bevölkerung nach Westen so lange wie möglich sicherte.

Am späten Nachmittag setzte sich Heinrici formell über das Telefon mit Jodl in Verbindung. Er meldete, daß er auf Grund der Lage gezwungen sei, seinen rechten Flügel nunmehr hinter den Havel-Voß-Kanal-Verlauf der Havel zurückzunehmen, um noch weitere Kräfte nach Norden in den Einbruchsraum von Neubrandenburg-Friedland zu verschieben. Außerdem beantrage er den Einsatz der Division Schlageter im Einbruchsraum westlich Neubrandenburg. Sonst sei es unmöglich, den sowjetischen Durchbruch zum Stehen zu bringen.

Jodl war bereits durch Keitel über die Geschehnisse informiert. Seine kalte, alle Einflüsse der Wirklichkeit von sich weisende Konzentration auf das Phantom »Den Führer befreien« sowie sein jetzt schon pathologisches Voranstellen der

Pflichterfüllung gegenüber Hitler hatte auch ihn mit kaltem Zorn und selbstgerechter Verachtung für den scheinbaren Verräter erfüllt. Sie kam nur deswegen nicht voll und ganz zum Ausbruch, weil ihm das Temperament dazu fehlte.

Seine Stimme am Telefon war von eisiger Kälte. Er verbot Heinrici jede Zurücknahme des rechten Flügels. Er befahl, daß der rechte Flügel, da er nicht angegriffen sei, stehenzubleiben habe, wo er stehe. Die Division Schlageter sei nicht dem feindlichen Durchbruch vorzulegen, sondern sie sei, wie befohlen, dem rechten Flügel der Heeresgruppe zuzuführen.

Heinricis Gesicht wirkte schmal und klein, aber er bewahrte seine Beherrschung. Er erwiderte, daß er diesen Befehl nicht ausführen könne, ohne seine Armee und alle seine Soldaten der sicheren Vernichtung zu überantworten.

Jodl wiederholte seine Befehle. Er drohte, Heinrici werde persönlich die Verantwortung dafür zu tragen haben, wenn er die Befehle des Oberkommandos der Wehrmacht nicht ausführe.

Heinrici hängte ein. Der Blick, den er auf seinen IA richtete, besagte alles. Er zweifelte, ob Keitel und Jodl noch bei Verstand waren. Er hatte zuviel über das Ende anderer Generale gehört und in den letzten Wochen zuviel Irrsinn erlebt, um nicht sein eigenes Ende voraussehen zu können. Aber für ihn gab es kein Zurück mehr. Er hatte die notwendigen Bewegungen der Truppen bereits angeordnet und fiel ihnen nicht mehr in den Arm.

Die Abendstunden waren von einer großen Spannung erfüllt. Heinrici hatte sich durch die immer dichteren Elendszüge der Flüchtlingstrecks zu seinem letzten Gefechtsstand auf einem Gut bei Waren begeben. Dort erleuchteten Kerzen schwach den Raum, in dem Heinrici und sein Stab arbeiteten, als der letzte Aufeinanderprall des Tages und damit auch das

Ende Heinricis als Oberbefehlshaber der Heeresgruppe kam.

Gegen 10 Uhr abends wurde Heinrici gemeldet, daß Swinemünde jetzt von der völligen Einschließung bedroht war. Gleichzeitig teilte der kommandierende Admiral in Swinemünde mit, daß die Marine den Hafen für ihre Transportbewegungen nicht länger benötige. In Swinemünde befanden sich nur noch schlecht ausgerüstete Marinekräfte und eine Ersatzdivision, die aus siebzehnjährigen, nur noch zum Teil bewaffneten Rekruten bestand. Da jetzt die einzige an Swinemünde interessierte Stelle den Hafen freigab, entschloß sich Heinrici, Swinemünde zu räumen, bevor es abgeschnitten war und die Division einem völlig sinnlosen Kampf ausgeliefert wurde, der nur mit ihrer Vernichtung enden konnte.

Gegen 23.30 Uhr setzte sich Heinrici noch einmal telefonisch mit Fürstenberg in Verbindung. Er ahnte das kommende Unheil. Aber er ging ihm, gradlinig wie er war, entgegen.

Am anderen Ende der Telefonleitung meldete sich Keitel. Er hatte inzwischen erfahren, daß Heinrici auch die Befehle Jodls nicht beachtet hatte. Jodl und Keitel hatten eine Reihe von Ordonnanzoffizieren in das Frontgebiet entsandt, um auf diese Weise zu überprüfen, ob ihre Befehle befolgt würden. Diese Ordonnanzoffiziere hatten berichtet, daß der rechte Flügel Heinricis sich bereits hinter den Havel-Voß-Kanal abgesetzt habe. Als Heinrici jetzt seine Absicht, Swinemünde zu räumen, meldete, war Keitels Empörung noch uferloser als am Mittag. Er verlor jedes Maß. Es war, als spreche aus seinem Munde Hitler mit all seinem Haß gegen die Verräter, gegen Feigheit und Schwäche.

Heinricis persönlicher Bericht über diese letzte Stunde des 28. April war nüchtern, von der Furcht diktiert, irgendwo zu sehr hervorzutreten oder voreilig über andere zu urteilen.

Aber selbst dieser Bericht gab in all seiner Nüchternheit und Zurückhaltung etwas von der Maßlosigkeit und absurden Groteske jenes letzten Telefongesprächs wieder:

»Keitel«, so berichtet Heinrici, »beantwortete die Mitteilung des Oberbefehlshabers mit einem Schwall von Vorwürfen. Die Gründe für die Räumung Swinemündes interessierten ihn nicht. Die Stellungnahme des kommandierenden Admirals in Swinemünde erklärte er für unmaßgeblich. Er sagte, er könne es dem Führer gegenüber nicht vertreten, daß der letzte Stützpunkt im Gebiet der Oder freiwillig aufgegeben würde. Der Hinweis auf den Zustand der infanteristischen Besatzung fruchtete nichts. Als der Oberbefehlshaber es ablehnte, die Rekrutendivision in einem offensichtlich zwecklosen Festungskampf untergehen zu lassen, drohte Keitel mit Kriegsgericht und wies auf die Strafe hin, welche auf Verweigerung des Gehorsams vor dem Feinde stehe. Hier war nun allerdings das Maß voll. Aus der Antwort des Oberbefehlshabers konnte Keitel unmißverständlich erkennen, wie die Heeresgruppe über ihn und seine Anordnungen dachte. Als der Oberbefehlshaber erneut erklärte, daß er für seine Person den Befehl zur Verteidigung von Swinemünde nicht geben werde, erklärte Keitel ihn für abgesetzt.
Die Form, in der sich diese Absetzung vollzog, ließ weitere Folgen befürchten. Als der Oberbefehlshaber der 3. Panzerarmee, von Manteuffel, von dem Vorgang erfuhr, bot er dem abgesetzten Oberbefehlshaber eine Schutzwache an.
Es waren mehrfache ... Gründe, welche den Oberbefehlshaber der Heeresgruppe bestimmten, nicht gegen den Entscheid des Oberbefehlshabers Keitel aufzubegehren ... [Dabei] spielte ... das Wissen darum eine Rolle, daß keine Macht der Welt, kein Befehl auch der höchsten Stelle, mochte sie Hitler oder Keitel heißen, an dem weiteren Ablauf

der Ereignisse etwas ändern konnte. Das ins Rollen gekommene Rad war nicht mehr aufzuhalten. Nicht Wunsch oder Wille eines einzelnen, sondern die Gewalt der Tatsachen hatte es in Bewegung gesetzt. So blieb denn auch der Eingriff des Feldmarschalls Keitel nicht nur für Swinemünde, sondern für den allgemeinen Ablauf der Dinge in Mecklenburg ohne Bedeutung.«

Noch in der Nacht vom 28. auf den 29. April wurde der Generaloberst der Luftwaffe und bisherige Oberbefehlshaber der 1. Fallschirmarmee, Student, mit der Nachfolge Heinricis beauftragt. Er hatte sich durch die Eroberung Kretas 1941 einen Namen gemacht. Er schien in den Augen Keitels und Jodls ein Mann zu sein, dem blinder Gehorsam zuzutrauen war.

Da es jedoch in der allgemeinen Verwirrung einige Tage dauern mußte, bis Student den Gefechtsstand der Heeresgruppe Weichsel erreichte, beauftragte Keitel General von Manteuffel mit der einstweiligen Nachfolgerschaft Heinricis. Aber von Manteuffel lehnte es ab, unter den gegebenen Umständen diese Nachfolge anzutreten. Daraufhin bewegte Keitel den Oberbefehlshaber der 21. Armee, von Tippelskirch, die stellvertretende Führung der Heeresgruppe zu übernehmen.

Von Tippelskirch hatte am 28. April mit dem aus Ostpreußen nach Deutschland zurückgeführten Reststab der ehemaligen 4. Armee den Auftrag erhalten, unter einem Armeeoberkommando 21 die Kampfgruppe Steiner und alle anderen am Südflügel der 3. Panzerarmee stehenden Kräfte zusammenzufassen, den Südflügel der 3. Panzerarmee sowie ihre Flanke nach Westen zu decken und den so heiß umstrittenen Brückenkopf in Richtung auf Berlin zu behaupten.

Heinrici übergab ihm das Kommando in einem Ort in der

176

Nähe der Müritz. Dann verabschiedete er sich kurz und fuhr davon, um sich bei Keitel oder Dönitz zu melden.

Aber Keitel und Jodl befanden sich nicht mehr in Fürstenberg. In der Nacht auf den 29. April hatte die Wirklichkeit an die Türen ihres Stabsquartiers geklopft. Hals über Kopf hatten sie ihre Quartiere vor anrückenden sowjetischen Panzern verlassen und waren auf Waldwegen nach Dobin in Südmecklenburg geeilt, um schon einen Tag später vor den schnell nachrückenden sowjetischen Verbänden von neuem weiterzuziehen.

Vielleicht lag hierin Heinricis Rettung, denn Keitel war entschlossen, ihn zu verhaften und vor ein Kriegsgericht zu stellen. Er hatte auch an Dönitz für den Fall, daß Heinrici sich dort melden würde, eine entsprechende Aufforderung gerichtet. Aber zu ihrer Verwirklichung kam es nicht mehr.

Es kam so, wie Heinrici in seinem Bericht schrieb. Keitel änderte nichts an dem Ablauf der Dinge. Die sowjetische Übermacht zeigte innerhalb von 48 Stunden, daß alle Pläne des Oberkommandos der Wehrmacht Illusionen waren, daß es keinen Durchbruch der Armee Wenck nach Norden, keinen Flankenangriff gegen den sowjetischen Durchbruch bei Neubrandenburg, keine Behauptung eines Brückenkopfes gegenüber Berlin gab, sondern nur noch eines: den Rückzug an die Elbe.

Am Abend des 28. April verringerte sich zeitweise das Artilleriefeuer, das auf dem Zentrum von Berlin lag. In einer Feuerpause, in der man nur das Prasseln von Steinen, das Rutschen von Schutt, das dünne Hämmern der Maschinengewehre und das dumpfe Knallen von Panzerkanonen hörte, eilte der Verbindungsmann zwischen Hitler und dem langjährigen Reichspressechef Dr. Dietrich, Lorenz, vom Propagandaministerium zum Bunker der Reichskanzlei. Als er den

Bunker betrat, verriet sein erregtes Gesicht, daß er eine Nachricht überbrachte.

Er trug die Aufnahme eines Reuter-Berichtes bei sich, in welchem über die Vorschläge berichtet wurde, die Himmler fünf Tage zuvor dem Grafen Bernadotte in Lübeck gemacht hatte. Und diese Nachricht bedeutete den Anfang vom Ende.

Am 22. April hatte die Tatsache, daß Steiner nicht angegriffen hatte, genügt, um die schützenden Wände der Selbsttäuschungen, die Hitler um sich aufgerichtet hatte, zum Einsturz zu bringen. Jetzt, in der von enttäuschten Erwartungen gesättigten Atmosphäre am Abend des 28. April, war es die Meldung über Himmlers Aktion, die in Hitler zunächst einen letzten Sturm der Empörung und dann einen neuen Sturz in Selbstaufgabe und in die Vorbereitung des persönlichen Endes verursachte.

Noch einmal ergriff ihn eine hemmungslose Raserei, die sein Gesicht fast unkenntlich werden ließ. Dann zog er sich mit Bormann und Goebbels in seine privaten Räume zurück. Es folgte eine Konferenz, für die es keine Zeugen gibt. Aber daß nach Göring nun auch noch Himmler von ihm abfiel, mußte nicht nur sein Selbstbewußtsein tief treffen. Himmlers Verrat mußte für ihn zu einer neuen schmerzvoll-wollüstigen Bestätigung für die These des Verrats allüberall und für die Unzulänglichkeit der Umwelt werden, die zu klein für ihn war und ihn verriet, weil er zu hoch über ihren erbärmlichen Schwächen stand.

Der Sturm krankhafter Selbstbestätigung zitterte noch in ihm nach, als er das Konferenzzimmer verließ und den Befehl erteilte, daß Fegelein sofort scharf vernommen werde. Sein nach Verrat und Verrätern dürstender Geist war nun gänzlich von der Vorstellung einer Verschwörung erfüllt. Er glaubte plötzlich zu wissen, weshalb der SS-Obergruppenführer Steiner nicht angegriffen hatte und nicht angriff.

Fegelein erschien ihm als verräterischer Verbindungsmann zwischen Himmler und ihm, der Himmler über Vorgänge im Bunker unterrichtet hatte. Die Idee der Verschwörung griff auf den Bunker über und versetzte die Verlorenen in eine krankhafte Erregung, die sich bei manchen Frauen bis zu Weinkrämpfen steigerte. Fegelein wurde nach den Gerüchten, die in den Gängen des Bunkers von Mund zu Mund gingen, zu einer Bestie und Himmler zu einem Ungeheuer, das den Westmächten versprochen hatte, ihnen im Falle von Hitlers Tod dessen Leichnam auszuliefern.

Ohne das Ergebnis einer genauen Untersuchung abzuwarten, gab Hitler den Befehl, daß Fegelein in den Garten der Reichskanzlei geführt und dort erschossen wurde. Er saß, am ganzen Körper zitternd, in einem Stuhl im Konferenzzimmer, als ihm der Vollzug der Exekution gemeldet wurde.

Dann raffte er sich auf und begab sich zu von Greim. Nach den tagelangen vergeblichen Versuchen war es am Abend des 28. April endlich einem Piloten gelungen, mit einem Schulflugzeug »Arado 96« von Rechlin aus nach Berlin durchzubrechen, im Schutz der Qualmwolken auf der Ost-West-Achse zu landen und sein Flugzeug zu verstecken. Greim hatte sich aber geweigert, Berlin wieder zu verlassen. Er wollte zusammen mit Hanna Reitsch an der Seite Hitlers siegen oder sterben. Er beugte sich jedoch Hitlers Willen, als dieser mit düster leuchtenden Augen seinen Raum betrat und ihm befahl, noch in der Nacht zusammen mit Hanna Reitsch Berlin zu verlassen, nach Plön zu fliegen, Himmler zu verhaften und unschädlich zu machen. Er wiederholte mehrfach die Worte »unschädlich machen«.

Er wußte nicht, daß Himmlers Verhandlungen längst gescheitert waren. Die Umwelt lag im Dunkel da. Er war dazu verurteilt, blind umherzutappen. Er argwöhnte, daß Himmlers Verhandlungen schon zum Erfolge geführt hatten, ohne seinen Willen, ohne sein Wissen, über seinen Kopf hinweg. Das war vielleicht das Schlimmste, daß hier etwas geschah, das nicht mehr seinem Willen unterworfen war, und daß, wenn es zu irgendwelchen Abmachungen mit den Westmächten kam, nicht mehr er im Mittelpunkt stand, sondern daß über ihn hinweggeschritten würde, hinweggeschritten wie über ein Nichts.

Von Greim wurde daraufhin mit bandagiertem Fuß in einem kleinen Panzerfahrzeug zu dem versteckten Flugzeug hinausgefahren. Hanna Reitsch begleitete ihn. Sie trug eine Reihe von Briefen an die Außenwelt mit sich. Die Fahrt ging über Trümmer und an Granattrichtern vorbei.

Der Himmel war wieder blutrot erleuchtet von den Bränden, die sich immer weiterfraßen.

Die Startbahn wies ebenfalls Trichter auf. Aber der Start gelang, obwohl die sowjetische Flakartillerie alles daransetzte, das Flugzeug abzuschießen.

Möglicherweise vermuteten die Russen darin Hitler, der die Reichshauptstadt verlassen wollte.

Von Greim und Hanna Reitsch landeten in Rechlin. Von dort begaben sie sich weiter nach Norden, um Himmler zu stellen. Aber als sie in Dönitz' Stab eintrafen, hatte Himmler bereits alles abgeleugnet, und er blieb bei seinem Leugnen. Einen Tag später aber hatten sich die Verhältnisse bereits gewandelt. Hitler hatte seinem Leben ein Ende gemacht.

Als von Greim und Hanna Reitsch in der Dunkelheit verschwunden waren, zog sich Hitler für eine Weile zurück. Als er für seine Umgebung wieder sichtbar wurde, hatte sich eine Änderung in ihm vollzogen.

Die Erregung war von ihm abgefallen. Es war, als habe ihn eine neue, diesmal letzte Phase der Resignation erfaßt. Sie wirkte auf seine Umgebung genauso erregend wie der vorangegangene Sturm. Alle gewannen den Eindruck, daß er sich unter dem Eindruck von Himmlers Verrat endgültig selbst aufgegeben hatte und sein Ende vorbereitete. Er war sich seines verratenen Prophetentums gewiß. Eine Stunde nach Mitternacht vollzog er plötzlich eine merkwürdige Zeremonie, welche auch seine Umgebung überraschte. Er ließ sich mit Eva Braun trauen, die Jahre hindurch seine sorgfältig verborgene Freundin gewesen war, ein hübsches, aber geistig unbedeutendes Wesen, das ihm jedoch in Treue und Bewunderung ergeben war.

Sie war erst am 15. April, von Süddeutschland kommend, in den Bunker übergesiedelt. Sie hatte sich geweigert, Hitler zu verlassen. Sie war geblieben, sozusagen eine schattenhafte Figur am Rande der Geschichte, ein Teil der kleinbürgerlichen Sphäre, die immer ihren Platz in Hitlers widerspruchsvoller Natur behauptet hatte.

Kein Zeuge überlebte die Nacht vom 28. auf den 29. April, der über die Gründe dieser späten Trauung hätte Auskunft geben können. Aber zweifellos hing sie mit der Art zusammen, mit der Hitler sich in das Bewußtsein des Verratenen hineinversenkte und sich in einer Art Rückzug von der verräterischen Umwelt mit der Frau verband, deren Treue ihm am tiefsten schien und deren Zuneigung wahrscheinlich auch am unkompliziertesten und tiefsten und sichersten war.

Nach der Trauung kam es zu einem düster-gedämpften Trauungsmahl. Hitler saß schweigend da. Aber wenn er sprach, kreisten seine Worte immer wieder um die Feststellung, er warte jetzt nur noch auf das Ende. Der Tod sei für ihn eine Erlösung, da er von seinen besten Freunden verraten worden sei. Später zog er sich zurück und diktierte sein Testament. Er diktierte ein persönliches Testament, das für die Nachwelt ohne Bedeutung war. Aber dann ließ er, während über den Bunker wieder eine Welle von Feuerüberfällen dahinrollte und sich in den Gängen draußen neue Angst verbreitete, die ersten sowjetischen Stoßtrupps könnten plötzlich vor den Eingängen stehen, sein politisches Testament folgen.

Es spiegelte seine ungebrochene Selbstüberzeugung, sein Gefühl, recht zu haben und recht zu behalten, und die Überzeugung des verratenen Propheten wider.

Er rechtfertigte sich für den Ausbruch des Krieges und diktierte, es sei unwahr, daß er den Krieg im Jahre 1939 gewollt habe. Der Krieg sei ausschließlich von jenen internationalen Staatsmännern angestiftet worden, die entweder jüdischer Herkunft gewesen seien oder aber für jüdische Interessen gearbeitet hätten. Dann fuhr er fort: Nach einem sechsjährigen Kampf, der trotz aller Rückschläge als ruhmreichste und tapferste Bekundung des Lebenswillens eines Volkes in die Geschichte eingehen werde, könne er sich nicht von der Hauptstadt des Reiches trennen. Da die Kräfte zu gering seien, um dem feindlichen Ansturm noch länger standzuhalten, und da der eigene Widerstand durch verblendete wie charakterlose Subjekte untergraben werde, wolle er das Schicksal der Einwohner teilen. Er wolle nicht dem Feind in die Hände fallen, der zur Belustigung verhetzter Massen ein neues, von Juden arrangiertes Schauspiel benötige. Er habe sich daher entschlossen, in dem Augenblick den Tod zu wählen, in dem er glaube, daß der Sitz des Führers und Kanzlers nicht mehr gehalten werden könne.

Dann wandte er sich an die Wehrmacht. Er entschuldigte die Luftwaffe und belastete Göring mit der Schuld an ihrem Niedergang. Er pries die einfachen Soldaten des Heeres, die ihm vertraut hätten, und verdammte die Generale, die dieses Heer schlecht geführt, sich seiner Strategie widersetzt und sich gegen ihn verschworen hätten. Noch einmal glühte sein Haß gegen den Generalstab auf. Nur der Marine zollte er schrankenlose Anerkennung, indem er schrieb, es möge dereinst zum Ehrbegriff des deutschen Offiziers gehören – so wie dies in der Marine schon bei deren Schiffen der Fall sei –, daß die Übergabe einer Stadt unmöglich sei und daß vor allem die Führer mit leuchtendem Beispiel voranzugehen hätten in treuester Pflichterfüllung bis in den Tod. Er fuhr fort: »Ich stoße vor meinem Tode den früheren Reichsmarschall, Hermann Göring, aus der Partei aus und entziehe ihm alle Rechte, die sich aus dem Erlaß vom 29. Juni 1941 sowie aus meiner Reichstagserklärung vom 1. September 1939 ergeben könnten. Ich ernenne an Stelle dessen den Großadmiral Dönitz zum Reichspräsidenten und Obersten Befehlshaber der Wehrmacht.

Ich stoße vor meinem Tode den früheren Reichsführer SS und Reichsminister des Innern, Heinrich Himmler, aus der Partei sowie aus allen Staatsämtern aus. Ich ernenne an seiner Stelle den Gauleiter Hanke zum Reichsführer SS und Chef der deutschen Polizei, den Gauleiter Paul Gießler zum Reichsminister des Innern.

Göring und Himmler haben durch geheime Verhandlungen mit dem Feinde, die sie ohne mein Wissen und gegen meinen Willen abhielten, sowie durch den Versuch, entgegen dem Gesetz die Macht im Staate an sich zu reißen, dem Lande und dem gesamten Volke unabsehbaren Schaden zugefügt, gänzlich abgesehen von der Treulosigkeit gegenüber meiner Person.«

Dann fuhr er fort, um dem deutschen Volk eine aus ehrenhaften Männern zusammengesetzte Regierung zu geben, welche die Verpflichtung erfülle, den Krieg mit allen Mitteln weiter fortzusetzen, ernenne er Dönitz für den Fall seines Ablebens zu seinem Nachfolger mit dem Titel des Reichspräsidenten. Er ernenne ferner Dr. Goebbels zum Reichskanzler, Bormann zum Parteiminister, Seyß-Inquart zum Außenminister, Feldmarschall Schörner zum Oberbefehlshaber des Heeres. Er ließ noch einige weitere Namen folgen, die ohne Bedeutung waren, und schloß »Von allen Deutschen, allen Nationalsozialisten, Männern und Frauen und allen Soldaten der Wehrmacht verlange ich, daß sie der neuen Regierung und dem Präsidenten gehorsam sein werden bis in den Tod. Vor allem verpflichte ich die Führung der Nation und die Gefolgschaft zur peinlichen Einhaltung der Rassegesetze und zum unbarmherzigen Widerstand gegen den Weltvergifter aller Völker, das internationale Judentum.«

Als er sein Testament unterzeichnete und Goebbels, Bormann, Burgdorf und Krebs als Zeugen ihre Unterschriften folgen ließen, war es 4 Uhr, und draußen rüttelten gerade wieder die Einschläge der sowjetischen Salven wie Riesenfäuste an den Bunkerdecken.

Niemand wußte, ob ihm in diesen Stunden in den verborgensten Tiefen seines Innern nicht eine einzige innere Stimme vorhielt, welche fürchterlichen Irrwege er begangen hatte, die ihn und die Deutschen in einen Abgrund rissen.

Als der Morgen des 29. April anbrach, standen sowjetische Panzer diesseits des Anhalter Bahnhofs, und Granate auf Granate fiel in die Trümmerzone um die Reichskanzlei. Der Frontkreis des Brigadeführers Mohnke, der sich um die Reste der Innenstadt schloß, hatte sich weiter verengt. In der Gegend des großen Zoobunkers hatte der Kreis noch eine schmale Verbindung mit dem wesentlich größeren Frontkreis, der die noch verteidigten Stadtteile des Berliner Westens bis nach Steglitz und Spandau umschloß.

Der Geländestreifen, der die beiden Kreise verband, war kaum noch tausend Meter breit. In seinem Mittelpunkt stand der gewaltige Zoobunker, in dessen drangvoller Enge immer noch Menschen Zuflucht suchten. Dort lag, hockte und stand Frau neben Frau, Mann neben Mann und Kind neben Kind. Dort starben Kranke und Verwundete. Aber inmitten dieser Zusammenballung von Schmerz und Tod und Angst, Verzweiflung und langsam verlöschender Hoffnung suchten die Greifkommandos noch nach Männern und versprengten Soldaten, um die Kampfeinheiten aufzufüllen oder Futter für die Maschinerie der Schnellgerichte zu finden.

Im Bereich des Zoobunkers griffen die sowjetischen Sturm-kolonnen mit geringen Unterbrechungen an, um die beiden Frontkreise voneinander zu trennen. Und gleichzeitig stürm-ten sie immer wieder gegen die dünne Front im Bereich der Reichskanzlei.

Morgens um 8 Uhr erhielten Hitlers Heeresadjutant, Major Johannmeyer, der SS-Standartenführer Zander sowie der Verbindungsmann zum Reichspressechef, Lorenz, den Be-fehl, drei Abschriften des Testaments aus Berlin herauszu-bringen, um es danach zu Dönitz bzw. zu Schörner zu schaffen. Es wurden Funksprüche an Schörner und Dönitz abgesetzt, in denen diese aufgefordert wurden, Wasserflug-zeuge zum Wannsee zu schicken, um dort wichtige Nach-richten aufzunehmen.

Lorenz, Zander und Johannmeyer verließen gegen Mittag in einer Feuerpause den Bunker, um zunächst einen Weg nach Westen, nach Pichelsdorf, zu suchen. Ihr weiteres Schicksal blieb im Bunker unbekannt. Niemand erfuhr, daß sie bis zur Pfaueninsel in der Havel gelangten und dort auf die Flugzeu-ge warteten. Es gelang jedoch keinem, Verbindung zu den Flugzeugen zu bekommen. Sie suchten daher schließlich zu Fuß ihren Weg weiter nach Westen und tauchten irgendwo für längere oder kürzere Zeit unter.

Als am Mittag im Bunker der Reichskanzlei nach wie vor keine Nachrichten von der Außenwelt eintrafen, Krebs dage-gen melden mußte, daß die Russen am Anhalter Bahnhof weiter vorgerückt waren und daß die Munition immer knapper wurde, erhielten drei weitere Insassen des Bunkers vom Führer die Erlaubnis, auszubrechen.

Es handelte sich um den Adjutanten des Generals Krebs, von Freytag-Loringhoven, seinen Adjutanten Boldt und den Adjutanten Burgdorfs, Weiß. Sie hatten von sich aus den Vorschlag gemacht, persönliche Verbindung mit Wenck aufzunehmen und ihn zur Eile anzutreiben. In ihren Herzen brannte dabei der Wunsch, dem sicheren Untergang zu entrinnen.

Hitler erteilte ihnen die Erlaubnis zum Ausbruch in der Stimmung absoluter Apathie, die ihn seit der Nacht nicht mehr verließ. Es war ungewiß, ob er selbst noch irgendwelche Hoffnungen auf Wenck hatte. Am Nachmittag wurde auch noch einem vierten Offizier, dem Luftwaffenadjutanten Oberst von Below, die Erlaubnis zum Ausbruch erteilt. Er erhielt einen Brief von Krebs an Jodl, in dem Krebs schrieb, der Widerstand in Berlin könne nur noch wenige Tage dauern. Der Führer erwarte, daß die anderen Fronten bis zum letzten Mann weiterkämpften. Ferner wurde ihm eine persönliche Nachschrift Hitlers zu seinem Testament übergeben. Sie enthielt Abschiedsworte an die deutsche Wehrmacht. Sie spiegelte nochmals die Stimmung dessen wider, der im Gefühl des Verratenseins seinem Ende entgegenging. Noch einmal meldeten sich Starrsinn und unbelehrbarer Trotz, wenn Hitler am Schluß seines Schreibens erklärte, es müsse weiter das Ziel bleiben, dem deutschen Volk Raum im Osten zu gewinnen.

Die vier Offiziere verabschiedeten sich und verschwanden in den Kellern, Schächten und Ruinen der brennenden Stadt. Sie kamen alle bis zur Havel. Bis auf Weiß gelangten sie in den nächsten Tagen über die Elbe nach Westen, um sich dort ebenfalls zu zerstreuen. Keiner erreichte das gesteckte Ziel.

Am Abend um 10 Uhr versammelte Hitler zum letzten Male seine engere Umgebung. Auch General Weidling erschien. Er wirkte bleich, erschöpft und am Ende seiner Kraft.

Er meldete, daß die Russen in der Wilhelmstraße fast bis zum Luftfahrtministerium vorgerückt seien. Sie standen in der Saarlandstraße. Im Westen Berlins wurde zwischen Bismarck- und Kantstraße gekämpft. Die Front verlief im Norden des Grunewalds und des Reichssportfeldes. Im Havelbrückenkopf von Pichelsdorf kämpfte noch in einer ebenso beispiellosen wie tragischen und ihre Urheber verdammenden Treue ein Hitlerjugendbataillon, dessen Kräfte aber auch in Kürze erschöpft sein mußten. Weidling schätzte, daß die sowjetischen Angreifer spätestens am 1. Mai vor den Eingängen des Bunkers erscheinen müßten.

Dann raffte er sich zu einem letzten verzweifelten Versuch auf, seine noch kämpfenden Truppen zu retten. Er schlug vor, in letzter Stunde aus Berlin auszubrechen. Er versicherte, daß es noch möglich sein würde, den sowjetischen Ring nach Südwesten zu durchbrechen und Wenck entgegenzumarschieren. Er verpflichtete sich, Hitler sicher aus Berlin herauszubringen. Auch Axmann meldete sich zu Wort und übernahm für seine Hitlerjungen die gleiche Verpflichtung Hitler gegenüber.

Aber Hitler lehnte ab. Obwohl Weidling ihn beschwor, ihm und seinen Soldaten zu vertrauen und ihm zu glauben, daß diese die letzte Kraft aus sich herausholen würden, sobald ihnen das Ziel gesteckt würde, sich aus Berlin nach Westen durchzukämpfen.

Hitler blieb bei seiner Ablehnung. Wenn es nicht seine Apathie war, die ihn bewegte, so war es die Tatsache, daß er sich durch sein Testament unwiderruflich festgelegt hatte, in Berlin zu bleiben.

Als Krebs eine halbe Stunde später einen Funkspruch an

Jodl absetzen ließ, der folgenden Inhalt hatte: »Es ist mir sofort zu melden, erstens, wo sind die Spitzen von Wenck? Zweitens, wann greifen sie weiter an? Drittens, wo ist die 9. Armee? Viertens, wohin bricht die 9. Armee durch? Fünftens, wo sind die Spitzen von Holste?«, wurde dieser Funkspruch im Namen Hitlers abgesetzt. Aber es war zweifelhaft, ob diese neue verzweifelte Anfrage nach dem Ausbleiben der Entsatzarmeen von Hitler stammte oder ob sie aus einer Anwandlung von Lebenshunger bei Krebs selbst geboren war.

In der Nacht auf den 30. April, um 1 Uhr, während die Innenstadt wieder unter einem Feuerorkan dalag, traf noch einmal eine Nachricht von Jodl bzw. Keitel ein. Es war die Antwort auf Krebs' Anfrage. Sie ließ etwas von der beginnenden Erkenntnis der Wirklichkeit ahnen, die sich unter dem Druck der Lage in Mecklenburg ankündigte. Sie gebrauchte zum ersten Male keine Beschönigungen, sondern stellte kurz und hilflos fest: »Erstens, Spitze Wenck liegt südlich Schwielowsee fest. Zweitens, 12. Armee kann daher Angriff auf Berlin nicht fortsetzen. Drittens, 9. Armee mit Masse eingeschlossen. Viertens, Korps Holste in die Abwehr gedrängt.«

Das war das Ende, auch wenn Bormann sich in seinem Lebenshunger dagegen auflehnte und kurz darauf ein Telegramm absandte, das er über den Gauleiter von Mecklenburg an Dönitz richten ließ. Es verriet nicht nur seine persönliche Gier nach Weiterleben. Es verriet auch das ganze Ausmaß des dumpfen Mißtrauens und der Verkennung der Wirklichkeit, die ihn erfüllte. Er funkte: »Dönitz! Nach unseren immer klareren Eindrücken treten die Divisionen des Kampfraumes Berlin seit vielen Tagen auf der Stelle, anstatt Führer herauszuhauen. Wir bekommen nur Nachrichten, die von Keitel kontrolliert, unterdrückt oder gefärbt werden. Wir können im allgemeinen nur über Keitel senden. Führer befiehlt, daß Sie schnellstens und rücksichtslos gegen alle Verräter vorgehen.«

Bormann wehrte sich gegen die Wahrheit von Keitels Feststellungen. Aber seiner blindwütigen Auflehnung entsprach keine Auflehnung Hitlers mehr.

Gegen 4 Uhr am Morgen verabschiedete sich Hitler von dem weiteren Kreis seiner Umgebung und zog sich mit Eva Braun in seine privaten Räume zurück. Er wirkte müde und gebrochen. Erst gegen Mittag, als sowjetische Sturmtrupps im U-Bahn-Schacht in der Friedrichstraße kämpften und auch bereits in den Schacht unter der Voßstraße eingedrungen waren, erteilte Hitler einen seiner letzten Befehle.

Er war an seinen Kraftfahrer Kempka gerichtet und wies diesen an, zweihundert Liter Benzin in Kanistern in den Garten der Reichskanzlei zu bringen.

Hitler aß zu Mittag. Danach versammelte er noch einmal den engeren Kreis seiner Mitarbeiter um sich, Burgdorf, Krebs, Hewel, Goebbels, Bormann, Naumann, Voß, die Sekretärinnen und seine Köchin. Er verabschiedete sich von ihnen und zog sich dann wieder in seine privaten Räume zurück.

Es war gegen halb vier am Nachmittag, als ein einzelner Schuß hörbar wurde. Als die Angehörigen seiner engsten Umgebung etwas später Hitlers private Räume betraten, fanden sie ihn tot. Er hatte sich in den Mund geschossen. Eva Braun lag neben ihm. Sie hatte Gift genommen.

Beide wurden – Hitler in eine Decke gehüllt – durch Bormann, Kempka und einige SS-Offiziere in den Garten hinausgetragen.

Das sowjetische Feuer hatte sich gerade abgeschwächt, aber immer noch schlugen einzelne Granaten in der Umgebung ein. Man legte die Leichen nebeneinander, übergoß sie mit Benzin und zündete das Benzin an. Die Flammen schlugen empor, während Bormann und die anderen wieder in den Schutz der Bunkertüren zurücksprangen und dem Spiel der Flammen zusahen.

Keine Nachricht, kaum ein Gerücht über Hitlers Ende drang in die noch umkämpften Teile der Stadt, die jetzt unter einer riesigen, schwarzgelben Wolke dalag. Niemand weiß, wie viele Herzen diese Nachricht in den düsteren Nachmittagsstunden des 30. April noch angerührt hätte. Sicherlich hätte sie die Fanatiker getroffen, die sich immer noch mit einer Besessenheit, die einmalig in der Geschichte war, weigerten, an das Ende zu glauben.

Aber die Massen? Die Massen in all ihrer Pein und ihrer Not, die Massen, deren Denken und Fühlen sich in den letzten 24 oder 48 Stunden mehr und mehr von den letzten hoffnungsvollen Perspektiven, die man ihnen bis zum 28. und 29. April vorgegaukelt hatte, entfernte? Die Massen, deren Fühlen und Denken immer mehr auf die Angst und den Kampf der Kreatur um das nackte Leben zusammengeschrumpft war? Die Massen, die in ihrer unsagbaren Erschöpfung und Müdigkeit kaum noch fähig waren, Glauben oder Haß zu empfinden? Diese Massen konnte die Nachricht von Hitlers Tod nicht mehr wirklich erschüttern oder bewegen.

Da war etwas erloschen, das an diesem Tage schon außerhalb der Hoffnungen und Gefühle lag. Ein Leben war erloschen, dessen Fortbestand in den letzten Tagen selbst für den engsten Kreis um Hitler wie ein Alpdruck wirkte, weil auch das Denken und Fühlen dieses Kreises auf die Sorge um die eigene Existenz zusammengeschrumpft war. Die imaginären Schatten des Siegeswillens, die Täuschungen des Schicksalsglaubens, der Druck des Gehorsams, der Rivalitäten und des Treuekomplexes – das war mit Hitler plötzlich ausgelöscht. Alle, die im Bunker Hitlers Tod überdauert hatten, dachten nur noch an ihr eigenes Schicksal, oder sie verbargen nicht länger, daß sie schon lange nur daran gedacht hatten.

Kurz nach 17 Uhr hatte Bormann auf dem einzigen noch vorhandenen funktelegrafischen Wege zur Außenwelt einen Spruch an Großadmiral Dönitz absetzen lassen. Er lautete: »Großadmiral Dönitz. An Stelle des bisherigen Reichsmarschalls Göring setzt der Führer Sie, Herr Großadmiral, als seinen Nachfolger ein. Schriftliche Vollmacht unterwegs. Ab sofort sollen Sie sämtliche Maßnahmen verfügen, die sich aus der gegenwärtigen Lage ergeben.«

Der Spruch bewies, daß Bormanns beschränkter, darum aber um so zäherer Wille nach Leben und Macht auch nach Hitlers Tod ungebrochen war. Mit Hitlers Tod war seine bisherige Macht dahingesunken. Er wußte nicht, ob Dönitz ihn als Parteiminister bestätigen würde. Aber er war bereit, um seine Macht zu kämpfen.

Bormann verschwieg daher in seinem Funkspruch, daß Hitler bereits tot war. Mit der dumpfen Verschlagenheit, die ihn an die Macht gebracht hatte, suchte er nach einem Weg, der ihm diese Macht auch in der Regierung Dönitz' verschaffen konnte. Sein Mangel an Wissen und Erkenntnissen, welche über die Maulwurfsgänge seiner internen Macht hinausreichten, hinderte ihn zu erkennen, daß es für ihn keine Zukunft mehr gab. Er strebte nur danach, aus Berlin herauszukommen und in den Umkreis von Dönitz zu gelangen, um sich dort eine neue Position zu sichern.

Während Feuerüberfälle aus nächster Nähe das Ende ankündigten, versammelten sich Goebbels, Bormann, Burgdorf und Krebs zur Beratung über die Möglichkeiten, die ihnen noch offenstünden. Bormann machte sich zum Fürsprecher eines allgemeinen Ausbruchs der Überlebenden durch die russischen Linien nach Norden oder Westen. Die

Verwirklichung dieses Planes schien aussichtslos. Aber Bormann erfand einen anderen Ausweg. Er schlug vor, mit den Russen zu verhandeln und ihnen die Kapitulation anzubieten. Er wollte dabei erklären, daß sich die deutsche Regierung, die allein über die Kapitulation entscheiden könne, nicht mehr in Berlin befinde, sondern in Schleswig-Holstein und daß sich daher unter dem Schutz einer vorübergehenden Waffenruhe eine Delegation aus Berlin nach Schleswig-Holstein begeben müsse, um dort die Zustimmung zur Kapitulation vor der Roten Armee einzuholen. Er hoffte, zu dieser Delegation zu gehören und auf diese Weise aus Berlin entweichen zu können.

Goebbels stimmte dem Vorschlag zu. Er schlug vor, die Russen darauf hinzuweisen, daß Himmler sich bereits in Verhandlungen mit den Westmächten befände und daß die Gefahr bestehe, daß Dönitz sich ganz auf die Seite der Westmächte gegen die Sowjetunion stellen werde, wenn es nicht gelänge, ihn von Berlin aus zu beeinflussen.

Goebbels hatte sich darauf festgelegt, daß er sterben werde. Aber auch er war nur ein Mensch, der bis zur letzten Sekunde seines Lebens nicht ohne Hoffnung sein konnte. Regte sich in ihm an diesem Abend noch einmal ein Funke der irrationalen Hoffnung auf einen Zerfall zwischen Ost und West?

Niemand weiß es. Man beschloß, General Krebs wegen seiner einstigen Tätigkeit in Moskau als Unterhändler zu entsenden.

Der Oberbefehlshaber der sowjetischen Angriffsverbände in Berlin, Generaloberst Tschuikow, hatte am Abend des 30. April einen Gefechtsstand in einem Hause der Immelmannstraße bezogen. Tschuikow – nicht zu verwechseln mit Marschall Shukow – hielt sich, den Uniformmantel um die

Schultern gehängt, im Speisezimmer des Hauses auf. Auf der Anrichte standen die Feldtelefone. Den Eßtisch bedeckte ein Stadtplan von Berlin. Das Fenster war ohne Glas. Ein scharfer Wind, der von draußen eindrang, bewegte den durchlöcherten Verdunkelungsvorhang.

Hinter den Löchern in der Verdunkelung glühte das furchtbare Rot der Brände, das den Himmel über der Innenstadt von Berlin färbte. Es ging auf 12 Uhr, als sich ein Verbindungsoffizier meldete. Er kam von der Hauptkampflinie am Ufer des Landwehrkanals und berichtete, daß vor zehn Minuten im Abschnitt eines der dort kämpfenden Garderegimenter ein deutscher Oberst mit weißer Flagge erschienen sei. Der Oberst, der eine von Bormann unterzeichnete Vollmacht bei sich trug, bat das sowjetische Oberkommando, einen Ort zu bestimmen, an dem der Chef des Generalstabes des deutschen Heeres, General der Infanterie, Krebs, die Frontlinie passieren könne, um dem sowjetischen Oberkommando eine Botschaft von höchster Wichtigkeit zu übermitteln.

Tschuikow fragte im Hauptquartier Schukows an. Danach erklärte er sich bereit, Krebs zu empfangen.

Um 3 Uhr morgens wurde telefonisch gemeldet, daß Krebs im Stab eines sowjetischen Bataillons eingetroffen sei. Zehn Minuten später erreichte er einen Divisionsstab und sagte aus, Goebbels habe ihm eine Geheimbotschaft anvertraut. Abermals zehn Minuten später wurde Krebs in das Zimmer Tschuikows geführt. Man sah seiner Uniform den ungewohnten Marsch über die Trümmer Berlins an.

Sein Gesicht war gelblichweiß. Die Narben darin, die noch von dem Luftangriff auf Zossen herrührten, wirkten unnatürlich rot. Seine Augen blickten unstet umher. Hinter ihm betraten drei weitere deutsche Offiziere, ein Oberst, ein Major, der als Dolmetscher vorgestellt wurde, und ein Soldat, der die weiße Fahne getragen hatte, den Gefechtsstand. Der Soldat blieb im Vorzimmer zurück.

Krebs blickte zu den übrigen sowjetischen Offizieren hinüber. »Der General der Infanterie bittet«, übersetzte Krebs' Dolmetscher, »die Unterredung unter vier Augen führen zu dürfen.«

Tschuikow erwiderte: »Teilen Sie dem General mit, daß hier lediglich mein Kriegsrat zugegen ist.«

»Ich wiederhole«, erklärte Krebs mit undeutlicher Stimme, »daß meine Botschaft außerordentlich wichtig und besonders vertraulichen Charakters sein wird.« Er horchte auf die Übersetzung des Majors.

Tschuikow antwortete: »Ich bin bevollmächtigt, Sie anzuhören.«

Krebs blickte sich noch einmal im Kreise um. Dann raffte er sich auf und erklärte. »Am 30. April, gestern nachmittag, hat Adolf Hitler Selbstmord begangen. Unsere Truppen wissen noch nichts davon.« Er horchte wieder auf die Übersetzung. Er erwartete irgendeine Reaktion. Er war überzeugt, den Russen eine Neuigkeit mitzuteilen, die für sie von besonderer Tragweite sein müsse. Tschuikow blieb jedoch unbewegt.

»Wir sind darüber bereits informiert«, erklärte er. Krebs blickte sich ratlos um. Dann legte er das von Goebbels und Bormann unterzeichnete Schreiben vor. Diesmal las ein sowjetischer Dolmetscher das deutsche Schreiben und trug seinen Inhalt Tschuikow in russischer Sprache vor. Tschuikow schwieg eine Weile. Dann ließ er zwei Fragen an Krebs richten. Die erste lautete, ob Krebs bevollmächtigt sei, die bedingungslose Kapitulation anzubieten. Die zweite Frage lautete, ob sich das gleiche Angebot auch an die Verbündeten der Sowjetunion richte.

Krebs sagte, die Frage nach dem Kapitulationsangebot auch an die sowjetischen Verbündeten könne er nicht beantworten, da er und seine Auftraggeber in Berlin eingekesselt seien und keine Möglichkeit besäßen, mit Engländern und Amerikanern in Verbindung zu treten. Es sei ja der Zweck seines Hierseins, einen vorübergehenden Waffenstillstand herbeizuführen, der es Goebbels, Bormann oder ihm ermöglichen werde, mit dem neuen Regierungschef Dönitz die Frage einer allgemeinen Kapitulation zu klären.

Krebs war immer recht wortreich gewesen. Aber sein Wortreichtum wirkte jetzt eher verwirrend als klärend. Tschuikow unterbrach ihn und erklärte, wenn über eine Kapitulation gesprochen werde, so könne es sich nur um eine bedingungslose Kapitulation vor den drei verbündeten Mächten handeln, vor der Sowjetunion, den Vereinigten Staaten und Großbritannien.

Krebs hatte bisher zu verbergen versucht, daß er seit seiner Amtszeit in Moskau Russisch verstand und Russisch sprach. Er wußte, daß die Zeit, die der Dolmetscher zum Übersetzen brauchte, eine Frist zum Nachdenken bot. Aber jetzt überwältigte ihn die Erregung. Er begann plötzlich Russisch zu sprechen. »Dafür«, rief er heiser, »gerade dafür, für die Durchführung weiterer Unterhandlungen, bitte ich ja um eine zeitweilige Unterbrechung der Kriegshandlungen. Die deutsche Regierung ist nicht mehr in Berlin. Ihr Chef ist nicht in Berlin. Nur einige Minister sind in Berlin; sie können nicht ohne den Chef entscheiden.«

Das Gespräch erhielt eine dramatische Note. Krebs sprach abwechselnd Deutsch und Russisch. Er wollte nicht begreifen, daß er gegen eine Wand sprach. Er wollte in seiner Art, die Dinge leicht und optimistisch zu nehmen, nicht verstehen, daß er nichts zu bieten hatte, was der Gegner nicht bereits besaß oder spätestens in wenigen Tagen besitzen würde. Die wirklichkeitsfremde Atmosphäre des Bunkers, in der zumindest bis zum 30. April der Eindruck aufrechterhalten worden war, als werde hier noch Politik gemacht, als werde von hier noch eine Wehrmacht kommandiert, als werde von hier noch ein Staat gelenkt, wirkte in ihm nach. Er verstand nicht oder wollte nicht verstehen, daß die sowjetischen Offiziere ihn betrachteten wie einen Mann, der aus einer fremden, unverständlichen Welt kam, und daß sie, die den Sieg fest in der Hand hielten und spätestens in wenigen Tagen ganz Berlin besetzt haben würden, an den Verstandeskräften eines Mannes zweifeln mußten, der von ihnen einen Waffenstillstand verlangte, um Verhandlungen mit einer ebenfalls schon zum Tode verurteilten Regierung über die Bereitschaft zu einer Kapitulation zu führen, deren Vollzug mit oder ohne diese Bereitschaft sicher war.

Krebs hörte, daß Tschuikow den Auftrag gab, über sein Eintreffen und seine merkwürdigen Forderungen nach Moskau zu berichten.

Er schöpfte daraus unsinnige Hoffnungen, obwohl er als einstiger Gehilfe des Generals Köstring in Moskau hätte wissen müssen, daß diese Meldung nach Moskau für Tschuikow eine selbstverständliche Pflicht war und wenig zu bedeuten hatte.

Krebs entfaltete eine immer stärkere Beredsamkeit, obwohl Tschuikow ihm nur schweigend zuhörte und obwohl er wiederum hätte wissen müssen, daß Tschuikows schweigende Geduld nichts anderes bedeutete als eine Überbrückung der Zeit, die bis zum Eintreffen der Entscheidungen aus Moskau notwendig war. Es vergingen nahezu zwei Stunden. In regelmäßigen Abständen schleuderten Luftdruckwellen die Verdunkelungsblende ins Zimmer und brüllten die Rohre einer Batterie in der Straße auf. Die Lichter flackerten gespenstisch.

Nach Ablauf von zwei Stunden betrat eine Ordonnanz das Zimmer und überreichte Tschuikow die Entscheidung aus

Moskau. Krebs hörte Tschuikows tiefe Stimme, die ihm kurz und scharf mitteilte, er möge sich jetzt endgültig zu der Frage: Bedingungslose Kapitulation vor allen Verbündeten oder nicht, mit Ja oder Nein äußern. Krebs' Augen flackerten. Dann begann er von neuem zu sprechen. Er erklärte Tschuikow, daß Himmler schon zu Hitlers Lebzeiten Sonderverhandlungen mit den Westmächten aufgenommen habe. Erregung und Verzweiflung beflügelten seine Phantasie. Er sagte, daß Himmler dabei sei, eine Gegenregierung zu bilden. Er sagte, daß Goebbels sich mit Himmler entzweit habe, daß Goebbels und Bormann immer die dekadente Welt des westlichen Kapitalismus bekämpft hätten, daß es eine Gemeinsamkeit des Sozialismus zwischen Deutschland und der Sowjetunion gäbe und daß Goebbels und Bormann vor der Sowjetunion kapitulieren und jeden Vertrag mit der Sowjetunion schließen würden. Dazu aber sei es notwendig, eine kurze Waffenruhe herbeizuführen und Goebbels und Bormann zu Dönitz zu entsenden, um auch diesen zu überzeugen, daß es nur Schulter an Schulter mit der Sowjetunion ein erträgliches Leben für Deutschland geben könne. Diese Dinge eilten außerordentlich, wenn man Himmler noch zuvorkommen wolle.

Wieder begriff er nicht, daß er Angebote machte, die nur in der irren Welt des Bunkers noch einen Schein der Ernsthaftigkeit behalten hatten. Er wußte nicht, daß Moskau durch die amerikanischen und britischen Botschafter über Himmlers Angebot und seine Ablehnung informiert worden war. Das Gelb in seinem Gesicht wurde noch trüber, als Tschuikows unberührte Stimme ihm zum letzten Male erklärte, jedes weitere Wort sei überflüssig, er möge erklären, ob er kraft seiner Vollmacht eine allgemeine Kapitulation aller Berliner Streitkräfte gegenüber den Verbündeten vollziehen wolle oder nicht.

Aber Krebs wollte immer noch nicht alle Hoffnungen begraben. Er erklärte, das überschreite seine Kompetenz. Man möge ihm erlauben, den ihn begleitenden Obersten in die Reichskanzlei zurückzuschicken, um Goebbels die sowjetische Forderung zu unterbreiten und seine Entscheidung einzuholen. Tschuikow entschied, daß der Oberst in Begleitung eines sowjetischen Stabsoffiziers zur Hauptkampflinie zurückgehen könne. Der deutsche Dolmetscher könne ihn begleiten. Krebs müsse bleiben und die Antwort abwarten.

Nachdem der Oberst mit Begleitung gegangen war, versuchte Krebs, das Gespräch wiederaufzunehmen. Er wurde jedoch in das Vorzimmer geführt. Hier bemühte er sich, mit den dort wartenden sowjetischen Offizieren in ein Gespräch zu kommen. Er sprach jetzt nur noch russisch. Er offenbarte in diesen Stunden der letzten Entscheidung, über die er sich vorher wahrscheinlich so häufig mit dem Gedanken an einen Freitod hinweggetäuscht hatte, auf eine aufdringliche Weise jene innere Neigung zur Servilität, die ihn in den letzten Wochen noch bis zum Generalstabschef emporgetragen hatte.

»Heute ist der 1. Mai«, sagte er, »ein großer Feiertag für unsere beiden Länder.«

Er überhörte die Zurückweisung, die in der unwilligen Antwort lag: »Wir haben heute einen großen Feiertag. Wie es bei Ihnen drüben aussieht, ist schwer zu sagen.«

Er unternahm immer neue Versuche, ein Gespräch anzuknüpfen und wenigstens im Vorzimmer eine Verbindung mit den sowjetischen Offizieren zu gewinnen.

Es war ein würdeloses Spiel. Es wurde erst unterbrochen, als sein Dolmetscher, schmutzbedeckt, zurückkam. Er berichtete, daß der sowjetische Major gefallen sei, daß es aber dem Oberst gelungen sein könnte, die Front zu überschreiten. Er wisse es nicht genau. Krebs schwieg und wartete darauf, wie man sowjetischerseits auf den Tod des Majors reagieren würde.

Es geschah jedoch nichts.

Quälend vergingen die Stunden. Das Tageslicht kroch herauf. Die lohende Glut über Berlin nahm einen helleren Ton an. Krebs war schon bereit, die Hoffnung auf die Rückkehr des Obersten aufzugeben, als dieser plötzlich in Tschuikows Vorzimmer erschien. Es war am 1. Mai, mittags gegen 12 Uhr.

Er überbrachte die Nachricht, daß Goebbels Krebs selbst sprechen wolle, bevor er sich endgültig entscheide. Krebs wurde noch einmal zu Tschuikow geführt, und Tschuikow erteilte ihm die Erlaubnis, zur Reichskanzlei zurückzukehren. Krebs bat, so als werde noch einmal ein letzter Funke von Hoffnung in ihm wach, um eine nochmalige Formulierung der endgültigen sowjetischen Bedingungen.

Aber diese Bedingungen hatten sich nicht geändert. Sie lauteten auf vollständige und bedingungslose Kapitulation nach allen Seiten.

Krebs und der Oberst wurden auf die Straße geführt. Sie blinzelten aus entzündeten Augen in das Sonnenlicht, dessen Strahlen durch die Wolken von Qualm und Staub über der Stadt hindurchdrangen.

Ein Panzerwagen brachte sie zum Landwehrkanal zurück.

Voller Spannung hatten Goebbels, Bormann und die anderen, die sich noch im Bunker aufhielten, auf die Rückkehr von Krebs gewartet.

Als Krebs am Vormittag des 1. Mai noch nicht zurückgekehrt war, sah sich Bormann genötigt, Dönitz nicht noch länger in Unklarheit über Hitlers Tod zu halten. Er ließ funken: »Großadmiral Dönitz. Testament in Kraft. Ich werde so rasch wie möglich zu Ihnen kommen. Bis dahin meines Erachtens Veröffentlichung zurückstellen. Bormann.«

Der Funkspruch zeigte, daß Bormann entschlossen war, so oder so zu überleben und, falls Krebs nicht irgendeinen Bescheid über eine bereitwillige Haltung der Sowjetunion mitbrächte, nach Westen auszubrechen.

Als Krebs gegen 1 Uhr zurückkehrte, stürzten alle Hoffnungen auf eine Waffenruhe in sich zusammen.

Eine neue Konferenz begann, während draußen Stunde um Stunde weitere Tausende von Menschen starben. Man entschied sich, noch einmal einen Parlamentär über die Linie zu schicken und Tschuikow mitzuteilen, daß man die sowjetischen Bedingungen nicht annehmen könne. Für alle, die nach dem Zusammenbruch dieser letzten, irren Hoffnung den Willen zum Weiterleben behielten, gab es nur noch den Ausbruch, den Bormann zuerst vorgeschlagen hatte.

Um 15.15 Uhr wurde ein letzter Funkspruch an Dönitz gesendet. Er lautete:

>Führer gestern 15.30 Uhr verschieden. Testament vom 29. April überträgt Ihnen das Amt des Reichspräsidenten, Reichsminister Dr. Goebbels das Amt des Reichskanzlers, Reichsleiter Bormann das Amt des Parteiministers, Reichsminister Seyß-Inquart das Amt des Reichsaußenministers. Das Testament wurde auf Anordnung des Führers an Sie, an Feldmarschall Schörner und zur Sicherstellung für die Öffentlichkeit aus Berlin herausgebracht. Reichsleiter Bormann versucht, noch heute zu Ihnen zu kommen, um Sie über die Lage aufzuklären. Form und Zeitpunkt der Bekanntgabe an Truppe und Öffentlichkeit bleibt Ihnen überlassen. Eingang bestätigen. Goebbels – Bormann.«

Es war die letzte Unterschrift, die Goebbels gab. Im Gegensatz zu Bormann war für ihn der letzte, vielleicht noch aufflackernde Funke einer irren Hoffnung erloschen. Er zog sich zu seiner Frau und den Kindern zurück. Arglos tranken seine Kinder das Gift, das ihnen in einem süßen Getränk gereicht wurde. Goebbels rief danach seinen Adjutanten zu sich und verpflichtete ihn, seinen Körper zu verbrennen, sobald er sich entleibt habe. Gegen 8.30 Uhr abends begab er sich mit seiner Frau in einer Feuerpause in den Garten. Er erschoß sich nicht selbst, sondern befahl einem SS-Posten, dies zu tun. Sein Adjutant hatte am Fuß der Bunkertreppe gewartet, bis die Schüsse fielen. Als er in den Garten hinaufeilte, fand er Goebbels und Frau Goebbels tot.

Er übergoß die Toten flüchtig mit Benzin und zündete sie an. Dann lief er in den Bunker zurück. Kaum jemand fragte danach, was geschehen sei. Im Gang wimmelte es von erregten Menschen, denen Bormann mitgeteilt hatte, daß es jetzt nur noch einen Weg der Rettung gab: den Ausbruch nach Westen. Jeder dachte nur noch an sich selbst.

Man konnte bereits das Tackern der Maschinengewehre hören, während Bormann mit gepreßter dunkler Stimme mitteilte, daß um 21 Uhr der Ausbruch beginnen werde. Man werde in mehreren Gruppen durch Keller und U-Bahn-Schächte bis zum Wilhelmplatz gehen, von dort bis zur Station Friedrichstraße. Dort werde man sich mit noch kampffähigen Einheiten des Brigadeführers Mohnke vereinigen und versuchen, im Schutze der Nacht über die Spree nach Nordwesten zu gelangen.

Ein Pesthauch lag über der Innenstadt und über den westlichen Bezirken, um die am Abend des 1. Mai unentwegt gekämpft wurde.

Keiner der kämpfenden Soldaten wußte, daß Hitler tot war. Immer noch regten sich letzte Hoffnungen auf Hilfe und Entsatz in letzter Sekunde.

Auch ein Mann wie Fritzsche, der sich noch im Bereich des

Propagandaministeriums aufhielt, wußte nicht, daß Hitler seinem Leben ein Ende gemacht hatte. Er wartete vergebens darauf, daß Naumann, so wie an allen Tagen vorher, erschien, um über die Konferenzen im Bunker zu berichten.

Aber Naumann kam nicht mehr. Statt dessen mehrten sich mündliche Berichte über den beispiellosen Jammer der Ungezählten, die sich noch in den U-Bahn-Schächten und den Kellern der Innenstadt zusammendrängten.

Fritzsche fühlte sich an den 22. April erinnert, an dem er zum ersten Male eine absolute Führungslosigkeit empfunden hatte. Er hatte sich gegen Mittag auf die Suche nach General Weidling gemacht, aber seinen Gefechtsstand nicht gefunden.

Er hatte sich dann zu verschiedenen Kampfgruppen in dem Viertel zwischen Gendarmenmarkt, Reichstag, Bahnhof Friedrichstraße und dem Luftfahrtministerium begeben. Er war über Tote und Sterbende hinweggestiegen, hatte hier und da, unbekümmert um das gegnerische Feuer, Männer und Frauen, halbe Kinder darunter, getroffen, die sich noch einmal in einer wilden Lebensgier zusammenfanden. Er hatte einige Majore und schließlich einen Oberst in irgendwelchen Gefechtsständen hinter Trümmern aufgespürt, verdreckt, verwundet, abgezehrt und müde. In ihren Augen mischten sich Hoffnungslosigkeit mit richtungslosem Fanatismus oder dem quälenden Bewußtsein eines Pflichtgefühls, dem sie nicht entrinnen konnten. Selbst die Hoffnungslosen lehnten Eigenmächtigkeit ab. Sie wünschten Befehle.

Fritzsche war in den Keller des Propagandaministeriums zurückgekehrt. Dort hatte er endlich eine Meldung vorgefunden, daß Naumann kommen werde, um Informationen über die Lage zu geben. Aber Stunden vergingen, und als Naumann endlich erschien, hatte sich sein Wesen verändert.

Einige Dutzend Menschen drängten sich um Naumann zusammen.

Aber er kam aus der Gruft des Bunkers und hatte nur noch den Zusammenbruch mitzuteilen. Er sprach hastig, fast so, als empfinde er den peinlichen Gegensatz zwischen seinen letzten Worten vor zwei Tagen und dem unausgesprochenen Eingeständnis, daß alles Täuschung und Illusion gewesen war: »Adolf Hitler hat gestern nachmittag Selbstmord begangen. Dr. Goebbels liegt im Sterben. Die ganze in der Reichskanzlei liegende Kampftruppe macht um 21 Uhr einen Ausbruchsversuch. Dieser steht unter der Führung von Bormann. Die noch vorhandenen Panzer fahren voraus. Ich empfehle allen, auch den Frauen, sich diesem Ausbruch anzuschließen. Abmarsch Punkt 21 Uhr!«

Er sprach kein Wort über die Diskrepanz zwischen Lüge und Wirklichkeit. Fritzsche blieb vor ihm stehen und sagte: »Dieser Ausbruch ist Wahnsinn.«

Naumann antwortete, danach könne er nicht mehr fragen.

Es war die Antwort eines Gehetzten, der vor seinem besseren Wissen und Gewissen floh und nicht bereit war, an der Stätte zu bleiben, an der er seine Täuschungen ausgestrahlt hatte.

»Seit wann haben Sie, Goebbels und Hitler uns sehenden Auges in diesen Abgrund geführt?« rief Fritzsche. »Warum dann noch das Berliner Blutbad? Haben Sie vergessen, daß Goebbels mir oft in Ihrer Anwesenheit schwor, dieser Kampf werde kein Kampf wie der der letzten Goten am Vesuv?«

Naumann antwortete: »Ich habe jetzt keine Zeit, zu diskutieren.«

Dann werde er, gab Fritzsche zurück, als Zivilist und höchster Beamter in der Stadt, die Kapitulation aussprechen. Soldaten und Offiziere würden ihm folgen, wenn er ihnen erkläre, was wirklich geschehen sei.

»Lassen Sie uns Zeit zum Ausbruch«, bat Naumann.

Daraufhin erwiderte Fritzsche, seinem eigenen Bericht zufolge: »Nur, wenn Bormann als Chef des Werwolfs* den Befehl gibt, daß keine Aktion des Werwolfs mehr ausgeführt werden darf. Auch die Kosten dieses Kampfes müßte das Volk tragen ...!«

Naumann erklärte sich bereit, dies zuzugestehen. Aber Fritzsche erklärte, daß er Bormanns persönliche Zustimmung benötige. Daraufhin forderte Naumann ihn auf, mit zur Reichskanzlei zu kommen.

Es herrschte gerade eine Feuerpause. Fritzsche sah noch einen Brand im Garten der Reichskanzlei. Wahrscheinlich war es jener Brand, der Goebbels' Körper verzehrte. Sie fanden Bormann in einer Mauerlücke an der Rückfront der Reichskanzlei. Er trug SS-Uniform und hatte zum ersten Male in seinem Leben eine Maschinenpistole umgehängt. Es kam zu einem kurzen Gespräch. Vielleicht dachte Bormann einen Augenblick daran, Fritzsche niederzuschießen, aber dann entschied er sich für den einfacheren Weg. Er rief einige Männer in SS-Uniform und in Zivil herbei und erklärte ihnen: »Sämtliche Werwolfaktionen sind einzustellen. Auch die Vollstreckung von Todesurteilen. Der Werwolf ist aufgelöst.« Was bedeutete schon eine solche Zusage? Was bedeutete sie, wenn es ihm gelang, nach Westen zu entkommen?

Aber Fritzsche gab sich damit zufrieden. Er lief zum Keller des Propagandaministeriums zurück.

Hunderte von Menschen hatten sich inzwischen dort versammelt. Sie schrien ihm Fragen der Verzweiflung entgegen. Sie schrien: »Was ist los?« – »Wo ist die Armee Wenck?« – »Was ist mit Schörner?« – »Hat sich Hitler gedrückt?« – »Was werden Sie tun?«

* Nationalsozialistische Guerilla-Organisation.

Mit Mühe verschaffte sich Fritzsche Gehör. Er sagte, daß er dem Ausbruchsversuch keine Chance gäbe, zumindest keinem Massenausbruch. Er werde bleiben und dem sowjetischen Oberbefehlshaber die Kapitulation anbieten, da keine andere Autorität mehr vorhanden sei. Er erwarte für sich nichts Gutes.

Man konnte Fritzsche sehr viel Verantwortung, vor allem aber für das Meer der Propaganda, des Glaubens und der Illusionen aufbürden. In dem Augenblick, in dem er Naumann gefragt hatte, wann Goebbels und Hitler »uns« sehenden Auges in den Abgrund geführt hätten, in dem Augenblick, in dem er sich in dieses »uns« mit einschloß, hatte er der menschlichen Regung nachgegeben, sich selbst aus der Mitverantwortung herauszumanövrieren. Aber als er sich jetzt dazu bekannte zu bleiben, diejenigen, zu deren Täuschungen er beigetragen hatte, nicht zu verlassen und für seine Verantwortung einzustehen, tat er etwas, das nur wenige Nachahmer fand.

Er schloß sich mit dem Dolmetscher Junius und einem Rundfunktechniker in ein Zimmer ein und schrieb einen Brief an Marschall Shukow, in dem er sich bereit erklärte, für die Kapitulation der Innenstadt einzustehen. Junius sollte dann den Brief übersetzen und ihn zu den Russen bringen.

Fritzsche schrieb noch, als plötzlich stürmisch geklopft wurde. Als er öffnete, drängte sich General Burgdorf schwankend, mit glasigen Augen und rotem Trinkergesicht in den Raum. Er vermochte sich kaum aufrecht zu halten. Er grölte Fritzsche mit heiserer Stimme entgegen: »Sie wollen kapitulieren?«

Als Fritzsche bejahte, griff er zur Pistolentasche und keuchte: »Dann muß ich Sie niederschießen. Der Führer hat in seinem Testament jede Kapitulation verboten. Es muß bis zum letzten Mann gekämpft werden.«

Fritzsche blickte zu seinem Techniker hinüber, der hinter Burgdorf in einer der Sprechzellen des Raumes stand. Burgdorf stützte sich gegen den Türrahmen. Es war offenbar, daß er sinnlos betrunken war.

»Auch bis zur letzten Frau?« fragte Fritzsche. Burgdorf schwankte. Er wollte die Waffe heben. Aber es war für den Techniker hinter ihm ein leichtes, seinen Arm in die Höhe zu stoßen.

Der Schuß ging in die Decke. Dann führte der Techniker Burgdorf hinaus. Es war das letzte Auftreten des Mannes, der als Chef des Heerespersonalamtes so viel dazu beigetragen hatte, das deutsche Heer zum willenlosen Werkzeug zu machen. Er jagte sich auf dem Rückweg aus einer zweiten Pistole eine Kugel durch den Kopf.

Zu dieser Zeit suchten die Gruppen aus der Reichskanzlei, die den Ausbruch wagen wollten, ihren nächtlichen Weg durch die brennenden Ruinen der Stadt.

Die Gruppen brachen einzeln auf. In der ersten Gruppe befanden sich der Brigadeführer Mohnke, der Botschafter Hewel, der Admiral Voß, Hitlers Flugzeugführer Bauer sowie einige Frauen.

Mit der dritten Gruppe verließ Bormann das Trümmerfeld der Reichskanzlei. Der ersten Gruppe gelang es, die Spree zu erreichen und sie in der Nähe der Weidendammer Brücke zu überqueren. Die anderen Gruppen waren schon am Bahnhof Friedrichstraße auseinandergeraten. Nur einzeln hatten ihre Mitglieder das Gebiet der Weidendammer Brücke erreicht. Dort aber stießen sie auf sowjetische Panzersperren. Sie warteten dann auf deutsche Panzer, die einen Durchbruch versuchen wollten, und sammelten sich schließlich um diese Panzerwagen. Dabei fanden sich Bormann, Naumann, Axmann, Dr. Stumpfegger, Hitlers zweiter Flugzeugführer, Beetz, und einige andere nochmals zusammen. Sie folgten einem Panzer, der jedoch von einer Panzerfaust getroffen wurde und explodierte. Einige wurden verwundet oder zu Boden geworfen. Darunter auch Bormann. Aber sie fanden sich wieder zusammen. Bormann, Naumann, Axmann, Dr. Stumpfegger und einige andere gelangten bis zum Lehrter Bahnhof.

Dort gerieten sie auseinander. Bormann und Stumpfegger schlugen die Richtung zum Stettiner Bahnhof ein. Die meisten anderen versuchten, nach Westen zu entkommen. Dabei gelang es Naumann, Berlin zu verlassen. Axmann mußte noch einmal umkehren und arbeitete sich jetzt ebenfalls in der Richtung vor, in der Bormann und Stumpfegger verschwunden waren. In der Invalidenstraße sah er beide – nach seiner Überzeugung tot – daliegen. Sie waren gut zu erkennen, denn der Mond beschien ihre Gesichter. Außerdem erleuchteten die Brände den Platz. Auch Axmann gelang es danach, sich nach Westen durchzuschlagen.

Währenddessen war die erste Gruppe, der es gelungen war, die Spree zu überqueren, über die Chausseestraße nach Norden weitergekrochen. In der Nähe der Maikäfer-Kaserne hatte Admiral Voß die Verbindung verloren und war anscheinend von den Russen gefangen worden. Die übrigen krochen und sprangen noch weiter durch den Irrgarten der Trümmer und machten schließlich erschöpft in einem Keller halt. Hier waren Mohnke, Hewel und Bauer noch beieinander. Sie versteckten sich bis zum Nachmittag des 2. Mai. Dann erschienen russische Soldaten vor den Kellertüren.

Vor Mitternacht, kurz nachdem eine Folge von Raketensalven die Trümmer der Innenstadt noch einmal durchwühlte, hatten Junius und ein zweiter Parlamentär Fritzsches den Keller des Propagandaministeriums verlassen.

Die Stunden vergingen. Immer mehr Menschen, Männer,

Frauen und Kinder suchten Zuflucht unter der niedrigen Decke, über der die Schuttmassen schwelten. Fritzsche ließ die vorhandene Verpflegung verteilen und alle Alkoholbestände vernichten, weil er immer wieder gehört hatte, daß die sowjetischen Soldaten am hemmungslosesten waren, wenn sie Alkohollager erbeuteten.

Eine Stunde nach Mitternacht kamen einige derer zurück, die an dem Ausbruchsversuch teilgenommen hatten. Sie berichteten von dem Sturm an der Weidendammer Brücke. Durch überfüllte U-Bahn-Schächte, in denen hilflose Verwundete nach einem Gnadentod schrien, durch ein wirres Durcheinander von deutschen Kampftruppen und sowjetischen Stoßtrupps hatten sie sich zurückgearbeitet.

Endlich, im Morgendämmern des 2. Mai, kamen überraschend die beiden Parlamentäre zurück. Ein deutscher Oberst hatte sich ihnen angeschlossen. So waren sie über die Linien gelangt. Sie hatten ihre Botschaft an Marschall Shukow befördern können. In einem sowjetischen Stab hatte man ihnen mitgeteilt, daß Fritzsche erwartet werde, und ihnen einen sowjetischen Oberstleutnant bis zur Kampflinie mitgegeben.

Fritzsche verabschiedete sich von den wenigen Mitarbeitern, die noch bei ihm waren. Dann machte er sich, zusammen mit dem deutschen Oberst, den beiden Parlamentären und einem Soldaten, der die weiße Fahne trug, auf den Weg. Schließlich schloß sich ihm noch ein Mann an, der bis vor wenigen Tagen unentwegt Hoffnungen und Illusionen verbreitet hatte und der jetzt auch den Mut fand, Verantwortung zu tragen und nicht aus dem Leben oder aus Berlin zu fliehen, Dr. Kriegk.

Die kleine Gruppe zog durch das fürchterliche Trümmerfeld der Innenstadt zum Gendarmenmarkt. Dann arbeitete sie sich durch die Leipziger Straße zurück zum Luftfahrtministerium. Dort stieß sie auf junge Soldaten. Irgendwoher hatten sie von Fritzsches Absicht zu kapitulieren gehört. Sie weigerten sich, so wie die Fanatiker in Königsberg, an die Unwiderruflichkeit des Endes zu glauben. Sie glaubten auch nicht an Hitlers Tod. Erst nach längerer Debatte gelang es dem deutschen Oberst, den Weg für den Weitermarsch frei zu machen.

Die Gruppe gelangte dann zum Anhalter Bahnhof.

In der Nähe stießen sie auf den sowjetischen Oberstleutnant, überschritten die Kampflinie und erreichten schließlich in der Dessauer Straße einen sowjetischen Wagen, der sie nach Tempelhof brachte. Sie fuhren durch ein Meer der Zerstörung, an glühenden Ruinenhaufen, an langen Reihen zerstörter und ausgebrannter Fahrzeuge und wüsten Ansammlungen zerschlagenen Hausrats vorüber.

Sie lasen aus den Gesichtern der Toten vor Kellern und Bunkern, wieviel Entsetzliches sich dort ereignet hatte. Der Wagen hielt schließlich vor einem Mietshaus gegenüber dem Eingang des Flughafens Tempelhof. Dort wurde Fritzsche, zusammen mit dem Dolmetscher Junius, in ein Zimmer geführt, in dem rund 30 sowjetische Offiziere rings um einen großen Tisch auf ihn warteten. Es war in der sechsten Morgenstunde.

Ein Offizier mit großen silbernen Schulterstücken vernahm Fritzsche. Dieser erklärte ihm, daß er gekommen sei, um die Kapitulation für die Innenstadt anzubieten, und daß er nach einer Vereinbarung unter Einsatz seiner Person und seines Namens für die Einhaltung dieser Vereinbarung eintreten werde. Aber während Fritzsche noch sprach, wurde der Offizier mit den silbernen Schulterstücken aus dem Zimmer gerufen. Soeben hatte sich der letzte Kampfkommandant von Berlin, General Weidling, gefangen gegeben und bereit erklärt, die Kapitulation zu vollziehen.

Kurz nach Mitternacht hatten mehrere sowjetische Funk-stellen im Gebiet des Anhalter Bahnhofes einen Funkspruch aufgenommen, den General Weidling durch eine Funkstelle des LVII. Panzerkorps senden ließ. Er lautete: »Hier LVII. deutsches Panzerkorps, LVII. deutsches Panzerkorps. Wir bitten, das Feuer einzustellen. Um 12.50 Uhr Berliner Zeit entsenden wir einen Parlamentär auf die Potsdamer Brücke. Erkennungszeichen weiße Flagge vor rotem Licht. Wir bit-ten um Antwort. Wir warten. Hier LVII. deutsches Panzer-korps.«

Der Spruch wurde so wie der Brief Fritzsches, dessen Parlamentäre eine Stunde früher die Linien überschritten hatten, an Generaloberst Tschuikow weitergereicht. Tschui-kow gab Befehl, den Parlamentär aufzunehmen. Weidling hatte zum Parlamentär einen Oberst ausersehen.

Dieser teilte mit, daß Weidling, nachdem Hitler die in Berlin kämpfenden Truppen im Stich gelassen habe, entschlossen sei, die Waffen zu strecken. Gegen 5 Uhr fuhr der Oberst, begleitet von sowjetischen Offizieren, zur Voßstraße. Dort öffnete sich um 5.30 Uhr die Betondecke über dem Gefechts-stand Weidlings. Die Russen sahen zu, wie ein Soldat mit weißem Tuch am aufgepflanzten Bajonett die Treppe hinauf-stieg. Ihm folgten die Generale Weidling, Wetasch und Schmidt-Danckwart.

Erschöpft, mit aschgrauen Gesichtern, gingen sie zu dem sowjetischen Panzerwagen, der auf sie wartete. Nachdem sich die Panzertür hinter ihnen geschlossen hatte, rollte der Wagen an den Skeletten des Potsdamer und Anhalter Bahn-hofs vorüber und über die Belle-Alliance-Straße nach Tem-pelhof. Schließlich hielt er vor dem Haus, in das am 30. April Krebs geführt worden war.

Tschuikow wartete. Weidling hob die Hand zur Mütze. Aus seinen Augen sprach alles, was er in den letzten Wochen und

Tagen erlebt und was ihn als Soldaten, voller festumrissener Gehorsams- und Ehrbegriffe am schwersten getroffen und dazu bewogen hatte, ein Ende zu machen. Er war seinen anerzogenen Begriffen von Treue und Gehorsam bis zu dem Augenblick gefolgt, in dem Hitler sich ohne ein Wort des Abschieds an seine Soldaten aus dem Leben und aus der Verantwortung gestohlen hatte.

Weidling las den Inhalt einer Kapitulationsurkunde, die ihm vorgelegt wurde. Er unterzeichnete sie mit einer Hand, deren Zittern nur mühsam beherrscht war. Er überflog ein zweites Blatt, das ihm zur Unterschrift vorgelegt wurde.

»Berlin, den 2. Mai 1945. Am 30. April hat der Führer uns, die wir ihm die Treue geschworen hatten, im Stich gelassen. Auf Befehl des Führers glaubt ihr noch immer, um Berlin kämpfen zu müssen, obwohl der Mangel an schweren Waffen, an Munition und die Gesamtlage den Kampf als sinnlos erscheinen lassen.

Jede Stunde, die ihr weiterkämpft, verlängert die entsetzlichen Leiden der Zivilbevölkerung Berlins und unserer Verwundeten. Im Einvernehmen mit dem Oberkommando der sowjetischen Truppen fordere ich euch daher auf, sofort den Kampf einzustellen.

Weidling, General der Artillerie und Befehlshaber des Verteidigungsbereichs Berlin.«

Weidling zögerte einen Augenblick, aber dann unterzeichnete er auch dies.

Man führte ihn wieder auf die Straße. Der Panzerspähwagen fuhr ihn nach Johannisthal hinaus. Er blickte auf die endlos marschierenden Kolonnen der Rotarmisten, auf die Rudel von Panzern, auf die Batterien der sowjetischen Artillerie und auf die grauen, trostlosen Haufen seiner eigenen Soldaten, die schon in Gefangenschaft geraten waren und an den Straßenrändern zwischen Ruinen auf ihr Schicksal warteten.

In Johannisthal hielt der Wagen vor einem einstigen Filmatelier. Weidling tat müde und hoffnungslos, was General Lasch in Königsberg, General Mattern in Posen getan hatten. Er vollzog noch einmal die Geste der Kapitulation vor den Kameras der sowjetischen Wochenschau und sprach den Befehl an seine Truppen, den er in Tschuikows Zimmer unterzeichnet hatte, in ein Mikrophon. Dann nahm der Wagen den General wieder auf und brachte ihn in die Gefangenschaft.

Russische Lautsprecher und russische Flugblätter trugen den Text von Weidlings Aufruf durch Trümmer und Brand und den Lärm der Gefechte zu den deutschen Kampfgruppen, die sich noch in den Ruinen der Innenstadt und im Berliner Westen zur Wehr setzten. In der Stadtmitte folgten die meisten Gruppen Weidlings Kapitulationsaufforderung. Andere kämpften weiter oder versuchten, zwischen den Zivilisten unterzutauchen oder sich im Schutz der nächsten Nacht durch das Gewirr der Fronten nach Westen durchzuschlagen. In Halensee wurde buchstäblich bis zum letzten Mann gekämpft. Eine in Pankow stehende stärkere Kampfeinheit versuchte einen geschlossenen Ausbruch nach Westen. Sie zerflatterte in wilden verzweifelten, erbarmungslosen Kämpfen Mann gegen Mann.
Im Berliner Westen versuchten mehrere Gruppen, der gefürchteten sowjetischen Gefangenschaft durch geschlossene Ausbruchsversuche zu entkommen. Überall schlossen sich ihnen Frauen und Kinder an. Frauen stürmten, ihre Kinder auf dem Arm, mit in der vordersten Linie und gingen im Feuer zugrunde. Einer dieser Ausbruchsversuche wurde von den dezimierten Resten der Division Müncheberg unternommen. Der gleiche Ordonnanzoffizier, der über die Kämpfe des LVII. Panzerkorps und der Division Müncheberg in

den Straßen Berlins einen tagebuchartigen Bericht geschrieben hatte, notierte über diese »letzten Tage der Verzweiflung«:

»*1. Mai 1945.* Wir liegen jetzt im Aquarium. Ringsum breitet sich Trichter an Trichter. Die Straßen scheinen zu dampfen. Der Leichengeruch wird zeitweise unerträglich. In der letzten Nacht haben in einer Etage über uns trotz des ununterbrochenen schweren Artilleriefeuers Polizeioffiziere und Polizeisoldaten Abschied vom Leben gefeiert. Männer und Frauen liegen am Morgen betrunken und eng umschlungen auf den Treppen. Auf der Straße blickt man durch die gähnenden Einschlaglöcher in den Straßendecken in die U-Bahn-Schächte hinab. Man hat den Eindruck, als ob dort unten Menschen in Schichten aufeinanderlägen ... Jeder in unserem Gefechtsstand, einschließlich General Mummert, ist in den letzten Tagen zum zweiten- oder drittenmal verwundet worden. Der General trägt den rechten Arm in der Schlinge. Wir alle kennen nur noch zwei oder drei Stunden Schlaf am Tag und gleichen wandelnden Skeletten. Die Funker horchen hinaus. Aber es gibt keine Meldungen ... Nur ein Gerücht besagt, Hitler sei gefallen ... Nur noch von einem wird gesprochen, sich nicht gefangen zu geben, sondern, falls Hitler wirklich tot ist, irgendwohin nach Westen durchzubrechen. In den Augen der Zivilisten gibt es auch keine Hoffnungen mehr. Niemand spricht mehr von Wenck. Den ganzen Vormittag über dröhnt die Erde. Sprühend steigen Feuersäulen auf, und weit und breit platzen die Geschosse von Granatwerfern und Stalinorgeln ...
Nach Mittag müssen wir zurück ... Wir bringen unsere Verwundeten in den letzten Schützenpanzerwagen in die Heereskleiderkasse ...

Die Division hat alles in allem noch fünf Panzer und vier Geschütze. Ein Teil kämpft jetzt vor dem Zoobunker, in dem Tausende dem Ersticken nah sein müssen. Die Gedächtniskirche wird von den Russen genommen. Am späten Nachmittag neue Gerüchte, daß Hitler gefallen sei und daß Kapitulationsverhandlungen im Gange sind. Das ist alles. Zivilisten fragen uns, ob wir ausbrechen werden.

Sie wollen sich uns anschließen. Ihre Gesichter, seit Wochen kaum noch gewaschen, bleiben unvergeßlich …

Die Russen verfolgen immer wieder ihre Taktik des unterirdischen Vorgehens. Plötzlich steigen sie irgendwo in unserem Rücken aus den Schächten herauf. Unten hört man während der Feuerpausen das Geschrei der Zivilisten, die auf den Bahnkörpern liegen. Vor Einbruch der Dunkelheit gelingt es einem Spähtrupp, über die Spandauer Brücke vorzustoßen und in Spandau nur schwächere russische Kräfte festzustellen … Es entsteht der Plan, über Spandau nach Westen aufzubrechen.

Der russische Druck aus der Budapester Straße ist nicht mehr länger aufzuhalten. Wir müssen weiter zurück. Verwundete schreien in den Kellern. Es gibt kein Mittel mehr, ihre Schmerzen zu lindern. Hier und da stürzen Frauen trotz des Feuers, die Fäuste an die Ohren gepreßt, aus den halbverschütteten Kellereingängen, weil sie das Schreien nicht länger ertragen können.

2. Mai … Endlich Verbindung mit einer übriggebliebenen Gruppe der 18. Panzergrenadierdivision. Anfrage, ob sie sich einem Ausbruchsversuch anschließen will. Sie lehnt ab, solange kein höherer Befehl vorliegt …

Am Nachmittag Kapitulationsflugblätter. Sowjetische Lautsprecher, die einen angeblichen oder tatsächlichen Kapitulationsaufruf Weidlings zu uns herüberschreien. Die Flak auf dem Zoobunker feuert immer noch. Ein paar abgehetzte Landser und Zivilisten, die schon hinter der sowjetischen Front gewesen sind, schlagen sich zu uns durch. Sie sind ohne Ausnahme verwundet, auch die Frauen. Sie sind schweigsam. Sie deuten nur mit wenigen Worten an, was sie drüben gesehen und erlebt haben. Die 18. Panzergrenadierdivision meldet sich. Teile von ihr wollen sich jetzt unserem Ausbruch anschließen.

3. Mai. Im Morgengrauen Angriff auf die Havelbrücke bei Spandau, die nach Spandau-West führt ... Die Brücke liegt dauernd unter schwerem Feuer ... Die Brücke wird genommen. Sie ist nur im Sprung zu überqueren. Aber die Verzweiflung treibt eine Masse von Flüchtlingen jeden Alters darauf zu. Sie fallen reihenweise. Die letzten Panzer und Fahrzeuge, die noch einsatzbereit sind, bahnen sich einen entsetzlichen Weg durch wirre Haufen von menschlichen Körpern. Die Brücke schwimmt in Blut, als wir darüber hinwegspringen. Die Nachhuten halten nicht mehr. Sie fiebern nach Westen. Sie wollen nicht im letzten Augenblick fallen ... General Mummert wird beim weiteren Angriff auf den Flugplatz Staaken vermißt. Der erste Angriff auf Staaken gelingt nicht. Erst der zweite Angriff gelingt ... Immer noch versuchen Zivilisten, mit durchzubrechen.

4. Mai. Hinter uns brennt Berlin. Außer uns müssen noch viele andere Gruppen kämpfen. Der Himmel glüht in einem hellen Rot, das von hellen Blitzen durchzuckt wird. Rings um unsere Gruppe das Feuer sowjetischer Panzerkanonen ... Wir kämpfen uns an Fort Hahneberg vorbei. Immer wieder stoßen wir auf Flüchtlingskolonnen, die ziellos umherirren. Sie bitten weinend um Führung und Hilfe. Aber wir selbst sind am Ende. Im Morgengrauen erreichen einzelne Kolonnen den Truppenübungsplatz Döberitz. Hier stoßen wir auf weit überlegene Russen.

Unsere Munition geht zu Ende ... Wir werden völlig aufgesplittert. In kleinen Gruppen versuchen wir uns weiter durchzuschlagen. Wir erreichen den Beetzsee und verstecken uns im Schilf, um in der Nacht weiterzumarschieren. In der Ferne grollen unentwegt Geschütze, und die Feuerwolke – jetzt hellrosa vom Licht des Tages – liegt breit und flach über Berlin.«

Das war das Ende einer Division, die in Berlin gekämpft hatte. Der Ausbruch gelang nur wenigen.

Ausgebrannt, mit apathischen, von Müdigkeit, Enttäuschung, Verbitterung oder der ersten Ahnung einer zu spät erkannten Wirklichkeit gezeichneten Gesichtern, stiegen die überlebenden Soldaten und Volkssturmmänner aus den Kellern, Höhlen und Schächten. Sie sammelten sich, wie in allen anderen verlorenen Städten des Ostens, in den Ruinenfeldern zu verlorenen Haufen. Sie formierten sich zu endlosen Zügen, die den Marsch aus Berlin nach Osten antraten. Sie ließen die Berliner Bevölkerung zurück, die das Schicksal der Besiegten erlebte, das der Bevölkerung Ostdeutschlands in den vorangegangenen Monaten zuteil geworden war – um Nuancen abgeschwächt, weil Gier und Haß in den vorangegangenen Monaten schon so viel Beute gefunden hatten.

Als die Nacht vom 30. April zum 1. Mai über dem Gebiet von Beelitz, Ferch, Petzow hereinbrach, wußten Wencks schwerkämpfende Divisionen und Divisionsreste nichts vom Ende des Dramas, das sich in Berlin vollzog.

Der Druck der sowjetischen Übermacht wurde von Stunde zu Stunde stärker. Aber die jungen Soldaten behaupteten den Keil, in dem sie vorgestoßen waren.

Während die letzten Teile der Potsdamer Besatzung in

Ruderbooten über den Schwielowsee kamen und aufgenommen wurden, rollten hinter den Frontabschnitten immer noch Trecks der Bevölkerung und Verwundetenkolonnen aus Lazaretten nach Westen der Elbe zu. Pendelzüge rollten trotz dauernder Luftangriffe hin und her. Sie brachten allein aus Beelitz dreitausend Verwundete an die Elbe. Mit den Deutschen wurden Angehörige der aus Berlin geflohenen Schweizerischen Gesandtschaft, Teile der Schweizer Kolonie von Berlin und Angehörige der Dänischen Gesandtschaft an die Elbe bei Tangermünde gebracht.

Wenck selbst war von Frontabschnitt zu Frontabschnitt unterwegs. Er sah die zunehmende Erschöpfung. Aber er sagte seinen Soldaten, weshalb sie aushalten müßten, weshalb sie so viele Opfer auf sich nehmen müßten.

In den frühen Morgenstunden des folgenden Tages stiegen gegenüber den vorderen Linien zwischen Treuenbrietzen und Beelitz Leuchtkugeln hoch. Sie zeigten an, daß die Angriffsspitzen der 9. Armee dicht vor der Front Wencks standen. Wenige Stunden später, nach mehrfachem Hin und Her von Angriff und Gegenangriff, vereinten sich Busses Spitzen mit der 12. Armee.

Noch bis zum Abend des 1. Mai dauerten die Kämpfe an der Aufnahmestelle an. Von allen Seiten drängten sowjetische Einheiten. Aber als die Nacht zum 2. Mai hereinbrach, befanden sich die Reste der 9. Armee nach dem fürchterlichen Weg aus ihrem Einschließungsraum westlich der Oder bis nach Beelitz hinter den Wenckschen Linien.

Es waren vielleicht noch dreißigtausend Mann, die sich um General Busse scharten. Dazu einzelne Haufen von Zivilisten, die sich an die Kampfgruppen geklammert hatten. Busses Stabschef, General Hölz, war in den Kämpfen gefallen. Nur der Wille, sich nach Westen zu retten, hatte die ausgebrannten Schlacken einstiger Divisionen und Regimenter mit einer Handvoll noch fahrbereiter Panzer immer wieder vorwärtsgetrieben. Auch hier waren Frauen, ihre Kinder auf dem Arm, mit den Panzern vorgegangen.

In dem Augenblick, in dem sich die Linien der 12. Armee für die todmüden Haufen öffneten, brach die kolossale Überspannung ihres Lebenswillens zusammen.

Sie sanken plötzlich an den Straßen hin. Sie waren am Ende. Kein noch so scharfer Befehl, keine Drohung mit Strafen, kein Hinweis darauf, daß die 12. Armee sich selbst nur noch kurze Zeit halten konnte, waren in der Lage, die in sich zusammenfallenden Haufen wieder in Bewegung zu bringen. Sie konnten nicht mehr.

Wenck blieb nichts anderes übrig, als fast die gesamten Transportmittel, die ihm noch zur Verfügung standen, für den Transport der Reste der 9. Armee an die Elbe einzusetzen.

Wenck verlangte noch einmal Übermenschliches von seinen Divisionen. Aber sie hielten stand.

Nur im Norden durchbrachen sowjetische Panzerkolonnen in der Frühe des 2. Mai die lückenhafte Front und stießen bis Havelberg an der Elbe vor. Das XX. Armeekorps war gezwungen, Kräfte an seinen Nordflügel zu werfen und den Russen ein Vordringen nach Süden, an der Elbe entlang, zu verwehren. Aber auch das gelang.

Als die Abtransporte der Überlebenden der 9. Armee rollten, begannen am 3. Mai die Rückzugskämpfe an der gesamten Front. Wencks Armee bildete jetzt, mit dem Rücken gegen die immer noch untätig abwartende Elbefront der Amerikaner stehend, einen Brückenkopf, der aus dem Gebiet südlich Havelberg mit der weit vorgetriebenen Spitze bis in das Gebiet nördlich Wittenberg reichte. Die Amerikaner verhinderten Versuche der am Ostufer der Elbe aufgestauten zivilen Flüchtlinge, den Fluß zu überschreiten. Nur durch die

Vermittlung zufällig anwesender Vertreter des Internationalen Roten Kreuzes gelang an der Front des Brückenkopfes Barby die Überführung deutscher Verwundetentransporte an das Westufer des Flusses. Die Lage verlangte nach einer Entscheidung.

Wenck hatte bisher gezögert, den Amerikanern die Kapitulation seiner Armee anzubieten. Von Hitlers Tod hatte er am 2. Mai durch Radiomeldung erfahren. Solange die Aufnahme der 9. Armee nicht abgeschlossen, der Verlauf des Rückzuges auf die Elbe nicht klar war, war er nicht in der Lage, bindende Zusicherungen bezüglich der Überführung seiner Armee in amerikanische Kriegsgefangenschaft zu machen. Jetzt, wo die Rückzugskämpfe im Gange waren, wo die Verwundeten und die Erschöpften der 9. Armee am Ostufer der Elbe warteten oder auf das Ufer zurollten, entschloß er sich zum Angebot der Kapitulation.

Am 4. Mai überquerten seine Parlamentäre, geführt durch den Freiherrn von Edelsheim, die Elbe. Ein amerikanischer Wagen brachte sie nach Stendal. Dort wurden sie in das Rathaus geführt, in dem die 9. amerikanische Armee ihr Hauptquartier aufgeschlagen hatte.

Von Edelsheim trug ein schriftlich niedergelegtes Kapitulationsangebot bei sich, das er dem amerikanischen Armeekommando übergab. Es enthielt im wesentlichen folgende Punkte:

1. Die deutsche 12. Armee hat den Kampf gegen ihren bisherigen Gegner im Westen eingestellt.
2. Die deutsche 12. Armee wird den Abwehrkampf gegen die von Osten vordringende russische Armee bis zur letzten Patrone fortsetzen.
3. Die deutsche 12. Armee ersucht den Oberbefehlshaber der amerikanischen 9. Armee, ihr, dem zahlreichen waf-

fenlosen Gefolge und der heimatlosen, vor den Russen fliehenden Zivilbevölkerung einen kampflosen Übergang über die Elbe sowie eine ehrenvolle Übergabe zu gewähren.

4. Insbesondere bittet das Oberkommando der 12. Armee um:

   a) Übernahme der Verwundeten und Kranken;
   b) sofortige Gewährung des Übergangs der deutschen Zivilflüchtlinge aus dem Osten, meist Frauen und Greise und Kinder, über die Elbe sowie um Zuweisung von Sammelräumen für die Flüchtlinge;
   c) Gewährung des Übergangs der Truppen der 12. Armee an folgenden Stellen: bei Stendal, Tangermünde und Ferchland;
   d) Gewährung des Übergangs in folgender Reihenfolge: Verwundete und Sanitätsversorgungsdienste, Waffenlose (meist Angehörige der 9. deutschen Armee), Wehrmachtsgefolge und Versorgungstruppen, Kampftruppen der 12. Armee mit Handwaffen;
   e) Gewährung einer Hilfeleistung beim Übergang durch Brückengeräte und Pioniere.

Während von Edelsheim im Rathaus zu Stendal auf die amerikanische Entscheidung wartete, lagen die Divisionen Hutten, Jahn, Körner und Scharnhorst immer noch in verlustreichen Abwehrkämpfen. Fast ohne schwere Waffen, mit versiegender Munition behaupteten sie den Zusammenhalt ihrer langsam zurückweichenden Brückenkopffront.

An der Elbe selbst warteten die unter freiem Himmel lagernden Flüchtlinge zusammen mit den Resten der 9. Armee. Sie konnten drüben die amerikanischen Postierungen erkennen. Im Osten hörten sie das Grollen der sowjetischen Artillerie. Sie sahen zum Himmel hinauf, besorgt um die sowjetischen Tiefflieger, die immer wieder angriffen und Tote, Verwundete und zerstörte Wagen zurückließen.

Nach mehreren Stunden kam von Edelsheim zurück. Er meldete, daß er korrekt empfangen und behandelt worden sei und daß das Oberkommando der 9. amerikanischen Armee bereit sei, die Kapitulation der Armee Wenck anzunehmen und Wencks Bedingungen mit zwei Ausnahmen anzuerkennen. Die Amerikaner lehnten jede Unterstützung beim Übergang über die Elbe ab. Sie verweigerten ferner den Übergang von Zivilpersonen und Flüchtlingen jeder Art.

Wenck ließ sich zweimal berichten. Er verstand nicht, daß man seiner Armee den Weg nach Westen öffnen wollte, während man die hilflosen Flüchtlinge dazu verdammte, doch noch in die Hand derer zu fallen, vor denen sie zum Teil über Hunderte von Kilometern durch Eis und Schnee und tausend Nöte und Gefahren geflohen waren. Aber man hatte von Edelsheim nur Entscheidungen, keine Gründe mitgeteilt. Sowohl er als auch Wenck wußten zu dieser Stunde noch nicht, weshalb die Amerikaner tatenlos an der Elbe stehengeblieben waren und zusahen, wie die sowjetischen Armeen immer weiter nach Westen marschierten. Wenck wußte nichts über die Entscheidungen einer Konferenz in Jalta, in der zwischen Stalin, Roosevelt und Churchill über die Aufteilung Deutschlands zwischen den sowjetischen Truppen und den westlichen Alliierten entschieden worden war. Er kannte auch nicht die Illusionen, welche die westliche Welt über die Ziele ihres sowjetischen Verbündeten erfüllten.

Wenck würde auch ohne materielle Unterstützung der Amerikaner seine Armee über die Elbe bringen. Aber die Flüchtlinge, die bisher zu ihm aufgesehen hatten und die jenseits der Elbe Rettung erhofften?

Von Edelsheim überquerte nochmals die Elbe, um über das

Schicksal der Zivilisten zu verhandeln. Aber er erfuhr nochmals höfliche, hier und da vielleicht mitleidige, doch klare Ablehnung. Als er darauf hinwies, weshalb all jene Flüchtlinge seit Wochen ihre Heimat verlassen hatten, als er etwas von jenem ungeheuren Sturm der Schrecken und des Entsetzens zu berichten versuchte, der in den letzten Monaten über Ostdeutschland hinweggebraust war, sah er nur ungläubige Gesichter. Man sagte ihm mit aufkommendem Mißtrauen, Versuche, in letzter Stunde noch Zwietracht zwischen der Sowjetunion und den westlichen Alliierten zu säen, seien nicht angebracht. Mehr erfuhr er nicht. Mehr erfuhren auch die Unterhändler anderer deutscher Armeen und des Großadmirals Dönitz, die um die gleiche Zeit oder später den Versuch unternahmen, zu kapitulieren und der Masse deutscher Soldaten und Zivilisten aus dem Osten den Weg nach Westen zu öffnen, nicht.

Für von Edelsheim wäre es sinnlos gewesen zu erklären, daß die deutsche 12. Armee nur dann vor den Amerikanern kapitulieren werde, wenn diese auch den Flüchtlingen den Weg nach Westen öffneten. Die Haltung seiner Gegenüber ließ keinen Zweifel daran, daß man dann auf die Kapitulation verzichten und die Armee dem unvermeidlichen Schicksal überlassen würde, östlich der Elbe von sowjetischer Übermacht vernichtet zu werden oder aber vor dieser sowjetischen Übermacht zu kapitulieren.

Das Schicksal der Flüchtlinge wurde durch das Opfer der Armee nicht gebessert. Wenn es zum Kampf bis zum letzten kam, würde es nur noch verschlimmert werden und die Flüchtlinge in den Strudel des letzten Verzweiflungskampfes hineinreißen.

Von Edelsheim berichtete Wenck, daß es nur den Ausweg gebe, so viele Flüchtlinge wie möglich gegen den Willen der Amerikaner, mit den Truppen vermischt und sozusagen im

Schatten der Truppen sowie der Verwundetentransporte über die Elbe zu bringen. Wenck stimmte zu.

In der Nacht zum 5. Mai begann der Transport der Verwundeten, der Waffenlosen, der rückwärtigen Dienste und getarnten Flüchtlinge über den Strom. Das Übersetzen geschah reibungslos.

Der Lärm der Front rückte immer näher. Aber bis zum Abend des 6. Mai gelang es überall, den Zusammenhalt an der Brückenkopffront zu wahren. Dann ging die Munition zu Ende. Es gab Einbrüche, die nur mühsam abgeriegelt werden konnten.

Wenck erteilte daher den Kommandanten der Elbeübergänge den Befehl, den Übergang der nichtkämpfenden Truppen und der Zivilisten bis zum Morgen des 7. Mai zu beenden und dann Stege und Fähren für die zurückgehenden Frontverbände freizuhalten.

Das Absetzen bis an das Ostufer der Elbe gelang fast überall, auch wenn bis zum letzten Augenblick gekämpft wurde.

Als Wenck selbst in den Abendstunden des 7. Mai im Schlauchboot über die Elbe fuhr, geschah es im Feuer sowjetischer Maschinengewehre, die dicht am Ostufer Stellung bezogen hatten. Er landete auf dem Westufer in dem Bewußtsein, daß rund hunderttausend seiner Soldaten und der Soldaten der 9. Armee zwischen Havelberg und Ferchland über die Elbe in amerikanische Gefangenschaft gelangt waren und daß es darüber hinaus gelungen war, insgeheim einige zehntausend Flüchtlinge über den Strom zu bringen. Er wußte nicht, wie viele noch hatten zurückbleiben müssen. Diese unbekannte Zahl verfolgte ihn. Aber er wußte, daß es nichts in seiner Macht gab, das das Schicksal der nun Zurückbleibenden hätte ändern können – auch nicht das eigene Opfer.

Auf eigene Faust versuchten noch Tausende, den rettenden

Strom zu überqueren; auf Flößen, an Balken geklammert und auf Fässern sitzend. Manche benutzten Boote, welche die Soldaten bewußt zurückgelassen hatten. Viele stießen auf dem westlichen Ufer auf amerikanische Soldaten, die nicht verstanden, weshalb sie diesen Gehetzten den Weg versperren sollten. Aber die meisten wurden zurückgewiesen.

Als der Großadmiral Dönitz am Nachmittag des 30. April kurz nach 18 Uhr den ersten Funkspruch Bormanns über seine Ernennung zum Nachfolger Hitlers erhielt, befand er sich mit einem kleinen Stab in dem sogenannten Lager »Forelle« bei Plön in Holstein.

Als Shukow die Oderfront durchbrochen und den Marsch nach Berlin angetreten hatte, war Dönitz nur durch einen glücklichen Zufall der Gefangennahme in seinem damaligen Hauptquartier, dem sogenannten Lager »Koralle« bei Bernau nördlich von Berlin, entronnen.

Er hatte sich für einen Tag nach Berlin begeben, noch einmal Hitler gesehen und war dann am frühen Morgen des 23. April inmitten der Flut gehetzter Menschen, die das halb eingeschlossene Berlin nach Nordwesten verließen, nach Eutin gefahren. Ein gepanzerter Mercedes und eine Handvoll anderer Kraftwagen brachten ihn, seine Familie, einen Chef des Stabes, Davidson, die Admirale Wagner und Machens, sowie einige weitere Personen in das kleine Barackenlager, das den Namen »Forelle« trug.

Da Keitel und Jodl selbst nach Mecklenburg übergesiedelt waren, kam Dönitz zunächst nicht dazu, das Amt des »Oberbefehlshabers Nord« zu übernehmen. Ihm blieb keine andere Tätigkeit als die Führung der immer mehr zusammenschrumpfenden Kräfte der Kriegsmarine und ein Abwarten der Dinge, die sich in und um Berlin vollziehen würden.

Dönitz' Schicksal lag in seinem Aufstieg begründet. Er war ein ausgezeichneter U-Boot-Fachmann, mit Phantasie, Tatkraft und Beweglichkeit. Er war mit der Fähigkeit begabt, ein festes Vertrauensverhältnis zu der Masse seiner U-Boot-Fahrer zu gewinnen, das im Kern selbst die Krisenzeiten der Jahre 1943 und 1944 überdauerte. Er war keine geistige Persönlichkeit, und politisch war er ohne Erfahrung und Instinkt. Aber er war keineswegs immer der Gefolgsmann Hitlers gewesen, als der er in den Jahren 1943 bis 1945 in zunehmendem Maße in den Vordergrund trat. Vor seiner Ernennung zum Oberbefehlshaber der Kriegsmarine hatte er seinem Stab erklärt, der liebe Gott möge verhüten, daß Hitler sich einmal in die Führung der U-Boot-Waffe einmische, denn dann werde Hitler mit jedem einzelnen U-Boot spielen wie mit Schiffchen in der Badewanne. Und auch in den ersten Monaten nach seiner Ernennung hatte er seiner Umgebung mehr als einmal erklärt, er danke Gott, daß er sich wieder für einige Tage vom Führerhauptquartier entfernen und frische Luft atmen könne, um die Klarheit der Gedanken zurückzugewinnen. Aber schließlich war er mehr und mehr ein Gefangener der Maschine geworden, in die er nach seiner Ernennung hineingeworfen worden war.

Dönitz wäre kraft seiner Persönlichkeit nie bis zum Range eines Großadmirals emporgestiegen, wenn ihn nicht die ungewöhnlichen Verhältnisse gefördert hätten. In einer Flotte, deren schwache Überwasserkräfte bald erschöpft waren und deren einzige bedeutende Kampfkraft schließlich in der U-Boot-Waffe lag, mußten deren Befehlshaber von selbst zur leitenden Position emporsteigen, als Hitler 1943 die Verschrottung der in seinen Augen nutzlosen Überwasserflotte verlangte und der bisherige Oberbefehlshaber der Marine, Raeder, über dieser Forderung – müde und resigniert – zurücktrat. Er mußte dies um so mehr, weil er das unbedenklichere Draufgängertum eines geistig unkomplizierten Frontsoldaten verkörperte, das Hitlers Forderungen leichter folgte als die unbequeme Skepsis weiterblickender Admirale.

Vielleicht hätte der schnelle Aufstieg nicht genügt, um Dönitz bis zu Hitlers Tod zu einem Verfechter der Größe Hitlers, des Siegeswillens und der Siegessicherheit zu machen. Es kam noch etwas anderes hinzu. Das war der Niedergang des U-Boot-Krieges durch den gegnerischen Einsatz von Radargeräten, kurz nachdem Dönitz Oberbefehlshaber der Kriegsmarine geworden war. Einmal hineingezogen in die Rivalitäts- und Machtkämpfe rings um Hitler und infolge seiner vorangegangenen Erfolge mit ungewöhnlichen Erwartungen in diesen Kreis aufgenommen, sah Dönitz sich gezwungen, entweder wieder von der Höhe, die er erklommen hatte, gestürzt zu werden oder aber durch stete Bekundung seines Glaubens an den Sieg, durch Versprechungen und schließlich durch Täuschungen über den Stand der Neuentwicklung der U-Boot-Waffe sowie durch den tragischen, menschenmordenden Einsatz behelfsmäßiger Kleinkampfmittel die Basis zu ersetzen, die ihm durch die Radargeräte und britisch-amerikanische Übermacht entrissen worden war.

Es hatte auch dann noch Stunden gegeben, in denen er in seinem eigenen Kreis klaren Blick bewies. Die Klarheit war jedoch verloren, wenn er von einer Lagebesprechung bei Hitler zurückkehrte. Die Art, Seeleute und ganz junge Menschen auf überstürzt hergestellten Klein-U-Booten hinauszuschicken und Hitler gegenüber mit Meldungen über ihre Erfolge die Notwendigkeit der Kriegsmarine zu beweisen, während sich der Einsatz neuer mehr oder weniger gegen die Radarwirkung abgeschirmter U-Boote immer weiter verzögerte, gehörte bereits zu den anfechtbaren Seiten seines

Wesens. Und doch war Dönitz ein Mann geblieben, der nicht, wie Hitler oder Bormann oder Himmler, Keitel, Burgdorf, Goebbels und andere, die innere Herzensverbindung zu der Masse und zu deren menschlichem Elend verloren hatte. Die Macht des Apparates, in dessen Mittelpunkt Hitler stand, war nur stärker gewesen als er. Die Hybris der abstrakten Ideen von der Gewalt des Willens, von der Herrschaft des Stärkeren, von der Berechtigung jedes Opfers für die Zukunft der Deutschen, von der Nichtswürdigkeit unterlegener Rassen, von der Brutalität als Grundlage des Überlebens hatte Dönitz nicht verschont und seine Seele gespalten. Daß dem so war, zeigte sich von dem Augenblick an, in dem der Bann Hitlers ihn freigab.

Die Macht des toten Hitler und die Macht seiner Ideenwelt wirkten auch dann noch bis in die Phraseologie hinein in Dönitz nach. Aber man vermochte zu verfolgen, wie sein ursprünglich einfacher, gesunder Menschenverstand wieder Besitz von ihm ergriff und wie er, wenn auch unter Irrtümern und Illusionen, ohne langes Zögern das tat, was nicht dem Regime, seinen Angehörigen oder einer heroischen Untergangslegende, wohl aber den leidenden Millionen in letzter Stunde helfen konnte.

Die aufeinanderfolgenden Telegramme Bormanns, Goebbels' und wieder Bormanns, welche die Nachfolgerschaft Dönitz' immer mehr präzisierten, kamen für Dönitz nicht völlig überraschend. Seit dem großen Auszug aus Berlin hielten sich in dem nahegelegenen Eutin mehrere Minister der Reichsregierung auf. Unter ihnen befand sich neben Ribbentrop, Rosenberg, Dorpmüller und Speer der Finanzminister Schwerin von Krosigk, der in einer gewissen Abseitigkeit alle Wechselfälle der Hitlerschen Regierungszeit überdauert hatte. Er war keine überdurchschnittliche Persönlichkeit, sondern ein Beamter konservativer Richtung, der wenig Reibungsflächen bot und sich, wie tausend andere, von der nationalen Seite des Nationalsozialismus hatte mittragen lassen. Gerade seiner äußeren Farblosigkeit hatte er es zu verdanken, daß er immer noch in seinem Amt war.

Schwerin von Krosigk hatte Anschluß an Dönitz gefunden. Dabei war die Frage behandelt worden, was eigentlich geschehen solle, wenn Hitler in Berlin »ausfalle«, keinen Nachfolger ernenne oder dieser Nachfolger von einem anderen, etwa Himmler, nicht anerkannt werde, weil er sich übergangen fühle. Seit Bormann Dönitz am Abend des 23. April mitgeteilt hatte, Göring habe im Süden geputscht und Dönitz müsse im Norden gegen alle etwaigen Verräter vorgehen, war man sich in Plön und Eutin darüber im klaren, daß Göring als Nachfolger Hitlers nicht mehr in Frage kam. Schwerin von Krosigk hatte es seitdem nicht für unmöglich gehalten, daß Dönitz die Nachfolge Hitlers antreten würde. Er meinte, Hitler werde einen Nachfolger erst in dem Augenblick bestimmen, in dem er einsehe, daß nur noch eine Kapitulation übrigbleibe, die selbst zu vollziehen ihm sein grenzenloser Trotz verbiete. Zur Durchführung einer Kapitulation aber sei ein militärischer Führer notwendig, und dazu komme nach dem Ausfall Görings nur noch Dönitz als Oberbefehlshaber der Kriegsmarine in Betracht, da das Amt des Oberbefehlshabers des Heeres schon lange unbesetzt sei. Schwerin von Krosigk folgte dabei seiner Wesensart, die immer noch in Begriffen der Routine, des Protokolls oder des üblichen Staatsrechts dachte, wo Hitler nur nach Eingebung, Laune oder Machtvollkommenheit handelte.

Himmler – von dem Geheimnis seiner Unterredung mit Bernadotte und den Hoffnungen auf ein Zusammentreffen mit Eisenhower erfüllt, gleichzeitig aber von der Furcht, sein Geheimnis könne zu früh entdeckt werden, geängstigt – äußerte zuversichtlich, daß Hitler ihn nach der Verhaftung

Görings zum Nachfolger ernennen würde. Aber er stimmte einer Vereinbarung zu, nach der er sich Dönitz unterstellen wolle, wenn Hitler diesen zum Nachfolger ernenne, während umgekehrt Dönitz sich ihm unterstellen wollte, sofern Himmler Hitlers Nachfolger werden sollte. Am frühen Morgen des 30. April hatte Dönitz jedoch den Funkspruch Bormanns erhalten, in dem dieser ihn über das Kapitulationsangebot Himmlers an Bernadotte unterrichtet und ihn aufgefordert hatte, »blitzschnell und stahlhart« vorzugehen. Dönitz, der zu diesem Zeitpunkt noch von Vorstellungen über die allumfassende Macht Himmlers erfüllt war und nur über schwache eigene Landverbände verfügte, verabredete mit Himmler ein Zusammentreffen in Lübeck. Dabei hatte Himmler – von Furcht befallen – jeden Versuch, mit der Gegenseite zu verhandeln, abgestritten. Dönitz hatte ihm geglaubt und war nach Plön zurückgekehrt. Es war aber klar, daß Himmler, gleich, ob schuldig oder nicht, ebenfalls als Nachfolger Hitlers ausschied. Aus diesem Grunde war Dönitz nicht völlig unvorbereitet, als ihn Bormanns erstes Telegramm vom 30. April erreichte.

Ein Bericht des Adjutanten des Großadmirals Dönitz, Lüdde-Neurath, und die stenographische Mitschrift von Aussagen, die Schwerin von Krosigk nach dem Ende des Krieges machte, wurden wesentliche Quellen über Dönitz' Verhalten und Dönitz' Entscheidungen von dem Augenblick an, in dem er sich als Nachfolger Hitlers mit der Verantwortung für das Schicksal der Millionen in den noch umkämpften Gebieten Deutschlands belastet sah.

Es blieb unbekannt, wie Dönitz gehandelt hätte, wenn das Testament Hitlers mit der Verpflichtung, den Kampf weiterzuführen, in seine Hände gelangt wäre. Die Frage, ob der Wille des Toten hier noch einmal seine Wirkung auf den

Mann entfaltet hätte, der sich erst seit dem 23. April mehr und mehr aus dem Machtbereich Hitlers entfernte und sich zu eigenen Gedanken und Entschlüssen hin bewegte, mußte unbeantwortet bleiben. Dönitz nahm seine Betrauung mit der Nachfolgeschaft als Auftrag hin, den Krieg zu beenden.

Seit acht Tagen hörte er Tag für Tag Berichte über das entsetzliche Elend der Massen, die auf der Flucht vor den Russen nach Schleswig-Holstein kamen. Die Stimme seines Gewissens sagte ihm, daß etwas geschehen müsse, um dieses Elend wenigstens halbwegs zu steuern.

Dönitz rief Keitel und Jodl aus Mecklenburg zu sich. Er beriet sich mit Speer und Schwerin von Krosigk. Während der Unterredungen zitterte die Baracke vom Luftdruck der Bombenwürfe, die nur wenig entfernt auf eine vorüberführende Fluchtstraße herabprasselten. Es waren die Bombenwürfe englischer und amerikanischer Flieger. Sie wußten nicht, daß sie über dem Hauptquartier des Mannes kreisten, der eben Nachfolger Hitlers geworden war.

Eine Stunde später erfuhr Dönitz, daß die 21. Armeegruppe des englischen Feldmarschalls Montgomery, die in den letzten Wochen bis zur Elbe vorgedrungen war und dort plötzlich haltgemacht hatte, wieder zum Angriff angetreten war und zusammen mit amerikanischen Verbänden die Elbe überschritt, um Hamburg, Schleswig-Holstein und die Häfen an der Lübecker Bucht in englische Hand zu bringen.

Es lag nahe, daß sich sofort wieder der Gedanke regte, jetzt endlich gäben Engländer und Amerikaner ihre abwartende Haltung auf und rückten nach Osten vor, um die Sowjetunion am weiteren Vordringen nach Westen zu hindern. Keitel und Jodl wiesen nach ihrem Eintreffen auf diesen Punkt hin und erklärten, daß es im Sinne des Führers sei, bis zur letzten Sekunde um politischen Zeitgewinn zu kämpfen. Aber Keitels irrer Gesichtsausdruck warnte davor, seine Worte ernst zu nehmen. Jodls kalter, frontfremder Abstraktheit aber hatte Dönitz nie besonderes Vertrauen entgegengebracht.

Auch Himmler traf ein, aufgeschreckt durch die Nachricht von Dönitz' Ernennung. Er bot sich als »zweiter Mann im Staate« an. Er gab jetzt plötzlich zu, daß er Verbindung mit Bernadotte gehabt habe, und operierte mit der Behauptung, daß er nur darauf warte, über Schellenberg, der nach Schweden gereist sei, von den Westmächten zu hören, um mit ihnen einen Sonderfrieden abzuschließen und im Osten weiterzukämpfen. Er beschwor Dönitz, abzuwarten. Aber Dönitz hatte stets nur Himmlers Macht respektiert, ohne für ihn Sympathien zu empfinden. Wie viele seinesgleichen hatte er sich häufig hinter den Gedanken verschanzt, daß in Hitler das Gute im Nationalsozialismus verkörpert sei, das Böse dagegen in Männern wie Bormann, Himmler und anderen. Noch immer respektierte er die vermeintliche Macht Himmlers. Aber er hielt ihn hin, ohne seinen Rat zu beachten. Die Stimme der Vernunft riet ihm, auf Speer zu hören, der sich von dem Druck der Existenz Hitlers befreit fühlte und offen vertrat, was er in den letzten Monaten nur in halber Verborgenheit zu vertreten gewagt hatte: die sofortige Kapitulation und die Bewahrung der noch bestehenden Lebensgrundlage für die Deutschen.

In dem Bericht von Lüdde-Neurath – der inhaltlich mit dem Bericht von Schwerin von Krosigk übereinstimmte – hieß es in dürren Worten über die Beratungen und Besprechungen am 1. Mai und in der Nacht zum 2. Mai in Dönitz' kleinem Barackenzimmer bei Plön:

>»Dönitz sah in dem Augenblick, wo er die Verantwortung übernahm, seine oberste Aufgabe darin, den Krieg so schnell wie möglich zu beenden, um weitere sinnlos gewordene Opfer auf beiden Seiten zu vermeiden, und vor

allem so viele Menschen wie möglich vor dem Osten zu retten.

Zwei Wege grundsätzlich verschiedener Art schienen gegeben: entweder Kapitulation oder stille Einstellung des Widerstandes. Die Frage, ob nicht die letzte Form zweckmäßiger und ehrenhafter sei, wurde eingehend erwogen und war Gegenstand schwerster seelischer Konflikte. Die Bitterkeit einer bedingungslosen Kapitulation und ihre erschütternden Folgen waren bekannt.

Dönitz hatte alle diese Zweifel gründlich durchdacht und innerlich schwer um die Lösung gerungen. Nach sorgfältiger Abwägung des Für und Wider hielt er jedoch den Weg der offiziellen, von oben gesteuerten Kapitulation aus folgenden Gründen für besser:

1. Vermeidung weiterer Verluste an Gut und Blut ...

2. Vermeidung des Chaos.

Ein Nichtabschluß der Kapitulation würde die Entscheidung, wann der Kampf einzustellen ist, unteren Instanzen überlassen. Hierbei mußte nach Dönitz' Ansicht die stellenweise durchaus noch vorhandene Bereitschaft zum ›heldenhaften Widerstand‹ zwangsläufig mit den Elementen der Einsicht und denen der Auflösung kollidieren und unter Umständen zu schweren Zusammenstößen führen. Die Gefahr einer solchen Entwicklung schien am besten gebannt durch den Befehl zur Einstellung des Kampfes und Durchsetzung dieses Befehls auch gegenüber Fanatikern.

3. Verpflichtung der Sieger.

Bei Nichtabschluß einer Kapitulation befürchtete man eine einseitige Verewigung des Kriegszustandes und schrak vor allem vor den Gefahren zurück, die in staats- und völkerrechtlicher Hinsicht durch das leichtsinnige Heraufbeschwören eines Vakuums entstehen mußten. Es war in erster Linie Schwerin von Krosigk, der diese Gedanken entwickelte und vertrat. Er sah in dem ›Vertrag‹ der Kapitulation ein Mittel, die Sieger an die Grundzüge des Völkerrechts zu binden.

Die grundsätzliche Frage des ›Ob‹ überhaupt Kapitulation war damit entschieden, nicht das ›Wie‹ ...

Eine gleichzeitige Gesamtkapitulation in West und Ost schied aus den Überlegungen des 1. Mai aus. Sie war undurchführbar, weil sie von der Ostarmee schwerlich befolgt worden wäre. Die Unterschrift unter ein solches Dokument wäre damit wertlos, das neue Staatsoberhaupt mit seiner ersten Amtshandlung vertragsbrüchig geworden. Man hätte dem Gegner ... nur Gelegenheit zu Repressalien gegeben.

Es blieb daher nur der andere Weg zur raschen Beendigung des Krieges. Rückführung der Ostfront auf die inzwischen bekanntgewordene Demarkationslinie zwischen zukünftigen sowjetischen und britisch-amerikanischen Besatzungszonen in Deutschland unter Rettung möglichst zahlreicher Flüchtlinge. Hierfür wurden mindestens acht bis zehn Tage Zeit als notwendig veranschlagt. Gleichzeitig Fortsetzung der Rücktransporte über See aus der Danziger Bucht, Kurland und aus verschiedenen Ortschaften mit allen verfügbaren Mitteln.

Im Westen dagegen Versuch der Teilkapitulation, Einstellung des Kampfes und nur dort Fortsetzung, wo und solange das Hauptziel ihn erforderte.

Dieser Zusatz bezog sich nur auf einen kleinen Abschnitt der Front, nämlich die Elbe von Lauenburg bis Hamburg, um so das letzte im eigenen Besitz befindliche ›Tor‹ zwischen Ost und West für die Flüchtlinge aus dem pommerschen, mecklenburgischen und brandenburgischen Raum offenzuhalten.«

Solche Worte verrieten nichts von dem inneren menschlichen Wandel, der hinter diesen Entschlüssen stand; nichts von der späten, quälenden Befreiung aus jahrelanger Selbstverhärtung gegenüber dem Schicksal von Millionen; nichts vom Wachsen der Erkenntnis einer Verpflichtung nicht gegenüber Hitler, sondern gegenüber den Kämpfenden und Leidenden.

Die Ereignisse überstürzten sich, während die Beratungen noch andauerten. Das schnelle Vordringen Montgomerys über die Elbe zwang Dönitz, das Lager »Forelle« zu verlassen und sich nach Flensburg zu begeben, um sich wenigstens noch für kurze Zeit Bewegungsfreiheit zu sichern.

Von »Forelle« aus ließ er noch am späten Abend des 1. Mai eine Meldung über Hitlers Tod durch den Hamburger Sender bekanntgeben, welche nichts über Hitlers Selbstmord enthielt und seinen Tod mit zeitgenössischer Phraseologie heroisierte:

> »Aus dem Führerhauptquartier wird gemeldet, daß unser Führer Adolf Hitler heute nachmittag in seinem Befehlsstand in der Reichskanzlei, bis zum letzten Atemzug gegen den Bolschewismus kämpfend, für Deutschland gefallen ist. Am 30. April hat der Führer Großadmiral Dönitz zu seinem Nachfolger ernannt.«

In der Nacht auf den 2. Mai folgte der Aufruf:

> »Deutsche Männer und Frauen, Soldaten der deutschen Wehrmacht. Unser Führer Adolf Hitler ist gefallen ... Im Bewußtsein der Verantwortung übernehme ich die Führung des deutschen Volkes in dieser schicksalsschweren Stunde. Meine erste Aufgabe ist es, deutsche Menschen vor der Vernichtung durch den bolschewistischen Feind

zu retten. Nur für dieses Ziel wird der Kampf weitergeführt. Soweit und solange die Erreichung dieses Zieles durch die Engländer und Amerikaner verhindert wird, werden wir uns auch gegen sie weiter verteidigen und gegen sie weiterkämpfen müssen. Dönitz.«

Dieser Aufruf war nicht nur ein Aufruf an die Deutschen, sondern auch ein Aufruf an die Westmächte. Er war eine erste, fast beschwörende Erklärung dessen, was Dönitz in letzter Stunde zu tun gedachte. Er bevollmächtigte die Einheiten der Heeresgruppe Weichsel, jede Möglichkeit von Verhandlungen mit den westlichen Alliierten auszunutzen, und beauftragte einen der geachtetsten Offiziere der Kriegsmarine, Generaladmiral von Friedeburg, Verbindung mit Montgomery aufzunehmen und den Versuch zu machen, eine Kapitulation in Norddeutschland, wo die Verhältnisse jetzt am schnellsten einem nicht mehr zu übersehenden Ende entgegentrieben, herbeizuführen.
Während von Friedeburg aufbrach, um einen Weg zu Montgomery zu finden, fuhr Dönitz mit seinem Stab nach Norden, seinem letzten Hauptquartier in der Marineschule Mürwick entgegen.

An dem Tage, an dem Hitler starb, waren die Armeen Rokossowskis in Mecklenburg bis nach Rostock und Güstrow und weiter südlich über Neuruppin hinaus vorgedrungen. Eine geschlossene Front gab es nirgendwo mehr. Der stellvertretende Oberbefehlshaber der Heeresgruppe Weichsel, von Tippelskirch, hatte am 29. April keine Nachrichtenverbindung mehr zu seinen Truppen.
Wahrscheinlich prägte sein Chef des Stabes, Dethleffsen, ein richtiges Wort, wenn er von einer »Disziplin der Auflösung« sprach. Überall setzten sich noch Verbände hinhaltend zur

Wehr. Dahinter aber wälzte sich der immer gewaltigere Strom waffenloser Soldaten und panikerfüllter Zivilisten dem scheinbar rettenden Westen entgegen.

Am Abend des 29. April hatte von Tippelskirch seinen Gefechtsstand noch in Güstrow aufgeschlagen. Am 30. April aber hatte er schon nach Schönwalde in der Nähe von Schwerin weiterziehen müssen, weil sowjetische Panzerkanonen nach Güstrow hineinschossen.

Von Tippelskirch, der auf das Eintreffen des Generalobersten Student wartete, sah nur noch die Möglichkeit, die Reste der Heeresgruppe in den verengten Raum hineinzuführen, der zwischen der Ostseeküste und der nach Nordwesten fließenden Elbe lag. Er wollte versuchen, in der Linie Wismar–Schwerin–Ludwigslust–Dömitz Widerstand zu leisten, auf diese Weise den Abfluß der Flüchtlingstrecks nach Nordwesten so lange wie möglich zu sichern und dann seine Truppe auf irgendeine Weise zu den Engländern an der Elbe hinüberzuführen.

In diesem Augenblick stellte ihn der Angriff Montgomerys gegen die schwachen Verbände des Feldmarschalls Busch in seinem Rücken vor eine neue Lage. Am Nachmittag des 30. April erschienen urplötzlich englische und amerikanische Fliegerverbände, die sich seit Wochen nicht mehr gezeigt hatten, und griffen in massierten Einsätzen den Straßenverkehr an. Sie trafen nicht nur die spärlichen rückwärtigen Dienste der Heeresgruppe Weichsel, die noch intakt waren, und die zurückflutenden Verbände, sondern auch die Flüchtlingstrecks, welche die Straßen, Wälder und Wiesen bevölkerten.

Die Verbände Montgomerys und einige amerikanische Divisionen, welche sie unterstützten, fanden auf der Erde kaum noch Widerstand und drangen am 1. Mai östlich der Elbe in breiter Front gegen die Linie Ludwigslust–Schwerin–Wismar vor. Die Situation der eigenen Verbände blieb von Tippelskirch mehr oder weniger unbekannt. Nach mündlichen Berichten von Ordonnanzoffizieren kämpften Reste der 3. Panzerarmee an der Seenlinie Plauer See–Goldberg–Sternberg. Die 21. Armee wurde südwestlich des Plauer Sees vermutet. Russische Verbände standen dicht vor Parchim und drangen, nachdem sie Rostock genommen hatten, auf Wismar vor. In ein bis zwei Tagen mußten alle zwischen der russischen und englisch-amerikanischen Front eingeklemmten deutschen Truppen und Trecks gefangen oder vernichtet sein.

Es gab nur eine Lösung: den Versuch einer Kapitulation gegenüber Engländern und Amerikanern und den Marsch von Truppen und Flüchtlingen hinter die englisch-amerikanische Front nach Westen, um beide vor dem Schlimmsten zu bewahren.

Von Tippelskirch suchte sich selbst einen Weg durch die jammervollen Züge der Flucht, um sich ein Bild von der Lage zu machen. Aber alle Bemühungen waren vergebens. Auf den meisten Straßen war es unmöglich, dem Strom der Flucht entgegenzufahren. Als er gegen Mittag nach Schönwalde zurückkehrte, war Generaloberst Student, von Hannover kommend, eingetroffen.

Die Befehlsübergabe war ein gespenstisches Ereignis. Der stellvertretende Oberbefehlshaber einer Heeresgruppe, die kaum noch dem Namen nach bestand, übergab diese Heeresgruppe formgerecht seinem Nachfolger. Dethleffsen hielt einen Lagevortrag, der alle Unklarheiten überging und nur eine krampfhaft unnatürliche Schaustellung war. Student übernahm die Heeresgruppe so, als sei überhaupt noch etwas zu übernehmen, und so, als sei nicht das Ende unwiderruflich gekommen. Er sprach von endgültigen Verteidigungslinien. Eingezwängt in das Korsett der Selbsttäuschung und der Täuschung brachten die drei Männer das Schauspiel schließlich zu Ende.

Von Tippelskirch sah sich wieder in die rauhe Wirklichkeit versetzt, als er den Versuch unternahm, zum Stab seiner 21. Armee, der sich inzwischen bei Parchim gemeldet hatte, zu fahren. Überall stieß er bereits auf vorgehende Engländer und Amerikaner. Erst nach stundenlangen Fahrten entdeckte er noch einen freien Weg über den unzerstörten Damm durch den Schweriner See nordöstlich Schwerin.

In Parchim hatte sein Chef des Stabes, Oberst von Varnbühler, bereits den Versuch gemacht, mit den bei Ludwigslust stehenden Amerikanern Verbindung aufzunehmen. Der Raum zwischen den Fronten hatte sich derart verengt, daß sich die Lazarette der 21. Armee bereits hinter den amerikanischen Linien befanden und die Verwundeten aus den Kämpfen mit den sowjetischen Verbänden nicht mehr nach Westen abtransportiert werden konnten.

Von Varnbühler hatte seinem IC den Auftrag erteilt, den Amerikanern die Bitte vorzutragen, sie möchten den angestauten Flüchtlingstrecks und den deutschen Verwundeten Wege nach Westen öffnen. Der IC sollte außerdem feststellen, wie die Amerikaner den Vorschlag einer Kapitulation der deutschen 21. Armee aufnehmen würden.

Zwischen Neustadt und Ludwigslust war der deutsche Offizier auf amerikanische Panzerspitzen gestoßen und zum Kommandeur der 82. US-Luftlandedivision, General Gavin, geführt worden.

Er wurde persönlich zuvorkommend behandelt. Als er jedoch seine Bitte, Verwundete und Flüchtlinge passieren zu lassen, vortrug, erwiderte Gavin, dies würde eine amerikanische Unterstützung im Kampf der Deutschen gegen die sowjetischen Verbündeten der Westmächte bedeuten. Er müsse daher ablehnen. Als der deutsche Offizier fragte, ob man amerikanischer- bzw. englischerseits bereit sei, eine Kapitulation der deutschen 21. Armee entgegenzunehmen und die Truppen dieser Armee in englische bzw. amerikanische Gefangenschaft zu übernehmen, erhielt er zur Antwort, eine solche Teilkapitulation sei unmöglich, da sie Verbände betreffe, die bisher gegen die Sowjetunion gekämpft hätten. Da die Armee nur gegen die Sowjetunion gekämpft habe, werde sie sich auch in sowjetische Gefangenschaft begeben müssen.

Der deutsche Offizier wies darauf hin, daß sich kein deutscher Soldat angesichts der Erfahrungen, die man mit der sowjetischen Seite gemacht habe, ohne äußerste Not in sowjetische Gefangenschaft begeben werde. Gavin unterbrach die Verhandlungen, um sich mit dem vorgesetzten Hauptquartier seines Korps in Verbindung zu setzen.

Als er nach einer Weile das Gespräch wiederaufnahm, ließ er vorsichtig durchblicken, daß es unter der Voraussetzung, daß die 21. Armee allen Alliierten gegenüber kapituliere, vielleicht doch möglich sein werde, ihre Soldaten in amerikanische bzw. englische Gefangenschaft zu nehmen. Hierüber müsse aber mit dem deutschen Oberbefehlshaber verhandelt werden.

Mit diesem Bescheid kehrte der IC zurück, kurz nachdem von Tippelskirch in Parchim eingetroffen war.

Von Tippelskirch versuchte vergebens, eine Verbindung mit Student zu bekommen. Aus dem Norden kamen die Nachricht über Hitlers Tod und die Meldung, daß Dönitz Hitlers Nachfolgerschaft angetreten habe. Andererseits meldeten die letzten Armeetrümmer schnelles Vordringen der sowjetischen Panzerkolonnen. So begab sich von Tippelskirch am Abend durch die amerikanischen Vorpostenlinien nach Ludwigslust.

Gavin empfing von Tippelskirch im Thronsaal des großherzoglichen Schlosses. Der Saal war mit amerikanischen Flaggen geschmückt.

Das Gespräch beschäftigte sich sofort mit dem Hauptproblem: der Kapitulation und der Rettung von Soldaten und Flüchtlingen hinter die amerikanischen Linien.

Von Tippelskirch erklärte: »Meine Truppen würden meinen Befehl, sich in russische Gefangenschaft zu begeben – und darauf läuft Ihre Forderung nach bedingungsloser Kapitulation... hinaus ..., nicht ausführen. Der deutsche Soldat fürchtet die russischen Soldaten als Kämpfer nicht. Er fürchtet aber aus Erfahrung die Behandlung in russischer Gefangenschaft. Kein deutscher Soldat wird sich dareinfügen, solange er noch irgendeinen Ausweg sieht. Würde ich den Befehl dazu erteilen, so käme es unweigerlich zu einer völlig zügellosen Massenflucht nach Westen und zu einer endgültigen Auflösung meiner Verbände mit Folgen, die Sie sich vielleicht ausmalen können. Wahrscheinlich werden die Russen in die fliehenden deutschen Soldaten hineinstoßen. Sie werden unter ihnen und unter den Flüchtlingskolonnen auf den Straßen ein Blutbad anrichten. Eine bedingungslose Kapitulation kann ich unter diesen Umständen nicht anbieten.«

Gavin fragte: »Und wie denken Sie sich die Entwicklung?«

Von Tippelskirch erwiderte: »Ich muß meiner Armee die Möglichkeit geben, sich, ohne von den Russen zersprengt zu werden, weiter nach Westen abzusetzen, bis Ihre Linien erreicht sind. Geben Sie mir die Möglichkeit, dies zu tun, dann werde ich meinen Truppen den Befehl geben, keinen einzigen Schuß gegen Sie abzufeuern und die Waffen niederzulegen, sobald sie Ihre Linien erreichen.«

Gavin antwortete: »Wir können Ihnen unter keinen Umständen zubilligen, an der Ostfront weiterzukämpfen, während wir mit Ihnen hinter dem Rücken unserer russischen Verbündeten ein Abkommen schließen.«

Von Tippelskirch fühlte, daß der Amerikaner nicht abgeneigt war, ihm entgegenzukommen, daß er aber nicht wagte, von sich aus die formellen Hürden des Bündnisses und die Verpflichtungen, die den Russen gegenüber eingegangen worden waren, zu überspringen.

Er überlegte fieberhaft. Dann erklärte er: »Könnten wir nicht eine Formulierung finden, die Ihre russischen Verbündeten völlig aus dem Spiele läßt? Beschränken wir uns doch auf die Verpflichtung meinerseits, meinen Truppen den Befehl zu geben, nach Erreichen Ihrer Linien sofort die Waffen niederzulegen.«

Gavin überlegte. Dann sagte er: »Setzen Sie eine entsprechende Formulierung auf. Ich werde sehen, ob sie von meinen Vorgesetzten gebilligt wird.«

Von Tippelskirch brachte mit nervöser Hand einige Sätze zu Papier. Sie lauteten: »Die 21. Armee setzt sich erneut vom Feinde ab und verhindert russische Durchbrüche. Wer im Laufe der Absetzbewegungen auf englisch-amerikanische Kräfte stößt, stellt den Kampf ein und begibt sich unter Niederlegung der Waffen in deren Hand.«

Gavin überflog das Papier. Er fügte einige Ergänzungen ein. Dann wurde die Unterredung unterbrochen.

Von Tippelskirch wartete in kaum erträglicher Spannung. Nach einer halben Stunde traf eine Antwort, anscheinend aus Montgomerys Hauptquartier, ein. Sie stimmte der Vereinbarung zu.

Der General kehrte nach Parchim zurück. Er traf dort kurz nach Mitternacht ein und gab die getroffene Vereinbarung in einem Armeebefehl weiter. Dieser wirkte wie eine Befreiung.

Am Morgen des 3. Mai griffen Rokossowskis Kolonnen überall weiter an. Der deutsche Widerstand war nur noch gering. Alle rückwärtigen deutschen Verbände waren bereits nach Westen in Bewegung gesetzt. Vermischt mit den

Flüchtlingszügen marschierten sie den amerikanischen Linien zu. Die Straße nach Ludwigslust war mit Soldaten und Zivilisten bedeckt. Zu ihren Seiten häufte sich fortgeworfenes Kriegsgerät. Der Führungsstab der 21. Armee leitete von dem ehemaligen Flugplatz bei Neustadt aus soweit wie möglich den Abmarsch, bis sowjetische Panzer gegen Mittag am Horizont erschienen. Über hunderttausend Soldaten gelangten bis dahin in amerikanische Gefangenschaft.

Sie erfuhren in letzter Stunde ein glückliches Schicksal, das aber ungewollt ein unglücklicheres Ende für einen großen Teil der zivilen Flüchtlinge in sich schloß. Um den Überblick über die Kriegsgefangenen nicht zu verlieren und ein Untertauchen der Soldaten in den Scharen der Zivilisten zu verhindern, befahlen Amerikaner und Engländer den Zivilisten, Männer, Frauen und Kindern, an den Seiten der Straßen zu lagern und abzuwarten, bis der Abmarsch der Soldaten beendet sei. Dieser währte aber zu lange. Die sowjetischen Kolonnen waren ihnen so dicht auf den Fersen, daß es für einen Weiterzug der Flüchtlinge hinter die britisch-amerikanischen Linien zu spät war, als der Zug der Soldaten zu Ende war. Bis auf einen Teil, der noch einzeln oder in kleinen Gruppen entkam, blieben die Flüchtlinge auf sowjetischer Seite zurück.

Ähnliches geschah im Bereich der 3. Panzerarmee, die ebenfalls Verbindung mit den Truppen Montgomerys bekam und durch deren Linien in britisch-amerikanische Gefangenschaft gelangte. Student und sein Stab wurden von dem amerikanischen Vormarsch überrascht, als der Generaloberst am Morgen des 3. Mai in seiner Eigenschaft als Oberbefehlshaber zum ersten Male zu seinen Armeen fahren wollte, um die Fiktion einer »standhaften, siegessicheren« Führung bis zuletzt aufrechtzuerhalten.

Von Friedeburg trat Montgomery am 3. Mai gegenüber, ohne von den Vorgängen in Mecklenburg zu wissen.

Das Zusammentreffen war äußerlich korrekt. Friedeburg bot die Kapitulation der deutschen Streitkräfte in Norddeutschland einschließlich der 3. Panzerarmee und 21. Armee in Mecklenburg an. Er gab zu verstehen, daß es sein Hauptanliegen sei, die Soldaten der genannten Armeen vor der russischen Gefangenschaft zu bewahren und den Massen von Zivilflüchtlingen, die vor den sowjetischen Armeen flohen, einen rettenden Weg nach Westen zu öffnen.

Hätte von Friedeburg gewußt, daß zur gleichen Zeit in Mecklenburg schon eine praktische Antwort auf sein Ersuchen erteilt wurde, hätten ihn Montgomerys kühle, abweisende Worte wahrscheinlich weniger getroffen.

Er wußte noch nicht, daß Eisenhower im Gegensatz hierzu nicht bereit war, um einen Deut von der Forderung der gleichzeitigen bedingungslosen Kapitulation gegenüber Ost und West abzuweichen, und es ablehnte, auch nur Teile einer deutschen Armee der Ostfront in westliche Gefangenschaft zu nehmen. Ihm war unbekannt, daß Eisenhower seinen Armeegruppenbefehlshabern lediglich Vollmacht gegeben hatte, Einzelkapitulationen deutscher Truppen anzunehmen, sofern diese der Hauptsache nach im Westen, nicht aber im Osten gekämpft hatten.

Auch Montgomery erklärte zunächst, er müsse es ablehnen, die Kapitulation derjenigen deutschen Armeen, welche gegen die Russen gekämpft hätten, anzunehmen. Ihre Übergabe wäre mit den russischen Alliierten zu besprechen. Was die deutschen Streitkräfte vor seiner eigenen Front betreffe, so sei er nur bereit, über das Angebot von Friedeburgs hinaus die bedingungslose Kapitulation aller Land-, See- und Luftstreitkräfte anzunehmen, die nicht nur in Norddeutschland, sondern in dem gesamten noch umkämpften Gebiet in

Holland, auf den Friesischen Inseln, auf Helgoland, in Schleswig-Holstein, in Dänemark und im Gebiet westlich der Elbe stünden.

Von Friedeburg erwiderte, daß er nicht bevollmächtigt sei, die Kapitulation auch der Streitkräfte in Holland und in Dänemark anzubieten. Hier müsse er erst um eine weitere Vollmacht nachsuchen. Er werde sie sicherlich erhalten. Aber er werde Dönitz nicht bereit finden, die Armeen, die in Mecklenburg vor den Russen zurückwichen und mit ihrem Rücken schon vor den englischen und amerikanischen Linien stünden, den Russen zu opfern. Es gebe keinen deutschen Soldaten, der nicht wisse, daß er in sowjetischer Gefangenschaft nicht so behandelt werde, wie es unter europäischen Gegnern üblich sei, und es werde keinen Befehlshaber geben, der sich mit seinen Soldaten den Russen überantworten werde, solange es für ihn noch eine einzige Möglichkeit gebe, zu entkommen. Dies sei keine Frage des Stolzes, der eine Kapitulation vor den Russen nicht zulasse. Es sei einfach eine Frage des nackten Lebenswillens für die betroffenen Deutschen ... Dieselbe Schwierigkeit betreffe auch eine bedingungslose Kapitulation aller Seestreitkräfte. Es befänden sich noch deutsche Soldaten in Kurland und in Ostpreußen, die nur über See übergeführt werden könnten. Dies wäre unmöglich, wenn die noch einsatzfähigen deutschen Schiffe zur Übergabe gezwungen würden.

Montgomery gab zurück, die Forderung auf bedingungslose Kapitulation aller deutschen Land-, See- und Luftstreitkräfte in den von ihm genannten Gebieten sei unabdingbar. Was die deutsche 3. Panzerarmee und die 21. Armee in Mecklenburg betreffe, so sei er außerstande, eine Ausnahme für die Übergabe einer geschlossenen deutschen Armee, die gegen seine sowjetischen Verbündeten gekämpft habe, zu machen.

Er betonte jedoch den Begriff »geschlossenen«, so daß von Friedeburg aufhorchte. Tatsächlich fuhr Montgomery fort, er sei in der Lage, folgender Formulierung zuzustimmen: »Alle Angehörigen der deutschen Streitkräfte, welche im Bereich der 21. Armeegruppe von Osten her kommen und wünschen, sich zu ergeben, werden zu Kriegsgefangenen gemacht.«

Von Friedeburg fühlte aufatmend, daß hier eine Brücke gebaut wurde, um so mehr, als Montgomery ergänzte, eine Erörterung über die zivilen Flüchtlinge sei nicht nötig, und die Kapitulation der deutschen Seestreitkräfte brauche nicht unbedingt zu bedeuten, daß Flüchtlings- und Rücktransporte in der Ostsee sofort beendet werden müßten.

Montgomerys Gesicht blieb unbewegt. Es war möglich, daß es ihm nur um die schnellstmögliche Inbesitznahme der deutschen Küste und der deutschen bzw. der deutsch besetzten Häfen mit den U-Boot-Stützpunkten und den U-Boot-Werften sowie um die Einstellung des U-Boot-Krieges ging und daß er deswegen bereit war, von Friedeburg entgegenzukommen.

Von Friedeburg erklärte, daß seine Vollmachten zwar nicht ausreichten, daß er aber glaube, unter den genannten Umständen eine Erweiterung seiner Vollmachten zu erreichen. Er bat Montgomery, zwei Offiziere seiner Begleitung, den Konteradmiral Wagner und den Major Friedel, nach Flensburg entsenden zu dürfen. Er selbst wollte bis zur Rückkehr der beiden Offiziere zusammen mit General Kinzel in Montgomerys Hauptquartier verbleiben.

Während dieser schicksalhaften Ereignisse in der Lüneburger Heide hatte Dönitz die Befehlshaber der noch kämpfenden deutschen Wehrmachtseinheiten sowie einige politische Persönlichkeiten aus den noch besetzten außerdeutschen

Gebieten nach Flensburg beordert. Sie trafen im Laufe des 3. Mai in Schleswig-Holstein ein. Als Vertreter Schörners erschien General von Natzmer. Dönitz erläuterte die Lage und seine Absichten. Vor allem ging es ihm darum, von von Natzmer zu hören, wie lange es dauern würde, um die Masse der Heeresgruppe Schörner nach Westen an die amerikanischen Linien zu führen.

Von Natzmer meinte, daß die Heeresgruppe Schörner bei etappenweisem Zurückkämpfen aus ihrem augenblicklichen Frontbogen rings um den Ostteil der Tschechoslowakei etwa bis Mitte Mai die amerikanischen Linien erreichen könnte.

Von Natzmer betonte aber, daß er nicht wisse, ob Schörner überhaupt einer Kapitulation zustimmen würde oder ob er sich dazu entscheiden würde, in der Tschechoslowakei bis zur letzten Patrone zu kämpfen. Er hoffe jedoch, daß, wenn ein vernünftiger Kapitulationstermin eine Zurückführung der Heeresgruppe über die amerikanischen Linien möglich machte, die Vernunft in Schörner siegen würde. Dönitz versicherte, er werde alles, was in seinen Kräften stehe, unternehmen, um einen Waffenstillstand abzuschließen, der der Heeresgruppe Schörner genügend Zeit lasse. Die Verhandlungen hätten aber erst begonnen.

In der folgenden Nacht auf den 4. Mai trafen Friedeburgs Abgesandte in Flensburg ein und erstatteten Bericht. Sie wurden mit atemloser Spannung erwartet. Dönitz hörte mit grauem, faltigem Gesicht zu. Die Einbeziehung Dänemarks und der Flotte in den Kapitulationsbereich schien ihm zunächst unannehmbar. Es ging ja nicht nur um die Schiffe für die Abtransporte aus Kurland, von der Kurischen Nehrung und der Halbinsel Hela. Es ging auch um Dänemark, das seit Wochen zur letzten halbwegs sicheren Aufnahmestation für Hunderttausende geworden war, welche noch über die Ostsee nach Westen flohen. Auch die beruhigenden Andeutungen, die Montgomery gemacht hatte, konnten ihn nicht überzeugen. Er ging lange mit sich zu Rate. Aber er mußte sich der Ausweglosigkeit der Situation beugen.

Am Morgen des 4. Mai stimmte er Montgomerys Bedingungen zu. Die beiden Offiziere kehrten in Montgomerys Hauptquartier zurück. Am Nachmittag des 4. Mai um 18 Uhr meldete sich von Friedeburg bei Montgomery. Dieser empfing ihn in seinem Wohnwagen und erklärte, daß er nichts weiter zu hören wünsche als ein Ja oder ein Nein. Von Friedeburg erwiderte: »Ja.«

Zwanzig Minuten später unterzeichnete er die Urkunde über die Kapitulation aller Streitkräfte in Norddeutschland, Holland und Dänemark und fuhr anschließend nach Flensburg zurück.

Das versteckte Entgegenkommen, das von Friedeburg gefunden zu haben schien, erweckte in jedem Fall Hoffnungen in Flensburg. Das gleiche tat die Nachricht, wonach der britische Feldmarschall Alexander die Kapitulation des Oberbefehlshabers der deutschen Truppen in Norditalien, Generaloberst von Vietinghoff, angenommen habe.

Dönitz unternahm den Versuch, auch für die übrigen Armeen des Oberbefehlshabers Süd, Kesselring, eine Teilkapitulation anzubieten. Da Kesselring nicht nur die Truppen, die noch in Süddeutschland und Österreich gegen die Amerikaner kämpften, sondern auch die Heeresgruppen Schörner, Löhr und Rendulic in der Tschechoslowakei sowie auf dem Balkan unterstellt waren, sollte diese Teilkapitulation die Möglichkeit eruieren, auch die genannten Heeresgruppen, welche gegen die sowjetischen Truppen kämpften, in amerikanische Gefangenschaft zu überführen.

Dönitz' Hoffnungen erhielten jedoch einen ersten Schlag, als Kesselring meldete, General Eisenhower habe eine Teilkapitulation seiner Truppen abgelehnt und eine bedingungslose Kapitulation aller seiner Verbände sowohl gegenüber Amerikanern, Engländern und Russen verlangt.

Dönitz und seine Umgebung hofften jedoch, daß es in direktem Gespräch mit Eisenhower gelingen werde, diesen von der Tragödie zu überzeugen, die sich im Osten und Südosten, überall, wo gegen sowjetische Truppen gekämpft wurde, vollzogen hatte und noch vollzog. Dönitz suchte auf dem Funkwege Verbindung mit Eisenhowers Hauptquartier. Er erhielt den Bescheid, daß Eisenhower bereit sei, Admiral von Friedeburg mit Begleitung am 5. Mai in Reims zu empfangen.

Das Flugzeug, das von Friedeburg nach Brüssel brachte, traf dort am 5. Mai ein. Ein amerikanischer Wagen holte den Generaladmiral ab und brachte ihn nach Reims. Eisenhowers Hauptquartier befand sich in einem Schulhaus, einem nüchternen roten Backsteingebäude. Von Friedeburg war auf der Fahrt vor Übermüdung eingeschlafen und schrak erst auf, als der Wagen vor dem Schulhaus hielt. Er wurde von Eisenhowers Chef des Stabes, General Smith, empfangen.

Smiths korrektes, nicht unnötig kaltes Wesen verhinderte, daß von Friedeburg sofort alle Hoffnungen, die er mitgebracht hatte, begrub und erkannte, daß ihn hier eine andere Atmosphäre empfing, als er sie in der Lüneburger Heide vorgefunden hatte. Erst als Smith ihm die bereits schriftlich niedergelegten Kapitulationsbedingungen Eisenhowers vorlegte, ahnte er etwas von der Unerbittlichkeit, die ihn hier erwartete.

Eisenhower wiederholte die Forderung nach bedingungsloser Kapitulation aller noch kämpfenden deutschen Streitkräfte vor allen Alliierten gleichzeitig. Für einen Augenblick dachte von Friedeburg daran, daß auch Montgomery Ähnliches gefordert hatte und daß es dann doch zu einer Verständigung gekommen war. Er versuchte, General Smith darzulegen, was er Montgomery dargelegt hatte. Es war der gleiche Kampf um die Rettung der Flüchtlinge und Soldaten im Osten, diesmal in erster Linie geführt um die Heeresgruppe Schörner, zugleich aber auch um die Hunderttausende von Soldaten, die in dieser Stunde noch auf dem Balkan vor der nachdrängenden sowjetischen Übermacht und jugoslawischen Partisanen zurückwichen.

Aber Smith ging nicht auf seine Worte ein. Er erklärte, daß von Friedeburg zu den vorliegenden Bedingungen nur ja oder nein sagen könne. Von Friedeburg versuchte, auf die Kapitulation gegenüber Montgomery hinzuweisen. Aber Smith erklärte, die Teilkapitulation im Norden sei eine taktische Angelegenheit. Jetzt ginge es um die Gesamtkapitulation aller deutschen Streitkräfte, und diese könne gemäß den zwischen den Alliierten bestehenden Vereinbarungen nur in der von Eisenhower gewünschten Form erfolgen.

Von Friedeburg bat, sich mit Dönitz in Verbindung setzen zu dürfen, um von dort eine Entscheidung zu erhalten.

Von Friedeburgs Nachricht traf am 6. Mai in Flensburg ein und löste Niedergeschlagenheit aus. Dönitz entschloß sich jedoch, nicht aufzugeben, sondern Jodl nach Reims zu senden und dort noch einmal darzulegen, worum es ihm ging.

Es wurde nie ganz klar, warum er Jodl wählte, dessen Vorgeschichte ihn nicht zu Verhandlungen geeignet machte, in denen es darum ging, eine millionenfache menschliche Not und Angst zu schildern und um einen Beistand für diese Not und Angst zu bitten.

Auch Jodl wurde zunächst von General Smith empfangen. Mit unpersönlicher, kühler Art erklärte er noch einmal, daß Dönitz die Absicht habe, den Krieg so schnell wie möglich zu beenden, daß er dabei aber nach den entsetzlichen Greueln der Roten Armee in Ostdeutschland »deutsche Menschen in möglichst großer Zahl vor dem Bolschewismus« retten müsse. Es bestünde keine Schwierigkeit, die bedingungslose Kapitulation für die deutschen Truppen in den Atlantikfestungen, in Norwegen, auf Kreta, Rhodos und Milos auszusprechen. Anders lägen die Dinge aber bezüglich der Kapitulation in Kurland und bei den Heeresgruppen Schörner, Löhr und Rendulic mit ihren mehr als zwei Millionen Soldaten. Eine bedingungslose Kapitulation dieser Armeen auch gegenüber Rußland, so wie General Eisenhower sie fordere, liefere nicht nur die Soldaten, sondern auch alle Deutschen, die sich jetzt noch im Schutze dieser Truppen befänden, der bolschewistischen Sklaverei aus. Eine solche Tat könne kein Deutscher von Ehre mit seinem Namen decken. Der Fluch von Millionen würde seinen Namen ächten, und die deutsche Geschichte würde ihn als einen Verräter brandmarken ... Keine deutsche Regierung könne die Truppen der genannten Heeresgruppen zwingen, einem Befehl zum Niederlegen der Waffen vor den Russen nachzukommen, solange sie noch einen Weg nach rückwärts in den amerikanischen Raum sähen. Sie würden sich mit dem Mut der Verzweiflung auf alles stürzen, was ihnen den Weg versperrte, und würden schließlich geschlossen oder in Gruppen vor den amerikanischen Linien eintreffen. Die deutsche Regierung aber oder das Oberkommando der Wehrmacht, das sich bei der Unterzeichnung der geforderten Kapitulation verpflichten müsse, diese Bedingungen einzuhalten, könnte dann als vertragsbrüchig hingestellt und die Kapitulation als nichtig erklärt werden. In den Kapitulationsbedingungen, die man von Friedeburg und nun auch ihm vorgelegt habe, lese er ausdrücklich, alle Truppen hätten in den Stellungen zu verbleiben, die sie bei Eintritt der Kapitulation innehätten. Ferner müsse sich das OKW verpflichten, für die Ausführung aller Anordnungen der Alliierten zu sorgen, widrigenfalls es mit der Schuld für eine mögliche Fortführung der Feindseligkeiten belastet würde. Das sei ein Dilemma, aus dem es für die deutsche Regierung schließlich keinen anderen Ausweg geben könne, als auf eine Kapitulation zu verzichten, die Dinge sich selbst zu überlassen und damit ein allgemeines Chaos heraufzubeschwören...

General Smith hatte Jodl ausreden lassen. Aber er erklärte: »Sie haben ein sehr hohes Spiel gespielt. Der Krieg war für Sie mit dem Übergang über den Rhein verloren. Sie haben aber unentwegt auf eine Entzweiung zwischen den Alliierten gerechnet. Diese ist nicht eingetreten. Was die Schwierigkeiten betrifft, denen Sie sich deshalb jetzt gegenübersehen und in denen Sie meine Hilfe suchen, so kann ich Ihnen nicht helfen... Ich muß wiederholen, daß eine einseitige Einstellung der Kampfhandlungen nur gegenüber uns und die Gefangennahme von Armeen, die zum größten Teil seit Jahren gegen unsere russischen Verbündeten gekämpft haben, eine absolute Unmöglichkeit ist. Sie widerspräche der Fairneß jedes Bündnisses. Sie machte uns zu Vertragsbrechern und untergrübe die Koalition, welche den Sieg über Sie errungen hat... Wenn Ihre Soldaten an der Ostfront Kapitulationsbefehlen, die von Ihnen völlig eindeutig gegeben werden, keine Folge leisten, so kann dafür weder Ihre Regierung noch das Oberkommando der Wehrmacht verantwortlich gemacht werden. Wenn außerdem einzelne deutsche Soldaten an die amerikanischen Linien kommen, so werden wir sie als Kriegsgefangene behandeln. Unter gar keinen Umständen aber können wir die Kapitulation ganzer Heeresgruppen entgegennehmen. Unsere Bedingungen sind eindeutig und unveränderlich.«

Das Gespräch wurde mehrfach unterbrochen, und Jodl beriet sich mit seinen Begleitern. Aus der Wirklichkeitsfremdheit heraus, in der er jahrelang gelebt und in der er die Ausschreitungen des Mannes, dem er gedient hatte, nicht in ihrer ganzen Bedeutung begriffen hatte, war er nach Reims gefahren. Er war überzeugt gewesen, in den alten soldatischen Formen verhandeln zu können, die früher zwischen Gegnern üblich gewesen waren. Er begann jetzt erst die Höhe der Mauer aus Ablehnung, Verachtung und Härte zu ahnen, die rings um Deutschland gewachsen war und alle Vorstellungen über irgendeine anti-sowjetische Gemeinsamkeit mit den westlichen Alliierten zur Absurdität machte, solange noch ein Hauch der Hitler-Ära übrigblieb.

Er mußte erkennen, daß es keine Möglichkeit gab, der Forderung Eisenhowers nach einer Kapitulation auch vor den Russen zu entgehen und daß bestenfalls noch eine Chance bestand, den Millionen Soldaten und Flüchtlingen, um die es ging, zu helfen, nämlich Zeit für sie gewinnen, und seien es nur 24 oder 48 Stunden, in denen sie alles daransetzen konnten, ihre bisherigen Fronten abzubauen, in höchster Eile nach Westen zu marschieren und den Versuch zu machen, durch die amerikanischen Linien zu sickern. Stunden schließlich, in denen es noch möglich sein würde, Abtransporte über See durchzuführen.

Jodl ließ sich von neuem bei Smith melden. Er schlug eine Kapitulation in zwei Phasen vor, mit einem Termin, von dem an nicht mehr gekämpft werden sollte, und einem Termin, von dem an nicht mehr marschiert werden durfte. Er erklärte ferner, die Kapitulation müsse durch die Oberbefehlshaber der deutschen Wehrmachtsteile unterzeichnet werden. Diese könnten erst am 8. Mai in Reims eintreffen, vor allem, da der neue Befehlshaber der Luftwaffe, von Greim, erst gesucht oder durch einen Vertreter ersetzt werden müsse. Weiter sei es unmöglich, innerhalb von 24 Stunden die

Kapitulationsbefehle an die weit verzettelten deutschen Kräfte durchzubringen. Dazu brauche man 48 Stunden. Bei einer Unterzeichnung der Kapitulation am 8. Mai nachmittags könne dann die Waffenruhe am 10. Mai nachmittags eintreten.

General Smith erklärte sich bereit, General Eisenhowers Entscheidung einzuholen, kehrte jedoch wenig später zurück und berichtete, General Eisenhower habe Jodls Vorschläge abgelehnt. Der General verlange die sofortige Unterzeichnung der Kapitulationsurkunde. Die Kapitulation selbst träte spätestens am 9. Mai um 0.00 Uhr in Kraft. Die Unterzeichnung durch alle deutschen Oberbefehlshaber könne später erfolgen. Jodl habe eine halbe Stunde Bedenkzeit. Smith fuhr fort: »Wenn Sie ablehnen, gelten die Verhandlungen als abgebrochen. Sie können dann mit den Russen allein verhandeln. Die Operationen unserer Luftstreitkräfte werden wiederaufgenommen, und unsere Linien werden auch für einzelne aus dem Osten kommende deutsche Soldaten und Zivilisten gesperrt.«

Jodl war totenbleich. Dann erhob er sich. »Entnehmen Sie«, sagte er, »meine Antwort aus dem Funkspruch, den ich jetzt an Feldmarschall Keitel geben werde und dessen Beantwortung ich abwarten muß ...«

Er telegrafierte an Keitel, daß er keinen anderen Ausweg mehr sehe als »Unterzeichnung oder allgemeines Chaos«.

Er hatte mehrere Stunden zu warten. Zweifellos begriff er nicht, daß General Smith mit seinem Hinweis auf das »sehr hohe Spiel« recht hatte. Sicherlich begriff er ebensowenig, daß die Sorge, mit der man sich nun um das Schicksal der Ostarmeen bemühte, für einen unvoreingenommenen Beobachter merkwürdig verspätet erscheinen mußte, nachdem zumindest mit den Armeen in Kurland und in Ostpreußen und mit den Armeen auf dem Balkan zuvor ein großzügiges

Spiel ohne Gewissensskrupel gespielt worden war. Statt dessen entwickelte sich in seinem starren, einseitigen Wesen – aus plötzlich zerstörten Illusionen und dem Gefühl ungerechtfertigter und unfairer Behandlung heraus – das trotzige Gefühl des Rechthabens und des erlittenen Unrechtes, das ihn in den kommenden Monaten bis zu seinem Tode erfüllte. Um 1.30 Uhr in der Frühe des 7. Mai traf aus Flensburg folgender Entscheid ein: »Vollmacht zur Unterzeichnung nach mitgeteilten Bedingungen hat Großadmiral Dönitz erteilt. gez. Keitel.«

Eine Stunde später betraten Jodl und von Friedeburg mit ihrer Begleitung das Zimmer, in dem die Unterzeichnung der Kapitulationsurkunde stattfinden sollte.

Die Vertreter der alliierten Mächte waren an einem einfachen grauen Tisch versammelt. Die Wände waren mit Generalstabskarten behangen. Vor jedem Stuhl lagen ein Bleistift und ein Schreibblock. Die Kapitulationspapiere lagen in vierfacher Ausfertigung in grauen Aktendeckeln ohne Bänder, Siegel oder sonstigen Schmuck auf dem Tisch.

Die Gesichter von Jodl und von Friedeburg waren bleich, aber äußerlich ausdruckslos. Nur ihre Augen verrieten etwas von dem Absturz aus einer weitabgeschlossenen Sphäre voller Illusionen in eine harte, kalte Wirklichkeit. Beide sahen zum ersten Male General Eisenhower inmitten der englischen, französischen, amerikanischen und sowjetischen Delegierten.

Sein Gesicht schien voller Ablehnung und nicht ohne Verachtung. Es sah so aus, als ob es ihn Überwindung koste, überhaupt einige Worte an die Deutschen zu richten. Er ließ Jodl durch den Dolmetscher fragen, ob ihm alle Punkte der Kapitulationsurkunde klar seien.

Jodl antwortete: »Jawohl.«

Dann ließ Eisenhower durch den Dolmetscher erklären: »Sie

werden dienstlich und persönlich zur Verantwortung gezogen, wenn gegen die Punkte dieser Kapitulationsurkunde verstoßen werden sollte, auch gegen die, welche sich auf die offizielle Übergabe an Rußland beziehen, zu der die deutschen Oberbefehlshaber zu dem Zeitpunkt in Berlin erscheinen müssen, der vom russischen Oberkommando festgesetzt wird. Das ist alles.«

Es folgte die Unterzeichnung mit zwei Füllfederhaltern, die Eisenhower seit der Landung in Afrika für diesen Zweck aufbewahrt hatte.

Es war das Ende der Hoffnungen, mit denen von Friedeburg noch nach Reims gefahren war. Es war das Ende der Hoffnungen für Kurland, für die Heeresgruppen Schörner, Rendulic und Löhr, zumindest für die große Masse ihrer Soldaten.

Als die Federn beiseite gelegt waren, erhob sich Jodl. Er sah starr geradeaus, wie um die Feindseligkeit und Verachtung zu übersehen, die ihm hinter den äußerlich gewahrten Formen entgegenschlugen. Er begann in Englisch und fuhr dann in Deutsch fort: »Herr General, mit dieser Unterzeichnung sind das deutsche Volk und die deutsche Wehrmacht auf Gedeih und Verderb dem Sieger ausgeliefert. In diesem Kriege, der über fünf Jahre dauerte, haben beide mehr geleistet und mehr gelitten als vielleicht irgendein anderes Volk der Welt. In dieser Stunde bleibt mir nichts, als auf die Großmut des Siegers zu hoffen.«

Als er keine Antwort erhielt, salutierte er kurz. Dann wandte er sich ab und verließ, gefolgt von seiner Begleitung, den Raum.

Als Jodl nach Flensburg zurückkehrte, fand er die gedrückte Stimmung vor, welche aus der beginnenden Erkenntnis der ganzen Unerbittlichkeit der Realitäten erwuchs. Alle, die dort auf einem letzten Fleck noch nicht eroberten deutschen Bodens – nur durch eine spärliche Funkverbindung und einige alliierte Zeitungen, die von Friedeburg mitgebracht hatte, mit der übrigen Welt verbunden – auf Jodls Rückkehr warteten, wußten immer noch zuwenig von der politischen Entwicklung, die sich durch Stalins Geschick, Roosevelts und seiner Berater Illusionen und Churchills Unfähigkeit, sich in der großen Koalition durchzusetzen, in den Konferenzen von Casablanca über Teheran bis Jalta vollzogen hatte. Sie wußten nichts von dem Ausmaß der nicht nur durch Propaganda, sondern durch einen echten menschlichen Glauben gespeisten Woge, welche die ganze westliche Welt erfüllte und – dank Hitlers Mißgriffen und Sünden – Deutschland zum einzigen und furchtbarsten Friedensstörer hatte machen können. Sie wußten nichts von dieser Woge, die in Deutschland das einzige Hindernis zur Herstellung einer einheitlichen friedlichen Welt sah, an der die Sowjetunion nach der erfolgreichen Verteidigung ihrer Freiheit gegen die deutschen Eroberer selbstverständlich teilhaben würde. Sie wußten nicht, daß gerade in diesen Tagen des endgültigen Zusammenbruches die alliierte Besetzung von Konzentrationslagern und Vernichtungsanlagen für die Juden, die bis in Hitlers Testament hinein »Weltvergifter aller Völker« geblieben waren, dieser Woge eine neue schauerliche Nahrung gab. Auch sie begannen erst die undurchdringbare Wand zu erkennen, die um sie aus Schuld und Verhängnis errichtet war.

Als Jodl zurückkehrte, hatten mit Ausnahme von Speer die letzten maßgebenden politischen Träger des gestürzten Regimes Flensburg verlassen. Dönitz, der in einem Augenblick erster Resignation den Standpunkt vertreten hatte, daß es sinnlos sei, dem letzten Telegramm von Goebbels und Bormann gemäß eine Regierung zu bilden, hatte sich durch Schwerin von Krosigk bewegen lassen, eine »geschäftsführende Reichsregierung« zusammenzustellen.

Schwerins legalistischer Geist hatte Dönitz davon überzeugt, daß man den Anspruch auf die Souveränität und die Einheit des Reiches um der Zukunft willen so lange wie möglich dokumentieren müsse. Die Siegermächte mochten unternehmen, was sie wollten, auf jeden Fall dürfe man nicht freiwillig darauf verzichten, sich als legale Vertretung des deutschen Volkes zu betrachten, bis diese Vertretung entweder mit Gewalt beseitigt und damit ein rechtloser Akt durchgeführt würde, oder aber bis das deutsche Volk Gelegenheit erhalte, eine neue Regierung zu bilden. Außerdem sei es Dönitz' Pflicht, sich bereit zu halten, um die Umstellung von den Kriegs- zu Friedensverhältnissen zu erleichtern und die zu erwartenden, vor allem ernährungspolitischen Krisen auf Grund der Kenntnisse der deutschen Verhältnisse steuern zu helfen.

Dönitz hatte daher der Bildung einer »geschäftsführenden Reichsregierung« in Flensburg zugestimmt. Er hatte sich nicht an die Ministerliste gehalten, die ihm das letzte Telegramm aus der Reichskanzlei vorschrieb.

Er hatte Ribbentrop, der am 1. Mai anrief und um eine Weiterverwendung feilschte, abgewiesen. Ribbentrop hatte bis zuletzt versucht, Dönitz davon zu überzeugen, daß nur er in der Lage sei, einen Sonderfrieden mit den Westmächten herbeizuführen, und war desavouiert bis zur grausamen Lächerlichkeit. Als Dönitz ihn abwies, verschwand er, um irgendwo in Hamburg unterzutauchen.

Rosenberg hatte von vornherein resigniert und war als Kranker in einem Flensburger Lazarett verschwunden.

Am zähesten hatte Himmler bis zum 6. Mai um ein Ministeramt gekämpft. Er hatte immer wieder versucht, eine Unterredung mit Dönitz zu erlangen. Als Dönitz – immer noch beeinflußt von dem irrigen Nimbus, der Himmler umgab – ihn vorsichtig hinhielt, hatte er sich mit unbedeutenden Vorzimmerfiguren angebiedert. Der Absturz von der Höhe seiner Macht ließ selbst kleine Kapitänleutnants, die wenige Wochen vorher noch vor Himmler gezittert hätten, ihre Verachtung zeigen. Mit seinem Sekretär und seinem Adjutanten belagerte er Dönitz' Vorzimmer und erläuterte immer wieder die Ideen, die sein beschränkter Geist in ihm wachhielt. Er wartete Tag für Tag, daß Schellenberg ihm aus Schweden eine Nachricht zukommen lasse und daß es ihm möglich werden würde, in einem persönlichen Gespräch mit Eisenhower und Montgomery die offenbar bestehenden Mißverständnisse zu zerstreuen und beiden zu erklären, daß es ohne eine Ordnungsmacht, wie er sie aufgebaut habe, kein Überleben gegenüber dem Bolschewismus geben werde.

Er suchte mehrmals Schwerin auf und erklärte: »Die jetzige Lage dauert höchstens drei Monate. Dann tritt der völlige Umschwung ein. Spätestens in drei Monaten erfolgt der Zusammenstoß zwischen Ost und West, und wir werden dann das Zünglein an der Waage sein und das erreichen, was wir im Kriege nicht erreichen konnten.« Er sprach in diesem Zusammenhang vom Ural und fügte hinzu: »Ich kann Sie nur bitten, das Amt des Außenministers zu übernehmen. Ich kann Ihnen versichern, daß ein Außenminister noch niemals ein Amt mit größeren Aussichten und Wirkungsmöglichkeiten übernommen hat als Sie.«

Er hatte später Norwegen und Böhmen als Faustpfänder bei den Kapitulationsverhandlungen empfohlen. Der Verlauf der Kapitulationsverhandlungen hatte auch ihn zur absurden Figur gemacht, bei der nur die Barbarei, die an ihr klebte, jedes Gelächter ersticken ließ. Erst am 6. Mai hatte Dönitz sich endlich entschlossen, Himmler offiziell all seiner Ämter zu entheben, und Schwerin fand den Mut, ihm offen zu erklären: »Es gibt für Sie keinen anderen Weg, als zu Montgomery zu fahren und zu sagen: ›Hier bin ich.‹ Dann müssen Sie die Verantwortung für Ihre Männer übernehmen!« Am nächsten Tage war Himmler aus Flensburg verschwunden, um in einer unvollkommenen Maske zwischen deutschen Soldaten unterzutauchen, bis er englischen Soldaten in die Hände lief und eine Giftkapsel nahm, die er bei sich führte.

Mit Himmler hatte die letzte politische Hauptfigur aus dem Kreis um Hitler Flensburg verlassen. Die geschäftsführende Regierung, die Schwerin von Krosigk zusammenstellte, setzte sich aus Schwerin als Reichsaußenminister und Reichsfinanzminister, Speer als Reichswirtschafts- und Produktionsminister, Backe als Reichsminister für die Ernährung und Landwirtschaft, Dr. Stückrath als Innenminister, Seldte als Arbeitsminister und Dr. Dorpmüller als Reichsverkehrs- und Reichspostminister zusammen. Schwerin glaubte, Männer gewählt zu haben, die von den Siegern akzeptiert werden könnten.

Sicher wurde dieser Glaube erschüttert, als Jodl und von Friedeburg aus Reims zurückkehrten und von der Welt berichteten, der sie sich gegenübergesehen hatten. Aber die Geschichte der letzten Phase des nationalsozialistischen Deutschland war ein einziger Beweis für die Zähigkeit selbst des unsinnigsten Glaubens und der unsinnigsten Hoffnung gewesen. Die Minister, die sich am zähesten an die Illusionen, welche das untergehende Regime geboren hatte, klammerten, hatten zwar Flensburg verlassen. Trotzdem blieben Illusionen und Hoffnungen genug, und vor den Männern um Dönitz lag noch ein harter Weg, auf dem der Bereich dieser Illusionen und Hoffnungen immer enger werden sollte.

Die Ausgabe der Kapitulationsbefehle an die noch kämpfenden Truppenteile war eine Beschäftigung, die noch ein

Gefühl von Autorität hinterließ. Die Delegation, welche die endgültige Kapitulation in Berlin unterzeichnen sollte, wurde zusammengestellt. Sie bestand aus Keitel, von Friedeburg und dem Generaloberst der Luftwaffe Stumpff als Vertreter des Generalfeldmarschalls von Greim.

Am 8. Mai erhielt Dönitz aus Reims die Anweisung, diese Delegation im Flugzeug nach Berlin zu entsenden. Im Wagen wurden sie durch die immer noch brennende und schwelende Stadt nach Karlshorst gefahren. Dort unterzeichneten sie in Gegenwart des sowjetischen Marschalls Shukow, des englischen Luftmarschalls Tedder, des amerikanischen Generals Spaatz und des französischen Generals Lattre de Tassigny die endgültige Kapitulation. Sie unterzeichneten »für das Oberkommando der deutschen Wehrmacht«. Sie wollten damit ausdrücken, daß sie nur eine militärische Kapitulation unterzeichneten, nicht aber eine Kapitulation der »Regierung«.

Es geschah in der ersten Morgenstunde des 9. Mai um 0.16 Uhr.

Es geschah in der Abgeschlossenheit eines Konferenzzimmers, in das keine Stimme und kein Laut eindrangen, um davon zu berichten, was zur gleichen Stunde noch in den Trümmern Berlins an Plünderung und Vergewaltigung geschah.

Sturm über Prag

In den Tagen, in denen Himmler aus Mürwick in eine trügerische Verborgenheit entwich, strebten die Ereignisse auf dem zweiten großen Schauplatz des letzten Kampfes, auf dem Boden Sachsens und der Tschechoslowakei, im wankenden Frontbogen der Heeresgruppe Schörner, ihrem Gipfelpunkt und ihrem Absturz in die Katastrophe zu. Seit in den ersten Märztagen der Heeresgruppe Schörner und den Flüchtlingen aus dem Warthegau und aus Ober- und Niederschlesien, die hinter ihrer Front Schutz gesucht hatten, noch einmal eine Atempause an der Neiße und an der Linie Görlitz–Striegau–Oppeln gewährt worden war, hatte sich Schörner im wesentlichen in einem Befehlszug aufgehalten, der auf dem Bahnhof von Josephstadt stand.

Schörner hatte sich den Zug zusammenstellen lassen, um bei seiner ruhelosen Tätigkeit hinter der Front beweglich zu sein. Seine Fronten in der Tschechoslowakei, in Schlesien und in der Lausitz waren jedoch so ausgedehnt, daß die Entfernungen zu den einzelnen Truppenverbänden sich selbst mit dem Zug nicht schnell genug bewältigen ließen. Daher war der Zug schließlich auf dem schmutzigen Bahnhofsgelände von Josephstadt zurückgeblieben. Seine zehn Wagen, von denen aus mehr als eine Million deutscher Soldaten kommandiert worden waren, standen anscheinend verloren auf einem Abstellgleis. Unter ihnen befand sich der in Italien beschlagnahmte Salonwagen des Kronprinzen Umberto von Italien, der auf jeder seiner Mahagonitüren das prunkvolle Wappen des Hauses Savoyen trug. In diesem Wagen verbrachte Schörner seine Abende und Nächte, sofern er nicht auf Frontreisen war. Seinem Chef des Stabes, General von Natzmer, stand der Salonwagen der ehemaligen Königin von Rumänien zur Verfügung. Die Arbeitsverhältnisse waren drückend eng. Es war kaum ein Tisch vorhanden, um eine große Karte auszubreiten. Aber Schörner selbst empfand dies kaum, da er mit geringen Unterbrechungen mit Flugzeug und Kraftwagen unterwegs war, um nach dem Gesetz, dem er sich verschrieben hatte, durch Brutalität, Unberechenbarkeit und die Erweckung von Furcht seine Front zu stärken und zu reglementieren.

Von Josephstadt aus flog und fuhr er zum Südflügel seiner Heeresgruppe. Dort war es nie zu einer wirklichen Ruhepause gekommen. Ununterbrochen waren hier die Russen gegen die Westbeskiden, die Weißen Karpaten und das Industriegebiet von Mährisch-Ostrau angestürmt. Während des ganzen Monats März war dort erbittert gekämpft worden, ohne daß sich wesentliche Veränderungen im Frontverlauf ergeben hätten. Dann hatte eine neue starke Offensive der Russen begonnen, welche die 1. Panzerarmee um die Wende vom März zum April zurückwarf, bis in den Raum von Brünn durchstieß und schließlich die Heeresgruppe Schörner von den weiter südlich in der Slowakei und Westungarn stehenden Truppen der Heeresgruppe Süd trennte. Da der russische Durchbruch sich wieder verlangsamt hatte, blieb es ungewiß, ob die Russen versuchen wollten, von Süden einen großen Umfassungsarm um die Heeresgruppe Schörner zu schließen, oder aber ob es ihr Ziel war, nach Österreich durchzubrechen. Das Vordringen der Russen hatte Scharen von Volksdeutschen aus ihren Dörfern und Siedlungen vertrieben und sie auf die Straße gehetzt, wo sie müde und hoffnungslos, nur von dem blanken Entsetzen, das in ihrem Rücken saß, getrieben, dahinzogen. Schörners brutalem Willen war es nicht mehr gelungen, die einmal aufgerissene

Lücke zu schließen. Die Macht der Wirklichkeit zeigte ihm, wo auch seine Grenzen lagen und daß auch er nichts Übermenschliches vermochte. Seine rechte Flanke blieb offen und ungedeckt. Nur Spähtrupps und einzelne deutsche Flugzeuge beobachteten, was sich auf russischer Seite ereignete oder vorbereitete.

Der Zurücknahme der 1. Panzerarmee hatte die der 17. Armee folgen müssen. Das heiß umkämpfte Industriegebiet von Mährisch-Ostrau war verlorengegangen. Auch hier wälzten sich fliehende Deutsche über die Straßen der Tschechoslowakei, und wieder waren Zehntausende nicht entkommen, weil sie bis zuletzt gearbeitet hatten. Ziegenhals, Schweidnitz und viele andere Orte waren verlorengegangen. Nur das schwierige Gelände an diesem Teil der Front kam Schörner zu Hilfe und gab ihm nochmals eine Atempause an einer neuen, nur lückenhaft besetzten Frontlinie, die aus dem Raum von Brünn über Olmütz und Altvater und dort vom Kamm des Reichensteiner und Eulengebirges entlang bis nach Hirschberg verlief.

Auch der Zobten war verlorengegangen. Wenn man bis dahin noch von seiner Höhe aus die Brandwolken über dem eingeschlossenen Breslau hatte sehen und sogar Einzelheiten der Kämpfe um die todgeweihte Stadt hatte verfolgen können, so zerriß jetzt jede direkte Verbindung. Die letzten vagen Hoffnungen auf einen Entsatz der sterbenden Stadt entschwanden, nachdem vorher in Josephstadt mehrfach der Versuch gemacht worden war, Reserven zusammenzuraffen, um noch einmal die Verbindung nach Breslau herzustellen und den Eingeschlossenen einen Weg nach Westen zu öffnen. Keiner dieser Versuche hatte zum Erfolg geführt, weil jedesmal, wenn es wirklich gelungen war, Reserven zusammenzubringen, irgendeine neue bedrohliche Situation an der langgestreckten Front nach diesen Reserven rief und sie in Kämpfe verstrickte, aus denen sie nicht mehr zurückkehrten.

In trügerischer Ruhe hatte nur der linke Flügel der Heeresgruppe an der Lausitzer Neiße dagelegen. Aber gerade hier deuteten seit Anfang April alle Zeichen darauf hin, daß die gegenüberliegende Heeresgruppe des Marschalls Konjew bei Görlitz oder aber zwischen Guben und Forst zu einer neuen Durchbruchsschlacht antreten würde. Entweder würde sie von Süden her gegen Berlin vorstoßen und den Großangriff der Marschälle Shukow und Rokossowski, der sich zur gleichen Zeit gegen die deutsche Heeresgruppe Weichsel am Unterlauf der Oder ankündigte, unterstützen, oder aber von Görlitz aus über Dresden nach Prag vordringen.

Vielleicht war auch ein Durchstoß bis zur Elbe geplant, aus dem heraus sich ein Angriffskeil nach Norden gegen Berlin und gleichzeitig ein Angriffskeil nach Süden gegen Prag entwickeln konnte. Es stand jedenfalls fest, daß sich gegenüber der dünnen Front der 4. deutschen Armee, die an der Neiße stand, zwei sowjetische Schwerpunkte mit ungeheuren Artilleriemassierungen bildeten.

Schörners Stabschef von Natzmer war der Ansicht, daß der erste und gefährlichste Angriff im Gebiet von Guben und Forst zu erwarten sei, und Schörner hatte sich seiner Ansicht angeschlossen. Hitler dagegen hatte aus unerfindlichen Gründen an seiner Meinung festgehalten, daß der Angriff bei Görlitz in Richtung auf Dresden und Prag führen werde. Er hatte befohlen, daß die Kräfte, die er in der ersten Aprilwoche aus der Front des Generalobersten Heinrici herausgenommen und nach Süden geschickt hatte, bei Görlitz eingesetzt werden sollten.

Über diesen Befehl hatte sich Schörner insgeheim zwar

hinweggesetzt, trotzdem aber war die Front der 4. Armee bei Guben und Forst so dünn, daß von Natzmer nur mit größter Sorge dem sowjetischen Angriff entgegensah. Ganze zwei Panzerdivisionen standen Mitte April hinter diesem Abschnitt der Front. Eine weitere Panzerdivision wurde als Reserve bei Görlitz bereitgehalten. Das war alles, was einem sowjetischen Durchbruch entgegengestellt werden konnte.

Auf dem Papier unterstanden der Heeresgruppe noch 40 Divisionen. In Wirklichkeit aber hatten zwei bis drei Divisionen häufig nicht mehr die Kampfkraft eines Regiments. Es waren Verbände darunter, die den ganzen Krieg im Osten miterlebt hatten, die 6., 7., 8., 16. und 20. Panzerdivision, die 10. Panzergrenadierdivision, die 68. Infanteriedivision, die 78. Sturmdivision. Unter Schörners rücksichtsloser Faust, eingespannt zwischen der Bedrohung durch den übermächtigen Gegner und der Bedrohung durch Standgerichte im Hinterland, durch Schörners persönliche Propaganda immer wieder über die tatsächliche Lage hinweggetäuscht, hatten sie ihren inneren Zusammenhalt gewahrt. Aber ihre zerzausten Verbände konnten nur einen schwachen Rückhalt für die Masse der Kräfte bilden, die auch an der Neißefront aus Volkssturm, Polizei und Kranken zusammengestellt worden waren. Sie hielt nur die nackte Furcht vor Schörner noch zusammen.

Es war von Natzmer sehr bald klargeworden, daß vor allem die Front der 4. Panzerarmee an der Neiße nicht mehr in der Lage sein würde, einem länger dauernden sowjetischen Ansturm Widerstand zu leisten, sofern sie nicht entscheidende Verstärkungen von anderen Fronten bekamen. Sosehr Schörner sich immer dagegen gesträubt hatte, das Unmögliche für unmöglich zu halten – Mitte April hatte er sich zu einem Flug nach Berlin entschlossen, um von Hitler weitere Verstärkungen für die Front an der Neiße zu fordern.

Schörner fühlte kaum die drückenden Sorgen, die seinen Stabschef und die meisten der anderen Stabsoffiziere bei ihren Frontfahrten belasteten, nämlich nicht nur die Sorge um das Schicksal der Front selbst, sondern auch um die Hunderttausende, die sich in der Lausitz und in Sachsen zusammendrängten, seit sie über die Neiße geflohen waren, um das Schicksal der Millionen, die westlich der Neiße lebten und ihre letzte Hoffnung auf die Behauptung der Neißefront setzten. Dies zu empfinden – dazu fehlten ihm alle Voraussetzungen. Aber es ging etwas anderes in ihm vor, das manchmal unter seiner zur Schau getragenen Brutalität fühlbar wurde. Sah er selbst die kommende Niederlage? Dachte er insgeheim an die Folgen, die auch ihn für seine Rücksichtslosigkeit und seine eiserne Parteigängerschaft ereilen würden, wenn das Ende kam? Machte ihn diese Sorge plötzlich der Einsicht in die Wirklichkeit zugänglicher?

Als Schörner am 15. April in seiner zweimotorigen Heinkel 111, gesichert durch drei Messerschmitt-Jäger, nach Cottbus flog, um von dort nach Berlin zu fahren, äußerte er sich gegenüber seinem Begleiter, dem I. Generalstabsoffizier seines Stabes, zum ersten Male mit einer Offenheit, die diesen aufhorchen ließ. Er erklärte, er fahre nicht nur nach Berlin, um Verstärkungen für die Neißefront zu fordern, er werde auch Hitler ersuchen, Berlin zu verlassen und in das Hauptquartier der Heeresgruppe überzusiedeln. Man müsse damit rechnen, daß den Russen ein Durchbruch gelinge; Berlin würde dann in wenigen Tagen eingeschlossen und Hitler jeder Handlungsfreiheit beraubt sein. Wenn sich Hitler jedoch in Josephstadt befände, dann könne man gemeinsam die noch vorhandenen militärischen und politischen Möglichkeiten nutzen.

Der I. Generalstabsoffizier war so überrascht, daß er die

Bedeutung, die sich dahinter verbarg, zunächst nur ahnte. Bevor er dazukam, Gegenfragen zu stellen, landete die Maschine. Sie stiegen in einen Wagen über, und Schörner hüllte sich, als habe er bereits zuviel gesagt, in eisiges Schweigen.

Vielleicht war der I. Generalstabsoffizier zu sehr eingefangen in die Grenzen seiner Stabsarbeit, um sofort erkennen zu können, daß Schörner nicht mehr an das glaubte, was er wenige Stunden zuvor noch seinen Soldaten an der Front gepredigt hatte, nämlich an den sicheren Sieg. Hegte er vielleicht in der Verborgenheit seines kalten Herzens den Plan, die böhmischen Berge zu einem letzten Zufluchtsort zu machen, Hitler vielleicht gar als politische Geisel zu benutzen und sich so lange zu behaupten, bis die Gegensätze zwischen Russen, Amerikanern und Engländern, auf die auch er baute, zum Austrag kamen?

Als Schörner und seine Begleiter in Berlin eintrafen, erfuhren sie als erstes, daß im Bereich der Heeresgruppe Weichsel seit 24 Stunden jene schweren Kämpfe im Gange waren, die dem Hauptangriff Shukows über die Oder am 16. April vorausgingen. Damit war von vornherein die Möglichkeit, noch irgendwelche Verstärkungen für die Front an der Neiße zu bekommen, abgeschnitten. Trotzdem sprach Schörner mehrere Stunden mit Hitler allein.

Währenddessen wartete der I. Generalstabsoffizier im Rauchzimmer der Reichskanzlei. Er erlebte zum ersten Male die ihm bis dahin fremde Welt. Die Ankunft Schörners lockte Diplomaten, Gauleiter und SS-Führer an. Es war, als ob sie sich an dem Nimbus der Unerschütterlichkeit, der Schörner umgab, erwärmen wollten. Vor allem Himmler schien von einer kaum zu verbergenden Ratlosigkeit erfüllt. Er verlangte unbedingt Schörner zu sprechen. Er überschüttete den I. Generalstabsoffizier mit ungezählten Fragen nach Schörners Absichten, nach Schörners Meinungen. Als Schörner drei Stunden später zurückkehrte und das Rauchzimmer betrat, war sein Gesicht verdüstert. Jeder der Versammelten versuchte, ihn in ein Gespräch zu verwickeln. Aber Schörner hatte es eilig.

Als er mit dem I. Generalstabsoffizier die Voßstraße betrat und im verdämmernden Licht des Tages den Wagen bestieg, sagte er kurz: »Der Führer bleibt in Berlin.« Mehr sagte er nicht. Aber seine Worte verrieten, daß seine Absichten gescheitert waren.

Als die Maschine Cottbus überflog, sah man im Osten am nächtlichen Himmel die Leuchtkugeln der Front emporsteigen. Keine zwölf Stunden später brach das Ungewitter des sowjetischen Trommelfeuers zwischen Guben und Forst los. Von Natzmer und Schörner hatten recht behalten, was die Voraussicht auf den Angriffsschwerpunkt Konjews betraf. Aber das war nur ein geringer Trost. Schörners Macht und Schörners Terror hatten nicht ausgereicht, um das Unmögliche möglich zu machen und eine Front aufzubauen, die nicht unter der Wucht der Übermacht zerbrach.

»Zwischen Muskau und Guben«, so schrieb später General von Natzmer, »brach das russische Ungewitter durch unsere Front, weder durch Abwehr noch durch Gegenangriffe der vorhandenen Reserven aufzuhalten.« Die Front der 4. Armee zerriß. Schörner war ebensowenig wie Heinrici mit seiner 9. Armee in der Lage, den gewaltigen russischen Durchbruchskeil, der sich in wenigen Tagen über das Land ergoß, von Süden her anzufallen, zum Stehen zu bringen und durch Angriff nach Norden wieder eine Verbindung mit der 9. Armee herzustellen.

Nur die Tatsache, daß Konjew sich zunächst mit seiner Hauptmacht nach Norden gegen Berlin wendete, sicherte den Resten der 4. Armee und damit Schörners linkem Flügel eine letzte Gnadenfrist. Nur schwächere russische Verbände bedrängten die zunächst nach Süden und Westen ausweichende 4. Panzerarmee. Als die russische 58. Gardedivision am 25. April der 69. amerikanischen Division bei Torgau an der Elbe die Hand gereicht hatte, gab sich Konjew zunächst zufrieden. Die 4. Armee konnte noch einmal in der allgemeinen Linie Penzig–Niesky–Riesa eine dünne Verteidigungsfront aufbauen. Sie fand weiter westlich Anschluß an eine behelfsmäßige Elbeverteidigung von Riesa bis Wittenberg.

Der sowjetische Durchbruch war so schnell erfolgt, daß er wiederum Hunderttausende von Flüchtlingen und Einwohnern überrannt hatte. Wieder war das Verhalten der deutschen Parteistellen bis zum letzten Augenblick ohne Vernunft, ohne Menschlichkeit. So als seien nicht die furchtbaren Erfahrungen in Schlesien, im Wartheland, in Ostpreußen, Westpreußen und Pommern vorausgegangen, weigerte sich der überwiegende Teil von ihnen bis zum letzten Augenblick, die Wirklichkeit anzuerkennen. Das fürchterliche System der Illusionen, das System der unzerstörbaren Hoffnung, vor allem das System der Angst des einen vor dem anderen, des Ortsgruppenleiters vor dem Kreisleiter, des Kreisleiters vor dem Gauleiter und des Gauleiters vor Bormann und vor Hitler, blieb wirksam bis zum letzten Tag.

Die Straßen füllten sich über Nacht mit Flüchtlingen, die wieder in panischer Angst nach Westen an die Elbe zu kommen versuchten, während hinter ihnen die Flammenzeichen der Kämpfe am Himmel standen. Vielen, die der vorangegangenen Hemmungslosigkeit der sowjetischen Armeen östlich von Oder und Neiße entkommen waren, mochten die Formen, in denen sich das neue Ungewitter in Sachsen vollzog, milder erscheinen. Die Gardedivisionen, die einen Teil der Verbände Konjews bildeten, zeigten stärkere Zurückhaltung und Disziplin.

Es schien unfaßbar, aber es war Wirklichkeit. Noch am 25. April entsandte Gauleiter Mutschmann aus Dresden Polizeiverbände an die Elbebrücke bei Meißen, um die Trecks der Bevölkerung, die aus dem unmittelbar bedrohten Gebiet östlich der Elbe nach Westen übersetzen wollten, zur Umkehr zu zwingen. Der Kreisleiter von Meißen, Böhme, einer der wenigen Männer, die Mut und Gewissen genug gehabt hatten, um aus eigener Verantwortung der Bevölkerung rechtzeitig den Weg nach dem Westen zu öffnen, wurde dieser Trecks wegen des Defätismus angeklagt. Ihm wurde erklärt, die Lage erfordere unter gar keinen Umständen eine Flucht der Bevölkerung. Die 4. Panzerarmee werde die Russen wieder aus Sachsen vertreiben. Böhme setzte daraufhin seinem Leben selbst ein Ende.

Noch am 5. Mai, kurz bevor Dresden verlorenging, gab Gauleiter Mutschmann die Parole aus, die große Wendung stehe dicht bevor. Ein Großangriff werde in Kürze die Russen wieder nach Osten zurückwerfen. Nur zwei Tage später versuchte der geistlose, grobschlächtige Vogtländer mit seinem Kraftwagen ins Fichtelgebirge zu entkommen, wo er in der Nähe von Tellerhäuser ein Jagdhaus besaß. Bevor er sein Ziel erreichte, wurde er jedoch von sowjetischen Truppen überrascht und gefangengenommen. Sein weiteres Schicksal blieb ungewiß.

Als Konjew in der letzten Aprilwoche stärkere Verbände aus dem Kampf um Berlin abzog und den Angriff nach Süden eröffnete, geriet die dünne Front der 4. Panzerarmee schnell in neue Bedrängnis. Es bestand kein Zweifel daran, was Konjew anstrebte. Wenn es ihm gelang, die 4. Panzerarmee endgültig zu zerschlagen, öffnete sich ihm der Weg nach Prag und in den Rücken der 17. Armee sowie der 1. Panzerarmee.

Es wirkte nur noch wie ein Ruf aus einer anderen Welt, als Hitler in der Nacht vom 26. auf den 27. April auf einer durch Zufall noch offenen unterirdischen Leitung aus dem Bunker der Reichskanzlei das Hauptquartier Schörners anrief und mit vor Erregung zitternder Stimme auf die Durchführung seines Befehls drängte, wonach die Heeresgruppe Mitte aus dem Raum um Dresden in Richtung auf Berlin angreifen solle, »um die Schlacht in Berlin siegreich zu beenden«.

Schörner schlief, und von Natzmer führte das Gespräch. Er notierte darüber:

»Also ein Angriff über fast 200 Kilometer mit Kräften, die nur noch in Hitlers Einbildung bestanden, gegen einen Feind mit vielfacher Überlegenheit. Auf die Gegenvorstellungen der Heeresgruppe, daß alle Kräfte in der Front gebunden wären, daß weder genügend Munition noch Betriebsstoff zur Verfügung ständen; daß ein solcher Angriff, wenn er überhaupt gestartet werden könnte, höchstens die Gegend von Cottbus erreichen und spätestens dort von den weit überlegenen russischen Panzerverbänden zerschlagen werden würde – auf alle diese Einwände kam nur die stereotype Antwort: ›Das spielt alles keine Rolle. Alles Fehlende muß beschafft, die Schlacht um Berlin muß gewonnen werden.‹ Auf die nochmalige entschiedene Antwort, daß der geforderte Angriff nicht im Bereich des Möglichen liege und nicht durchgeführt werden könne und werde, antwortete Hitler, daß er den Eindruck habe, die Heeresgruppe könne schon, sie wolle aber nicht. Eine gröbere Verkennung der eigenen Möglichkeiten, als sie dieses Gespräch offenbart, ist nicht denkbar ...«

Wenige Tage später war die 4. Panzerarmee bereits in verzweifelte Abwehrkämpfe verstrickt. Ein Einbruch überlegener sowjetischer Panzerverbände folgte dem anderen. Mit Mühe wurde bis zum 3. Mai die Linie Meißen–Grimma verteidigt. Dann wich die 4. Panzerarmee von Auffangstellung zu Auffangstellung nach Süden zurück. Ihre besten Verbände, die vier Jahre eines fast ununterbrochenen Kampfes im Osten hinter sich hatten, kämpften mit dem Mut der Verzweiflung. Sie wußten, worum es für die Soldaten, die noch die Ostfront der Heeresgruppe Schörner hielten, ging.

Vor Schörners Ostfront starb unterdessen das belagerte Breslau. Ende März hatte Marschall Konjew angekündigt, er werde seine Truppen und seine Flieger so lange gegen Breslau stürmen lassen, bis die Stadt sich ergebe. Der Festungskommandant Niehoff hatte sich zu der Erkenntnis durchgerungen, daß mit einem Entsatz der Stadt nicht mehr zu rechnen war. Ab und zu regte sich in ihm noch eine Hoffnung. Aber sie verlosch bald.
Ein Ausweg hätte sich zweifellos leicht geboten, wenn vor der Festung die Amerikaner oder Engländer gestanden hätten. Den Russen aber wollte sich auch hier kein Soldat ergeben, und über die Bevölkerung mußte erst völlige Hoffnungslosigkeit hereinbrechen, um sie bereitzumachen, das Ende mit Schrecken dem Schrecken ohne Ende vorzuziehen. Vor Ostern hätte ein Niehoff, der kapitulieren wollte, wahrscheinlich weder unter seinen Soldaten noch in der Bevölkerung Unterstützung gefunden. Eher hätte er sie für den Plan des Durchbruchs nach Westen gewonnen. Aber er besaß nicht die Entschlossenheit und vielleicht auch nicht die Möglichkeit, sich gegen Hitler und Hanke durchzusetzen. Hanke selbst war sich ebenfalls klar darüber, daß es für die Stadt keine Rettung mehr gab. Aber er war noch ent-

schlossen, bis zum Untergang auszuhalten und die Stadt in diesen Untergang hineinzureißen. Für ihn selbst schien es keinen Ausweg mehr zu geben, und wenn er selbst schon untergehen sollte, dann wollte er als heroische nationalistische Gestalt in der Geschichte weiterleben.

Am Ostersonntag machte Konjew einen Teil seiner Drohungen wahr. Massierte Artillerie begann im Norden, Süden und Westen zu feuern. Alle Breslauer flüchteten in die Keller. Am Montag wurde Breslau während des ganzen Tages pausenlos bombardiert. Nach wenigen Stunden brannte die Stadt. Ein Feuersturm erhob sich. Es wurde unmöglich, sich auch nur für kurze Zeit im Freien aufzuhalten. Aus zusammenstürzenden Häusern gerettete Habseligkeiten gerieten sofort in Flammen. Die Pinien im Botanischen Garten brannten lichterloh. Das Feuer fraß die Domtürme, die Wahrzeichen der Stadt, und ließ nur traurige Stümpfe zurück. Erst gegen Abend minderte sich die Gewalt der Bombenangriffe. Aber die brennenden Häuserzeilen glühten während der ganzen Nacht weiter, bis schließlich ein leiser Regen einsetzte und die Glut dämpfte.

Jetzt stiegen die Überlebenden aus ihren Kellerlöchern und flohen den nördlichen und östlichen Teilen der Stadt zu, die am wenigsten gelitten hatten. Hier und da gab ein schnell zusammengezimmertes hölzernes Kreuz die ungefähre Zahl der Opfer eines Hauses oder einer Straße an.

Am 8. April setzten die Russen zum nächsten Angriff an. Verzweiflung und Ratlosigkeit wuchsen schnell einem Krisenpunkt entgegen. Hanke ließ die Textillager öffnen, um die Bevölkerung abzulenken. Im Störfeuer der russischen Artillerie versammelten sich Frauen und Männer vor den Lagern und Kellergeschäften, um sich noch einmal einzukleiden. Die meisten taten es schon in klarer Voraussicht auf die kommende Katastrophe und in dem Bemühen, für ein ungewisses Schicksal gerüstet zu sein.

Noch einmal wirkte Hitlers Zaubermacht am 20. April, an seinem Geburtstag. Noch einmal wurden an diesem Tage Hoffnungen erweckt, die schon am nächsten Tage zusammenbrachen. Niehoff, der am 14. April die Liebigs-Höhe, die unter dem russischen Artilleriefeuer in einen rauchenden Vulkan verwandelt worden war, verlassen hatte und in die Keller der Universitätsbibliothek auf der Sandinsel gezogen war, erschien an diesem Tage unter den arbeitenden Frauen und Kindern und verteilte Schokolade. Niemand sah, was ihn selbst hinter seinem bleichen Gesicht bewegte. Vielleicht waren es die Gedanken an seine eigene Frau und an die eigenen Kinder. Vielleicht war es das Schicksal des Generals Lasch in Königsberg. Vielleicht das Edikt Bormanns und Himmlers, das alle Kampf- und Festungskommandanten bei vorzeitiger Kapitulation mit dem Tode bedrohte.

Am 21. April wurden die jungen Mädchen Breslaus zur Gestellung befohlen, um als Flakhelferinnen eingesetzt zu werden und Männer für die Fronteinheiten frei zu machen. Niemand wußte, ob Hanke oder Niehoff dafür verantwortlich war. Wahrscheinlich waren es beide, der eine als Initiant, der andere als Mann, der sich beugte.

In dem Vorort Zimpel zogen zum ersten Male Frauen mit weißen Fahnen vor die Parteilokale und vor Militärunterkünfte und forderten das Ende des hoffnungslosen Kampfes. Hanke ließ die Anführerinnen, soweit er ihrer habhaft werden konnte, verhaften. Aber die Sehnsucht nach einem Ende, vor dem es doch keine Rettung gab, nach Unterwerfung unter ein grausames Schicksal, das nicht schlimmer sein mochte als die Leiden der Belagerung, war nicht mehr zu unterdrücken. Zu ihren Sprechern machten sich die Geistlichen Hornig und Dr. Konrad sowie der katholische Weihbischof Ferche und der Kanonikus Kramer, die am Morgen des 4. Mai 1945 um eine Audienz bei Niehoff nachsuchten.

Niehoff empfing die Geistlichen in seinem Bunkerraum zusammen mit seinem Adjutanten, Oberst Tiessler, sowie seinem IA, Major Otto, und hörte schweigend den Bericht über die Lage der Stadt sowie die Frage des Pfarrers Hornig an: »Herr General, können Sie es unter diesen Umständen vor Ihrem ewigen Richter verantworten, die Verteidigung der Stadt fortzusetzen?«

Eine quälende Minute verging, bis Niehoff die ebenso gequälte Gegenfrage stellte: »Meine Herren, was soll ich tun?« Die Geistlichen antworteten: »Übergabe.«

Als die Geistlichen drängten, deutete Niehoff einen Ausweg an, auf den er verfallen war. Er wollte jetzt in letzter Not den Ausfall wagen, zu dem er sich früher nicht hatte entschließen können. Er wollte versuchen, sich zu den Linien Schörners durchzuschlagen und dabei die Zivilbevölkerung mitzunehmen. Über Andeutungen ging er jedoch nicht hinaus, weil er sich über den Wahnwitz des Planes im klaren war. Es entbehrte nicht bitterer Ironie, als Pfarrer Hornig, der während des ersten Weltkrieges Artillerieleutnant gewesen war, dem General klarzulegen suchte, daß die Aktion, die er offenbar plane, in einem fürchterlichen Blutbad enden müsse, weil mit viel zu schwachen Kräften zwei russische Fronten durchbrochen werden müßten. Hornig stellte ferner die Frage, was aus dem Teil der Zivilbevölkerung werden solle, der sich dem Durchbruchsversuch nicht anschließen könne – vor allem aus den Kranken und Alten und darüber hinaus aus den Verwundeten. Niehoff wußte darauf keine Antwort.

Die Geistlichen machten sich gegen Mittag auf den Heimweg. Sie brauchten lange dazu, weil sie wegen der Tieffliegerangriffe von Keller zu Keller springen mußten. Als jedoch Dr. Konrad das Elisabeth-Pfarrhaus erreichte, in dem er zu Hause war, wartete dort ein Offizier, der den Pfarrer Hornig abzuholen wünschte. Konrad dachte unwillkürlich, es handle sich um Hornigs Verhaftung. Der Offizier versicherte ihm jedoch, für den Nachmittag sei eine Beratung aller Truppenkommandeure bei Niehoff angesetzt. Vor ihnen solle Hornig noch einmal sprechen. Hornig begab sich zur Sandinsel zurück und sprach vor etwa dreißig Offizieren. Er fühlte die Zustimmung der meisten. Nach seinem Vortrag wurde Hornig wieder entlassen, und die Geistlichen hofften, daß ihr Vorstoß zu einem Erfolg führen werde.

Ihre Hoffnung wurde jedoch auf eine harte Probe gestellt. Am Abend des 4. Mai erfuhr Hanke von dem Zusammentreffen zwischen Festungskommando und Geistlichkeit und verbot Niehoff die Fortführung der Gespräche. Die Festungszeitung, die am Morgen des 5. Mai erschien, enthielt Hinweise auf defätistische Elemente, die eine feige Übergabe Breslaus anstrebten, und forderte Widerstand bis zum letzten Mann und zur letzten Frau.

Die sowjetischen Propagandalautsprecher drohten unterdessen, daß Breslau dem Erdboden gleichgemacht werde, wenn es jetzt nicht zur Übergabe käme. Panikstimmung griff um sich. Niehoff befürchtete Meuterei, denn am Abend des 5. Mai ging seine Stabswache an der Südseite der Sandinsel mit Maschinengewehren in Stellung. Aber er konnte sich immer noch nicht zu einem klaren Entschluß durchringen. Erst die folgende Nacht befreite ihn von der erdrückenden Hörigkeit, in die er Hanke gegenüber geraten war. Hanke verließ in aller Stille von dem Flugplatz aus, den er unter so viel Opfern hatte bauen lassen, mit einem »Fieseler Storch« die Stadt. Er hatte am späten Abend die Nachricht vom Tode Hitlers und von seiner Ernennung zum Nachfolger Himmlers als Reichsführer SS, Chef der deutschen Polizei und Reichsinnenminister erhalten. Diese Nachricht war gleichbedeutend mit einem Vorwand zum Verlassen Breslaus.

Auch Hanke, der noch am längsten in einer bedrohten oder

eingeschlossenen Stadt ausgehalten hatte, enthüllte die Diskrepanz, die im nationalsozialistischen Parteiapparat zwischen Phrase und Wirklichkeit bestand. Auch er floh, ließ die von ihm Geführten und Verführten zurück und überlieferte sich selbst dem Odium der Feigheit vor der letzten Entscheidung. Sein weiteres Schicksal blieb unbekannt. Gewiß war nur, daß er die Stadt in der Uniform eines Unteroffiziers der Waffen-SS verließ und niemals bei Dönitz erschien, um sein Ministeramt zu beanspruchen. Spätere Berichte wollten wissen, er sei mit einem SS-Verband in die Hand von Tschechen gefallen und bei einem Fluchtversuch erschlagen worden. Nach anderen Nachrichten gelang es ihm, zu entkommen und in der Verwirrung der Nachkriegsjahre unterzutauchen.

Als die Geistlichen am frühen Morgen des 6. Mai, während immer noch Bomben fielen und die Artillerie schoß, um eine neue Besprechung bei Niehoff nachsuchten, erhielten sie die Antwort: »Meine Herren, die Sache ist bereits in Ihrem Sinne entschieden.« Niehoff hatte die Übergabeverhandlungen eingeleitet und gab am Vormittag des 6. Mai durch rote Anschläge an den rauchgeschwärzten Häuserwänden Breslaus bekannt, daß mit einem Entsatz Breslaus nicht mehr zu rechnen sei und er daher die Übergabeverhandlungen mit den Russen eingeleitet habe. Noch am selben Abend eilte die Nachricht durch die Stadt, daß am 7. Mai die Übergabe vollzogen werde. Einzelne Teile der Truppen versuchten noch verzweifelte Ausbrüche. Andere warfen ihre Waffen in die Oder und tauschten ihre Uniformen gegen Zivilkleidung. Doch für viele war es zu spät.

Schon während der Nacht zum 7. Mai drangen russische Stoßtrupps bis zu den Brücken vor, die zur Sandinsel hinüberführten. Musik ertönte aus den russischen Lautsprechern, und Plünderung und Vergewaltigung nahmen ihren Anfang. Über diejenigen, die sich ergeben hatten, ergoß sich der Strom der entfesselten Instinkte, und nach wenigen Tagen wußten viele nicht mehr, ob ihr Leben in den schlimmsten Tagen der Belagerung nicht doch erträglicher gewesen sei als der Zustand der Vogelfreiheit und der Angst, dem sie jetzt unterworfen waren. Dies bedeutete jedoch ebensowenig wie in Königsberg oder irgendwo sonst, daß diejenigen recht behalten hätten, die Breslau bis zu seiner Selbstzerstörung verteidigen wollten. Denn sie waren es, welche die Schuld dafür traf, daß es überhaupt so weit gekommen war.

So starb vor Schörners Front die Stadt Breslau. Hinter dieser Front aber rüsteten sich in denselben Wochen andere Kräfte der Rache.

Wie eine »Insel der Seligen«, so hieß es, schien die 1939 von Deutschland vergewaltigte Tschechoslowakei, das seitherige »Protektorat Böhmen und Mähren«, bis Ende April inmitten des Chaos im Osten zu liegen – fast unberührt vom Toben des Krieges. Die Ereignisse von der sogenannten September-Krise und der »Münchener Konferenz« im Jahre 1938 bis zu diesen letzten Sturmwochen des Krieges waren in mancher Beziehung anders zu werten als die Geschehnisse in Rußland oder Polen. Im Herbst 1938 war mit der An- oder Rückgliederung der sudetendeutschen Provinzen aus der 1918 aus dem Zerfall des österreichisch-ungarischen Kaiserreiches entstandenen Tschechoslowakei an deutsches Staatsgebiet nichts anderes geschehen, als daß Landstriche, die immer deutsch bewohnt gewesen waren und der Tschechoslowakei nach dem ersten Weltkrieg aus geo- und militärpolitischen Gründen zugeschlagen worden waren, wieder Anschluß an den deutschen bzw. deutsch-österreichischen Staats- und Sprachraum erhielten. Doch ein halbes Jahr später hatten sich Ereignisse abgespielt, die als ein Angelpunkt in der Ausdehnungspolitik Hitlers angesehen werden mußten.

Im März 1939 überschritt Deutschland mit der Besetzung der Kerngebiete des tschechoslowakischen Staates, ihrer Umwandlung in ein »deutsches Protektorat Böhmen und Mähren« und der Abtrennung der Slowakei als einem von Deutschland abhängigen eigenen Staatsgebilde die Grenzen der von deutschen Majoritäten bewohnten Gebiete. Die Besetzung – unblutig, aber unter dem Druck hoffnungsloser militärischer deutscher Überlegenheit und Erpressung des Prager Regimes vollzogen – war die erste offene Abweichung von der bis dahin nach außen hin vertretenen Politik der bloßen Herstellung oder Wiederherstellung eines nationalstaatlichen deutschen Reiches.

Sie bedeutete die erste offene Hinwendung zu Hitlers Idee einer großgermanischen ostkolonialen Eroberung, die bis dahin nur in seinen Schriften oder unter Vertrauten zum Ausdruck gebracht und weithin als Gedankenspiel, nicht aber als reale Möglichkeit bewertet worden war. Die für Hitler günstige Stunde, hoffnungslose tschechoslowakische Unterlegenheit, verspätete Aufrüstung von Franzosen und Engländern sowie deren noch mangelhafte Bereitschaft, für die Erhaltung der Tschechoslowakei oder Polen einen Krieg gegen Deutschland zu führen, hatten ihn verlockt, das große Spiel der kolonialen Ausdehnung Deutschlands nach Osten zu eröffnen. Er hatte gezeigt, daß er bereit war, die bestehenden Staatsgefüge ohne Rücksicht auf Recht, Grenzen, Nationalbewußtsein und Volkstum zu zerstören und nach seinen Vorstellungen zu formen. Die weiteren Ereignisse: der Angriff auf Polen, eine vorübergehende kalt rechnende Partnerschaft mit der Sowjetunion, eine nicht erwartete Kriegserklärung Englands und Frankreichs, verführerische militärische Triumphe im Westen gegen die britisch-französische Allianz, schließlich der Eroberungszug gegen die Sowjetunion waren nur Schritte auf einem

Wege gewesen, der durch die Besetzung der Tschechoslowakei eröffnet worden war.

Als sich jetzt der Sturm des Krieges und die Agonie des deutschen Rückzugs aus der Sowjetunion, dem Protektorat Böhmen und Mähren näherten, lagen hinter den Tschechen fünfeinhalb Jahre deutscher Herrschaft. Die Pseudoselbständigkeit einer tschechischen Protektoratsregierung, einer tschechischen Teilverwaltung und einer tschechischen Polizei hatte nie die Tatsache verdeckt, daß ein deutscher Reichsprotektor und deutsche Truppen die Herren des Landes waren. Zwar hatten Tschechen nicht erlitten, was Polen und der Sowjetunion widerfahren war. Die deutschen Truppen und die Elite der Verwaltungsbeamten, die am Anfang unter dem ehemaligen deutschen Außenminister und nunmehrigen »Reichsprotektor« Freiherr von Neurath die Zügel in Händen hatten, verhielten sich gemäßigt. Unter den Sudetendeutschen waren viele gewesen, welche die Besetzung der Tschechoslowakei nicht begrüßten, denn sie hatten nichts anderes gewünscht, als in einer nationalen Trennung von den Tschechen und deren unvermeidlichen Bemühungen um eine Tschechisierung der Sudetendeutschen zu leben. Bei allen historischen Konflikten mit den Tschechen hatten sie nicht deshalb Hitler Gehör geschenkt, um irgendeinen Einbruch in einen fremden Raum zu unterstützen, sondern weil er sie nach dem Zusammenschluß Deutschlands mit Österreich wieder in ein deutsches Vaterland aufgenommen hatte. Aber die Okkupation von tschechischem Volksgebiet befriedigte nur Fanatiker, die in den vorangegangenen deutsch-tschechischen Volkstumskämpfen einen grundsätzlich anti-tschechischen deutschen Chauvinismus entwickelt hatten.

Die Deutschen, die seit Jahrhunderten dort im tschechischen Raum verstreut in Städten oder kleinen Siedlungen gelebt und sich gegen eine Tschechisierung zur Wehr gesetzt hatten, hätten in der Begründung des Protektorats eine Befreiung sehen können. Sie hatten ja seit den Tagen der Münchner Konferenz und Angliederung der Sudetengebiete an Deutschland in völliger Verwirrung dagestanden. Sie hatten in den fünf Monaten seither um ihr weiteres Schicksal gefürchtet, das ihnen in dem übriggebliebenen tschechisch-nationalen Rumpfstaat stärker als zuvor nur die Wahl der langsamen Assimilierung oder des Auswanderns zu lassen schien. Am 15. März 1939 schien diese Sorge behoben.

Aber sie hatten in der Mehrheit nur selten Herrentum hervorgekehrt, das die Deutschen sonst in allen besetzten Gebieten verhaßt machte. Die alteingesessenen Deutschen in Böhmen und Mähren lebten in der Mehrzahl auf einem zwar bescheidenen, aber gediegenen Lebensniveau. Sie bewahrten zu ihren tschechischen Nachbarn ein zwar kühles, aber korrektes Verhältnis früherer Zeiten, das sich in der Zeit der österreichisch-ungarischen Monarchie aus nationalen Reibereien vieler Generationen entwickelt hatte.

Gleiches ließ sich nicht von vielen Deutschen sagen, die als Verwaltungs- und Kontrollorgane aus Deutschland gekommen waren; ebensowenig von einer Reihe fanatischer Sudetendeutscher, die zu führenden Rollen in den deutschen Protektoratsbehörden gelangten. So glücklich die Wahl des Freiherrn von Neurath zum Reichsprotektor gewesen war, so ungünstig hatte die Ernennung des Sudetendeutschen Karl Herrmann Frank zu seinem Staatssekretär gewirkt. Er und seine Parteigänger hatten die anfänglich abwartende Haltung der Tschechen in untergründige Feindschaft verwandelt.

Der Ausbruch des Krieges – nur sechs Monate nach der Einrichtung des Protektorats – hatte den Hoffnungen nationaler Tschechen auf Wiederherstellung ihres Landes Nahrung gegeben. Ein Deutschland auf der Höhe seiner Machtentfaltung, so wie es zur Zeit der Protektoratserrichtung dastand, war für realistisch denkende Tschechen kein Gegner, gegen den man sich auflehnen konnte. Ein Deutschland im Krieg war etwas anderes. So hatten sich die ersten Zwischenfälle von Bedeutung nach Kriegsausbruch eingestellt. Im November 1939 hatten Demonstrationen einiger tschechischer Studenten den Anhängern der Macht auf deutscher Seite erwünschten Anlaß gegeben, zurückzuschlagen. Vierzehn Demonstranten wurden hingerichtet, die Hochschulen geschlossen. Dieser erste Akt deutscher Machtanwendung hatte eine Wende eingeleitet. Weitere waren gefolgt. Verbitterung und innerer Widerstand wuchsen. Freiherr von Neurath war zurückgetreten. An seine Stelle wurde der SS-Führer Reinhard Heydrich berufen, der seine Amtstätigkeit mit umfassenden Polizeiaktionen und zahlreichen Todesurteilen begann. Nach seiner Ermordung gipfelten die deutschen Repressalien im Juni 1942 in der blutigen Vergeltung von Lidice. Trotzdem war der Masse der Tschechen nicht im entferntesten geschehen, was Russen und Polen widerfahren war.

Böhmen und Mähren lebten vielmehr bis Anfang 1945 in einem äußerlichen Frieden, wie ihn zu dieser Zeit in Europa außer der Schweiz, Dänemark, Schweden, Spanien und Portugal kein weiteres Land genoß. Sie kannten keinen Bombenkrieg und keine besonderen Nahrungssorgen. Der materielle Standard, vor allem der der tschechischen Bauern, war höher als der vieler Deutscher. Aber auch tschechische Arbeiter, denen schon Heydrich mit berechnender Intelligenz mancherlei Vorteile hatte zukommen lassen, hatten wirtschaftlich nicht zu klagen.

Aber Unverstand und Taktlosigkeit deutscher Parteiführer,

Beamter und Polizeibehörden hatten im kleinen ebensoviel Unheil angerichtet wie die Entscheidungen im großen. Lidice war Mord gewesen – wie alle Abschreckungsmaßnahmen der Geschichte, welche die Schuldigen mit den Unschuldigen mischten. Und es blieb Mord, auch wenn sich hernach erwies, daß die aus dem Ausland wirkenden tschechischen Urheber des Heydrich-Mordes kaum weniger kalt und grausam handelten. Sie hatten gewußt, daß ein Anschlag auf Heydrich eine übersteigerte Reaktion der Deutschen heraufbeschwören mußte, die Hunderten ihrer eigenen Landsleute das Leben kosten würde, und diese Reaktion in ihre Pläne zu einer tschechischen Erhebung gegen die Deutschen einkalkuliert.

Bis in die ersten Maitage lag die »Insel der Seligen« noch in einer gewissen trügerischen Ruhe da.
Wohl erschienen, seit die ersten Verbände der 1. und 3. amerikanischen Armee sich von Westen her tschechischem Boden näherten, Tag für Tag und Nacht für Nacht amerikanische Kampf- und Tieffliegerverbände über dem Gebiet, das nach Osten zu von der Heeresgruppe Schörner umschlossen war. Die Flieger begannen Bahnverbindungen lahmzulegen und den Straßenverkehr zu stören. Sie trafen auch einzelne Städte, darunter Eger und Pilsen. Aber im Verhältnis zu dem, was ringsum geschah, waren die Auswirkungen noch gering.
Trotzdem war das Land von einem merkwürdig hektischen Leben erfüllt. Es waren nicht nur die Flüchtlingstrecks, die über die Straßen zogen, seitdem sie Schlesien verlassen hatten, und nun angesichts der von Westen heranrückenden amerikanischen Armeen nicht mehr wußten, wohin sie sich wenden sollten. Es waren nicht nur die unübersehbaren Scharen der Fliehenden, welche das Aussehen der Bahnhöfe

bestimmten und vor allem im Norden des Landes hinter der zerbröckelnden Front der 4. Armee die Züge in unvorstellbarer Weise überfüllten. Auch Zehntausende von Verwundeten wurden Tag und Nacht auf der Eisenbahn und auf Lastwagen in das sudetendeutsche und tschechische Gebiet gebracht. Zahlreiche deutsche Regierungs- und Amtsstellen der verschiedensten Art verlagerten bis in die letzten Tage hinein Akten, Büros, Maschinen- und Fabrikeinrichtungen. Die Luftwaffe versammelte einen großen Teil ihrer letzten Kräfte, vor allem Düsenflugzeuge, auf den Flughäfen um Prag.

Unentwegt verbreiteten sich Gerüchte. Gerüchte über neue Waffen und den Endsieg, der mit ihrer Hilfe aus tschechischem Gebiet heraus erfochten werden sollte. Sie vermischten sich mit Gerüchten über Schörner-Pläne, den tschechisch-sudetendeutschen Raum zur letzten Zuflucht Hitlers und zum letzten Hort des deutschen Widerstandes zu machen. Sie verquickten sich mit geheimnisvollen Berichten über ein deutsch-tschechisches Staatsgebilde, das die Reste Sachsens, das Sudetenland und das Protektorat umfassen sollte und von dem aus man den Aufeinanderprall zwischen den westlichen und östlichen Alliierten abwarten wollte. Schließlich war die Rede von einem Bandenkrieg, der, wenn alle anderen Pläne scheiterten, noch auf Jahre hinaus Russen und Amerikaner im Böhmerwald beschäftigen sollte. Panzersperren wurden gebaut und Schützenlöcher gegraben. Das makabre Spiel mit dem Volkssturm wurde überall gespielt, wo Deutsche lebten. Konferenzen von Rüstungsführern schienen einander zu jagen.

Diese Vermischung einer aufgeregten Tätigkeit mit politischen und militärischen Gerüchten war ein Spiegelbild der Verwirrung, die den Mann erfüllte, der in diesen Tagen noch Herr des Landes war. Der stellvertretende »Reichsprotektor von Böhmen und Mähren«, SS-Gruppenführer Karl Hermann Frank, hatte nach dem Mord an Heydrich und nach einer kurzen Lehrgangszeit unter einem Reichsprotektor Daluege die Macht übernommen. Er war aus einer kleinbürgerlichen Sphäre ohne Weltkenntnis emporgestiegen und Hitler sklavisch ergeben.

Als die Front vor Berlin und bei Guben und Forst zerbrach, hatten Vernunft und Furcht vor dem Kommenden für einen Augenblick über seine Hörigkeit gesiegt. Vielleicht hatte er auch nur auf einen weitblickenden Ratgeber gehört. Jedenfalls hatte er einem Plan zugestimmt, die Macht im Protektorat an eine tschechische Nationalregierung zu übergeben. Es hatte sich um eine antikommunistische Regierung handeln sollen, bestehend aus Männern, die in nationalen tschechischen Gruppen gefunden werden konnten und die zwar die deutsche Herrschaft leidenschaftlich ablehnten, aber sich noch leidenschaftlicher gegen jeden Einfluß der Kommunisten oder die Ablösung einer deutschen Herrschaft durch eine sowjetische wandten.

Frank hatte geplant, sich selbst nach der Übergabe der Macht mit den deutschen Truppen, den deutschen Behörden, der deutschen Polizei, allen Reichsdeutschen sowie den Volksdeutschen, die das Land verlassen wollten, nach Westen oder Nordwesten zurückzuziehen. Der Plan entsprach zugleich Vorstellungen, die in Prag wie in Berlin die Köpfe aller derer erfüllten, deren Hoffnungen um den Ausbruch von Gegensätzen zwischen den westlichen Alliierten und der Sowjetunion kreisten. Mit der Begründung einer tschechischen Nationalregierung wollte er die Aufmerksamkeit der westlichen Welt auf dieses Problem lenken. Er wollte dem Westen zeigen, daß der sowjetfreundliche Kurs einer Exilregierung des einstigen Präsidenten Benesch, der mit dem Ersten Weltkrieg zu den Begründern des tschechoslowakischen Staates gehört hatte, keineswegs den Wünschen des überwiegenden Teils der Tschechen entsprach. Er wollte die westliche Welt zwingen, eine klare Stellung einzunehmen, und zwar nicht für irgendein nationalsozialistisch-deutsches Protektorat, sondern für ein Land, aus dem die Deutschen sich zurückgezogen hatten und das nun von den Westmächten Stütze und Schutz gegen die neue Bedrohung seiner Freiheit, die aus dem Osten kam, forderte.

Frank hatte sich im letzten Aprildrittel in die Reichskanzlei nach Berlin begeben, um Hitler den Plan zu unterbreiten. Aber Hitler hatte ihm erklärt, er denke nicht daran, das Protektorat als bedeutende Rüstungskammer Deutschlands aufzugeben. Böhmen werde um jeden Preis gehalten werden, er beabsichtige im übrigen, die Entscheidung des Krieges in den nächsten drei Wochen herbeizuführen. Frank war nicht der Mann, sich in Hitlers komplexe Natur zu versenken. Er glaubte. Und da es ihm für Hitlers Zuversicht keine andere Erklärung gab als die Existenz kriegsentscheidender neuer Waffen, glaubte er auch daran und kehrte gestärkt nach Prag zurück.

Er verbot jede weitere Verfolgung des Plans und ließ begonnene Verhandlungen mit der tschechischen Protektoratsregierung und mit nationaltschechischen Gruppen abbrechen.

Er wartete auf die Wende, die Hitler ihm verheißen hatte. Als ihm immer deutlichere Aufstandsvorbereitungen nicht nur unter den tschechischen Kommunisten, die durch sowjetische Flugzeuge mit Waffen versorgt wurden, sondern auch unter enttäuschten tschechischen Nationalisten, die auf den Einmarsch der Amerikaner hofften, bekannt wurden, sprach er in der Nacht vom 30. April auf den 1. Mai zwischen Trommelwirbeln und Fanfarenklang über den Prager Sender. Er verkündete den Tschechen, daß er einen Aufstand »in einem Meer von Blut« ertränken werde. Selten hatte Frank törichtere, sinnlosere und verhängnisvollere Worte gesprochen.

Die aktiven politischen Gruppen, die sich zur Übernahme der Macht mit oder ohne den Willen Franks rüsteten, schreckte er wenig. Sie wußten, daß ihre Stunde kam und daß hinter Franks Worten in Kürze nicht mehr die nötige Macht stehen würde, um sie zu verwirklichen. Ihnen lieferte Frank nur eine neue Parole, wie sie extremistische Kräfte brauchten, um selbst ein Meer von Blut zu erzeugen, in dem aber dann die Deutschen ertrinken sollten.

Die Deutschen im Protektorat und ehemals tschechoslowakischen Sudetenland nahmen Franks Worte mit Unbehagen auf. Es war unmöglich, die Gedanken, Hoffnungen und Sorgen zu beschreiben, welche sie in diesen Tagen erfüllten. Die Sphäre, in der sie lebten und arbeiteten, war widerspruchsvoll. Mochten ganze Teile des Landes von den Elendsscharen der Unglücklichen, die aus Sachsen, Schlesien und Mähren flohen, überschwemmt werden, Sudetendeutsche und auch die Deutschen, die seit langem im tschechischen Siedlungsgebiet gelebt hatten, dachten kaum daran, das Land zu verlassen.

Dem war nicht nur so, weil sie nicht wußten, wohin sie hätten flüchten sollen oder weil das unbeschreibliche Elend der Schlesier, der Galizier, Bessarabier, Dobrudscha- und Baltendeutschen, die heimatlos auf den Straßen umherirrten, sie schreckte.

Selbst manche Deutsche, welche seit Jahrzehnten unter Tschechen lebten und explosive Seiten des tschechischen Charakters kannten, besaßen keine Vorstellung der Schrecken, die auf sie warteten. Für alles, was in Kürze geschehen sollte, fehlten die Vorbilder. Sudetendeutsche z. B., die sich keinen Illusionen hingaben, nahmen für den Fall der Niederlage an, daß wieder jener Zustand zurückkehren werde, der bis 1938 in ihrem Land geherrscht hatte. Sie erwarteten, daß die Tschechen wieder die Herrschaft übernehmen, den Hohn der Sieger über sie ausgießen und ihre einstige Politik der Tschechisierung wiederaufnehmen würden. Etwas weiter dachten vielleicht die Deutschen, die in mehr oder weniger großen Gruppen oder völlig verstreut in den tschechischen Großstädten und Siedlungen lebten. Ein Teil von ihnen faßte die Möglichkeit ins Auge, daß sich das »slawische Temperament«, wie oft in der Geschichte der Tschechen, »in einer Volkswut« entlud. Viele schickten ihre Frauen und Kinder zu Verwandten und Bekannten ins Sudetenland. Einzelne, die über gute Beziehungen verfügten, versuchten, Möbel und andere Teile ihres Besitzes nach Westen »in Sicherheit« zu bringen. Die Männer aber blieben zu Hause. Sie wollten den Sturm überdauern, so wie ihre Vorfahren manche Stürme überdauert hatten.

Da unter der deutschen Herrschaft kaum Tschechen vertrieben worden waren, glaubte man selbst dort nicht an eine Vertreibung der Deutschen, wo man die Ankündigungen ausländischer Sender über tschechische Austreibungspläne oder aber die Berichte geflüchteter Volksdeutscher aus der Slowakei vernahm. In Rumänien und in der Slowakei waren vor allem die Russen die treibenden Elemente gewesen. Hier aber wurden die Russen immer noch durch Schörners Heeresgruppe aufgehalten, während die Amerikaner ganz nahe waren und in wenigen Tagen das ganze Land besetzen konnten. Für alle, die sich weder an Wunderwaffen noch an andere Illusionen klammerten, für die also die deutsche Niederlage zur Gewißheit geworden war, bedeutete das schnelle Heranrücken der amerikanischen Armeen die entscheidende Hoffnung. Dies war um so mehr der Fall, als diese Hoffnung sich mit den Wünschen der tschechischen Mehrheit deckte, für die die Furcht vor dem Kommunismus größer war als ihre natürliche Hinneigung zu den slawischen Brüdern. Mit ihnen hofften jene Deutschen auf eine Kapitulation nach Westen und auf amerikanische Truppen, welche die Ordnung aufrechterhalten würden.

Sie ahnten nicht, daß auch die amerikanischen Verbände dort, wo sie das Land besetzten, kaum etwas dazu tun würden, den bevorstehenden Ausbruch der Rache einzudämmen, daß vielmehr ein Teil der Amerikaner dem kommenden Sturm mit dem gleichen Gefühl, einer gerechten Bestrafung der Deutschen beizuwohnen, zusehen würde, mit dem sie so mancher menschlichen Tragödie an den Demarkationslinien im Norden zugesehen hatten.

Die Deutschen ahnten auch nichts von dem Austausch von Funksprüchen, der in den letzten April- und den ersten Maitagen zwischen General Eisenhower und dem Generalstabschef der russischen Armee, Antonow, im Gange war. Im Verlauf dieses Austausches setzte Antonow alles daran, um die Amerikaner davon abzuhalten, einen größeren Teil des tschechischen Gebietes und vor allem Prag zu besetzen, während die russischen Truppen noch von Schörners verzweifelt kämpfenden Truppen in ihrem Vormarsch aufgehalten waren. Antonow hatte das Zukunftsziel einer kommunistischen Tschechoslowakei vor Augen. Die Sowjetunion brauchte zu diesem Zweck eine Befreiung des tschechischen Landes, besonders aber der goldenen Stadt Prag, durch die Rote Armee, um auch den tschechischen Nationalismus, der sich gegen den sowjetischen Kommunismus wehrte, zu gewinnen und wenigstens vorübergehend vor ihren Wagen zu spannen.

Die Deutschen ahnten nicht, daß Eisenhower noch am 4. Mai nach Moskau gedrahtet hatte, daß seine 3. Armee bereit sei, über die Linie Karlsbad–Pilsen–Budweis hinaus bis an die Elbe und die Moldau in die Tschechoslowakei vorzustoßen und »das ganze Gebiet bis zum Westgebiet dieser Flüsse zu säubern«. Sie wußten auch nicht, daß Antonow Eisenhower noch am selben Tag »in größter Eile« über die amerikanische Militärmission in Moskau »auffordern« ließ, »nicht über die Linie Karlsbad–Pilsen–Budweis vorzustoßen«, um die »dadurch mögliche Verwirrung beiderseitiger Streitkräfte« zu vermeiden. Und sie wußten schließlich nicht, daß Eisenhower Antonows Forderungen entsprechen und seinen Truppen den Befehl erteilen würde, an der genannten Linie haltzumachen.

Der 1. Mai verlief noch ruhig.

Der Tod Hitlers wurde in der Nacht zum 2. Mai kurz nach 24 Uhr in Prag bekannt. Am nächsten Morgen erschienen alle Prager Zeitungen – die deutschen und die zensierten tschechischen – mit schwarzen Trauerrändern. Die Blätter veröffentlichten lange Nekrologe voller Verherrlichungen des Mannes, der, wie man in Prag glauben mußte, »bis zum letzten kämpfend in seinem Gefechtsstand in der Reichskanzlei gefallen« war.

Am selben Tage aber trafen die ersten Nachrichten über offene Auflehnung unter der tschechischen Bevölkerung in den verschiedensten Teilen des Landes in Prag ein. Hitlers Tod war der Auftakt. Die Nachricht von Hitlers Ende hatte Karl Hermann Frank bis ins Innerste getroffen. Der Halt, an den er sich geklammert hatte, war zerbrochen.

Am Morgen des 3. Mai flog er – ein bleicher Schatten – nach Plön, um sich bei Dönitz Rat und Weisungen zu holen. Ein Oberstleutnant Baumbach, der in diesen Tagen mit einigen Maschinen Kurierflüge zwischen den noch in deutscher Hand befindlichen Gebieten durchführte und, um überhaupt noch fliegen zu können, seinen Flugzeugen Tag für Tag und Nacht für Nacht andere alliierte Hoheitszeichen aufmalen ließ, brachte Frank nach Norden.

Dönitz empfand gegenüber Frank die Aversion, die er vielen Parteiführern entgegengebracht hatte. Er trug ihm auf, so lange wie möglich für Ordnung zu sorgen und Prag im übrigen zur offenen Stadt und »Lazarettstadt« zu erklären. Als Frank aus Dönitz' Zimmer trat, flehte der früher so überhebliche Mann den Presse- und Nachrichtenreferenten Dönitz', Kapitänleutnant Weitmann, an, die Erklärung Prags zur Lazarettstadt mit Vorrang zu veröffentlichen. Dann flog er nach Prag zurück.

Die beiden Tage seiner Abwesenheit waren besonders in den östlichen Gebieten des Protektorats Tage wachsender Unruhe gewesen. Tschechische Trikoloren, weit mehr aber rote Fahnen waren in den Straßen und auf den Häusern vieler Orte erschienen. Trotzdem rührten sich die Kommunisten zunächst nur in abgelegenen Orten, in denen es keine deutschen Truppen gab. Sie erprobten den Widerstandswillen der deutschen Polizei und deutscher Etappenverbände.

Dabei stellten sie auch im Hinterland der Heeresgruppe Schörner fest, daß die Deutschen müde und ohne Zuversicht waren, daß viele bereits ihre Waffen wegwarfen oder gegen Zivilkleider eintauschten. Der Verkehr begann zu erlahmen. Flüchtlingszüge fuhren nicht weiter, weil tschechische Eisenbahner die Arbeit niederlegten. Trecks blieben auf einsamen Straßen liegen, weil ihnen von plötzlich auftauchenden Partisanengruppen die Pferde ausgespannt wurden.

Die Industrie- und Rüstungswerke stellten die Arbeit ein. Arbeitermassen versammelten sich untätig auf den Straßen. Die deutsche Polizei einschließlich vieler aus den Volksdeutschen Rumäniens und Ungarns rekrutierter SS-Verbände zeigte keinen Kampfwillen mehr. Tschechen begannen, deutsche Straßenschilder und deutsche Aufschriften an ihren Geschäften zu entfernen oder zu übermalen.

Trotzdem blieb es in den Städten noch verhältnismäßig ruhig. In einer Stadt wie Prag, in deren politischen Wandlungen seit erdenklichen Zeiten die »Taferlpolitik« ein Grundelement des nationalen Kampfes war, brauchte die Änderung der Schilder noch nicht das Signal zu einem blutigen Aufstand zu sein. Erst am 4. Mai machten sich in Prag deutlichere Sturmzeichen bemerkbar. Es gab Massenansammlungen in den Straßen. Gerüchte gingen um, Karl Hermann Frank sei nicht zurückgekehrt, und Schörner habe die vollziehende Gewalt auch im Protektorat übernommen. Gleichzeitig sprach man jedoch davon, daß die deutschen Truppen in wenigen Tagen abziehen würden, daß Kapitulationsverhandlungen mit den Amerikanern im Gange seien, daß Frank deswegen nicht zurückkehre, weil die Macht einer tschechischen Nationalregierung übergeben würde, und daß die Amerikaner in wenigen Tagen in Prag sein würden.

Am Abend verkündeten öffentliche Lautsprecher, daß der Ausnahmezustand über Prag verhängt sei. Ein Ausgangsverbot für die tschechische Bevölkerung wurde erlassen. Aber die Massen schenkten den Anordnungen kaum Beachtung. Die deutsche Polizei selbst griff nur vereinzelt ein. Man fand deutsche Soldaten, die zusammen mit Tschechen in den Gaststätten auf die Radionachrichten der verschiedensten Sender horchten und auf das nahe Ende des Krieges warteten. Es gab Berichte über wüste Exzesse von SS-Verbänden in Karlsbad und anderen Orten. Dort sollten – so hieß es – SS-Truppen jeden deutschen Soldaten hängen oder erschießen, der auch nur ein Zeichen mangelnden Kampfwillens zeigte. Die SS verschanzte sich – wie es hieß – in Waldlagern. Deutsche saßen in ihren Wohnungen an den Radioapparaten, um von irgendwoher Gewißheit dafür zu erlangen, was denn nun geschehen würde.

So brach die Nacht zum 5. Mai 1945 herein.

Als Karl Hermann Frank am Morgen des 5. Mai wieder in Prag eintraf, lag die Stadt in unnatürlicher, bleierner Ruhe da. Er erfuhr, daß Schörner inzwischen tatsächlich versucht hatte, die Macht im Protektorat zu übernehmen, um das Hinterland seiner Front zu sichern. Aus einer Auflehnung seines Selbstgefühls heraus widerrief er Schörners Anordnungen. Vielleicht wunderte es ihn, daß Schörner in Wolchow bei Josephstadt widerspruchslos den Widerruf zur Kenntnis nahm. Er ahnte nicht, daß auch Schörner bereits resignierte und sich persönlich zur Flucht nach Westen rüstete.

Frank erfuhr ferner, daß sowohl die tschechische Protektoratsregierung als auch ein tschechischer Nationalrat, der sich inzwischen gebildet hatte und alle nationalen nichtkommunistischen tschechischen Elemente umfaßte, während Franks Abwesenheit darauf gedrängt hatten, daß ihnen offiziell die Macht übergeben werde. Dafür boten sie einen ungestörten Abmarsch aller deutschen Truppen und deutschen Zivilisten, die das Protektorat verlassen wollten.

Sowohl die Protektoratsregierung als auch der Nationalrat standen unter immer heftigerem Druck von Kommunisten wie nationalen Extremisten, welche keinerlei Vereinbarung mit den Deutschen wünschten, sondern einen blutigen Umsturz anstrebten. Frank erfuhr, daß dieser Umsturz dicht bevorstehe. Wahrscheinlich sei es für Verhandlungen schon zu spät, weil Nationalrat und Protektoratsregierung gezwungen seien, sich einer einmal ausgebrochenen offenen Revolution anzuschließen, wenn sie nicht jeden Einfluß auf die zukünftige Entwicklung einer wiedererstandenen Tschechoslowakei verlieren wollten. Bevor Frank, der sich apathisch die verschiedenen Meldungen anhörte, zu einem Entschluß gelangte, hatten die Kommunisten gehandelt und die blutige Revolution in Gang gebracht. Sie kannten die Methode,

Massen in Bewegung zu bringen. In den Vormittagsstunden des 5. Mai verbreiteten sie das Gerücht, daß amerikanische Panzer sich dem Westrande von Prag näherten. Die Meldung, daß amerikanische Panzer durch den großen Industriebezirk von Smichow an der Straße nach Pilsen führen und auf dem Flugplatz von Ruzyn amerikanische Flugzeuge gelandet seien, eilte durch die Stadt. Ihr folgte die Nachricht, die Amerikaner hätten die sofortige Übergabe der Stadt gefordert, und diese sei von den Deutschen zugesagt.

Plötzlich tauchten in zahllosen Fenstern tschechische und rote Fahnen auf. Die Straßen füllten sich. Erwachsene und Kinder schwenkten Fahnen und Fähnchen. Die Massen bildeten eine Art Spalier, um die Amerikaner zu empfangen. Umzüge begannen; tschechische Nationallieder klangen zu dem strahlendblauen Himmel hinauf. Führungslos verfolgte die deutsche Polizei die Ereignisse. Die deutschen Truppen sahen von den Kasernen aus zu. Wo sich deutsche Soldaten in den Straßen zeigten, wurde ihnen in diesen Morgenstunden vielfach zugewinkt mit dem Ruf: »Gleich ist alles zu Ende, seid froh, der Krieg ist aus, ihr könnt nach Hause gehen.« Es war ein allgemeiner Taumel, ein Taumel der Freude, der für einen Augenblick sogar untergründigen Haß zurückdrängte, aber gleichzeitig die Massen in eine Erregung versetzte, in die nur ein Funke der Enttäuschung hineinzuspringen brauchte, um hemmungslose Freude in ebenso hemmungslosen Haß zu verwandeln.

Als Karl Hermann Frank über Umzüge, Massenversammlungen und den allgemeinen Jubel über die bevorstehende Befreiung unterrichtet wurde, überfiel ihn noch einmal sein altes Selbstgefühl. Zu lange hatte er sich als Herrscher auf der Prager Burg gefühlt, als daß er in diesem Augenblick das Gefühl des Herrschertums und seinen Zorn darüber, daß die Tschechen sich über seine Existenz hinwegsetzten und den

Amerikanern entgegenjubelten, hätte überwinden können. Das alte Machtbewußtsein überfiel ihn um so mehr, als er erfuhr, daß die Amerikaner in Wirklichkeit keinen Schritt über die mit den Russen vereinbarte Linie hinaus getan hatten.

Aus einer trotzigen Aufwallung heraus gab er den Befehl, die Straßen sofort zu räumen, Zusammenrottungen aufzulösen und auf alle, die Widerstand leisteten, rücksichtslos zu schießen. Nur wenige Stunden späten war er bereits wieder in die Apathie und Unschlüssigkeit des Mannes versunken, der mit Hitler seinen Halt verloren hatte und die Dinge hilflos treiben ließ. Aber da war das Verhängnis schon geschehen.

Nur noch ein Teil der deutschen Truppen und der Polizei befolgte seine Anordnungen. Aber wie immer in vorrevolutionären Stadien waren Halbheiten schlimmer als Untätigkeit oder aber wirklich entschlossene Aktion. Es genügte, daß in einzelnen Stadtteilen SS-Verbände mit dem Räumen der Straßen begannen, daß sie auf Demonstranten schossen, daß sie Geschütze und Maschinengewehre auffuhren, daß sie Tschechen, die Laden- und Straßenschilder übermalten, von den Leitern warfen. Es waren die Funken, welche die Erregung der Massen, die noch nicht wußten, daß kein einziger amerikanischer Soldat vor Prag stand, in Zorn und Haß verwandelten.

Fast gleichzeitig fuhr ein Lastwagen mit bewaffneten Kommunisten überraschend in das Tor des Rundfunksenders Prag in den Weinbergen ein. Die Tschechen überwältigten die deutsche SS-Wache und hatten wenige Minuten später das Nachrichtenmittel in der Hand, um die Massen zu beeinflussen und zu den Waffen zu rufen. Deutsche SS-Verbände unternahmen den Versuch, den Sender zurückzuerobern. Aber es gelang nicht mehr. Unterdessen hatten in zahlreichen Teilen der Stadt Kämpfe begonnen. Gut organisierten, mit russischen Fallschirmwaffen ausgerüsteten kommunistischen Kampfgruppen war es gelungen, in Überraschungsaktionen Bekleidungs- und Waffenlager zu nehmen. Sie bemächtigten sich des umfangreichen Waffenlagers des Volkssturms auf der Hetzinsel. Währenddessen riefen sie über den Sender unentwegt zur Erhebung auf. »Polizei, Gendarmerie, Angehörige der tschechoslowakischen Armee, wendet euch gegen die Okkupanten, kommt uns zu Hilfe, folgende Straßen sind noch frei ...« Es folgten Schilderungen über Mordtaten deutscher SS-Verbände und Aufrufe zur Vergeltung. Kommunisten drangen überraschend in das Gebäude der Gestapo, die Petschek-Bank, und in das Haus des Sicherheitsdienstes in den Weinbergen ein. Hier blieb nur ein Teil der Deutschen am Leben. Kleinere SS- und Polizeitrupps wurden auf offener Straße zusammengeschossen oder erschlagen. Abenteuerlich aussehende Partisanentrupps, die sich eben erst rekrutiert hatten, begannen, in die Wohnungen von Deutschen einzudringen, die Bewohner, Männer, Frauen und Kinder, auf die Straße zu treiben, mit Steinen zu bewerfen und zu mißhandeln.

Ihre Führer kannten alle Methoden, um vorhandenen Haß zum Glühen zu bringen. Gemäßigte Nationalisten auf der anderen Seite wußten, daß sie an dem Aufstand teilnehmen mußten, wenn sie nicht hoffnungslos überspielt werden wollten. Die Polizeitruppen der Protektoratsregierung, untergründig organisierte Offiziere und Unteroffiziere der 1939 aufgelösten tschechoslowakischen Armee rückten in die Reihen des Aufstandes ein. Kraft ihrer größeren Zahl, ihrer besseren Ausbildung und Bewaffnung wurden sie vorübergehend zum Schwergewicht innerhalb der Kräfte des Aufstandes. Der Nationalrat übernahm die Führung, und Nationale wie Kommunisten, die einander mißtrauten, standen nebeneinander im Kampf.

Aber durch diese Rivalität zwangen sie sich gegenseitig zu immer schrofferen Aktionen, um die Gunst der einmal vom Taumel der Befreiung erfaßten Massen nicht zu verlieren. Die Kommunisten blieben dabei das tätigste Element. Sie gaben überall das Beispiel, an dem sich der Rausch der Massen entzündete. Sie waren längst durch Kuriere aus dem Osten und durch Funk darüber orientiert, daß nicht die Amerikaner, sondern die Russen in Prag einziehen würden. Sie wußten, daß nicht die Nationalen, sondern sie selbst am Ende die Macht erringen würden, daß es aber zunächst darauf ankam, eine blutige Revolution gegen die Deutschen zu entfachen und diese Revolution am Leben zu erhalten. Nur aus der Revolution gegen die Deutschen und aus einem einmal erweckten Sturm der Leidenschaft konnte die Revolution entstehen, die sie selbst anstrebten, die Revolution gegen die alte tschechische Oberschicht und gegen die bürgerlichen Klassen überhaupt.

Niemand wußte, wer auf deutscher Seite führte. Frank verharrte in Apathie. Von Schörner kamen keine Nachrichten mehr. Der deutsche Stadtkommandant, General Toussaint, hatte keine Kommandogewalt über SS- und Polizeiverbände. Diese selbst waren nicht mehr geschlossen. Hätten sie gewußt, welches Schicksal ihnen bevorstand, so hätten sie wahrscheinlich alles darangesetzt, dieses Schicksal von sich abzuwenden. Aber die zahlreichen, keineswegs freiwillig dienenden, sondern frisch einberufenen SS-Soldaten aus dem Südosten, die ihre Heimat verloren hatten, setzten sich nur unentschlossen zur Wehr. Volksdeutsche SS-Soldaten, die in Prag selbst beheimatet waren, begannen zu desertieren und suchten zu den Wohnungen ihrer Eltern oder Familien zu gelangen, die sie in Gefahr wußten. Alte SS- und SD-Verbände, die sich über ihr Schicksal im klaren waren, kämpften alleine rücksichtslos. Sie erwiderten jede Grausamkeit der Aufständischen mit eigener Grausamkeit. Wütend wurde um die große Moldaubrücke nördlich von Prag und um den Vorort Pankraz gekämpft.

Währenddessen wurden deutsche Wehrmachtseinheiten, die noch viel weniger als die SS an das Schicksal dachten, das auch einem großen Teil von ihnen bevorstand, überraschend in ihren Kasernen eingeschlossen. Ein seit Jahren für die deutschen Kommandostellen in Prag gültiger Verteidigungsplan hatte die deutschen Truppen auf Stützpunkte in der Stadt verteilt und Verteidigungsblocks geschaffen. Schon bei der Ausarbeitung dieses Planes hatten Prager Deutsche darauf hingewiesen, daß er für den Fall einer Auflehnung der Tschechen bei einer drohenden deutschen Niederlage verfehlt sei. Die einzelnen Verteidigungsblocks würden sehr schnell isoliert werden, und die rund 50 000 zählende deutsche Zivilbevölkerung Prags würde eine Geiselschar in der Hand der Tschechen werden.

Schon am Nachmittag des 5. Mai war diese Warnung Wirklichkeit. Der größte Teil der schwach besetzten deutschen Dienststellen im Innern der Stadt war gestürmt. Alle großen Straßen, der größte Teil der Brücken, die meisten Bahnhöfe, die Telefonzentrale und nach dem Sender Prag auch der Sender Böhmen waren in tschechischer Hand. Fast gleichzeitig wurden in allen tschechischen Protektoratsbehörden die deutschen Beamten verhaftet und zum Teil erschossen. Nur das deutsche Regierungsviertel am Hradschin, das Czernin-Palais, und die stärkeren Wehrmachtsdienststellen in Dewitz behaupteten sich. Dazu eine kleine Gruppe deutscher Soldaten, die, von einem entschlossenen Hauptmann zusammengerafft, den Masaryk-Bahnhof und einige tausend deutscher Flüchtlinge, Zivilisten und Verwundeten verteidigte, die sich gerade auf der Durchfahrt auf dem Bahnhof befunden hatten. Zwischen Dewitz und den – vor allem von der SS verteidigten – Regierungsstellen im Innern der Stadt lagen die Moldau-Brücken und der Sommerberg, wo tschechische Polizei und andere – aus ehemaligen Angehörigen der tschechoslowakischen Armee rekrutierte und mit deutschen Waffen ausgerüstete – tschechische Gruppen sich festgesetzt hatten.

Die tschechischen Massen hatten meist von weitem den Sturm auf die deutschen Dienststellen verfolgt. Sie hatten zugesehen, wie kommunistische und nationalistische Partisanen SS- und Polizeitrupps, aber auch Gefangene des deutschen Heeres auf offener Straße erschlugen oder zu Tode hetzten. Währenddessen hörten sie ständig die aufpeitschenden Stimmen der Sender Prag und Böhmen.

Schon am Nachmittag des 5. Mai wurden die meisten deutschen Zivilisten, gleich, ob Männer oder Frauen oder Kinder, in die Keller ihrer Häuser beordert und in vielen Stadtteilen am Nachmittag desselben 5. Mai verhaftet. Sie wurden aus den Häusern geholt und in Gefängnissen, Schulen, Kinos, Garagen und Kellern zusammengepfercht. Es kam dabei zu den ersten Massenprügeleien und einer großen Zahl von Erschießungen, an der ein immer größerer Teil der Bevölkerung teilnahm. Die Deutschen wurden ausgeplündert. Sie erhielten nichts zu essen und zu trinken und verbrachten die Nacht auf den 6. Mai häufig in so fürchterlicher Enge, daß sie stehen mußten und sich langsam im Kreise bewegten, damit jeder an den wenigen Luftlöchern, die man offenließ, Atem schöpfen konnte.

Karl Hermann Frank selbst war im Regierungsviertel eingeschlossen. Er war durchaus über die Entwicklung in der Stadt unterrichtet. Aber er unternahm auch in der Nacht zum 6. Mai und im Laufe des 6. Mai nichts, um mit dem tschechischen Nationalrat oder der einstigen Protektoratsregierung zu einer Vereinbarung über einen Waffenstillstand und einen Abmarsch der Deutschen zu kommen. Man wußte nicht, was ihn überhaupt noch bewegte, ob er auf Anweisungen aus Plön wartete oder ob er die Dinge einfach treiben ließ.

Am 6. Mai begannen erste öffentliche Mißhandlungen der Deutschen in den Straßen Prags. Die eingeschlossenen deutschen Truppenteile versuchten zwar, durch Stoßtruppunternehmungen Deutsche aus provisorischen Gefängnissen zu befreien. Aber der überwiegenden Masse der Deutschen war auf diese Weise nicht mehr zu helfen.

Diejenigen, die in diesen Tagen verhaftet und in provisorische Gefängnisse übergeführt wurden, erlitten ein grausames Schicksal. An den Straßen warteten Tschechen aller Schichten. Sie bewiesen, welche Ansteckungsfähigkeit Grausamkeit und Haß besitzen. Die Wartenden fielen über Deutsche her, bewarfen sie mit Steinen, spien sie an und schlugen mit allem auf sie ein, was sich zum Schlagen eignete. Ganze Gruppen deutscher Verhafteter, Frauen, Männer und Kinder, mußten Spießruten laufen und taumelten unter hagelnden Schlägen und Fußtritten mit erhobenen Armen dahin. Frauen, gleich welchen Alters, wurden aus den Gruppen herausgerissen und in irgendwelche Häuser und Lokale geschleppt. Dort wurden ihnen die Köpfe mit Papierscheren kahlgeschoren. Die Gesichter wurden mit Farbe angestrichen. Man riß ihnen die Kleider vom Leibe und malte ihnen Hakenkreuze auf Rücken und Brust.

In unterirdische Klosettanlagen des Wenzelsplatzes wurden Deutsche gepfercht, nachdem man sie gezwungen hatte, den einen Kilometer langen Platz auf einem Bein entlangzuhüpfen, wobei die Menge auf sie einschlug, wenn ihr zweites Bein einmal die Erde berührte.

Die Entwicklung im ganzen Lande nahm dort, wo Deutsche lebten, den gleichen Verlauf. Kleine Gruppen deutscher

Soldaten wurden erschlagen, hinterrücks erschossen, erhängt, in Jauchegruben ertränkt, in Fässern zu Tode gerollt. Die zum großen Teil weit verstreut lebenden Deutschen fielen hilflos den Leidenschaften zum Opfer.

Es spielte keine Rolle, ob es sich um Deutsche handelte, die seit Jahrhunderten im Lande lebten, oder aber um Flüchtlinge, die sich nur auf der Flucht vor den Russen in Böhmen aufhielten. Sie wurden ihrer Habe beraubt, auf öffentlichen Straßen und Plätzen inmitten johlender Massen von Zuschauern getreten, geschlagen, bespien und dann in Sälen oder auf Sportplätzen in Massen zusammengepfercht.

Nur in den nördlichen Teilen des eigentlichen Sudetengebietes herrschte noch verhältnismäßige Ruhe. Aber auch hier rüsteten sich die Tschechen, mit den Deutschen ähnlich zu verfahren wie in den übrigen Teilen des Landes oder aber sie innerhalb von Stunden aus Städten, Dörfern und Flecken zu vertreiben und jedes Zeichen deutschen Lebens auszulöschen.

In den Vormittagsstunden des 8. Mai rückte in das von unheimlichem Leben erfüllte Prag eine kleine amerikanische Patrouille auf Panzern und Kraftwagen ein. Schon glaubten die Nationalisten, daß nun der amerikanische Einmarsch dicht bevorstehe. Aber es stellte sich gleich darauf heraus, daß dies ein Irrtum war und bleiben sollte. Die Amerikaner bildeten lediglich einen Aufklärungsverband, der die Lage in Prag erkunden sollte. Der Oberbefehlshaber der 3. amerikanischen Armee, General Patton, war nur ungern Eisenhowers Befehl gefolgt, seinen Vormarsch bei Pilsen zu stoppen. Er persönlich sah die sowjetischen Gefahren. Und er spielte einen Augenblick mit dem Gedanken, die Kämpfe in Prag und die Möglichkeit einer Zerstörung der Stadt als Vorwand zu benutzen, um Prag mit schnellen

Verbänden zu besetzen, während die Russen aufgehalten waren und nicht so schnell vorwärts kamen, wie General Antonow es vorausgesagt hatte.

Aber der Führer der amerikanischen Aufklärungseinheit hatte den Auftrag, festzustellen, ob die Deutschen noch die Kraft hätten, die Aufständischen zu überwinden und Prag zu zerstören. Als er feststellte, daß die Deutschen auf wenige Widerstandszentren zusammengedrängt waren und über eine Kapitulation verhandelten, kehrte er nach Pilsen zurück.

Die Deutschen in den Widerstandsnestern in Dewitz, im Czernin-Palais und am Masaryk-Bahnhof oder im weiten Land, dazu die unübersehbare Zahl der Verhafteten, hegten nur noch eine Hoffnung: Es war die Hoffnung auf die Heeresgruppe Schörner, die – was immer auch geschah – durch den tschechischen Raum nach Westen zurückmarschieren mußte. Man hoffte, daß der Mann, dessen Name »eiserne Entschlossenheit« bedeutete, auf diesem Rückmarsch zum Befreier werden würde.

Die Nacht vom 6. und 7. Mai lastete mit rabenschwarzer Dunkelheit auf dem letzten Hauptquartier Schörners zehn Kilometer westlich Josephstadt. Die Hauptgebäude des Sanatoriums Wolchow, in denen sich Schörners Stab seit Anfang April eingerichtet hatte, lagen still und dunkel da. Man bemerkte nichts von der Spannung, die im Innern des Sanatoriums herrschte.

Der Chef des Stabes der Heeresgruppe ging in seinem Zimmer auf und ab. In der Stille hatte auch er wie alle Ostfrontsoldaten gehofft, es würde gelingen, mit den Westmächten zu einem Sonderfrieden zu gelangen. Aber seit seiner Rückkehr aus Mürwick wußte er, daß dies eine absurde Hoffnung gewesen war und daß es für ihn nur noch eine sinnvolle Tätigkeit geben konnte. Sie hieß: Loslösung der unterstellten Armeen der Heeresgruppe von den sowjetischen Armeen, Bewahrung ihrer Soldaten vor sowjetischer und Überführung in amerikanische Gefangenschaft. Es mußte – so glaubte er – gelingen, die vielen Hunderttausende deutscher Soldaten, für die Schörner und er verantwortlich waren, an und über die amerikanischen Linien im Raum Pilsen zu bringen, bevor eine Kapitulation unterzeichnet würde.

Von Natzmer wußte nicht genau, wie Schörner über diese Frage dachte. Der Feldmarschall war von einer unerträglichen Nervosität erfüllt und noch unberechenbarer, als er sonst zu sein pflegte. Immerhin hatte er seinem Stabschef am 3. Mai die Zustimmung zu dessen Flug nach dem Sitz der Regierung Dönitz erteilt.

Seither zog sich die am weitesten im Osten stehende 17. Armee kämpfend durch die Tschechoslowakei nach Westen zurück. Die Reste der 1. Panzerarmee schlossen sich südwestlich davon diesem Rückzug an. Die 4. Panzerarmee im Norden stemmte sich noch immer mit letzter Kraft Konjews Armeen entgegen. Wenn es den Russen gelang, durchzubrechen, schnitten sie den Soldaten der 17. und 1. Panzerarmee den Weg nach Westen ab.

Draußen klang das dumpfe Brummen russischer Flieger durch die Nacht. Irgendwo in der Ferne knallten Schüsse und grollten Explosionen. Niemand konnte feststellen, wo überall geschossen wurde. Alarmmeldungen kamen aus dem ganzen Land. Tschechische Gruppen überfielen einzeln fahrende Wehrmachtswagen. General von Natzmer schob das Tablett mit Mokka und Kognak beiseite, das ihm Schörner persönlich hereingetragen hatte, bevor er sich um 12 Uhr für die Nacht zurückzog. Dies gehörte zu den berechnenden Gesten des sonst jeder Rücksicht baren Feldmarschalls

gegenüber denen, deren Unterstützung er dringend brauch-
te. Von Natzmer hatte sich längst daran gewöhnt, diese
Dinge nicht anders zu werten, als sie waren. In schnellen
Zügen rauchend, beugte er sich über seine Papiere.

In derselben Nacht brannte in der nahe gelegenen Villa des
ehemaligen Chefarztes von Wolchow, in der Schörner persönlich Quartier genommen hatte, ebenfalls noch Licht. Im
ganzen Hause herrschte lautlose Stille. Die beispiellose Ge-
räuschempfindlichkeit des Feldmarschalls lastete in diesen
Tagen und Nächten noch stärker auf seiner Umgebung als
sonst.
Es gab nun keinen Zweifel mehr, alles war unwiderruflich zu
Ende. Hitler, dem er seinen Aufstieg verdankte, lebte nicht
mehr. Was mit seinen Freunden, vor allem Bormann und
Burgdorf, geschehen war, wußte niemand. Am 1. Mai, vor
sechs Tagen, hatte Schörner noch einen Funkspruch erhalten, der ihn aufforderte, ein Flugzeug nach der Pfaueninsel
bei Potsdam zu schicken, um von Major Johannmeyer das
Schreiben in Empfang zu nehmen, in dem er zum Oberbefehlshaber des Heeres ernannt worden war. Aber der Flieger
kam unverrichteter Sache wieder zurück. Schörner wußte
nichts von seiner Ernennung, da auch Dönitz nichts davon
wußte und von Natzmer keine Mitteilung darüber hatte
machen können. Alles, was in Berlin geschehen war und
noch geschah, lag für Schörner im dunkeln. War er, der
Generalfeldmarschall Schörner, der letzte noch Lebende aus
dem Kreis der »Unbedingten«?
Er hatte gelegentlich erfahren, was man auf der feindlichen
Seite über ihn schrieb. Es hieß, er stehe auf der »Schwarzen
Liste« der Russen. Er hatte auf eine Karte gesetzt, auf die
eine große Karte Hitler. Die Karte hatte nicht gestochen –
und jetzt kam die Rechnung.

Er dachte an andere Feldmarschälle und Generale, die stets Hemmungen gehabt hatten. Vielleicht bildeten sie sich jetzt ein, sie kämen mit heiler Haut davon, weil sie nur widerstrebend Krieg geführt und viele Maßnahmen ebenso widerstrebend vollzogen hatten. Sie sollten sich nicht täuschen! Sie hatten mitgemacht, und sie würden ebenfalls bezahlen müssen. Sie lebten noch in alten Vorstellungen von Kriegs- und Völkerrechten und sonstigen Ritterlichkeiten. Aber damit war es vorbei. Sie hatten sich den Genuß dieser Rechte selbst verscherzt, als sie sich – wenn auch nur mit einem Bein – mit auf die neue Ebene begaben, auf der weltanschauliche Armeen geschaffen wurden, mit denen um die Vorherrschaft von Ideen und Parteisystemen auf Leben oder Tod gekämpft wurde. Wenn es schiefging, gab es keine Völkerrechte. Er, Schörner, wußte das. Er würde sich nicht den Siegern und am allerwenigsten den Russen gutgläubig ans Messer liefern. Also erschießen?

Nein. Er hatte Hitler am 24. April nochmals telefonisch aufgefordert, sich in die Tschechoslowakei zu seiner Heeresgruppe zurückzuziehen. Das wäre ein Grund gewesen, um in den tschechischen Bergen weiterzukämpfen. Aber Hitler hatte es abermals vorgezogen, in Berlin zu bleiben. Sollte er sich also den Teufel um die Kapitulationsverhandlungen scheren, die Dönitz in Mürwick tätigte, und bis zur letzten Patrone weiterkämpfen? Der Gedanke, dies zu tun, beherrschte ihn stark. Er war noch nicht ganz entschlossen. Eines aber wußte er bestimmt. Er würde nicht selbst Hand an sich legen. Er glaubte an die gesunde Kraft zur Selbstbehauptung. Er war nicht auf Großstadtpflaster aufgewachsen. Er kannte die bayerischen Berge und die Einsamkeit. In den Bergen hatte er ein »Adlernest« ausgewählt und mit Proviant für mehr als ein Jahr versehen lassen.

Er löschte mit einem harten Griff das Licht und öffnete das

Fenster. Er brauchte Luft, weil ihn das Vorgefühl der kommenden Tage zu ersticken drohte. Oder ergriff ihn Lebensangst? Dachte er in diesem Augenblick vielleicht einmal an diejenigen, die in den vergangenen Monaten draußen auch plötzlich die bohrende Angst vor der sowjetischen Übermacht befiel, die Angst vor dem Tod, die Angst vor der Grausamkeit der Gefangenschaft und der Wunsch nach Leben – und die er, Schörner, über das auch in Krisen vertretbare Maß hinaus, verurteilt hatte?

Am Mittag des 7. Mai 1945 nahm die Funkstelle in Wolchow einen Befehl des Oberkommandos der Wehrmacht – oder dessen, was sich in Mürwick oder Flensburg noch so nannte – auf. Der Befehl besagte, daß am 9. Mai, 0.00 Uhr, Waffenstillstand an allen Fronten eintrete. Als der Funkspruch General von Natzmer vorgelegt wurde, erbleichte er. Dies bedeutete das Ende der Hoffnung, die Soldaten der Heeresgruppe vor der sowjetischen Gefangenschaft zu bewahren. Es war unmöglich, bis zum 9. Mai die Heeresgruppe von den Sowjets zu lösen. Also Nichtbeachtung des Befehls und des geschlossenen Waffenstillstandes?
Schörner war nicht zu erreichen. Er war am frühen Morgen aufgeregt und ruhelos davongefahren. Nicht nur die tägliche Gewohnheit der vergangenen Jahre, sondern auch die kaum bezähmbare innere Unrast hatte ihn an diesem Tage ins Hinterland der Front hinausgetrieben. Er kehrte immerhin früher als sonst zurück und nahm die Nachricht über den Abschluß des Waffenstillstandes entgegen. Er bebte im ersten Augenblick vor Zorn und erklärte, an diesen Waffenstillstand werde er sich nicht halten. Er diktierte ein Schreiben an die Oberbefehlshaber seiner Armeen, teilte die Tatsache des Waffenstillstandes und gleichzeitig seinen Entschluß zum Weiterkämpfen mit. Er forderte Befragung der kom-

mandierenden Generale in dieser Angelegenheit und Antwort bis zum Abend. Niemand würde vor den Russen kapitulieren wollen. Hier deckten sich die allgemeinen Ansichten mit seinen verborgenen persönlichen Plänen.

Der Stabschef und seine Mitarbeiter hatten jedoch das ganze Problem des Weiterkämpfens genau durchdacht. Sie waren zu dem Schluß gekommen, daß es undurchführbar war. Ein willkürliches Hinwegsetzen über die Kapitulationsvereinbarungen würde die letzten schwachen Rechtsgrundlagen zerstören, auf die man vielleicht noch bauen konnte. Die Amerikaner würden jegliche Vereinbarung über eine Gefangennahme der Heeresgruppe ablehnen, wenn diese die Kapitulationsvereinbarungen nicht einhielt. Mit dem Befehl zum Weiterkämpfen machte man die eigenen Soldaten zum Freiwild.

Schörner hörte seine Mitarbeiter erregt an. Ihn interessierte die Haltung der Amerikaner nach einem Bruch des Waffenstillstandes nicht. Er war schon so sehr in dem Gedanken an sein persönliches Schicksal gefangen, daß ihn das Nachher nicht mehr bewegte. Er selbst wollte weder in russische noch in amerikanische Gefangenschaft gehen. Wußte er, ob ihn die Amerikaner nicht an die Russen auslieferten?

Er hatte seinen Fluchtplan fertig und brauchte die Amerikaner nicht. Aber als von Natzmer seine Vorschläge für die einzige noch mögliche Lösung des ganzen Problems unterbreitete, horchte er auf. Von Natzmer schlug vor, dem im Erzgebirge stehenden äußersten Flügel der 4. Panzerarmee den Befehl zu befristetem Weiterkämpfen zu geben, um die dort anstürmenden Russen zu hindern, von Norden her die Rückmarschstraßen der Heeresgruppe nach Westen abzuschneiden. Er schlug ferner vor, der 17. Armee und 1. Panzerarmee sofort freie Hand für eine »organisierte Flucht nach Westen« unter Ausnutzung jedes Fahrzeuges und jedes

Tropfens Benzin zu geben. Dies werde zwar, vor allem angesichts des Aufruhrs im tschechischen Gebiet, nicht verhindern können, daß große Teile der nichtmotorisierten und bespannten Einheiten in sowjetische Gefangenschaft fielen. Es eröffne aber die einzige noch mögliche Aussicht, wenigstens die anderen Teile zu retten.

Schörner begriff sofort, daß hier *die* Lösung war, nicht nur für die Heeresgruppe, sondern auch für ihn. Wenn er den Armeen freie Hand, ja den Befehl zur Flucht nach Westen gab – befreite er sich dann nicht selbst von aller Verantwortung? Konnte er dann nicht offen und ohne weitere Rücksichten so handeln, wie es für seine eigene Rettung notwendig war?

Er stimmte überraschend schnell zu. Der Stabschef schlug daraufhin vor, das Hauptquartier am nächsten Morgen von Wolchow nach Westen, etwa nach Saaz, zu verlegen, um von dort den Versuch zu unternehmen, Verbindung zu den Amerikanern zu bekommen und die Fluchtbewegung der Truppen so lange wie möglich zu steuern. Schörner stimmte auch hier sofort zu. Vielleicht hätte diese Zustimmung seine Mitarbeiter aufmerksam machen müssen. Aber keiner von ihnen dachte daran, daß der Feldmarschall, der mit völliger Selbstverständlichkeit von jedem Soldaten jedes Opfer bis zum Tode gefordert hatte, sich mit dem Gedanken trug, zu fliehen. Schörner gab fast erleichtert Befehl, alle Vorbereitungen für die Verlegung zu treffen, einen Abschiedsappell für die Offiziere des Stabes anzuberaumen und eines nicht zu vergessen – die »Fieseler Storch«-Verbindungsflugzeuge der Heeresgruppe auf den Flugplatz von Saaz vorauszuschicken.

Der Abschiedsappell war vorüber. Schörner hatte in die kalten Augen seiner Offiziere geblickt und nicht viel Zeit für diese Verabschiedung geopfert.

Während im Stab die Anweisungen an die Armeen und die Befehle, am Morgen des 8. Mai noch einmal die Stabschefs zu einer letzten Besprechung nach Wolchow zu schicken, hinausgingen, während die Verlegung vorbereitet und Kraftwagen beladen wurden, eilte Schörner zu seinem Haus hinüber. Er beriet sich mit seinem Ordonnanzoffizier. Dann schob er Geld in eine Aktentasche und trat noch einmal ans Fenster. Es begann schon zu dunkeln. Das also war sein letzter Abend als Feldmarschall, dachte er, und dann: Wenn nur die »Störche« unbeschädigt nach Saaz gelangen. Ohne sie oder wenigstens einen von ihnen mußte sein Fluchtplan scheitern. Er nahm die Tasche, verließ das Haus und ging zum Stabsgebäude hinüber. Akten und Papiere wurden zum Verbrennen übereinandergehäuft. Es waren Zeichen des Endes. Aber Schörner hatte keine Zeit, sich mit diesen Bildern einer zusammenbrechenden Ordnung, die vor wenigen Tagen noch sein ganzes Strafregister auf den Plan gerufen hätten, zu beschäftigen. Er begab sich zu Natzmer, um ihm seinen Fluchtplan mitzuteilen, und er wußte genau, auf welchen Widerstand er stoßen würde.

Er traf von Natzmer allein. Der Stabschef ahnte dunkel, daß irgendeine Entscheidung bevorstand. Aber er dachte an alles, nur nicht an das, was Schörner ihm mit kaum beherrschter Stimme mitteilte. Schörner dankte kurz für Natzmers Dienste. Dann fuhr er unvermittelt fort, er selbst sei öffentlich zu sehr belastet, als daß er sich freiwillig in Gefangenschaft begeben könne. Er werde daher spätestens in der Nacht vom 8. auf den 9. Mai versuchen, mit einem der »Fieseler Störche« in die bayerischen Berge zu entkommen. Er werde in einer Sennhütte, die niemand kenne, verschwinden. Erst um Weihnachten herum werde er den Kopf wieder »rausstecken« und die Lage »peilen«.

Er öffnete die Tasche und zog das Geld hervor. Er bot es von

Natzmer an für den Fall, daß auch dieser sich zur Flucht entschließen werde. Er sah in Natzmers errötendes, dann eisig erstarrendes Gesicht. Von Natzmer machte Schörner mit einer Stimme, die kalt und abweisend klang, darauf aufmerksam, daß die Heeresgruppe am kommenden Tage um ihr Leben marschieren werde. In dieser Zeit könne der Oberbefehlshaber seine Heeresgruppe nicht verlassen.

Schörners Augen waren rot unterlaufen. Aber noch beherrschte er sich gegenüber dem Mann, mit dem er so lange zusammengearbeitet hatte. Er erklärte kurz, er habe jedem in der Heeresgruppe das Recht gegeben, sich nach Westen in Sicherheit zu bringen. Er nehme jetzt dasselbe Recht für sich in Anspruch. Was noch zu tun sei, werde von Natzmer erledigen können. Damit nahm er die Tasche wieder an sich und verließ schroff das Zimmer.

Am Morgen des 8. Mai tat sich für den Stab der Heeresgruppe Mitte noch einmal eine Hoffnung auf. Aus Flensburg kam die Meldung, ein Offizier des Oberkommandos der Wehrmacht – unter amerikanischem Schutz über Prag herangeführt – sei unterwegs, um neue Weisungen zu bringen. Gegen Mittag erschien ein Oberst Meyer-Detring. Aber er brachte lediglich das Schreiben, in welchem die Regierung Dönitz erklärte, weshalb der Waffenstillstand so frühzeitig habe abgeschlossen werden müssen und daß man trotzdem alles daransetzen solle, die Heeresgruppe in amerikanische Gefangenschaft zu überführen.

Kurz nach Mittag war die Wagenkolonne des Stabes fahrbereit. An der Spitze fuhr Schörner mit seinem Ordonnanzoffizier, es folgte der Adjutant, der Stabschef und die Funkstaffel. Wegen der immer bedrohlicheren Nachrichten über tschechische Aufstandsbewegungen hatte Schörner befohlen, als Marschweg die Straße Josephstadt–Jungbunzlau–Leitmeritz–Saaz zu benutzen. Er forderte seinen Fahrer zu ständigen Steigerungen der Geschwindigkeit auf, so daß der Stabschef nur mühsam folgen konnte.

Auf der Straße bewegten sich, auf der Flucht vor den Russen, militärische Kolonnen und Besatzungseinheiten aus der Tschechoslowakei. Dazwischen die in ihrem Elend immer gleichbleibenden endlosen Trecks deutscher Flüchtlinge. Gelegentlich wurde Schörners Wagen durch Straßenverstopfungen aufgehalten. Als der Stabschef ihn bei einem solchen Halt bat, eine längere Pause einzulegen, um den zurückbleibenden Teilen der Kolonne die Möglichkeit zu geben, wieder Anschluß zu finden, lehnte Schörner ab. Von Natzmer ging es darum, die Funkstaffel nicht zu verlieren. Ohne sie würde es ihm unmöglich sein, von Saaz aus wieder Verbindungen zu den Armeen aufzunehmen. Schörner hörte ihm kaum zu, sondern befahl die Weiterfahrt.

Schließlich näherte man sich Saaz und dem Flugplatz, der unmittelbar an der Straße lag. Als auf dem Platz die vorausgeschickten »Fieseler Störche« nicht zu finden waren, bemächtigte sich Schörners eine neue Erregung. Gleichzeitig trafen Meldungen über das Heranrücken sowjetischer Panzer von Norden ein. Wenn diese Meldungen richtig waren, mußte die Front der 4. Armee im Erzgebirge durchbrochen sein. Damit drohte das Schlimmste, das man befürchten konnte, die Absperrung der Fluchtstraßen nach Westen durch sowjetische Panzerkolonnen. In Saaz machte Schörner fast eine Stunde halt, um auf die »Störche« zu warten. Von Natzmer hoffte unterdessen, daß die Funkstaffel ihn wieder erreichen würde. Aber weder die »Störche« noch die Funkstaffel trafen ein. Dafür tauchten plötzlich sowjetische Panzer am Nordrand des Flugplatzes auf. Den Russen war also der Durchbruch durch die 4. Panzerarmee gelungen.

Schörner befahl sofortige Weiterfahrt. Bei sinkender Dunkelheit rollte die Kolonne in den nächsten größeren Ort,

Podersam, ein. In der Ortskommandantur erfuhr Schörner endlich, daß einer seiner »Störche« in der Nähe auf einer Wiese gelandet sei. Er sandte sofort seinen Ordonnanzoffizier aus, um das Flugzeug sicherzustellen. In den Diensträumen der Ortskommandantur drängten sich zahlreiche Soldaten, Verwundete, Versprengte. Als Schörner plötzlich mitten unter ihnen stand, schraken sie zusammen.

Sie wußten nicht, daß vor ihnen nur noch eine Uniform stand – die äußere Haut einer schon gestürzten Größe. Sie begannen erst zu begreifen, als der Feldmarschall den Ortsgruppenleiter von Podersam zu sich befahl und ihm den Auftrag erteilte, zwei passende Zivilanzüge für ihn, darunter bayerische Tracht, zu besorgen. Er löste mitten im Kreis der Soldaten Ritterkreuz, Eichenlaub und Brillanten vom Hals und schob Orden und Ehrenzeichen in seine Hosentaschen. Dann zog er sich in das Zimmer des Ortskommandanten zurück. Dort warf er die Uniform ab, zog die Tracht an, die der völlig verwirrte Ortsgruppenleiter brachte, und befahl einem Zahlmeister, Sekt und Zigarren zu beschaffen. Er nahm den Adjutanten und den Ordonnanzoffizier, beides Männer, die ihm völlig ergeben waren, zu sich ins Zimmer. Und während sich draußen die Ratlosen und Verlorenen langsam aus ihrer Erstarrung lösten und begriffen, welchen Sturz sie eben miterlebt hatten, ertränkte Schörner die Überspannung seiner Nerven in einem Abschiedsfest.

Von Natzmer zog sich aus der Ortskommandantur zurück und ging mit seinem Ordonnanzoffizier schweigend durch das nächtliche Podersam. Er versuchte, irgendeine Funkstelle aufzutreiben, mit deren Hilfe er Verbindung zu den Truppen der Heeresgruppe aufnehmen könnte, deren Standort niemand mehr kannte. Aber alles Bemühen war umsonst. So begab er sich zur Ortskommandantur zurück. Es gab jetzt nur noch eine Verbindungsmöglichkeit zu den Truppen, nämlich mit Hilfe des »Storch«, der auf der Wiese von Podersam wartete.

Von Natzmer stand lange bei seinem Wagen. Dann entschloß er sich, Schörner zu ersuchen, ihm den »Storch« zur Verfügung zu stellen, damit er in der Frühe des 9. Mai zur 17. und 1. Panzerarmee fliegen könne.

Schörner – ein Glas in der Hand – stand nicht mehr sicher auf den Beinen, als er seinem Stabschef entgegentrat. Er versuchte in halber Trunkenheit von Natzmer zu beruhigen, indem er ihm sein Glas entgegenstreckte und ihn aufforderte, mitzutrinken und »alles zu vergessen«. Als sein Stabschef mit kalten Worten ablehnte, erfaßte Schörner eine jäh aufsteigende Wut. Er verlor die letzte Beherrschung. Zum ersten Male in seiner Laufbahn strömte sein abgrundtiefer Haß gegen die Offiziersklasse, der von Natzmer angehörte, über seine Lippen. Sein Stabschef hörte ihm mit zusammengebissenen Zähnen zu und ließ den Haß verströmen. Dann forderte er nochmals den »Storch«. Schörner schrie ihm ein neues Nein entgegen. Darauf entgegnete ihm von Natzmer, er werde den »Storch« unter Bewachung stellen, und verließ, vor Erregung zitternd, das Zimmer.

Draußen erteilte er Befehl, eine Wache bei dem Flugzeug aufzustellen und die Maschine niemandem außer ihm selbst freizugeben. Er begab sich noch einmal auf die Suche nach einer Funkstelle. Als sie abermals ergebnislos blieb, setzte er sich in seinen Wagen, der vor der Ortskommandantur stand, um den Morgen abzuwarten. Dabei übermannte ihn die Müdigkeit.

Die Bewachung des »Storch« bestand aus einigen älteren Landesschützen. Als im Morgengrauen plötzlich ein großer, breiter Mann in Zivil, begleitet von einem jüngeren Menschen, vor ihnen auftauchte, griffen sie zu den Waffen. Als sie aber sein Gesicht erkannten und seine Stimme sie anschrie:

»Kennt ihr mich nicht? Ich bin der Feldmarschall Schörner«, ließen sie erschrocken die Waffen sinken und sahen zu, wie Schörner und sein Ordonnanzoffizier den »Storch« bestiegen und davonflogen. Eine Viertelstunde später meldete sich bei General von Natzmer, der zu spät aufwachte und Schörners Zimmer in der Ortskommandantur verlassen fand, der Adjutant des Feldmarschalls und bat darum, mit einem eigens angefertigten Soldbuch als »Gefreiter« untertauchen zu dürfen.

Schörner flog unterdessen nach Südwesten. Der »Storch« verweigerte jedoch den Dienst, bevor er sein Ziel erreichte, und zwang Schörner notzulanden. Schörner irrte einige Tage umher, wurde schließlich von der Bevölkerung erkannt und meldete sich Mitte Mai bei dem Stab der einstigen 1. deutschen Armee, die unter General Foertsch vom Balkan nach Österreich gelangt war. Der Stab befand sich schon in amerikanischer Gefangenschaft. Kurze Zeit später lieferten die Amerikaner Schörner an die Sowjetunion aus, deren Kommissare bereits auf der Suche nach dem Entflohenen waren.

An der beschämenden Düsterkeit dieses Endes änderte die Tatsache, daß Schörners Anwesenheit das kommende Schicksal seiner Soldaten nicht hätte wenden können, nichts.

Ihr Schicksal war – wie das Schicksal der deutschen Armeen in Mecklenburg und das Schicksal Wlassows und seiner Leute – der Entscheidung der westlichen Alliierten anheimgegeben. In den frühen Morgenstunden des 9. Mai, in denen Schörner seine Heeresgruppe verließ, fluteten auf zahlreichen Straßen des tschechischen und sudetendeutschen Raumes die Soldaten der 1. und 4. Panzerarmee sowie der 17. Armee nach Westen. Sie kannten nur noch ein Ziel: Rettung vor der Gefangennahme durch einen Feind, dessen rächende Härte vor aller Augen stand.

Im Laufe des 8. Mai waren die Stabschefs der Armeen, die befehlsgemäß noch einmal nach Wolchow geschickt worden waren, zurückgekehrt. Den Weisungen entsprechend, die sie erhalten hatten, wurde den Armeen der Befehl erteilt, daß die Kampfhandlungen am 9. Mai um 0.00 Uhr zu Ende seien, daß die Armeen aber mit allen Mitteln nach Westen marschieren sollten. Rund eine Million Soldaten, die bis zur letzten Stunde gekämpft hatten und die – wenn schon jeder andere Glaube dahinschwand – noch fest davon überzeugt waren, zu Recht gegen den Sturm aus dem Osten gekämpft zu haben, marschierten nach Westen. Rund eine Million Soldaten klammerten sich an diese letzte Hoffnung, in amerikanische Gefangenschaft zu gelangen, während sie durch das aufrührerische Land marschierten. Der Absturz in eine absolute Hoffnungslosigkeit, den sie in den folgenden Tagen erlebten, war unbeschreiblich.

Fast abgeschnitten von allen Nachrichtenverbindungen, hatte sich die 1. Panzerarmee gerade der Gefahr einer Umklammerung durch zwei sowjetische Panzerarmeen entzogen, als der Chef des Stabes, Oberst von Weitershausen, aus Wolchow nach dem letzten Gefechtsstand der Armee in Leitomischel zurückkehrte. Er brachte den Befehl zur organisierten Flucht nach Westen mit. Während die Flügel der Armee noch nördlich und südlich von Olmütz darum kämpften, eine 30 Kilometer breite Lücke nach Westen offenzuhalten, zwängten sich in der Mitte die zusammengeschmolzenen Gebirgs- und Jägerdivisionen aus den Kleinen Karpaten in das Marchtal hinab.

Aus dem Industriegebiet von Mährisch-Ostrau wichen die Reste deutscher Divisionen auf Olmütz zurück, und am Abend des 8. Mai hielt die 1. deutsche Panzerarmee, ausgeblutet, aber noch geschlossen kämpfend, auf der Linie Brünn–Olmütz–Mährisch-Schönberg. Von hier begann der letzte Marsch der Vierhunderttausend, die der Armee noch angehörten.

Der 9. Mai war ein trügerisch schöner Frühlingstag. An den Straßen blühten die Bäume, als wollten sie den Aufbruch des Hasses verdecken, der sich zur gleichen Zeit abseits der Straßen, auf denen noch kampffähige deutsche Verbände marschierten, vollzog. 200 Kilometer trennten die Nachhuten an der March vom Böhmerwald, wo die amerikanischen Linien standen. 200 Kilometer waren keine Entfernung für die Soldaten, welche die Strapazen des Krieges im Osten bis zur letzten Stunde überwunden hatten und hinter sich sowie in ihren Flanken den sowjetischen Gegner wußten.

Die rückwärtigen Dienste und Lazarette gelangten als erste in den amerikanischen Bereich. Sie wurden von den Amerikanern gefangengenommen. Die Hoffnung wuchs, daß mit den übrigen Teilen der Armee das gleiche geschehen würde. Am Nachmittag des 9. Mai bezog der letzte Befehlshaber der Armee, General Nehring, seinen letzten Gefechtsstand in dem Dorf Tisch im Böhmerwald. Nur 10 Kilometer weiter westlich standen die Sicherungen der 5. amerikanischen Infanterie-Division.

Um die gleiche Stunde trafen erste Nachrichten ein, daß die amerikanischen Linien sich fest schlossen und daß die nach Westen marschierenden Kampfverbände die Wege nach Bayern gesperrt fanden. Meldungen aus dem Osten und Südosten besagten, daß schnelle sowjetische Panzerkolonnen über Iglau und Budweis in Richtung auf Prag marschierten und daß die Zeit drängte, wenn die Soldaten der Armee gerettet werden sollten.

Aber die amerikanischen Linien blieben geschlossen. Die deutschen Verbände drängten sich auf freiem Feld oder an Waldrändern zusammen, vorsichtig umlauert von tschechischen Partisanen, die vorläufig noch aus der Entfernung auf ihre Stunde warteten. Deutsche Soldaten, die mit Amerikanern in ein kurzes Gespräch gerieten, stießen einmal auf Anteilnahme, ein andermal auf Verständnislosigkeit, auf Unkenntnis oder auf einen Haß, der ihnen ins Gesicht sagte, daß ihr Versuch, vom Schauplatz ihrer Verbrechen im Osten und vor ihrer verdienten Strafe für diese Verbrechen zu fliehen, vergeblich sein werde.

Amerikanische Flugzeuge landeten an den Rückmarschstraßen, zwangen die deutschen Kolonnen zum Halt und trieben sie schon weit vor den amerikanischen Linien auf großen Plätzen zusammen. Als diese Nachricht General Nehring in Tisch erreichte, ahnte er, welches Ende für seine Armee heranrückte. Aber er beauftragte seinen Stabschef, jeden möglichen Versuch zu machen, um den Kommandeur der 5. amerikanischen Division persönlich zu sprechen. Er hoffte noch, überzeugen zu können, wo es nichts zu überzeugen gab. Es gelang von Weitershausen, die amerikanischen Linien zu überschreiten. Während sich immer größere verlorene Teile der 1. Armee vor der amerikanischen Demarkationslinie versammelten, unternahm er den letzten Versuch, den amerikanischen Offizieren verständlich zu machen, weshalb seine Soldaten nach Westen drängten, weshalb sie vor dem Osten flohen, weshalb sie seiner und ihrer Überzeugung nach im Osten gekämpft hatten.

Aber er bemerkte bald, daß sich in dem Zimmer, in dem er um das letzte Schicksal seiner Armee zu kämpfen versuchte, zwei Welten gegenübersaßen, zwischen denen es in diesem Augenblick keine Verständigung geben konnte. Er fühlte zum erstenmal, daß seine Anschauung und die Anschauung seiner Soldaten über die Sowjetunion und über die anscheinend so naheliegende »Gemeinsamkeit der westlichen Völker gegenüber diesem Osten« zu propagandistisch verblendet oder zu einseitig waren, um einer komplizierten Wirklichkeit gerecht zu werden.

Der amerikanische Divisionskommandeur erklärte ihm, die 1. Panzerarmee habe sich, da sie auf dem russischen Kriegsschauplatz gefochten habe, auch in russische Gefangenschaft zu begeben. Er habe Befehl, jeden Marsch der Armee nach Westen mit allen Mitteln zu verhindern. Weitere Verhandlungen seien daher Zeitverschwendung. Er müsse das Kommando der 1. Panzerarmee an die zuständigen sowjetischen Befehlshaber verweisen.

Von Weitershausen dachte an die Hunderttausende, die in verzweifelter Hoffnung auf den Ausgang seines letzten Versuchs warten mochten. Für eine Weile befiel ihn der Zorn des Machtlosen, der gegen eine unbezwingbare Mauer gestürmt war. Sein Gesicht war totenblaß, als er sich schweigend erhob. Er bat darum, über die amerikanischen Linien zurückgebracht zu werden, um seinen Oberbefehlshaber zu orientieren. Dann ließ er sich schweigend zum Wagen bringen.

Erst als der Stabschef der amerikanischen Division ihm die Hand bot und ihm aus offenbar ehrlicher Überzeugung erklärte: »Wir achten die Russen als eine sehr faire Armee. Sie werden auch in russischer Gefangenschaft nach den Grundsätzen des Völkerrechts behandelt werden und bald Ihre Heimat wiedersehen«, brach von Weitershausen noch einmal das Schweigen. Er sah den Amerikaner aus ebenso hoffnungslosen wie verzweifelten Augen an. »Mit den Sowjets«, sagte er mit mühsam beherrschter Stimme, »kann man nur mit der Waffe in der Hand verhandeln. Hat man die nicht mehr, so ist man ein Sklave. Sie werden einmal an meine Antwort denken.«

Der Amerikaner verbeugte sich ungläubig abweisend. Dann fuhr von Weitershausen nach Tisch zurück.

Schon am nächsten Tage kam das Ende. Alle Verbände der 1. Panzerarmee, die von amerikanischen Kommandos aufgehalten waren, wurden sowjetischen Verbänden, die nach einem bestimmten Plan heranrückten, übergeben. Nur diejenigen entkamen, die einzeln oder in kleinen Trupps durch die Wälder des Böhmer- und Bayrischen Waldes nach Westen flohen. Am Anfang waren es vielleicht einige zehntausend. Aber nur wenige tausend entkamen wirklich. Die anderen fielen in die Hände der aufständischen Tschechen. Sie wurden gefangen, erschlagen, zu Tode gemartert oder sowjetischen Kolonnen übergeben; sie verschwanden, ohne daß noch jemals ein Mund über ihr Schicksal berichten würde. Die Masse der Armee formte sich zu den gleichen grauen und hoffnungslosen Kolonnen, die auch im Norden, vor allem in Berlin, den Marsch ins Ungewisse antraten.

Schörner hatte nicht nur seine Soldaten im Stich gelassen. Er hatte auch alle jene Deutschen im Stich gelassen, die am 6., 7. und 8. Mai in Prag und im ganzen tschechischen und sudetendeutschen Gebiet noch darauf hofften, seine nach Westen zurückgehenden Truppen würden sie schützen oder befreien und ihnen ebenfalls den Weg nach Bayern oder ins amerikanisch besetzte Gebiet öffnen.

Auch hier war es keine Entschuldigung für ihn, daß sein Verbleib bei der Heeresgruppe nur noch wenig oder nichts am Schicksal der Deutschen in der Tschechoslowakei und im Sudetenland hätte ändern können. Aber wenn es seine Leidenschaft gewesen war, schwache, kampfesmüde Truppen wieder unter seine Gewalt zu bringen, so hätten die letzten Tage des Krieges im tschechischen Gebiet nach der Betätigung dieser Leidenschaft verlangt. Er hätte zumindest den Versuch machen können, die zahlenmäßig noch großen, aber am Sinn des Weiterkämpfens verzweifelten deutschen

Soldaten im Hinterland und vor allem in Prag noch einmal zusammenzufassen und den Aufstand des nationalistischen oder kommunistischen Hasses wenigstens an den wichtigsten Punkten des Landes niederzuhalten, bis die noch erreichbaren Deutschen nach Westen in Sicherheit gebracht waren. Es wäre nur ein Versuch gewesen.

Eine Antwort auf diese Frage gab es nicht mehr. Die Deutschen warteten vergebens auf Schörner, auf seine Truppen und auf die Wirksamkeit seiner Person.

Nur Teile seiner zurückflutenden Armeen kamen hier und da dazu, in den Orten, die an ihrem Marschweg lagen, Deutsche aus verzweifelter Lage zu befreien. Aber der Marsch der Armeen selbst war so schnell, und ihre eigene Auflösung vollzog sich mit solcher Geschwindigkeit, daß sie nicht mehr dazukamen, den im Lande verstreuten Deutschen zu helfen.

Der 7. Mai war in Prag ein Tag ununterbrochener Kämpfe um die Zentren des deutschen Widerstandes gewesen. Er war ein Tag immer weiterer Verhaftungen deutscher Zivilisten und immer hemmungsloserer Mißhandlung und Plünderung geworden.

In der Nacht vom 6. auf den 7. Mai befiel Frank noch einmal die irrationale Hoffnung auf Gegensätze zwischen Ost und West. Er suchte einen Ausweg vor dem Zwang, sich den Tschechen zu ergeben, indem er eine Botschaft an die Amerikaner richtete, in der er auf den kommunistischen Hintergrund des tschechischen Aufstandes sowie auf die drohenden Zukunftsgefahren aus dem Osten hinwies. Er beschwor die Amerikaner, Prag zu besetzen, bevor es zu spät sei und bevor die Sowjetunion sich dieser zentralen Stelle in Europa bemächtigt habe. Als Franks Botschaft mit Hilfe eines mühsam aufgetriebenen englischen Lexikons ins Englische übersetzt wurde, konnte man, wenn man das Ohr auf die Erde legte, den Kanonendonner aus der Richtung Aussig–Teplitz–Brüx vernehmen. Ein General Ziervogel erhielt den Auftrag, die Botschaft durch das aufständische Land nach Pilsen zu bringen. Er erreichte jedoch niemals sein Ziel. Sein Schicksal blieb ungewiß. Frank wartete vergebens auf eine Antwort.

Unterdessen erhielt General Toussaint aus Plön die Nachricht von der allgemeinen Kapitulation und den Befehl, wie alle anderen deutschen Truppen den Kampf am 9. Mai um 0.00 Uhr einzustellen.

Toussaint bot daher von sich aus dem tschechischen Nationalrat die Kapitulation unter der Bedingung freien Abzuges für seine Truppen und die deutsche Zivilbevölkerung an. Die Verhandlungen mit dem Nationalrat währten die ganze Nacht vom 7. auf den 8. Mai. Sie beanspruchten auch noch den ganzen Vormittag des 8. Mai. Währenddessen versuchten einige SS-Regimenter von sich aus, den Sommerberg und die Moldaubrücken zu nehmen und sich gewaltsam einen Ausbruch aus dem Stadtinneren zu erkämpfen. Sie schossen im Straßenkampf das alte Rathaus und die weltberühmte astronomische Uhr in Trümmer. Aber der Durchbruch gelang ihnen nicht, und die Vernichtung des Rathauses erhitzte nur die tschechischen Massen und führte zu neuen Mißhandlungen wehrloser deutscher Zivilisten.

Sie erschwerte auch die Verhandlungen, die Toussaint führte. Frank hielt sich resigniert im Hintergrund. Der Nationalrat war bereit, in die Kapitulation einzuwilligen, weil er zu einer Beendigung der Kämpfe, zu geordneten Verhältnissen und zu einer nationalen Regierungsbildung kommen wollte, bevor die Russen in Prag erschienen. Auch der tschechische Nationalrat lebte in Illusionen über die Zielstrebigkeit und Härte der sowjetisch-kommunistischen Seite. Er glaubte, sich auch bei einer sowjetischen Besetzung behaupten zu können, wenn es ihm nur vorher gelang, eine Regierung zu bilden. Die Kommunisten dagegen sträubten sich gegen jede Vereinbarung mit den Deutschen. Sie konnten sich mit keiner Beendigung der Kämpfe, mit keiner Unterbrechung des blutigen Aufstandes einverstanden erklären, bevor nicht die russischen Armeen als Befreier in die goldene Stadt Prag einzog und aus den Feuern des Aufstandes die sozialistische Revolution entstand. Sie wußten, daß es nur noch eine Frage kurzer Zeit sein konnte, bis die Panzer Konjews Prag erreichten.

Noch aber setzten sich die Kommunisten nicht durch. Der Nationalrat willigte in den Abzug der deutschen Truppen nach Westen ein, erklärte sich allerdings außerstande, den allgemeinen Abzug der deutschen Zivilisten, die sich zum größten Teil ja schon nicht mehr in Freiheit befanden, zu garantieren. Teils fehlte hierzu tatsächlich die Macht, vor allem gegenüber den Kommunisten. Teils wollten sich auch die Extremisten unter den Nationalen das deutsche Wild nicht entgehen lassen. Als nach Mittag eine Funknachricht über den Durchbruch der russischen Panzer durch die deutschen Stellungen im Erzgebirge und das schnelle Vordringen dieser Panzer nach Süden eintraf, sah Toussaint sich gezwungen, entweder sofort mit dem Abmarsch zu beginnen und die Verwundeten und Zivilisten, so wie es die Tschechen vorschlugen, unter dem Schutz des Roten Kreuzes zurückzulassen, oder aber seinen Truppen die Möglichkeit des Abmarsches nach Westen zu verbauen und sie in Prag in russische Hände fallen zu lassen. Helfen konnte er den Zivilisten nicht. Er konnte nur durch den Abzug seiner Truppen die Zahl der Opfer vermindern.

Frank nahm schweigend die Kapitulationsverhandlungen zur Kenntnis und rüstete sich, an dem allgemeinen Auszug nach Westen teilzunehmen. Die Frage nach dem Schicksal der deutschen Zivilisten, die zurückbleiben mußten und die schon zu Zehntausenden in den Gefängnissen lagen, wurde von ihm nicht gestellt.

Es war vereinbart worden, daß die Deutschen sich zu größeren Kolonnen zusammenschließen konnten, deren bewaffneten Schutz gegen Überfälle sie selber übernahmen. Soweit die Fahrzeuge reichten, konnten sie Verwundete und Kranke mitnehmen.

Am Nachmittag des 8. Mai rüsteten die Deutschen zum Ausmarsch. Toussaint war nicht imstande, alle seine Truppen zu benachrichtigen. Einzelne isolierte SS-Verbände weigerten sich auch, seinem Befehl zur Kapitulation zu folgen. Noch während die deutschen Soldaten ihre Wagen beluden, knallten überall Schüsse kommunistischer Gruppen, die sich nicht an die Abmachungen hielten.

Am Spätnachmittag begann der Auszug. Der tschechische Major Fürst Schwarzenberg, der die Kapitulation einer kleinen deutschen Truppe im Masaryk-Bahnhof entgegennahm und dies, während die einmal geweckte Rache-, Blut- und Beutegier in den Straßen lauerte, mit Korrektheit und Ritterlichkeit tat und dafür sorgte, daß das verlorene Häuflein deutscher Soldaten und Flüchtlinge ungestört seinen Marsch antreten konnte, war eine der Gestalten, die sich aus dem Brodeln hemmungsloser Instinkte heraushoben. Aber wenn man über die Straßen blickte, konnte man schon sicher sein, daß er und seinesgleichen bald den Radikalen zum Opfer fallen würden.

Als am Morgen des 9. Mai sowjetische Truppen nach einem Gewaltmarsch über die große Autostraße nach Prag in die aufrührerische Stadt einrückten, verhalfen sie den Kommunisten und nationalistischen Extremisten zum Sieg. Sie befreiten die Massen von der letzten Angst, die Deutschen könnten vielleicht doch noch einmal zurückschlagen. Eine

Hölle, die im Untergrund schon angeheizt war, feierte am 9. Mai ihren Befreiungstag und gebar so mörderische Exzesse, daß schließlich sowjetische Offiziere eingreifen mußten, um zu verhindern, daß jede Ordnung in einem Blutrausch unterging.

Deutsche Soldaten, Zivilisten und als Soldaten verkleidete Zivilisten aus den deutschen Widerstandsbereichen zogen am Spätnachmittag und Abend des 8. Mai in langem Zuge durch die Panzersperren und Barrikaden in den Straßen Prags nach Westen. Sie mußten sich selbst mühsam ihren Weg durch die Barrikaden bahnen, während Tschechen die Straßen säumten. An den Seiten gingen schleppenden Schrittes deutsche Soldaten, noch mit Maschinenpistole und Panzerfaust, aber müde, geschlagen, mit grauen Gesichtern. Verwundete auf Stöcken und Krücken, die dem Frieden kein Vertrauen schenkten, quälten sich stöhnend und ächzend vorwärts. In einem Wagen, inmitten des großen Auszuges, entkam Frank ungesehen mit seiner Familie aus der Stadt. Niemand weiß, was ihn bewegte, als er durch die Abenddämmerung aus der Stadt seiner größten Machtvollkommenheit auf die Straße nach Pilsen fuhr. Dachte er jetzt an diejenigen, welche er Tschechen überließ, die aus seinen Taten und seinen Worten über das Butbad, das er ihnen bereiten wollte, das Recht ableiten konnten, nicht nur eine Bartholomäusnacht, sondern Nächte und Tage zu feiern? Man wußte es nicht. Auf jeden Fall entrann er seinem Schicksal nicht, denn die Amerikaner, zu denen er sich flüchtete, lieferten ihn an die Tschechen aus, und diese erhängten ihn.

Der Ausmarsch währte die ganze Nacht. Als gegen zwei Uhr nachts irgendwo in der Innenstadt noch einmal eine versprengte deutsche Batterie zu schießen begann, nutzten die kommunistischen Partisanen die Stunde, um ihrerseits das

Feuer auf die ausmarschierenden deutschen Kolonnen zu eröffnen. Ihr Feuer galt vor allem den Nachhuten in den Gartenstraßen von Dewitz. Auch in Bubentsch flackerten vereinzelte Kämpfe auf, die immer wieder Stockungen in den deutschen Ausmarsch brachten. So dauerte der Marsch der Deutschen länger als vorgesehen. Er hielt noch an, als die Morgensonne des 9. Mai leuchtete.

Die deutsche Gruppe am Masaryk-Bahnhof gehörte zu den letzten Haufen, welche die dicht vor dem vollen Ausbruch menschlicher Leidenschaften stehende Stadt verließen. Frauen, Kinder und Zivilisten, deren Mitnahme gestattet worden war, in der Mitte, schleppte sich ihr Zug der Moldaubrücke entgegen. Noch waren erst wenige Tschechen auf der Straße, die ihren Hohn über die Ausziehenden ausgossen. Der Morgen schien still und nach den vorangegangenen Tagen merkwürdig friedlich. Er wurde nur durch die schlurfenden Schritte aller derer gestört, die schweigend daherzogen. Ein unheimliches Gefühl der Verlassenheit lastete auf allen, obwohl sie sich glücklich priesen, in letzter Minute dem Bereich des Vulkans zu entkommen, der jeden Augenblick ausbrechen konnte.

Gegen sieben Uhr überschritten die Deutschen die Moldaubrücke. Vor ihnen erhob sich, jäh aufsteigend, vom Strahlenglanz der frühen Morgensonne übergossen, der Hradschin. Sie zogen über die schleifenreiche Straße an den gewaltigen Mauern entlang und bogen gerade in eine Kurve ein, als sie die deutschen Panzer, die ihnen vorausfuhren, schießen hörten. Gleich darauf sahen sie die Panzer brennen, und dann stürzte in dichten, graubraunen, »Urräh« schreienden Massen sowjetische Infanterie aus dem umliegenden Park hervor. Sie feuerten aus Maschinengewehren und Maschinenpistolen. Sie mähten die deutschen Soldaten nieder, brachen in die Schar der Zivilisten ein, die, zwischen die Angreifer und die hohen Mauern eingezwängt, hoffnungslos ihrem Schicksal ausgeliefert waren. Sie erlebten, was ungezählte andere vor ihnen erlebt hatten, Mord, Plünderung und Vergewaltigung.

Dies war der Sieg der radikalen Revolution.

Als Deutsche, die man am 6. und 7. Mai in das Prager Zuchthaus Ruzyn getrieben hatte, am Vormittag des 9. Mai zum ersten Male aus brütend heißen, stinkenden Zellen ins Freie geführt wurden; als sie zum ersten Male nach Tagen eine Blechschale mit Wasser erhielten, wußten sie nicht, daß sie erst eine Vorhölle durchschritten hatten.

Trotzdem waren viele schon so erschöpft, daß sie sich wünschten, ihre Peiniger möchten die Pistolen abdrücken, mit denen sie geschlagen und bedroht wurden. Aber man sagte ihnen, der Krieg sei zu Ende und jetzt sei es ihre Pflicht, die Schäden in der Stadt und die Barrikaden wieder zu beseitigen.

Noch bevor sie zum Abmarsch zusammengetrieben wurden, erhielt ein Teil von ihnen, der sich in der Nähe des Tores befand, einen Vorgeschmack dessen, was auf sie wartete. Es fuhren Lastwagen mit verwundeten deutschen Soldaten in den Hof, die eigentlich im Schutz des Roten Kreuzes hätten stehen sollen. Es waren Jammergestalten darunter, Abbilder menschlichen Elends und menschlicher Verlorenheit. Die Zuschauer wußten nicht, was in diesen Stunden schon in vielen Lazaretten geschah. Sie wußten nicht, daß nicht nur nationalistische oder kommunistische Aufständische, sondern mitlaufende Männer und Frauen, Pöbel und Nicht-pöbel, Verwundete aus ihren Betten warfen und Hilflose in Waschschüsseln ertränkten.

Auf viele Deutschen, die an diesem Tage aus Gefängnissen und Behelfsgefängnissen herausgeholt und zur Beseitigung der Barrikaden aufgefordert wurden, wartete an Straßen und an den Barrikaden bereits der Pöbel. Aus zahlreichen Fenstern blickten Augen, die sich das Schauspiel der Rache nicht entgehen lassen wollten. Die Historie weiß nicht, wie viele sich von den Fenstern abwandten und beschämt in ihren Häusern blieben. Auch sie waren vorhanden, und wahrscheinlich war ihre Zahl nicht gering. Aber diejenigen, die an den Straßen standen, hatten vom heißen Teer bis zu Knüppeln und Peitschen alles mitgebracht, womit sie ihren Haß befriedigen konnten. Wenn man bis dahin auch im schlimmsten Wüten an Weichsel, Oder und Elbe doch noch hatte sagen können, dies sei furchtbar und jenes weniger furchtbar gewesen, so gab es an diesem 9. Mai keine Unterscheidung mehr.

Waren es noch Menschen, welche am 9. Mai auf dem Wenzelsplatz, auf dem Karlsplatz und in der Rittergasse Deutsche mit Benzin übergossen, mit den Füßen nach oben an Masten und Laternen hängten und sie anzündeten und johlend den brennenden Fackeln und ihren Qualen zusahen, die um so länger dauerten, weil die Köpfe der Brennenden vorsorglich nach unten gehängt waren und der aufsteigende Rauch sie nicht ersticken konnte? Waren es noch Menschen, welche deutsche Soldaten, aber ebenso Zivilisten, Männer und Frauen mit Stacheldraht zusammenbanden und die Menschenbündel in die Moldau stürzten? Waren es noch Menschen, welche deutsche Kinder in Löschwasserbehältern ertränkten und Frauen und Kinder aus den Fenstern auf die Straßen stürzten?

Es waren keine Menschen, welche nackte deutsche Frauen zwangen, Steine fortzuräumen, ihnen dabei die Achillessehnen durchschnitten und sich an ihrer Hilflosigkeit weideten. Es waren keine Menschen, welche die Deutschen aus dem Behelfsgefängnis der unterirdischen Klosettanlagen am Wenzelsplatz heraufholten, mit Knüppeln niederschlugen und buchstäblich zu Tode traten, und es waren keine Menschen, welche deutsche Mädchen, die ihnen als Wehrmachtshelferinnen in die Hände gefallen waren, nachdem sie ihnen die Kleider geraubt hatten, durch die Foch-Straße nach dem Wolschaner Friedhof trieben und sie dort mit Maschinengewehren zusammenschossen oder mit Schlägen und Bajonettstichen in Heuhaufen hineintrieben, die sie dann anzündeten.

Prag war wiederum nur ein Beispiel für das Land, für zahlreiche Städte und Flecken in den tschechischen Gebieten und mit geringen Unterschieden in den alten deutschen Gebieten des Sudetenlands.

Die Geschichte kann mit sehr viel Recht feststellen, dies Geschehen sei unvergleichlich weniger unmenschlich gewesen als die Austreibung und Tötung der Juden Europas durch die Deutschen, und es stelle nur eine gerechte Antwort auf vorangegangene deutsche Untaten dar. Aber die Tschechen waren nicht berufen, das Schicksal der Juden an den Deutschen zu rächen, während sie ihrer eigenen Rache, ihrem eigenen Chauvinismus die Zügel schießen ließen. Die Geschichte konnte ferner feststellen, daß die gewaltsame Okkupation des tschechischen Staates, die Unterdrückung der nationalen Freiheit der Tschechen und die Ereignisse um Lidice nach einer solchen Explosion gerufen hatten. Im gleichen Atemzug aber muß sie feststellen, daß es zwischen dem Maß des ersteren und dem Maß der Geschehnisse, die mit dem Prager Aufstand ihren Anfang nahmen, keinen Vergleich mehr gab.

Die Verlorenen von Kurland

Das große Drama im Osten hatte noch einen letzten Akt. Und dieser Akt spielte auf einer Bühne, deren Existenz die meisten, in ihre unmittelbarsten Nöte verstrickten Deutschen zu diesem Zeitpunkt fast schon vergessen hatten.

Am Spätnachmittag des 8. Mai 1945 saß der 25jährige Hauptmann Breuninger in der kurländischen Hafenstadt Libau in seiner Unterkunft und schrieb. Er schrieb an seinen Vater in Hannover, damit dieser noch ein Lebenszeichen von ihm erhielt, bevor er als Gefangener in dem weiten Rußland verschwand:

»Lieber Vater! Es geht nun alles zu Ende. Heute abend verlassen diejenigen von uns, die die Heimat noch einmal wiedersehen sollen, Libau, um zu Schiff nach Kiel gebracht zu werden. Ich gebe einem von ihnen, dem Feldwebel Hermann Meister von der II. 1. D., diesen Brief mit und hoffe, daß er Dich erreicht. Wir haben bis gestern noch gehofft, daß wir alle zu Schiff nach Deutschland kämen, um dort gegen die Russen weiterzukämpfen.

Am 5. Mai, vor drei Tagen, erhielten wir eine nur mündlich durchgegebene geheime Weisung unseres Befehlshabers, General der Infanterie Hilpert. Danach hat Großadmiral Dönitz Verbindung mit den westlichen Alliierten aufgenommen, um im Westen Frieden zu schließen. Im Osten aber sollte weitergekämpft werden. Unsere Heeresgruppe sollte über Libau und Windau abtransportiert und an der Elbe wieder eingesetzt werden ... Das Korps bei Grobin erhielt den Befehl über die Festung Libau, um unseren Abtransport zu sichern ...

Einige Offiziere wollten sogar wissen, daß englische Schiffe uns abholen würden. Es hat geheißen, englische Truppen würden in Libau gelandet, um sich mit uns zu vereinen und den Russen in den Rücken zu fallen.

Bis wir die Nachricht vom Heldentod des Führers erhielten, haben wir an eine Wendung durch die neuen Waffen geglaubt. Als die Nachricht vom Tod des Führers kam, bedeutete das eine bittere Enttäuschung und das Ende dieser Hoffnung. Aber als wir am 5. Mai die neue Weisung erhielten, schöpften wir wieder Hoffnung und erkannten wieder den Sinn unseres Aushaltens, denn wir haben mit unserem Herzen immer nur gegen einen Gegner gekämpft, gegen den Bolschewismus. Wenn wir gegen Engländer und Franzosen und gegen die Amerikaner gekämpft haben, so doch nur, weil diese den Sinn unseres Kampfes im Osten und gegen den Bolschewismus nicht begreifen wollen. Um so größer waren unsere Hoffnungen, als wir von einem Sonderfrieden im Westen hörten und von der Fortsetzung dieses Kampfes gegen den bolschewistischen Weltfeind. Dann wäre unser Kampf ja doch noch zu einem guten Ende gediehen, obwohl wir uns als Volk fast hätten opfern müssen, bis die Engländer und Amerikaner begriffen, um was es in Wirklichkeit geht.

Vielleicht kannst Du Dir denken, wie groß jetzt unsere Enttäuschung sein muß, nachdem uns heute mittag mitgeteilt worden ist, daß unsere ganze Wehrmacht kapituliert hat und unsere Heeresgruppe sich dieser Kapitulation anschließt und russische Kommissare zur Übernahme unserer Truppen und unserer Waffen in den nächsten Tagen erwartet werden ... Die Kriegsmarine hat von sich aus noch eine Reihe kleiner Schiffe aus der Danziger Bucht hergeschickt. Mit ihnen wird die Heeresgruppenreserve: die 2. I. D. und die 14. Pz.-Div., abtransportiert. Sie war unsere ›Feuerwehr‹ und immer in den Brennpunkten der Schlachten. Sie hat es verdient. Und jede Division durfte einige Offiziere oder einen Offizier und 125 Mann für die Fahrt in die Heimat stellen, vor allem Familienväter. Dazu wurden die Verwundeten verladen. Ihr hättet sehen müssen, wie die 2. I. D. durch Libau marschierte in voller Ordnung und Bewaffnung, zum Teil mit Gesang. So zog sie mit ›Reihe rechts‹ auf die Schiffe.

Viele ihrer Offiziere und Männer glaubten auch jetzt noch nicht an die Kapitulation, sondern meinten, daß sie in Kiel einen neuen Einsatz gegen die Russen erleben. Der Hafen ist durch Feldgendarmerie abgesperrt, damit nur diejenigen auf die Schiffe kommen, die Erlaubnis dazu haben. Aber es vollzieht sich alles ohne Panik, mit der Disziplin, mit der unsere Heeresgruppe immer gekämpft hat und auch heute ungeschlagen und ungebrochen dasteht. Wir haben unsere Pflicht getan, so wie sie deutsche Soldaten nur tun konnten – wenn es nun sein muß, bis zum bitteren Ende.

Wir wissen nicht, wie der Führer gefallen ist. Wir wissen nicht, was sich in der Heimat in den letzten Wochen abgespielt hat an Schwäche und Verrat. Wir wissen nur, daß wir gegen den Bolschewismus, der nicht nur unser Feind, sondern der Feind ganz Europas ist, gekämpft haben bis heute. Wir haben ihn erlebt. Wir haben sein Paradies gesehen wie niemand vor uns. Wir wissen daher, wofür wir gekämpft haben.«

Dieser Brief war ein typisches Zeugnis jener Tage. Er mußte glücklicheren Angehörigen westlicher Völker unverständlich bleiben oder als Zeichen böser Verstocktheit und eines hysterischen Rußland-Komplexes der Deutschen erscheinen. Dies mindert jedoch nicht seine tragische Note.

So wie der Hauptmann Breuninger dachte wahrscheinlich die Masse der Offiziere und Soldaten, die am 8. Mai 1945 gegen 14 Uhr den Kapitulationsbefehl der Heeresgruppe Kurland vernahmen. Sie alle hatten tapfer gekämpft. Dies würde ihnen niemals bestritten werden können. Aber auch sie waren Opfer einer beispiellosen Verblendung geworden. Dies galt für sie um so mehr, als sie in einer Abgeschlossenheit kämpften, die sie noch stärker als alle anderen Deutschen dem Monopol der nationalsozialistischen Propaganda unterworfen hatte. Die Propaganda hatte ihnen seit der Abtrennung von der Heimat gesagt, daß sie soviel sowjetische Kräfte wie möglich zu binden hätten, um die Ostfront in Deutschland zu entlasten, bis neue deutsche Armeen, vor allem aber kriegsentscheidende neue Wunderwaffen zu einer großen Wende führen würden. Als die Hoffnung in den ersten Tagen des Mai zerbrach, war an ihre Stelle auch hier die Hoffnung auf eine gemeinsame Fortsetzung des Kampfes mit den Westmächten gegen die Sowjetunion getreten.

Die hie und da vorhandene dunkle Ahnung einer deutschen Schuld am Kriege und an den Ereignissen im Osten war auch hier überschattet durch die Wirksamkeit einer Propaganda, die nie aufgehört hatte, die These zu vertreten, daß Hitler der Sowjetunion in die Arme gefallen sei, kurz bevor diese sich auf Deutschland und Europa stürzen wollte. Sie war vor allem aber überschattet durch das langjährige Erlebnis des russischen Landes und Stalins Regime. Das Bewußtsein, gegen eine fremde östliche Welt und eine Bedrohung Europas gekämpft zu haben, war unerschütterlich in sie eingepflanzt.

In diesem Bewußtsein hatten sich die ursprünglich 35 und

am Ende 24 kaum noch regimentstarken Divisionen der Heeresgruppe Kurland seit Ende Oktober 1944 in sechs schweren Angriffsschlachten gegen die erste, zweite und dritte baltische »Front« der Russen unter der Führung der Generale Bagramian, Jeremenkow und Maslennikow mit nur unwesentlichen Geländeverlusten behauptet. Die Angehörigen dieser Divisionen waren überzeugt, auch die drohende siebente Kurlandschlacht durchstehen zu können, obwohl die Russen ihnen in den Tagen der Kapitulation mit 101 Schützendivisionen, zwei Panzerkorps, einem motorisierten Korps und 18 selbständigen Panzerverbänden gegenüberstanden. Sie hatten gerade die vierte Kurlandschlacht im Raum von Prekula südöstlich Libau geschlagen, als in der zweiten Januarhälfte 1945 der Einbruch der sowjetischen Armeen nach Ostdeutschland begann. Die deutschen Wehrmachtsberichte hatten am 28. Januar den erfolgreichen Abschluß dieser Schlacht gemeldet, ohne mitzuteilen, welchen Sinn dieser Erfolg haben sollte, während die Bevölkerung in Ostpreußen, an der Warthe und in Schlesien in Schnee und Eiseskälte floh. Der Wehrmachtsbericht hatte auch das erfolgreiche Ende der fünften Kurlandschlacht im Raum von Prekula am 27. Februar gemeldet und schließlich über den Erfolg der sechsten Kurlandschlacht am 26. März berichtet, während Shukow, Konjew und Rokossowski an Oder und Neiße schon zum letzten Sturm rüsteten. Aber der Wehrmachtsbericht beantwortete niemals die Frage nach dem Sinn der Abwehrsiege.

Die Heeresgruppe Kurland hatte trotz der Schiffsraum- und Materialnöte an der Ostfront nicht an ausgesprochenen Mängeln gelitten. Sie hatte über angemessene Vorräte an Munition, Waffen, Fahrzeugen, Geräten und Verpflegung verfügt. In Libau waren immer größere Vorräte gelagert worden, da Libau gemäß einem Befehl Hitlers auf jeden

Fall gehalten werden sollte, wenn die übrige Front zerbrach.

Die lettische Bevölkerung hatte den Kampf der Deutschen mit allen Kräften unterstützt. Lettische Regimenter kämpften, und lettische Bauern brachten auf ihren Fahrzeugen Nachschub zur deutschen Front. Auch die Letten waren von Hitlers Politik enttäuscht und in wachsende Bitterkeit gestürzt worden. Sie hatten von den Deutschen Befreiung erwartet und dafür koloniale Verwaltungsmethoden erlebt. Aber sie standen wie alle kleinen Völker des Ostens vor der Wahl zwischen zwei Übeln, dem deutschen und dem sowjetischen, und wählten in ihrer Masse das geringere, das für sie bei den Deutschen zu liegen schien.

Auf Schörner, der sich, bevor Hitler ihn im Januar nach Schlesien versetzte, den Namen des »Gendarms von Kurland« verdient hatte, war am 25. Januar Generaloberst Rendulic gefolgt, der schon einen Tag später nach Ostpreußen fliegen und die Heeresgruppe Nord übernehmen mußte. Er hatte, seiner Art entsprechend, am 25. Januar eben begonnen, für seine persönliche Bequemlichkeit zu sorgen, als er abberufen worden war. An seine Stelle war, von Italien kommend, Generaloberst von Vietinghoff-Scheel getreten, ein gebildeter, schlichter Mann, der es verstand, Menschen mit dem Herzen anzusprechen. Nichts konnte ihn besser charakterisieren als eine kleine Szene, die sich zwischen ihm und dem IA der Heeresgruppe, einem Oberst, ereignete. Der Oberst hatte versucht, das Schörnersche Erbe zu wahren, und erschien wegen der Teilnahme an der Erschießung eines Soldaten zu spät zum Mittagessen.

»Herr Generaloberst«, entschuldigte er sich, »verzeihen Sie, daß ich zu spät komme. Ich war dienstlich verhindert. Ich habe einen Schweinehund ins Jenseits befördert.«

Vietinghoff-Scheel sah nur kurz zu ihm auf und sagte: »Solche Dinge liebe ich nicht«, und sein Blick ließ den Oberst verwirrt verstummen.

Rund vier Wochen später war Rendulic aus Ostpreußen zurückgekehrt, und von Vietinghoff-Scheel kehrte im Zuge der hektischen Auswechslung von Befehlshabern nach Italien zurück. Rendulic gewann auch hier kein Verhältnis zu seinen Soldaten. Er setzte ohne Rücksicht auf das, was ringsum geschah, sein Bemühen fort, einen möglichst hohen Lebensstandard zu halten. Er ließ sich in dem Fischmeisterhaus des Schlosses Pelci bei Goldingen, in dem der Stab der Heeresgruppe Kurland lebte und arbeitete, ein Klubzimmer und ein Speisezimmer ausbauen. Er trug Sorge für ein Kino, für Reitpferde und für einen hohen Splitterschutz, der rings um sein Haus aufgerichtet werden mußte. Alle diese Arbeiten waren gerade vollendet, als Hitler ihn von Kurland nach dem Südosten versetzte. An seine Stelle trat der bisherige Oberbefehlshaber der 16. Armee in Kurland, General der Infanterie Hilpert, vielleicht der sympathischste und aufrechteste unter allen Befehlshabern in Kurland, ein Mann, der Rendulics Bauten wieder einreißen ließ und in einen Bunker zog. Er war ein einfacher, anständiger, zurückhaltender, von seinen Soldaten verehrter Mann, der gleichzeitig von Güte und Energie erfüllt war. Wenn man unter den Fanatikern oft die Ansicht hörte, daß Schörner der Mann gewesen sei, der die unerschütterliche Widerstandskraft der Kurlandarmee geschaffen habe, so irrte man sich. Ein Mann wie Hilpert genoß ohne Terror größeres Ansehen und größere, weil echtere Macht über seine Soldaten. Auch versuchte er nicht, sich durch Flucht zu retten, sondern ging mit ihnen in die Gefangenschaft.

Am 7. Mai erhielt Hilpert durch seinen Stabschef General Foertsch, den er zu Dönitz gesandt hatte, den Befehl zur Kapitulation.

In den vorausgegangenen Tagen war versucht worden, die Heeresgruppe Kurland unter Zurücklassung aller Fahrzeuge und aller schweren Waffen über See nach Deutschland zu transportieren. Alle verfügbaren Schiffe in der Ostsee sollten Libau und Windau anlaufen und im Verlauf der letzten Kriegstage zuerst die 18. Armee und dann die 16. Armee, die den Rückzug decken sollte, abtransportieren. Die einzelnen Absetzbewegungen waren festgelegt. Foertsch teilte mit, daß in den deutschen Häfen nicht mehr genügend Kohlen gelagert seien, um die großen Schiffe für die Kurlandfahrt zu versorgen. Es seien aber über den Brigadeführer Schellenberg Verhandlungen mit Schweden im Gange, um von dort Kohlenlieferungen zu erhalten.

Auf Grund dieser Meldungen entstanden die geheimen, mündlich weitergegebenen Weisungen, von denen der Brief des Hauptmanns Breuninger sprach. Eine erste Zurücknahme vorderster Frontteile war eingeleitet, als aus Flensburg ein Funkspruch eintraf, der besagte, daß Schweden die Auslieferung der Kohle ablehne. Es entwickelte sich ein Austausch von Funksprüchen zwischen Pelci und Flensburg. Schweden beharrte jedoch bei seiner Weigerung, so daß Dönitz' Bemühen, möglichst viele Soldaten der Kurlandarmee vor der sowjetischen Kriegsgefangenschaft zu bewahren, im Falle Kurland scheiterte. Der Kriegsmarine blieb nichts anderes übrig, als die kleineren Schiffe, die noch über Treibstoff verfügten, nach Libau und Windau zu entsenden, um dort wenigstens einen Teil der Kurlandarmeen an Bord zu nehmen. Es kam daraufhin noch einmal, diesmal in Libau, zu einer Besprechung zwischen Foertsch und Offizieren der Kriegsmarine, die, den Transportschiffen auf Schnellbooten vorauslaufend, dorthin gekommen waren. Es ergab sich, daß die vorhandenen Schiffe bei einer Räumung Kurlands nur die rückwärtigen Dienste und kleine Teile der Fronttruppen hätten an Bord nehmen können, während die Masse der Frontsoldaten, die den Abtransport am meisten verdient hätte, zurückbleiben mußte. So verfiel man auf die Lösung, über die auch jener Hauptmann Breuninger am 8. Mai seinem Vater schrieb. Man rettete die Verwundeten, die Heeresgruppenreserve und von allen Divisionen eine kleine Gruppe von Soldaten. Für die übrigen bedeutete diese Lösung die Verurteilung zur Gefangenschaft.

Es waren Minensuchboote, Prahme, Räumboote, Fischkutter, Tender, Segelschiffe und Schnellboote, die am Nachmittag des 8. Mai in Libau 20 000 und in Windau 7000 Soldaten und Verwundete an Bord nahmen. Das letzte Schiff verließ Libau gegen 20 Uhr. Im Vorhafen bildeten sich drei Geleitzüge, die dann kurz vor 21 Uhr endgültig Libau verließen. Der südlichste Geleitzug wurde noch lange von russischen Fliegern angegriffen.
Erst als die Geleite fertig zum Auslaufen dalagen, zerbrach für einige Stunden in Libau und Windau und an verschiedenen anderen Stellen der Küste die Disziplin. Die Furcht vor der Gefangenschaft und die Sehnsucht nach der Heimat trieb Tausende von Soldaten und Offizieren auf Flöße und kleine Boote. Ein Teil von ihnen erreichte noch die Geleite und wurde an Bord genommen. Ein anderer entkam nach Schweden. Die übrigen gingen in der Ostsee unter und blieben verschollen.
Zusammen mit den Schiffen waren, aus Norwegen kommend, 35 Junkersflugzeuge »Ju 52« in Grobin gelandet, um Verwundete zu bergen. 32 von ihnen fielen im Laufe des Nachmittags sowjetischen Jägern zum Opfer. Nur drei gelangten nach Deutschland. Die wenigen deutschen Flieger, die zuletzt noch in Kurland stationiert waren, versuchten ebenfalls, Deutschland zu erreichen. Obwohl die Flugzeuge

den Generalen und Stabsoffizieren der Heeresgruppe Kurland zum Mitflug offengestanden hätten, nützte nur einer, der Kommandeur der 6. Flakdivision, diese Möglichkeit. An Bord der Schiffe fuhren die Kommandeure der 2. Infanteriedivision und der 14. Panzerdivision mit Teilen ihrer Truppen in die Heimat. Bei der 14. Panzerdivision gelangten außer dem Divisionsstab nur wenige Soldaten an Bord. Alle anderen Kommandeure blieben zurück und fielen in russische Gefangenschaft, bis auf einige, die, wie der SS-Obergruppenführer Krüger, ihrem Leben selbst ein Ende machten.

Hilpert, die Oberbefehlshaber der 16. und 18. Armee und alle Kommandierenden Generale hatten diesen Weg als erste beschritten. Hilpert hatte sich am 7. Mai mit den Russen funktelegrafisch in Verbindung gesetzt und ihnen die Kapitulation der Heeresgruppe Kurland angeboten. Die Russen forderten, daß Hilpert sich mit den genannten anderen Befehlshabern in ihre Hand begäbe, bevor sie ihre Kapitulationsbedingungen mitteilten. Zur Einleitung der Verhandlungen stimmten sie zunächst einer Waffenruhe auf einer Frontbreite von drei Divisionen zu.

Still und beherrscht, so wie er gelebt hatte, fuhr Hilpert mit den anderen Generalen im Kraftwagen mit weißer Flagge zur russischen Front hinüber. Zurück blieb sein Chef des Stabes, General Foertsch, der die Führung der Heeresgruppe für die letzten Tage übernahm. Auch Foertsch war ein bescheidener Mann ohne persönliche Ansprüche, ein unermüdlicher und gewissenhafter Arbeiter. Aber er war sensibel, eher gefühlvoll als energisch. Das längere Abreißen der Nachrichtenverbindung zu seiner Familie in Deutschland hatte ihn bereits innerlich erschüttert.

Um so mehr gab er sich noch einigen Wunschträumen hin, die nicht der Wirklichkeit entsprachen, die aber auch in den Herzen zahlreicher Soldaten lebten. Sie glaubten, wegen ihres tapferen Kampfes auf eine besondere Behandlung rechnen zu dürfen, und hofften in der Stille, daß sie vielleicht doch bald in die Heimat entlassen werden würden. Foertsch hegte ähnliche Hoffnungen und ließ noch am 8. Mai einen motorisierten, beweglichen Arbeitsstab zusammenstellen. Er dachte daran, daß die ganze Heeresgruppe zu einem Arbeitseinsatz in Rußland oder Polen verwendet werde und daß sie dabei geschlossen geführt werden müsse.

Unterdessen begab sich der General Rauser im Auftrag von Foertsch zu den Russen, um die Kapitulationsbedingungen in Empfang zu nehmen. Rauser war ein harter und stolzer Mann, der noch viel Überwindung brauchte, um dieses Ende zu begreifen. Er erklärte den Russen, die ihn in ihrer Unberechenbarkeit und in der Freude über den Abschluß des Krieges mit »Kammrad« begrüßten und ihm zu rauchen anboten, er sei nicht als Freund gekommen, sondern lediglich, weil er dazu befohlen worden sei. Sechs Stunden wurde über die Kapitulationsbedingungen verhandelt. Aber Rauser erklärte sie für unerfüllbar und weigerte sich, damit nach Pelci zurückzukehren. Die Russen erklärten daraufhin, daß sie in Moskau neue Weisungen einholen würden. Dies dauerte bis tief in die Nacht vom 8. zum 9. Mai. Die Bedingungen wurden dann gemildert, und Rauser traf am Morgen wieder in Pelci ein.

Zu diesem Zeitpunkt lagen dort schon Meldungen über das Verhalten der Russen gegenüber den deutschen Fronteinheiten vor. Und seit der Nacht vom 8. auf den 9. Mai marschierten russische Truppen überall in Kurland ein. Sie kümmerten sich zunächst wenig um die einzelnen deutschen Truppenteile, sondern interessierten sich nur für Uhren, Ringe und anderen Schmuck. Fahrzeuge und Unterkünfte wurden geplündert und Funkgeräte, Radioapparate und ärztliche Einrichtungen zerschlagen. Nach den Bestandslisten, die überall vorbereitet worden waren, wurde nicht gefragt. Die meisten russischen Soldaten waren betrunken und riefen den Deutschen, noch während sie plünderten und ihnen die Uhren abnahmen, zu: »Woina kaputt, skoro domoi!« (Der Krieg ist zu Ende, bald geht es nach Hause!) Sie dachten dabei an sich selbst, nährten aber Illusionen bei den Deutschen. Da die Russen sich auch im weiteren Verlauf des 9. Mai nicht um die umherliegenden deutschen Verbände kümmerten, versuchten viele von diesen, von sich aus in Richtung Deutschland abzumarschieren. Sie kamen auf diese Weise zum Teil bis Memel oder sogar bis Insterburg in Ostpreußen. Dort wurden ihre Motorkolonnen jedoch aufgehalten.

Erst am Nachmittag des 9. Mai kam etwas Ordnung in die unübersichtliche Lage. Auf Sammelplätzen wurden die deutschen Offiziere von den Soldaten getrennt. Russische Offiziere hielten Ansprachen und versicherten den Deutschen ehrenvolle Behandlung und ausreichende Verpflegung. Dann begann der Marsch der Deutschen in die Sammellager. Auf dem Marsch wurden viele von ihnen noch ihrer letzten Habe beraubt.

Unterdessen war auch ein russisches Übergabekommando beim Stab der Heeresgruppe in Pelci erschienen. Foertsch hatte ihnen im Fischmeisterhaus zum Empfang ein Frühstück herrichten lassen. Aber die Russen beachteten seine Vorbereitungen nicht. Sie rückten wohl ihre Mützen in den Nacken und nahmen sich stehend vom gedeckten Tisch dies und jenes, was ihnen gerade gefiel. Dann aber schoben sie einfach mit den Armen Gedecke, Gläser und Platten beiseite und begannen mit der Vernehmung der Deutschen.

Foertsch brach innerlich zusammen.

Bis zum 10. Mai lebte der Stab der Heeresgruppe noch in verhältnismäßiger Freiheit. Dann wurde auch er im Schloß interniert und zwei Tage später, am Vormittag des 12. Mai, nach Riga-Schlock gefahren, wo bereits der größte Teil der Kurlandoffiziere unter der Aufsicht des sowjetischen Geheimdienstes versammelt war. Der Stab wurde in Autobussen an endlosen Zügen deutscher Gefangener vorbeigeführt. Sie kamen an den ersten Mannschaftslagern vorbei und sahen die deutschen Soldaten mit geschorenen Köpfen unter freiem Himmel hinter Stacheldraht. Da gaben sie ihre Illusionen auf.

Am 23. Mai 1945 war das große Sammeln abgeschlossen, und wenige Tage später begann der Weitermarsch nach Osten, den Ausläufern des Waldaigebirges entgegen, wo inmitten sumpfiger Wälder Gefangenenlager »abgesteckt« waren. 180 000 Deutsche hielten hier ihren Einzug. Auf sie warteten tausendfacher Tod, das lange Schweigen und in wachsendem Maße die quälende Frage: Was war der Sinn des Krieges, den sie geführt hatten?

Am gleichen 23. Mai, an dem das »Sammeln« der deutschen Kriegsgefangenen in Kurland abgeschlossen war, ging in Flensburg die Frist, die einem kurzen Weiterleben der Regierung Dönitz am Rande des Zusammenbruchs gesetzt worden war, zu Ende.

Am 9. Mai, am Tage der Gesamtkapitulation, hatte Dönitz vor dem Entschluß gestanden, seiner schattenhaften Regierung selbst ein Ende zu machen. Der Auftrag zur Beendigung des Krieges war erfüllt. Eine wachsende Resignation, die ihn seit den Kapitulationsverhandlungen mit Eisenhower erfüllte, sagte ihm, daß seine Regierung nur zu leicht eine würdelose Farce werden könne.

Aber noch einmal trat Schwerins legalistischer Geist auf den Plan. Auch Schwerins Hoffnungen hatten durch die Ereignisse bei den Kapitulationsverhandlungen schwere Schläge erlitten. Aber seine staatsrechtlichen Vorstellungen, die er sich durch die Jahre seiner Ministerzeit, in denen Recht durch Macht ersetzt worden war, auf sonderbare Weise bewahrt hatte, ließen ihn erklären, Dönitz sei mit der Ernennung durch Hitler legales Staatsoberhaupt geworden. Dieses juristische Faktum werde durch den zeitweiligen Verlust der Souveränität nicht berührt. Ein Erlöschen der Funktion des Staatsoberhauptes sei rechtlich ausgeschlossen. Damit erübrige sich jede Erörterung eines freiwilligen Rücktritts.

Schwerin besaß den stärksten Einfluß auf Dönitz. Aber auch Speer und Jodl trugen dazu bei, daß Dönitz sich entschloß, seine Schattenregierung nicht selbst aufzulösen. Jodls Gedanken kreisten nach wie vor um den Gegensatz zwischen Ost und West. Die für ihn entehrenden Erlebnisse in Reims und der Trotz, der dort in ihm wachgerufen worden war, bewogen ihn erst recht dazu, den Gedanken an den Ausbruch der Gegensätze zwischen Ost und West zu pflegen und die Weiterexistenz der Regierung zu fordern, da es ihre Pflicht sei, sich nicht freiwillig der Chance zu berauben, beim Ausbruch dieser Gegensätze Deutschland zu vertreten.

Auf eine starr-groteske Art setzte er die täglichen Lagebesprechungen des »Oberkommandos der Wehrmacht« fort und entwickelte Gedanken eines kommenden Krieges zwischen der Sowjetunion und den Westalliierten.

Dönitz, seine Regierung und die Reste des OKW behielten zunächst Bewegungsfreiheit in einem kleinen Raum um Flensburg und Mürwick. In dieser Enklave wechselten Hoffnungen und Illusionen mit Stimmungen der Resignation. Am 10. Mai traf eine »Alliierte Kontrollkommission« in Flensburg ein, welche die Durchführung der Kapitulationsbedingungen überwachen sollte. Sie stand unter der Führung des amerikanischen Generals Rooks und des englischen Brigadegenerals Ford. Die Kommission nahm Wohnung auf dem im Flensburger Hafen liegenden Motorschiff »Patria«.

Das gegenseitige Verhältnis war korrekt. Aber jedes Wort, das Rooks oder Ford sprachen, wurde von Schwerin auf die Goldwaage gelegt und auf Anzeichen dafür geprüft, daß man auf alliierter Seite bereit sei, die Dönitz-Regierung anzuerkennen und mit ihr zusammenzuarbeiten. Er ließ eine Denkschrift über die deutsche Ernährungslage und über die Möglichkeiten, eine Hungersnot zu vermeiden, ausarbeiten. Diese Denkschrift wurde Rooks überreicht. Die Tatsache, daß er sie nicht ohne Interesse zur Kenntnis nahm, erregte ebenso viele Hoffnungen wie die zweite Tatsache, daß der geschäftsführende Minister für Ernährung und Landwirtschaft, Backe, nach Reims beordert wurde. Erst später wurde bekannt, daß Backe nach seiner Ankunft in Reims von den Amerikanern verhaftet und in ein Lager bei Luxemburg übergeführt worden war.

Schwerin begriff langsam die allbeherrschende Woge des Abscheus gegen alles Deutsche, als er verspätet britische Zeitungsberichte über die Besetzung und Befreiung des Konzentrationslagers Bergen-Belsen bei Hannover las, das in den letzten Monaten zu einer entsetzlichen Todesstätte sowohl für jüdische als auch nichtjüdische Häftlinge geworden war.

Die Wahrheit wurde ihm direkt vor Augen geführt, als in Mürwick ein Schiff eintraf, von dem die Bewachungsmannschaft geflohen war und in dessen Laderäumen weit über tausend jüdische und nichtjüdische Häftlinge eingepfercht waren, von denen die Hälfte an Hunger gestorben war und der Rest lebenden Skeletten glich. Erregt bedrängte Schwerin Dönitz, sofort eine Verordnung auszuarbeiten, welche die Verurteilung der Lagerverbrechen zum Gegenstand hatte. Man mochte Schwerin die Empörung des bürgerlichen Menschen glauben, der vielleicht zum erstenmal in letzter brutaler Offenheit erkannte, welchem Regime er gedient hatte. In der Verordnung wurde ein Reichsgerichtshof ermächtigt, in erster und letzter Instanz über all diejenigen zu urteilen, die an den Konzentrationslager- und Tötungsverbrechen beteiligt gewesen seien. Schwerin trug Sorge, daß diese Verordnung Eisenhower übersandt wurde. Es war wieder ein Zeichen für die Irrealität seiner Vorstellungen, wenn er Tag für Tag auf eine Antwort hoffte und nicht verstand, daß diese ausblieb.

Die Erkenntnis der unerbittlichen Wirklichkeit, in der die westlichen Sieger auch den letzten Rest dessen, was von Hitlers Regime übriggeblieben war, aber darüber hinaus den letzten Rest deutscher Selbständigkeit zerstören wollten, schuf sich nur langsam Bahn. Der Erkenntnis half die Tatsache weiter, daß Keitel verhaftet wurde; vielleicht auch die Nachricht, nach der Eisenhower erklärt hatte, daß Dönitz und seine Umgebung sich lediglich als Kriegsgefangene in vorläufiger Sonderbehandlung zu betrachten hätten.

Am 15. Mai traf der politische Berater General Eisenhowers, Murphy, in Flensburg ein, um die Legitimation Dönitz' als Staatsoberhaupt zu prüfen. Bei der Einleitung der Kapitulation hatte niemand daran gedacht, zu erklären, daß die entsprechenden Legitimationen nicht ausreichend seien. Jetzt betrachtete Murphy sie mit skeptischem Blick.

Zwei Tage darauf, am 17. Mai, erschien der sowjetische General Trushkow mit seinem Stab, um an der Kontrollkommission teilzunehmen. Noch einmal belebten sich die Illusionen, die von der Vorstellung einer nahen Auseinandersetzung zwischen Ost und West zehrten, als sie ein spürbares Mißtrauen beobachteten, das zwischen den Russen, die auf dem Schiff, das sie hergebracht hatte, blieben, und Amerikanern und Engländern bestand. Aber das war nur ein letztes Aufflackern vor dem Ende.

Am 23. Mai wurden Dönitz, Jodl und von Friedeburg auf die »Patria« bestellt. General Rooks teilte in Gegenwart von Ford und Trushkow mit, das alliierte Hauptquartier habe ihm soeben den Befehl erteilt, alle Angehörigen der Dönitz-Regierung und des Oberkommandos der Wehrmacht zu verhaften. Nach Mittag kam das Ende. Von Friedeburg entleibte sich bei einem letzten Besuch in seiner Wohnung.

Rings um die Verwaltungsgebäude in Mürwick fuhr eine englische Panzerbrigade auf. Dazu erschien ein Bataillon englischer Militärpolizei. Unter Bedeckung durch Panzer begann die Fahrt nach Flensburg und von dort in ein luxemburgisches Lager. Die Stätte, auf der Dönitz und seine Umgebung die Kapitulation um 14 Tage überdauert hatten, blieb leer und mehr oder weniger verwüstet zurück.

»Damit ziehen wir Nationalsozialisten bewußt einen Strich unter die außenpolitische Richtung unserer Vorkriegszeit. Wir setzen dort an, wo man vor sechs Jahrhunderten endete. Wir stoppen den ewigen Germanenzug nach dem Süden und Westen Europas und weisen den Blick nach dem Land im Osten. Wir schließen endlich ab die Kolonial- und Handelspolitik der Vorkriegszeit und gehen über zur Bodenpolitik der Zukunft ... Wenn wir aber heute in Europa von neuem Grund und Boden reden, können wir in erster Linie nur an Rußland und die ihm untertanen Randstaaten denken ... Das Riesenreich im Osten ist reif zum Zusammenbruch. Und das Ende der Judenherrschaft in Rußland wird auch das Ende Rußlands als Staat sein ...«

Hitler, Mein Kampf, Bd. II, Kap. XIV

»Grundsätzlich kommt es also darauf an, den riesenhaften Kuchen handgerecht zu zerlegen, damit wir ihn erstens beherrschen, zweitens verwalten und drittens ausbeuten können ...
Die Bildung einer militärischen Macht westlich des Ural darf nie wieder in Frage kommen, und wenn wir hundert Jahre darüber Krieg führen müßten. Alle Nachfolger des Führers müssen wissen: Die Sicherheit des Reiches ist nur dann gegeben, wenn westlich des Ural kein fremdes Militär existiert ... Nie darf erlaubt werden, daß ein anderer Waffen trägt als der Deutsche ... Es schlägt unweigerlich eines Tages gegen uns aus. Nur der Deutsche darf Waffen tragen, nicht der Slawe ... nicht der Kosak, nicht der Ukrainer ...«

Protokoll Martin Bormanns über eine Konferenz
im Führerhauptquartier am 16. Juli 1941
(anwesend: Hitler, Göring, Rosenberg,
Bormann, Keitel, Lammers)

Nachklang

Die Bände »Es begann an der Weichsel« und »Das Ende an der Elbe« (als einbändige Ausgabe auch unter dem Titel »Die große Flucht« erschienen) entstanden in den Jahren 1947–1950, noch ganz im Schatten der dramatischen und erschütternden Ereignisse, die sie schilderten. Dennoch waren sie keine zeitgenössischen Reportagen, sondern Geschichtsschreibung einer damals noch neuen, aus der Zeit geborenen Art. Daß dies so war, ging auf schicksalhafte Zufälle zurück.

Die Bücher entstanden in einer Baracke auf den Stafflenberghöhen von Stuttgart. Die Baracke gehörte zusammen mit anderen Bauten zu einem Areal des Hilfswerkes der Evangelischen Kirche, das der Kirchenpolitiker Eugen Gerstenmaier zur Unterstützung der deutschen Flüchtlinge aus dem Osten begründet hatte, nachdem er – der Teilnahme an der Verschwörung des Attentats auf Hitler am 20. Juli 1944 verdächtigt und zu siebenjähriger Haft verurteilt – von amerikanischen Truppen aus dem Zuchthaus Bayreuth befreit worden war. Zur Unterstützung seiner Arbeit hatte er eine aktuelle Wochenzeitschrift mit dem Titel »Christ und Welt« begründet. Ich wurde auf der Suche nach Arbeit Volontär und Reporter von »Christ und Welt«, bezog ein Quartier in der erwähnten Baracke und sah mich bald einem nicht enden wollenden Strom von Flüchtlingen auf der Suche nach Unterkunft, Nahrung, Arbeit, ärztlicher Hilfe, Nachrichten über Vermißte und Verlorene und dem ganzen menschlichen Drama Ostdeutschlands gegenüber.

Die Anfänge von »Es begann an der Weichsel« und die dem

Buch zugrunde liegende Quellensammlung entwickelten sich im Anschluß an eine Aufsatzreihe in »Christ und Welt«. Sie war noch weit von einem vollständigen Bild der Ereignisse entfernt. Aber zahlreiche Zuschriften aus einem weiten Kreis derjenigen, denen die Aufsätze bekannt geworden waren, schlossen zahllose Lücken, und mehr und mehr formte sich die umfassende Materialsammlung, auf der »Es begann an der Weichsel« gedieh. Dabei entwickelte sich ein neues Quellenstudium, das den gewohnten Voraussetzungen historischer Arbeit mit ihren gedruckten oder aktenkundigen Unterlagen nur zum Teil entsprach. Wichtig wurden außer der Befragung Tausender von Flüchtlingen (und den Gaben von Tagebüchern, Notizen, Zeitungen und Flugblättern, die sie oftmals hinterließen) die Unterredungen mit Soldaten aller Grade, Politikern, Beamten, Parteifunktionären oder Unternehmern, die sich nicht in alliierten Lagern und Gefängnissen befanden und deren Aufenthaltsort durch ihre Zuschriften bekannt wurde. Immer wieder waren ich und eine Stenographin in Gerstenmaiers einzigem Volkswagen unterwegs, um diesen und jenen in den verschiedensten deutschen Landstrichen aufzusuchen und nicht nur ihr Wissen und Mitwissen aufzuzeichnen, sondern auch Anwandlungen von Bekenntnissen über deutsche Schuld und Sühne, die aus Verlassenheit und Einsamkeit erwuchsen.

Was für »Es begann an der Weichsel« galt, galt auch für »Das Ende an der Elbe«. Bei der Bewältigung eines so umfangreichen Stoffes wäre es dabei vermessen, wollte ich den Anspruch erheben, eine in allen Punkten unanfechtbare Darstellung vorgelegt zu haben. Indes hat sich im Verlauf vergangener Jahre gezeigt, daß die Zahl der Irrtümer gering blieb.

Die beiden Bücher behielten ihre Freunde unter all jenen, die in ihnen Abbilder ihrer Erlebnisse, ihrer Leiden und die

Erhellung von Hintergründen sahen, die ihnen oder ihren Kindern unbekannt waren. Sie behielten Gegner insbesondere in der Sowjetunion, welche die vorangegangene deutsche Eroberung, deutsche Herrscherträume und deutsche Barbarei mit ihrem eigenen Maß an Rückeroberung und Eroberung, Vergeltung und Barbarei erwiderte.

Es gab auch Leser, die glaubten, daß dem Ausmaß des Schreckens der sowjetischen Vergeltung nicht Genüge geschehen sei. Aber ihnen gegenüber muß wiederholt werden, was schon bei den ersten Ausgaben der Bücher gesagt wurde. Die Bücher wurden nicht geschrieben, um deutsche Unschuld zu beschwören und die Schuld anderer zur eigenen Entlastung zu brandmarken. Sie wurden auch nicht geschrieben, um neuen Haß, neue Entfremdung oder den Wunsch nach Vergeltung für Vergeltung zu nähren, sondern beide Bücher wurden geschrieben, um auf allen Seiten nach Wahrheit zu suchen, soweit dies einem unvollkommenen Menschen möglich ist.

Jürgen Thorwald

Quellen

Im folgenden sind die wichtigsten Quellen angegeben, die dem Autor zur Verfügung standen.

Gedruckte und hektographierte Quellen:

Bücher und Broschüren:

Bernadotte, Folke: Das Ende, Zürich 1945.
Boldt-Hepp: Die letzten Tage der Reichskanzlei, Hamburg/Stuttgart 1947.
Byrnes, J. F.: In aller Offenheit, Frankfurt 1948.
Ciechanowski, Jan: Vergeblicher Sieg, Zürich 1948.
Clay, Lucius D.: Entscheidung in Deutschland, Frankfurt 1950.
Eisenhower, Dwight. D.: Invasion, Hamburg 1949.
–, Kreuzzug in Europa, Amsterdam 1949.
Fritzsche, Hans: Hier spricht Hans Fritzsche, Zürich 1948.
Guillaume, A.: Warum siegte die Rote Armee? Baden-Baden 1949.
Halder, Franz: Hitler als Feldherr, München 1949.
Hart, Lidell: Die Strategie einer Diktatur, Zürich 1949.
Koller, Karl: Der letzte Monat, Mannheim 1949.
Minz, I. I.: Der Große Vaterländische Krieg der Sowjetunion, Berlin 1947.
Montgomery: Von El Alamein zum Sangro – Von der Normandie zur Ostsee, Hamburg 1949.
Nycop, Carl-Adam: Die großen Kanonen, Zürich 1944.
Reichenberger, E. J.: Ostdeutsche Passion, Düsseldorf 1948.
Rein, Heinz: Finale Berlin, Berlin 1949.
Rieß, Curt: Joseph Goebbels, Baden-Baden 1949.
Roosevelt, Elliot: As he saw it, New York 1946.
v. Schenk: Rosenberg, St. Gallen 1947.
Sherwood, Robert E.: Roosevelt und Hopkins, Hamburg 1950.
Shulman, Milton: Die Niederlage im Westen Gütersloh 1949.

Stalin, J.: Über den Großen Vaterländischen Krieg der Sowjetunion, Moskau 1946.

Stephan, Werner: Joseph Goebbels, Dämon einer Diktatur, Stuttgart 1949.

Trevor-Roper: Hitlers letzte Tage, Zürich 1948.

Westphal, Siegfried: Heer in Fesseln, Bonn 1950.

Wogulow, Wladimir: Wie Ostdeutschland besetzt wurde und Berlin kapituliert hat.

Zeitschriftenaufsätze, Zeitungen, Flugblätter usw.:

Europa-Briefe: Die Nürnberger Aufzeichnungen des Admirals Dönitz (17. 6. 1950).

Flugblätter des Alliierten Oberkommandos: März/Mai 1945.

Franzel, Emil: Prag im Mai 1945, »Die Welt«, Hamburg, 3., 5. und 6. Mai 1950. »Front und Heimat«, 1945.

Kircher, Rudolf: Statisten beim Jüngsten Gericht, »Die Weltwoche«, Zürich, 17. Jahrgang, Nr. 131/132.

Lüdde-Neurath, Walter: Sieben Tage Schattenregierung Dönitz, »Die Welt«, Hamburg, Mai 1949.

»Der Panzerbär«: 1945.

Simpson-Francis: »Befreiung«, Catholic Digest 1946.

»Der Völkische Beobachter«: 1945.

Wochenzeitung »Das Reich«: 1945.

Geschriebene Quellen und hektographierte Mitschriften:

(Diese Arbeiten liegen als Manuskripte vor und sind Autor und Verlag dieses Buches von ihren Verfassern als Quellenmaterial zur Verfügung gestellt worden. Die Namen der Verfasser, deren Wohnsitz sich zum Zeitpunkt der Erstveröffentlichung dieses Buches in der sowjetischen Besatzungszone Deutschlands befand, sind auf Wunsch durch Sternchen ersetzt.)

Boeckh, Theodor: Die Kämpfe um den Masaryk-Bahnhof in Prag in den ersten Maitagen 1945.

Breitfeld, E. C.:
    1. Heereslager Böhmen, März/April 1945,
    2. Ereignisse in Prag, 28. 4. bis 5. 5. 1945,
    3. Die Revolution in Kladno, 5. 5.–10. 5. und 11. 5.–28. 5. 1945.

Cvikevicz, George:
1. Die Wlassow-Armee,
2. Der Aufstand in Prag,
3. Das Ende Wlassows.

Deutsches Büro für Friedensfragen: Dokumente der Greuel während des tschechischen Aufstandes.

Eismann, Hans-Georg: Als IA der Heeresgruppe Weichsel unter Himmler und Heinrici in Pommern und Mecklenburg.

v. Freytag-Loringhoven, Bernd:
1. Ereignisse und Gestalten im Bereich der Ostfront 1944/45,
2. Die Schlacht um Berlin.

Göttinger Arbeitskreis: Dokumente der Menschlichkeit.

Guderian, Heinz: Ereignisse an der Ostfront, im Oberkommando des Heeres und Führerhauptquartier Juni 1944 bis 28. März 1945.

Heinrici, Gotthard:
1. An der Ostfront 1944/45,
2. Der Zusammenbruch der deutschen Ostfront im Sommer 1944,
3. Übernahme der Heeresgruppe Weichsel am 20. März 1945,
4. Die Abwehrvorbereitungen an der Oder,
5. Die sowjetische Offensive über die Oder am 16. April 1945,
6. Der Zerstörungsbefehl »Tote Erde«,
7. Die Heeresgruppe Weichsel und der Kampf um Berlin,
8. Die Kämpfe der 3. Pz.-Armee, 21. und 9. Armee bis zur Ablösung Heinricis.

Hilfswerk der Evangelischen Kirchen in Deutschland:
1. Dokumente und Erlebnisberichte über die Ereignisse westlich der Oder und Neiße im Frühjahr 1945,
2. Eidesstattliche Erklärungen über die Ereignisse und Erlebnisse während des tschechischen Aufstandes und der Vertreibung der Deutschen aus der Tschechoslowakei.

Konrad, Joachim: Die Einflußnahme der Kirchen auf die Übergabe von Breslau im Mai 1945.

Kroemer-Pecoroni, Walter:
1. Sammlung von Berichten und Dokumenten aus der Schlacht um Berlin,
2. Die Kämpfe des Panzerkorps Weidling und der Panzerdivision »Müncheberg« an der Oder und in Berlin vom April bis Mai 1945.

v. Lenski, Dietrich: Erlebnisse und Gestalten in Kurland (Schörner, Rendulic, Model).

Lüdecke, Otto:
1. Erlebnisse in Westpreußen 1944/45,
2. Die Kämpfe in Sachsen im April und Mai 1945.

van der Milwe, Anatol:
1. Über Erich Koch in der Ukraine,
2. Über General Wlassow.

v. Natzmer, Oldwig:
1. Festung Kurland,
2. Ergänzungen zum Kurlandbericht,
3. Im Stab der Heeresgruppe Nord in Zinten,
4. Der Kampf um Schlesien und Sachsen,
5. Ergänzungen zum Bericht über den Kampf um Schlesien und Sachsen,
6. Das Hauptquartier der Heeresgruppe Schörner in Josephstadt,
7. Die Flucht des Generalfeldmarschalls Schörner.

Reichhelm, Günter: Aufstellung und Operationen der 12. Armee (Armee Wenck) März bis Mai 1945.

Richarz, Hugo: Bemerkungen über das Schicksal der Kurlandarmee.

Schack: Erlebnisse in der Schlacht um die Oder und in Mecklenburg.

Schieck, Arno:
1. Die Kämpfe in Berlin,
2. Hitlers Zerstörungsbefehl »Tote Erde«.

Schultz, Joachim: Tagebuchnotizen aus dem Bereich des Oberkommandos der Wehrmacht vom 20. April bis 23. Mai 1945.

v. Schwerin-Krosigk: Die letzten 20 Tage der deutschen Reichsregierung; stenographische Mitschrift von Dr. Theo Seidel.

Staemmler, K. D.: Die Luftversorgung Breslaus.

Szuks, Willy: Die Heeresgruppe Kurland.

v. Tippelskirch, Kurt:
1. Das Vorrücken der Russen gegen Ostpreußen,
2. Die letzten Stunden der 21. Armee in Mecklenburg,
3. Das Kriegsende in Mecklenburg und Neubrandenburg.

Urban, Rudolf:
1. Die letzten Tage des Protektorats Böhmen und Mähren,
2. Im Czernin-Palais während des Aufstandes in Prag.

v. Weitershausen, Georg:
1. Kämpfe und Ereignisse im Bereich der Heeresgruppe A von September 1944 bis März 1945,
2. Die Lage der Heeresgruppe Mitte im April 1945 und der Flug Schörners nach Berlin am 15. April 1945,

3. Das Ende der 1. Panzerarmee.

Weitmann, Julius: Als Nachrichtenreferent im Stabe Dönitz von März bis Mai 1945.

*** 1. Zwischen Hitler und Goebbels, Januar 1945 bis zum Ende.
2. Politische Gespräche, Wunschgedanken und Vorstellungen im engsten Kreise Hitlers während der letzten Monate und Wochen des Krieges.

*** 1. Politische Vorstellungen Schellenbergs und des Amtes 6 im Reichssicherheitshauptamt.
2. Bemühungen um Verhandlungen mit dem Westen und um eine Beseitigung Hitlers durch Himmler.
3. Hitler, Himmler, Bormann, Kaltenbrunner, Schellenberg.

*** Die Seeverbindung nach Kurland.

*** Die Kapitulationsverhandlungen des Generals Tschuikow mit dem deutschen General Krebs und mit General Weidling in Berlin.

Auf Grund neuer Quellenunterlagen wurden einzelne Teile des Kapitels »Die Insel der Unseligen oder Sturm über Prag« überarbeitet. Dies gilt unter anderem für die Schilderung des Eingreifens der 1. Wlassow-Division in die Kämpfe um Prag. Das außerordentlich umfangreiche Quellenmaterial, das dem Verfasser für ein anderes Buch über den deutschen Feldzug gegen die Sowjetunion und die auch für einen nur einigermaßen unvoreingenommenen Beobachter verantwortungslose, verbrecherische Ost-Konzeption und Ostpolitik Hitlers – »Wen sie verderben wollen« (1953) – zur Verfügung stand, führte zwangsläufig dazu, auch in »Das Ende an der Elbe« vorliegende Irrtümer zu berichtigen und Lücken zu schließen. Umstritten und noch nicht genügend erforscht ist die Haltung des stellvertretenden Reichsprotektors Frank in den letzten Tagen Prags. Um hier noch mehr in die Tiefe zu dringen, bedürfte es weiterer Quellenunterlagen. Vielleicht sind auch hier Leser des Buches in der Lage, dem Verfasser für kommende weitere Auflagen solche Quellen zu öffnen. – Vor einiger Zeit hat auch der ehemalige Großadmiral Dönitz zu einigen Punkten des Buches Stellung genommen, die, soweit es sich um sachliche Korrekturen handelte, berücksichtigt wurden.

Namenregister

Alexander, *britischer Feld-marschall* 247

Antonow, *russischer Generalstabs-chef* 289, 290, 302

Axmann, *Führer der Hitlerjugend in Berlin* 123, 147, 159, 187, 206, 207

Backe, *Minister für Ernährung und Landwirtschaft* 259, 343

Bagramian, *russischer General* 333

Bärenfänger, *Generalmajor* 121, 154–156

Bauer, *Flugzeugführer* 206, 207

Baumbach 290

Beetz, *Flugzeugführer* 206

Below, von, *Oberst* 186

Benesch, *tschechischer Staats-präsident* 285

Berger, *Chef des SS-Hauptamts* 133

Bernadotte, Graf, *schwedischer Diplomat* 133, 134, 136, 137, 138, 139, 178, 228, 229, 231

Bieler, Oberst, *Kommandant von Frankfurt/Oder* 40, 41, 43

Böhme, *Kreisleiter Meißen* 270

Boldt, *Adjutant bei Krebs* 186

Bormann, *Reichsleiter* 12, 33, 49, 60, 78, 94, 95, 97, 98, 132, 147, 148, 162, 178, 183, 184, 188–195, 197, 199–201, 203, 204, 206, 207, 224, 227–229, 231, 256, 269, 274, 304

Braun, Eva 147, 181, 189

Bredow, *Adjutant bei Göring* 132

Breuninger, *Hauptmann* 329, 332, 336, 337

Burgdorf, *General, Chef des Heerespersonalamtes* 31, 33, 38, 40, 41, 43, 78, 94, 95, 97, 98, 147, 148, 151, 184, 189, 191, 205, 206, 227, 304

Busch, *Feldmarschall der Heeresgruppe Mitte* 236

Busse, *General, Führer der 9. Armee* 11, 20, 21, 24, 27–29, 32, 38, 56–58, 74, 75, 81, 104, 162, 163, 165, 217

Carlyle 86, 87

Christian, *General* 79, 92, 93, 95, 131

Churchill, Winston 221, 256

Daluege, *Reichsprotektor Böhmen* 285

Davidson, *Stabschef bei Dönitz* 224

Dethleffsen, *Chef des Stabes der 4. Armee* 235, 237

Dickel, *Major* 91

Dietrich, *Reichspressechef* 177

Dietrich, Sepp, *Führer der 6. Panzerarmee* 95

Dönitz, *Großadmiral* 79, 98, 99,

357

Jürgen Thorwald

Foto: Isolde Ohlbaum

Jürgen Thorwald
Die Illusion
Rotarmisten gegen Stalin.
Die Tragödie
der Wlassow-Armee.

(80066)

Jürgen Thorwald
Es begann an der Weichsel
Flucht und
Vertreibung der Deutschen
aus dem Osten.

(80067)

Jürgen Thorwald
Das Ende an der Elbe
Die letzten Monate
des Zweiten Weltkriegs
im Osten.

(80068)

**Von Jürgen Thorwald
sind außerdem bei
Knaur erschienen:**

Der Zweite Weltkrieg

(3943)

(4810)

(4854)

(4821)

(4082)

(4008)